シリーズ・歴史から学ぶマーケティング

第 ② 巻

マーケティング史研究会 編

日本企業のマーケティング

同文舘出版

マーケティング史研究会
実践史シリーズ Ⅴ

(1) マーケティング史研究会は，マーケティング史やマーケティング学説史などマーケティングに関する歴史的研究をすすめ，その研究水準の向上と発展に寄与することを目的とする。
(2) 本巻は，当研究会の目的の1つであるマーケティング実践史に関する共同研究の成果の一部である。
(3) 本巻の執筆者は，奥付に紹介されている。

マーケティング史研究会

《マーケティング実践史シリーズ》

Ⅰ．『日本のマーケティング－導入と展開－』1996年。
Ⅱ．『日本流通産業史－日本的マーケティングの展開－』2001年。
Ⅲ．『現代アメリカのビッグストア』2006年。
Ⅳ．『ヨーロッパのトップ小売業－その史的展開－』2008年。
Ⅴ．『日本企業のマーケティング〈シリーズ・歴史から学ぶマーケティング第2巻〉』2010年。
Ⅵ．『海外企業のマーケティング〈シリーズ・歴史から学ぶマーケティング第3巻〉』2010年近刊。

【出版はすべて同文舘出版による】

はしがき

　本書は，20世紀を中心に（さらに今21世紀にも及ぶ）約100年間に日本企業が展開したマーケティングを歴史的な視点から明らかにする。その間の経済に大きく影響したエポックは第2次世界大戦であろうと思われるが，これを境に，戦後大きく日本経済は発展し，世界経済の中でその存在感を確かなものとした。それを可能としたのは日本企業の獅子奮迅の活動があったことはいうまでもないが，その企業経営でマーケティングが果たしてきた役割は大きい。

　アメリカからの影響もあったとはいえ，日本のマーケティングは，戦後とくに高度経済成長期において，日本的マーケティングというべき内容を持ち，その展開過程が特筆される。本書のそれぞれの章は独立したケースであるが，全体を通読されるとそうしたことが理解されるはずである。なお，戦後の60有余年だけではなく，戦前の（明治末期から大正期，そして昭和20年に至る）およそ50年に及ぶ中で，先駆的な諸活動が展開されてきたことも忘れてはならない。

　本書では，日本企業の代表的なケースを中心に，具体的マーケティング行動を通して，日本におけるその諸特徴をあぶりだしていくとともに，マーケティング一般の理解を深めることに向けられる。第Ⅰ部・マーケティング生成史から学ぶ，第Ⅱ部・マーケティング発展史から学ぶ，第Ⅲ部・国際マーケティング史から学ぶ，第Ⅳ部・リテイーラー・マーケティング史から学ぶ，という4部構成になっているが，各部の対象時期と，その執筆方向はおおむね以下の通りである。

　　　　　　　　＊　　　＊　　　＊　　　＊　　　＊

　第Ⅰ部「マーケティング生成史から学ぶ」では，第2次世界大戦前期（20世紀前半）を対象とする。明治・大正・昭和戦前までの経済近代化の進展した時期において，初期的・先端的な生成期マーケティングを展開したケースをみる。直接，間接に現代に至る日本企業各社へと如何に連続するかを意識しながら，マーケティングの萌芽について明らかにする。初期的なマーケティングを実施してきていた個別企業のケースは少なくないが，森永製菓（第1章），星製薬（第2章），キッコーマン（第3章）のそれぞれのマーケティングについて明らかにする。その結果，それぞれが会社をどう発展させたのか，またそれらが現代のマーケティ

ングにどう活きているのかが理解できる。

　第Ⅱ部「マーケティング発展史から学ぶ」では,第2次世界大戦後の復興期（昭和20年代）および高度成長期（昭和30・40年代）を対象とする。とくに高度経済成長期に花開く先端的企業にして,日本を代表する企業のケースをみていくが,これにより同業他社,他産業の企業へと影響・伝播していくことが理解されよう。そこから日本的マーケティングの確立がみえてくるように思われる。高度成長期が現実のものとなる中で,これを具体的な活動として役割を果たし,また支えてきた,より強力な企業行動,わけてもマーケティングを実施してきた個別企業は大変多いが,資生堂（第4章）,パナソニック（＝松下電器産業,第5章）,キリンビール（第6章）,オンワード（第7章）のそれぞれのマーケティングを明らかにする。

　第Ⅲ部「国際マーケティング史から学ぶ」では,主として戦後期（20世紀後半）を対象として,国際マーケティングを展開したグローバル志向のマーケティング企業のケースをみる。言うまでもなく日本における経済大国形成の要諦は,諸資源を持たないため輸出入に見出すほかなく,いわば貿易立国にあることであろう。その先兵ともいえるソニー（第8章）,あるいはトヨタ（第9章）,そして日本の独自商品である味の素（第10章）について,その具体的マーケティング行動の諸特徴を明らかにする。なお,第Ⅱ部で扱った企業のほとんどが,この第Ⅲ部の企業に負けず劣らず国際的活動をしていることはいうまでもないが,第Ⅱ部は主として高度成長期における発展史として扱ったことを了解されたい。

　第Ⅳ部「リテイラー・マーケティング史から学ぶ」では,主として戦後期（20世紀後半）を対象とする。第Ⅰ部～第Ⅲ部がメーカー主体で検討されるのに対して,小売流通業（リテイラー）のマーケティング・ケースをみる。百貨店（第12章）,総合スーパー（第13章）,コンビニエンス・ストア（第14章）,ディスカウント・ストア（第15章）の各小売業態に限定して,そこでのマーケティングが検討される。当該ケースの分析から,流通システム内での水平的競争,異形態間競争,垂直的衝突等の競争構造を解明することにもなる。これより先,時代時代に展開される業態の開発に関わるイノベーションが,長い歴史の中で種々生じてきていたが,小売慣行の革新的マーケティング（第11章）では,現代では至極当然のことになっている正札販売の源流を探っている。

＊　　＊　　＊　　＊　　＊

　マーケティング史研究会は,1988年に創立し2008年に20周年を迎え,これ

を記念して専門書出版が企画された。薄井和夫（埼玉大学），戸田裕美子（日本大学），堀越比呂志（慶應義塾大学），および小原 博（拓殖大学）の4名からなる編集委員会で，全体の企画が練られ，最終的にメンバーへのアンケートや依頼等により執筆担当者を決定している。全3巻で46の章（研究会の歩みを含む）があり，これを40名が分担執筆している。

全3巻で構成されるうち，本書はその第2巻に当たる。第1巻は『マーケティング研究の展開』，第3巻は『海外企業のマーケティング』で，各巻とも15章からなっている。全3巻によって学説史，実践史が相関連し系統だって理解できるので，あわせて読まれることを望んでいる。なお，マーケティング史研究会の20年に及ぶ活動の歩みについては，第3巻の最後に収録しているので，これも一読願いたいと思う。

さらに，わがマーケティング史研究会メンバーはそれぞれの歴史研究成果をもっているが，この企画に当たって，全巻が「シリーズ・歴史から学ぶマーケティング」と冠されていることで了解されるように，その持てる力を縦横に駆使して，その本質を網羅するように精力を傾けている。そうした内容面ばかりでなく，形式面では，各章の最終節は全巻とも「本章から学ぶこと」で統一していること，各章末には詳細な「参考文献」とともに，一層の研究・学習のために簡略な「文献案内」を付けていることが特徴でもあるので，十分利用されるように期待している。

末筆ながら，本書の出版に際しては，長年にわたってご後援を賜ってきた同文舘出版ならびに同社・取締役編集局長の市川良之氏にひとかたならぬお世話になった。心からの御礼を申し上げたい。

2010年4月25日

マーケティング史研究会
（編集責任者　小原　博）

目　　次

第Ⅰ部　マーケティング生成史から学ぶ

第1章　森永製菓のマーケティング ——————————— 3
　　　　　―売れる仕組みづくりへの挑戦―

　1．はじめに………………………………………………………… 3
　2．森永太一郎による森永西洋菓子製造所の
　　　創業と揺籃期（1899-1908）………………………………… 5
　3．森永製菓の躍進期（1909-1919）…………………………… 9
　4．1920年代の経営行動………………………………………… 14
　5．本章から学ぶこと…………………………………………… 17

第2章　星製薬のマーケティング ——————————— 20
　　　　　―大衆薬マーケティングのさきがけ―

　1．はじめに……………………………………………………… 20
　2．星製薬の創業とその背景…………………………………… 21
　3．売薬分野への進出とマーケティング……………………… 24
　4．本章から学ぶこと…………………………………………… 33

第3章　キッコーマンのマーケティング ——————— 37
　　　　　―メーカー主導型流通経路改編とマーケティング―

　1．はじめに……………………………………………………… 37
　2．関東における醤油史の概略………………………………… 38

3．戦前日本の醤油産業 …………………………………… 39
4．野田醤油株式会社の成立 ……………………………… 41
5．野田醤油の経営理念とマーケティング活動 ………… 42
6．本章から学ぶこと ……………………………………… 50

第Ⅱ部　マーケティング発展史から学ぶ

第4章　資生堂のマーケティング ────────── 57
　　　　―ニッチャーからリーディング企業へ―

1．はじめに ………………………………………………… 57
2．戦後の化粧品産業と資生堂企業特性 ………………… 58
3．販売網の再構築 ………………………………………… 61
4．消費者組織花椿会の復活 ……………………………… 64
5．資生堂の化粧品市場戦略 ……………………………… 67
6．本章から学ぶこと ……………………………………… 71

第5章　パナソニック（松下電器産業）のマーケティング ── 76
　　　　―家電総合メーカー王者への道―

1．はじめに ………………………………………………… 76
2．戦後家電産業の発展過程 ……………………………… 77
3．家電総合メーカーへの進展―松下電器の製品政策― … 79
4．包括的マーケティングの展開 ………………………… 81
5．日本市場と世界市場 …………………………………… 89
6．本章から学ぶこと ……………………………………… 91

第6章　キリンビールのマーケティング ― 95
―戦後マーケティングの原型―

1. はじめに……………………………………………………… 95
2. 戦後の取引近代化…………………………………………… 96
3. 流通経路の構築と維持……………………………………… 99
4. 経路維持のインセンティブ…………………………………104
5. 本章から学ぶこと……………………………………………108

第7章　オンワードのマーケティング ― 113
―ブランド構築と小売機能の包摂―

1. はじめに………………………………………………………113
2. 「オンワード」ブランドの形成期（1950年代）……………115
3. 「オンワード」ブランドの確立と
   マルチ・ブランド化への展開期（1960年代）……………120
4. マルチ・ブランド政策による
   市場細分化の促進期（1970年代）…………………………122
5. 本章から学ぶこと……………………………………………128

第Ⅲ部　国際マーケティング史から学ぶ

第8章　ソニーの国際マーケティング ― 139
―グローバル・ブランドの実現に向けて―

1. はじめに………………………………………………………139
2. 対米輸出マーケティングの段階……………………………140
3. マルチドメスティック・マーケティングの段階…………148
4. グローバル・マーケティングの段階………………………154
5. 本章から学ぶこと……………………………………………157

第9章　トヨタのグローバル・マーケティング ―― 161
―米国市場での否定から受容の軌跡50年―

1．はじめに……………………………………………………………… 161
2．輸出マーケティングの時代………………………………………… 161
3．石油ショックによる自動車産業への影響………………………… 165
4．輸出自主規制からトヨタによる合弁生産と単独進出…………… 167
5．トヨタの高級車対応と経営理念のグローバル規模での浸透…… 172
6．本章から学ぶこと…………………………………………………… 176

第10章　味の素㈱のグローバル・マーケティング ―― 179
―美味しさと幸せを世界の食卓に届ける―

1．はじめに……………………………………………………………… 179
2．味の素㈱の歴史と沿革……………………………………………… 180
3．食品カンパニーのグローバル化に焦点をあてる………………… 185
4．食品カンパニーのグローバル・マーケティングの
　　一般化・普遍化を試みる………………………………………… 193
5．本章から学ぶこと…………………………………………………… 199

第Ⅳ部　リテイラー・マーケティング史から学ぶ

第11章　小売慣行の革新的マーケティング ―― 205
―わが国独自の正札販売の形成―

1．はじめに……………………………………………………………… 205
2．正札販売と小売革新………………………………………………… 206
3．正札販売と三井高利………………………………………………… 209
4．正札販売と経営理念………………………………………………… 214

5．本章から学ぶこと ……………………………………………………… 217

第12章　百貨店のマーケティング ――― **222**
　　　　　―取引慣行の生成とその後の苦境―

1．はじめに ……………………………………………………………… 222
2．百貨店の現状 ………………………………………………………… 223
3．百貨店の仕入形態 …………………………………………………… 225
4．百貨店取引慣行のはじまりと納入業者による戦略的活用 ……… 227
5．百貨店が取引慣行を利用しなければならなかった要因 ………… 229
6．本章から学ぶこと …………………………………………………… 232

第13章　総合スーパーのマーケティング ――― **237**
　　　　　―バブル経済崩壊後の動向とその戦略―

1．はじめに ……………………………………………………………… 237
2．総合スーパーの生成と展開 ………………………………………… 238
3．バブル崩壊後の総合スーパーの動向 ……………………………… 240
4．バブル崩壊後の総合スーパー大手3社のマーケティング戦略 … 244
5．本章から学ぶこと …………………………………………………… 248

第14章　コンビニエンス・ストアのマーケティング ――― **254**
　　　　　―セブン-イレブンによるパートナーシップの展開―

1．はじめに ……………………………………………………………… 254
2．CVSの取扱商品 ……………………………………………………… 255
3．日本デリカフーズ協同組合 ………………………………………… 257
4．「焼きたて直送便」をめぐって ……………………………………… 260
5．NBメーカーとのパートナーシップ ………………………………… 262
6．パートナーシップの比較 …………………………………………… 265

7．本章から学ぶこと ……………………………………………… 269

第15章　ディスカウント・ストアの特徴と展開 ── 274
―業態間競争の中での盛衰―

1．はじめに…………………………………………………………… 274
2．業態としてのディスカウント・ストアの概念 ……………… 275
3．わが国のディスカウント・ストアの生成と展開 …………… 280
4．本章から学ぶこと ……………………………………………… 291

事項索引 ── 295

人名・会社名索引 ── 303

第Ⅰ部　マーケティング生成史から学ぶ

【第Ⅰ部概説】

　この第Ⅰ部では,日本における第2次世界大戦前期（20世紀前半）を対象として,いわば明治・大正・昭和戦前までの経済近代化の進展した時期であるが,そこでは先駆的なマーケティングが展開されている。個別企業が実施してきていたそうした初期的なマーケティングのケースを検討する。言うまでもなく歴史は非連続なものではない,これらのケースが,限りなく直接,間接に現代に至る日本企業各社へと如何に連続するのかも含め,マーケティングの萌芽について明らかにする。

　初期的な活動をした企業はランダムに名を記せば,味の素,カルピス食品工業,寿屋（現・サントリー）,カゴメ,花王石鹸（現・花王）,ライオン歯磨（現・ライオン）,松下電器（現・パナソニック）,東京電気（現・東芝）,大正製薬,森下仁丹など幾多のものが挙げられる。それら全てのケースを紹介できないので,ここでは,森永製菓（第1章）,星製薬（第2章）,キッコーマン（第3章）のそれぞれのマーケティングについて明らかにする。その結果,それぞれが会社をどう発展させ,またそれらが現代のマーケティングにどう活きているのかを検討する。

　森永製菓のマーケティング（第1章）。森永製菓は,旧来の日本独自の和菓子中心の世界に,アメリカ留学から帰国して後,森永太一郎がまったくの土壌がない日本に洋菓子を根付かせようと必死の努力をすることからスタートしている。森永の草創期,営業を担当する松崎半三郎とのコンビによって,マシュマロやミルクキャラメルの製造・販売によって大ヒットし,ビスケット,ミルクチョコレートなどの製品多様化を進め広げていった。そのために高品質・高生産性を継続して追求されたこと,それとともに広告宣伝等の販売促進策の推進・強化や,特約店等の販売網の囲い込み（構築）などの先進的な活動が明らかにされる。

　星製薬のマーケティング（第2章）。星製薬は,本書のほとんどのケースが現在の大手企業であるのに対して,今日知る人が多いとはいえ無名に近い企業で

ある。にもかかわらず，このケースを取り上げるのは，第2次世界大戦前に行なった星製薬の医薬品マーケティングが同業，他業種を問わず他企業に及ぼした影響が大きいことによる。森永と同様，アメリカ帰りの星 一が帰国後，和漢薬中心の状況にあって，輸入に頼っていた洋薬の製造に着手して（イヒチオール）事業を始めることにある。大正期に急成長をもたらしたが，特約店制度の導入といったチャネル政策，積極的な広告宣伝などの販売促進政策，売れる医薬品や統一的ブランド付与などの製品政策等，今日に通ずる先駆的なマーケティングが最大の要因であったことが明らかにされる。とはいえ，企業は永遠に存在するものという前提があるが，戦前期にそれなりの発展をした企業が，なぜ現代に引き継がれてこなかったのか，興味をもたれるであろう。そうした成長―繁栄―衰退のプロセスについては，今後の課題でもある。

キッコーマンのマーケティング（第3章）。キッコーマンは，いわずと知れた醤油メーカーである。日本的な商品である醤油は，調味料として古くから存在し，基本的に地産地消されてきたが，経済の発展とともにより広い市場を目指して大量生産，大量流通が目指されてきた。そうした方向を強く持ったのは，関東圏での醤油生産地としての千葉県野田地方の醤油メーカーであった。そこで明治時代に生き残りをかけて大同団結したのが野田醤油（現・キッコーマン）で，商品ブランドを亀甲萬（キッコーマン）とした。「二重亀甲に萬の字」という瑞祥的な古くからの家紋を受け継ぎ，後に社名、商品名もキッコーマンとして，大きく業界ナンバーワンの地位を得る。キッコーマンの初期的なマーケティングがここで扱われるが，戦後の高度経済成長期に輸出を考え，ついにはアメリカに工場を持って，世界的な商品となったのは周知の通りである。

以上の3つのケース，森永製菓，星製薬，キッコーマンは，すでに戦前期にブランド構築，商品の品質向上策，流通経路（チャネル）の確立，積極的な広告宣伝活動など，ほぼ同様な初期的マーケティングが展開されている。空間的にもそれほど広い日本ではなく，他業種とはいえ同時代に少なからず影響関係があるはずである。これについては詳細な吟味がされず，今後の課題として残されている。

第1章

森永製菓のマーケティング
―売れる仕組みづくりへの挑戦―

1. はじめに

　本章は1899年に創業し1910年代に躍進をとげその後70年代半ばまで，ながらくわが国の菓子メーカーのトップ企業であった森永製菓を取り上げ，創業以降1920年代後半までにかけて西洋菓子を確固たる産業に位置付けた同社のマーケティング活動の軌跡を経営史的アプローチによってたどることにある。

　本章での「経営史的アプローチ」は，誰が何を志向し，どのような意図・目的でいつ，どこで，何をいかにして行ない，どのような成果を得たか，そしてそののちにいかなる影響を及ぼしたかを，定量的データと定性的資料とを用いて補完することにより，長期的スパンで明示・検討するものである。「経営史的アプローチ」を用いて本章では，森永製菓の経営行動を戦略的な視点により，同社から得た一次資料に基づき定性的資料を中心としておおよそ10年間ごとに3つの時期に分けてその足跡をトレースしてみたい。

　本論に先立ち，まずは森永西洋菓子製造所としてのスタートから1920年代後半までの森永製菓の経営行動を年表ふうに示せば，図表1-1のとおりとなる。次節から下記の表に示した事項を中心として先駆的なマーケティング活動を活写し，同社が成長・発展をとげた要因について検討・分析する。

　なお，本章中，各種機関，企業，所属，職位等にかんする名称は，とくに断らない限りその当時のものである。またデータとして掲げた数値は概算値であり，読みにくい旧字体等は，適宜，修正した。

図表1-1　創業以降1920年代における森永製菓の経営行動

年	経営行動
1899	・2度の渡米，滞米11年を経て，アメリカから帰国した森永太一郎が東京・赤坂溜池に製造卸業として森永西洋菓子製造所を開業。
1902	・森永太一郎と菓子原料の貿易業者松崎半三郎が出会う。
03	・森永商店に改称し，製造卸にくわえ小売りを始める。 ・松崎の助言と協力の下に，第五回内国勧業博覧会に出陳のうえ広告塔を銀座亀屋と共同して出す。
05	・松崎半三郎が入店。 ・天童印（エンゼルマーク）を使用して最初の新聞広告を出す。
07	・赤坂田町工場が焼失したのを機に芝田町に新たに工場を建築し，本格的な製造の機械化に着手。 ・時事新報に一頁広告を展開。
09	・海外から菓子製造機械を輸入し手動式から蒸気機関による機械生産に移行するとともに製菓技師ロバート・ゲイザー（アメリカ）を招聘。
10	・株式会社化。
12	・森永製菓株式会社に改組改称。
14	・東京大正博覧会で紙サック入り「ミルクキャラメル」を発売。 ・大阪の特約店で森永友進会を組織。以降，各地で特約店の組織化が始まる。
15	・東京の特約店で森永信厚会，九州で九森会をそれぞれ組織。 ・森永太一郎，16年ぶりの渡米，アメリカ視察を行なう。 ・東京醬油会社の休止工場を松崎の英断で購入。 ・輸出向けビスケットの製造開始。
16	・森永信厚会と特約上の問題が生じ紛糾。その後絶縁。
18	・松崎半三郎がアメリカ視察。キャラメルの自動包装機2台購入。 ・機械設備を輸入するとともに外国人技師オスカー・グランランド（アメリカ）を招請のうえわが国ではじめてチョコレートを製造開始し「ミルクチョコレート」を市場に投入。
21	・松崎半三郎が欧米視察。キャラメルの自動包装機2台購入。 ・森永友進会，共同販売制による組合組織に，翌22年，組合組織から株式組織に改組。
23	・東京・丸ビルに森永キャンデーストアー第一号店開設。 ・内地販売用向けのビスケット製品の製造開始。 ・森永友進会，森永製品関西販売株式会社に改組改称。
24	・塚口工場および鶴見工場建設，大規模チョコレート製造機械を設置するとともに外国人技師A・F・アッシエル（イギリス）を招聘。
28	・菓子メーカーとして初めて温湿度調整装置（エアー・コンディショナー）を全工場に設置。 ・森永ベルトラインストア―制度を創設。
29	・全工場でキャラメルの自動包装機械の使用に切り替える。

（出所）筆者作成。

2. 森永太一郎による森永西洋菓子製造所の創業と揺籃期 (1899-1908)

（1）森永太一郎の出自と2度の渡米

　1865年，森永製菓の創業者である森永太一郎は，佐賀・伊万里町で伊万里焼の陶器問屋を営む常次郎，きくの下に幼名を伊左衛門として生まれた。森永家は森永の祖父森永太兵衛の頃には，陶器問屋森永商店に加え魚問屋壱州屋を経営する伊万里屈指の商家であった。祖父が壱州屋を義弟に譲り，伊万里焼を扱う陶器問屋の大店を受け継いだ父常次郎は，事業全般に失敗してしまい，70年に失意のまま病没した。母きくの実家にいったんは家族で身を寄せたものの，森永は母とも生き別れることとなった。というのも母が再婚したからであった。それゆえ森永は身寄りがなくなり，親戚間を転々とすることとなった。森永によればいずれの親戚においても一種の厄介もの扱いに育てられ，学校に通う機会を得ることはなかった。それゆえ12歳になっても自分の名を書くことさえできなかった。のちに叔母が嫁いでいた山崎文左衛門に引き取られることとなるが，戸籍上は，それ以前に実子となっており太一郎と命名されていた（「懺悔録十六」[1935.3.10]）[1]。山崎がどのように考えて森永伊左衛門に太一郎と付けたか判然としないが，おそらく祖父太兵衛の一字「太」をとったものと考えられる。その後，川久保雄平の営む書房に丁稚奉公した。元教師であった川久保から，森永は手習いを受け，人並みにようやく読み書きができるようになった。13歳で陶器問屋を営む山崎家に入った。森永は山崎から，商売の基本の手ほどきを受け，商人としての正道を歩みけして道をはずれるようなことのないよう継続して教え込まれた。そしてそののち，山崎の命により陶器問屋の大店の堀七で働くこととなった。商人として正道を歩むといった山崎の教えを厳格に守ろうとした森永は，いくつかの陶器問屋を経ることとなったが，この間，世話になった有田屋の勧めで妻を娶り娘ももうけた。

　森永が働いた陶器問屋の内の1つであった道谷商店が倒産の危機におちいると，海外での陶器の販売を考え，道谷商店等の在庫品数千円相当とともに，1888年，単身，サンフランシスコに向けて渡米した。道谷商店の救済にくわえ祖父太兵衛の頃に所有していた土地や家屋を，アメリカで成功して取り戻したいという大願を抱いての渡米であったが，森永の意思に反して商品は全くといってよいほ

ど売れなかった。それゆえすべてオークションで売り払い，庭仕事や皿洗いなど雑役夫として糊口をしのいだ。森永は，行く先々で厳しい人種差別にさらされた。そうした折，住み込みで雑役夫として従事したオークランドの老婦人の類まれな優しさに触れた。敬虔なクリスチャンであったその老婦人の影響により，森永はキリスト教に自ら入信し熱烈な信徒となった。森永は山崎にキリスト教の洗礼を受けたことを知らせるとともに入信を勧める書信をしたためた。すると山崎からの返信があった。それは，「山崎叔父よりの通信は激烈な文面で，一生涯勘当する，国賊同然のものとなったからには日本に帰ることがあってはならぬというのであ」った（「懺悔録十六」[1935.3.10]）。そうした関係の修復もあってキリスト教の布教を目的に90年に帰国した。故郷伊万里は，元来，仏教に信心深い土地柄であった。そうしたこともあいまって布教自体も失敗し「山崎家より除籍され」山崎太一郎から森永太一郎に戻ることとなった。術なく森永は，ふたたび，アメリカに戻ることとした。

　再度，渡米した森永は，キリスト教の伝道資金を得るべく菓子の工場に就職しようとつとめた。今度は，ジョンソンベーカリー（パン屋），ブルーニング工場（キャンデー工場）で働くことができた。ことにブルーニング工場では，各種菓子製品やパン・ケーキの類まで，その製法を店主ブルーニングから学ぶことができ体得した。菓子等の製法のみならず，森永はブルーニングから多くのことを吸収した。

(2) 森永西洋菓子製造所の創設

　2度の渡米による滞米11年，人種差別に苦しみ多くの辛酸をなめ，手工業的な洋菓子製造法を取得した森永は帰国した。森永が帰国した背景には，1つに妻子を妻の里方に預けてあったので「際限なく漫然とアメリカで歳月を送る事が出来なかつた」ことにくわえ，いま1つに条約改正により外国人の内地雑居が許されたことを受けて，アメリカ人のなかに日本国内でキャンデー工場の経営を目論む者があったことであった。技術パートナーとして共同経営をもちかけられた森永は，その機先を制して帰国し自らの技術で起業しようとしたのであった（「懺悔録廿四」[1936.2.10]）。1899年，東京・赤坂溜池二番地裏通りに住まいを求め，2坪の建て増しをして作業場とし，アメリカから持ち帰った簡単な手動機械を使用して菓子製造を開始した。佐賀出身の森永が東京で起業したのは理由があった。森永は82年に大阪，翌83年に東京に商用で訪れたことがあった。森永によれ

ば，「九州の田舎者がはじめて上京したのであったが，前年の大阪行きとは雲泥の相違で，万事が実に好都合で気持ち良くまた言葉もよく通ずることによって何一つ不自由を感じなかった」ことにくわえ「東京者は大まかであるから関東は私の渡世をなすにふさわしいと考えた事であつた」（「懺悔録七」[1933.11.10]）。この森永西洋菓子製造所が，森永製菓の草創である。森永西洋菓子製造所創設後，森永は，狭隘なこの2坪の作業場で手作業により西洋菓子を作り，和菓子舖に卸すこととした。森永西洋菓子製造所では，小売りはしなかった。では何ゆえに小売りをせず製造卸専門としたのか。それはアメリカで大いに世話になるとともに指導を受けたブルーニングの助言を忠実に守ったからであった。ブルーニングは森永に，母からもらった300ドルの資本で2坪ほどの住まいと作業場とを兼ねたところから起業したことなどを話し，製造卸専門であれば街の中心エリアに店を出す必要がなく，家賃の安い辺鄙なところでも十分にやっていけるとアドバイスしたのであった（森永 [1958] pp.47-48）。

　売れ行きにかんしては，西洋菓子は一般的になじみがなく消費者の嗜好にも適っていなかったので，森永西洋菓子製造所創設後，2カ月の間，1つも売れず厳しい状況が続いた。はじめて売れたのは10月15日のことであり，注文先は京橋・中の橋の青柳であった。青柳の夫人が佐賀出身で同郷のよしみで注文をし，くわえて客先となりそうなところをいろいろと紹介してくれた。かくして顧客が増えていき，また森永の懸命な努力もあいまって売上げは増していった。翌1900年4月，アメリカ大使館に面した表通りに移転し，英語による看板を掲げて製造卸に加え小売りを始めた。この小売りを開始したのは，森永の考えによるものであったが，大変珍しい英字看板を掲げたのが奏効し，アメリカ駐日公使バック夫人の愛顧を受けるようになった。森永によれば「当時もしも西洋人に少しでも愛せられ，引き立てられるようなことでもあれば無上の光栄と心得ておった」というように，この頃，わが国における外国人の地位は相当高く，バック夫人が上得意客となったことを端緒として在日アメリカ人や宮内省への納入の道が開けるなど森永にとっておおいに幸いした（「懺悔録八」[1933.12.10]）。

(3) 専門経営者松崎半三郎のスカウト

　1902年秋，森永は菓子の原料の輸入業者として松崎半三郎とはじめて会った。翌03年，森永は松崎から助言と協力を得て，大阪で開かれた第五回内国勧業博

覧会に出陳のうえ広告塔を銀座亀屋と共同して出した。その1カ月前，森永商店と改称して赤坂田町へ進出し，敷地160坪・従業員十数名で新工場を発足していた森永にとり，大いなる飛躍を期しての同博覧会への参加となった。内国勧業博覧会は，先進の欧米列国を範とし近代化を推進していた明治政府の主導の下，殖産工業育成のために1877年に東京・上野で開催されたのがそのはじまりであり，通算5回開催され，最後となった第五回内国勧業博覧会は，それまでになく大規模であり，はじめて海外18カ国からの出展があった。この内国勧業博覧会に出店したことが，森永商店にとって大きな転換点となった。すなわちこののち2年ほどを要したが松崎をスカウトすることに至ったからであった。この頃，菓子商というと旅館でも最低の部屋に案内されるといったように，社会的地位はきわめて低く松崎の周囲も「大学を卒業して菓子屋などに」と，森永商店への入社を反対する者が多かった。松崎は，立教学院（のちの立教大学）で英語を熱心に学ぶとともにキリスト教の洗礼を受けていた。卒業後，アメリカン・トレーディング・カンパニーに入社して貿易業務に従事した。同社を退社後，三光商会を経てアーレン商会の一手販売の自営にと三転していた（松崎［1958］p.88）。

　再三にわたり懇請を受け森永の熱意にうたれた松崎は，森永に3つの入社条件を提示しその意思を確認した。松崎の示した入社条件の第1は，「あなた〔森永〕は製造の方を専念にやられ，私〔松崎〕は営業の方を担当するということ」〔引用者注〕，第2に「個人事業では発展に限度があるから近い将来に機を見て株式会社に改めるということ[2]」，そして第3に「必要な人はなるべく人物本位で広く採るようにすること」であった（松崎［1958］p.82）。これは，松崎が自己の担当する営業部門の経営活動上における意思決定の自律性を確立し，人事面においても恣意的な影響力の行使をできるだけ排除しようとするものであり，森永商店の成長・飛躍のために欠くべからざる要件であった。松崎の経営能力を高く評価し森永商店への入社を懇願していた森永は，この松崎の入社条件をそのまま受容したのであった。

　松崎の入社した1905年，天童印（エンゼルマーク）を使用して最初の新聞広告を出すなど，森永商店は積極的に宣伝に力をそそいでいった。07年には，時事新報に一頁広告を展開した。当時は，「少し花々しく宣伝広告をするものは，ややもすると詐欺漢として白眼視される時代であった」（松崎［1958］p.212）。松崎によれば「一頁広告などというものは皆無でしかも一カ月わずか二千円前後の売上げをしている商品に対して，一回五百円の広告費を支出するという事は，非

常な冒険であり，非常な勇気を必要とした」が，「この広告が功を奏して翌月は一躍約三倍に近い売上げを示し，需要に応じ切れないというすばらしい盛況をきたし」，「これが土台となって，広告に依る将来の運命が指示され，そして私共の広告信念が確立された」のであった（松崎［1939］）。

松崎は，こののち製品力を向上すべく海外から製造技術および機械を導入のうえ，わが国の気候に適応するよう改善改良を継続して量産化に意をそそぐところとなった。1907年7月，赤坂田町工場が焼失したのを機に，芝田町に新たに工場を建築した。芝田町工場は，木造2階建てで事務所その他付属設備を含め，延べ面積400坪であった。この芝田町工場の新設は，05年の入社以来，松崎が強く志向した本格的な製造の機械化の第一歩であった。

3. 森永製菓の躍進期（1909-1919）

（1）製造技術者の招聘

製造の機械化は予想していたよりも難しかった。機械の設置のみならず故障がたびたび発生したからであった。しかし，より安価で衛生的な製品を製造するためには機械化により解決する以外に術はなかった。1909年，トーマス・ミル（アメリカ）から乾燥物の最新式一連製造機モーガルマシン2台と掛物製造機レボリングパン（加熱回転鍋）8台を購入し，手動式から蒸気機関による機械生産に移行した。同時に製菓技師ロバート・ゲイザー（アメリカ）を3年の長期契約で招聘し，従業員の技術指導・教育にあたらせた。かくして製造の機械化は急速に進捗したのであるが，その理由を，松崎は「従来の菓子の製造は直接手に触れて極めて不衛生であったのでこれを改めること，製品の規格および品質を統一したかったこと，完全なる包装をしたかったこと，そして能率を上げてコストを安くし，競争を有利にするとともにその余剰の利益は従業員に分配して生活の向上を図りたかった」としている（松崎［1954］pp.65-66）。

（2）紙サック入り「ミルクキャラメル」の発売と大ヒット

キャラメル製品は創業の赤坂溜池時代から製造されていたが，その製法はアメ

リカ式のソフトキャラメルであったから，日本人の嗜好に適さなかったばかりでなく湿度の高いわが国の気候にも適合しなかったので，10月半ばから3月までの時期を限定して製造せざるを得なかった。1913年，1粒ずつ天童印入りのワックスペーパーで包み「ミルクキャラメル」を缶入り（1斤80粒40銭）にして発売した。これにより，ようやく7月から9月の中頃までを除いて製造することができるようになった。

　営業部長であった大串松次は，紙サック入り「ミルクキャラメル」を提案したが，湿気を防遏し得ないという理由により容易に採用されなかった。松崎によれば「これまでのバラ売りにしても，容器は缶を使用して防湿を十分にし，品傷みのないよう，できるだけの注意を払っていたわけであるが，製品をそのままにしてすぐサック入りのポケットものを売り出すことはどう考えても無鉄砲で，これを断行するためには周到なる準備をしなければならないと思った」。大串らの熱心な進言と周到な研究によってようやくテスト販売することとなり，1914年3月，東京・上野公園で開催された東京大正博覧会の特設売店において紙サック入り「ミルクキャラメル」（20粒10銭）を発売した。人気のあったタバコ「ゴールデンバット」（10本）が5銭であったから，「ミルクキャラメル」は，高価ではあったが物珍しさもくわわり博覧会土産として好評を得た。「大正天皇即位記念」と銘打った東京大正博覧会は，本邦初のエスカレーターが設置されるなど国内外の最新の産業技術の粋が集められ，4カ月半の会期中，わが国の博覧会史上空前の入場者となった750万人が集った。本格的な工業国家への脱皮を企図して開催されたこの東京大正博覧会で博覧会土産として紙サック入り「ミルクキャラメル」を売り出したことは，森永製菓にとって飛翔へのファースト・ステップとなり，そして同年に生じた第1次大戦がまたとない追い風となった。

　第1次大戦は，わが国の産業構造を一新する要因となった。大戦の経済的影響は，1915年，輸出の増大と海運業の活況をとおして現われ，翌16年になって本格化した。欧米諸国における戦時需要の拡大とアジア市場からの欧米諸国企業の撤退は，わが国製品の輸出拡大のビジネス・チャンスを惹起し，14年以降18年にかけて輸出額は8億円から30億円へと4倍近くに著増してわが国は債務国から債権国にいっきょに転じた。世界的な船舶需給の不均衡がいっそう進んだことにより，運賃・傭船料の高騰にさらなる拍車がかかり，多くの「船成金」が誕生することとなった。そしてこの輸出と海運業の活況は，輸出関連産業と造船業の飛躍的拡大に連動した。造船業の躍進は造船材料を供給する鉄鋼業の発展を導出

し，さらに輸出関連産業および外国製品の輸入途絶と国産品に対する内需の拡大は，新興重化学工業をはじめ多くの産業分野に起業と自立・成長のジャンピング・ボードを提供した。大戦期をつうじて全生産額に占める農業と工業との地位は逆転し，わが国は農業国から工業国へ移行した。欧米製品に圧倒されていた経済的状況は一変し，わが国産業界において市場創出および拡大のチャンスと巨利の獲得を基底として，未曾有の企業勃興熱が出現し沸騰したのであった（宇田川［1995］pp.150-151）。

東京大正博覧会における成功を受け，その後も研究を 6 カ月余り続け，森永製菓は紙サック入り「ミルクキャラメル」を一般市場に投入した。紙サック入り「ミルクキャラメル」の売上げは，こうした第 1 次大戦による好景気を追い風として，月を追うごとに伸長し全国菓子店の大ヒット商品となっていった。その結果，キャラメルの完全な大衆化に成功し，キャラメルはついに森永製菓の代名詞となった。数カ月後には，芝田町工場 1 カ所だけでは増大する需要に対応することができなくなり，森永がアメリカ視察中であったものの松崎の英断で東京・品川にあった東京醤油会社の休止工場を買い受けて第二工場とし，キャラメル日産 2,000 缶の増産を開始した。森永のアメリカ視察は，松崎の強い勧めにより，1899 年の帰国以来，16 年ぶりに実現したものであった。翌 16 年，芝田町工場は火災のため全焼したが，第二工場でキャラメル製品を生産することで何とか切り抜けることができた。

(3) 新聞を中心とした広告宣伝の強化と製品の多角化

紙サック入り「ミルクキャラメル」を発売した 1914 年以降，新聞を中心とした宣伝広告で「煙草代用」，「天二物を与えずんばぼくはミルクキャラメルを採るよ」，「五厘で二十五万円」といったキャッチ・コピーを用いた。「五厘で二十五万円」は松崎によれば「日本人（その頃の人口五千万人）が一年に一人五厘ずつ森永の菓子を食べてくれれば二十五万円売れるという意味である，時事新報社から二等賞を貰った」，また「煙草代用」は大串松次が案出し，松崎が「天二物を与えずんばぼくはミルクキャラメルを採るよ」を考案した（松崎［1935］）。積極的な宣伝広告の推進とともに製品の多角化が着手された。

1915 年，芝田町工場で輸出向けビスケットの製造を開始したが，20 年，大阪工場に設備を移し，中国大陸および東南アジア方面への輸出用製品を製造した。

その後，23年に竣工した塚口工場（兵庫）で内地販売用向けのビスケット製品の製造を開始し，東京・芝田町工場および第二工場のビスケット部門が塚口工場に吸収された。塚口工場は，鉄筋コンクリート3階建てで延べ面積6,300m^{2}であった。松崎の第2次海外視察により購入したベーカー・パーキンス製最新式ビスケット製造機械ガスオーブン7台を設置し，イギリス人技師のA・F・アッシエルを招聘してイギリススタイルのビスケット製造に着手した。アッシエルの指導の下に製造したビスケット製品は，「マリー」，「フローラル」，「ツタンカーメン」，「ショートケーキ」，「ハーバートクリーム」等であった（森永製菓［2000］p.81）。

　わが国において，チョコレートに関し，その製造原料であるカカオ豆から処理する一貫作業は容易に工業化されなかった。その理由は，機械設備が巨額の資本を要することにくわえ大量生産に高度の技術を必要とするためであった。1918年，松崎は，アメリカに渡り4カ月の行程で70にものぼる多くの菓子製造工場や菓子製造機械工場他を視察した。松崎の渡米は，経営の近代化を推進して製造設備の革新および海外輸出を促進するために企図されていたものの，芝田町工場の全焼，森永信厚会との絶縁問題等により計画が遅れていた（森永製菓［1964］p.110）。この視察によって，以降，製品の多角化が推進された。その理由は松崎によれば「欧米を視察した結果，それらのいずれにおいても単品生産をやっており，なぜ総合経営をやらないかということを質問したときにそういう必要を感じないという返事であ」り，アメリカに比べてわが国の場合，市場規模の観点で国内の消費量および海外への輸出量が小さく，しかも気候の変化が激しくて夏季のチョコレート製品やキャラメル製品のように，季節的に生産―在庫ができない製品があったからであった。「さればといって仕事の繁閑に応じて設備を移動したり，従業員を増減したりすることはこれまたなかなか容易なことではない。原料の都合にしても倉庫の設備にしてもこれに伴って支障が起きる。そこでこの業種による仕事の繁閑を克服して，1年間をつうじて平均作業をするためにはいろいろの種類のものを製造して，この繁閑を調節する外はないということになるのであ」った（松崎［1958］pp.156-157）。

　1918年，機械設備をアメリカから購入しアメリカ人技師のオスカー・グランランドを招請のうえ，芝田町工場に一切の準備を完了して，わが国ではじめて製品製菓原料用チョコレートおよび「ミルクチョコレート」を市場に投入した。24年，鶴見工場の建設のさい，芝田町工場のチョコレート製造機械を移設し，さらに数倍にのぼる大規模なチョコレート製造機械のF・I・プラントをイギリスか

ら輸入して設置した。そして，イギリス人技師Ａ・Ｒ・ホインパーを招聘して品質の向上と研究につとめ，従業員の技術教育にあたらせた。このように鶴見工場ではビスケットの製造から操業を開始し，続いてチョコレートおよびキャラメル製品の製造に全力をそそいだ。18 年の松崎によるアメリカ視察では，キャラメル製品の自動包装機も 2 台購入された。キャラメル製品の大量生産を実現するためには，自動包装機械が必要不可欠であった。

 （4）販売網の囲い込み

　創業時代は製造から小売店への直売でことたりたが，1900 年に三府（東京・大阪・京都）五港（横浜・神戸・長崎・函館・新潟）に，翌 01 年には支那・朝鮮へと，販路が拡大するに随伴して問屋を活用するようになり，1914 年，大阪の特約店で森永友進会，翌 15 年に同じく東京で森永信厚会，九州で九森会を組織した。そして全国的に特約店制度を設け，本社が京浜，東海，東京近県，甲信，北陸，東北，北海道の 7 区域，大阪支店が大阪，神戸，山陰，山陽，四国，九州，朝鮮，満州，台湾の 9 区域を管轄した。このうち森永信厚会が，17 年，専属特約店として森永製菓との特典的取引を継続する一方，財界関係者の出資により前年に新設され，明治製糖の子会社として同じく前年に創設された大正製菓とが合併した新生東京菓子（のちの明治製菓）と取引きすることの申し入れが森永製菓にあり，紛糾するといった事態が生じた。松崎は「類似商品を売らぬという条件はこの制度の根本問題であったばかりでなく，このような根本問題で信厚会と妥協したならば全国各地にも同様な問題が起こり，動揺を来す恐れがあるので断固たる方針を堅持し」，森永信厚会と取引を中止のうえ保井万次郎商店を東京の専属特約店とした（松崎［1958］p.108）。
　他方，大阪では紙サック入り「ミルクキャラメル」が，一躍，菓子業界の大ヒット商品となると森永友進会内でも乱売が激化した。この状況の緩和と販売業者間の融和を図るべく，松崎は次のように考えた。

　　「菓子の事業を 1 つの大きな事業にして社会に認識させようという大願をもつものであってみれば，ますます生産を拡張しまた販売も大いに伸ばしていかなければならないのである。そうなると在来の問屋に委ねることは，あたかも前途をふさがれると同様な結果になるのであって，これを切り開いて進むためには，どうしても製造から販売まで一切を自己の掌中に握る以外には方法がないことになる」（松崎

［1958］p.164）。

4. 1920年代の経営行動

（1）松崎半三郎による2度目の海外視察と自動包装機の購入

　松崎半三郎は，1921年に，ふたたび，海外視察を行なった。この欧米視察では東京工場長の石丸与市と工務部長の大久保鶴吉を帯同し，ベーカー・パーキンス（イギリス）からキャラメルの自動包装機械を2台買い付けた。なぜなら最初のアメリカ視察時に購入した自動包装機械の調子が，万全ではなかったからであった。しかしながら再度の海外視察で購入した自動包装機械も湿度の高いわが国の気候にはなじまず，期待どおりに生産稼動し得なかった。そのため松崎は，その4台の自動包装機を基に新たな機械製造を志向して機械製作部を設置し，スウェーデン技師を雇用のうえ従業員とともにあたらせた。そして多年にわたる研究と工夫を蓄積した結果，ようやく実用に適する機械の創出に成功した。逐次，増設して29年には全社的に完全に自動包装機械の使用に切り替えたが，松崎の第1次アメリカ視察から10年の歳月を要したのであった。
　1928年，わが国初の試みとして温湿度調整装置（エアー・コンディショナー）を導入した。わが国は湿度が高いので，吸湿性の強いキャラメルおよび高温に弱いチョコレート製品の製造には，温湿度調整装置が不可欠であった。キャラメルメーカーが最も注意したのは，湿気や暑さのために夏場に生ずる返品であった。キャラメルメーカーの倒産の8割方は返品によるものであり，森永製菓も長期にわたって配慮し続けた。

（2）販売網の囲い込みの強化

　1921年のこの欧米視察に際して，松崎は森永友進会に「問屋制度の弊害を説明し森永〔製菓〕としては森永製品を専門に販売する事の必要を力説し」〔引用者注〕，自分の帰国までにその準備をすすめるよう要請した（松崎半三郎「森永販賣會社創立の由來」『販賣研究No.67』森永製菓，1935年6月）。それにより，同年，親睦団体であった森永友進会は共同販売制による組合組織に，翌22年，組合組

織から株式組織に、さらに23年、森永製品関西販売株式会社に改組改称された。続いて同年、森永製品東京販売株式会社も創設された。以降29年までに国内外合わせて23の販売会社が設立されたが、松崎は販売会社設立について3つの方針をとった。それは、第1に「森永製菓としては設立せらるる販売会社に対する投資は当該販売会社の資本金の1割以上はしないこと」、第2に「販売会社は森永〔製菓〕の専属特約店である問屋を中心にして設立し、その経営は設立者たる重役に一任すること」、そして第3に「森永製菓と販売会社は森永製品の普及徹底に一体となって協力すること。その目的を達成するため、年数回、代表者会議を開いて販売方針を決定すること」〔引用者注〕であった(松崎[1958] p.166)。

　松崎は販売会社の設立と併行して直営売店の設置を推進した。直営売店は、1923年4月、東洋一といわれたターミナルの東京駅正面の丸ビル玄関脇に第一号店が、森永キャンデーストアーとして開設された。「森永製品を充実して実物宣伝をする」ことを主たる目的とした森永キャンデーストアーは、総面積100坪でカウンター、テーブル、イス、陳列棚等の大部分をアメリカから輸入し、すべての森永製品の小売り販売はもちろん、ココア、コーヒー、アイスクリームからサンドイッチなどの軽食まで、簡易で衛生的なサービスを行なう店舗スタイルであり、アメリカでチェーン方式を学んだ坂本源太が直営部長としてスタートした(松崎[1958] p.168)。同年3月にはブロードウエーで開業していた山野千枝子によって、丸ビル4階に丸の内美容院がアメリカ風の様相で開店した。当時のヘアースタイルは、まだ丸髷や桃割れ、銀杏返しといった日本髪がほとんどであり、東京・銀座にできたカフェーやダンスホールで働く一部のモダンガール(モガ)とよばれた女性たちでさえ髪を束ねたり結ぶ程度であった。この年の9月に発生した関東大震災により、避難や復興作業で和装よりも動きやすいとして洋装が男女を問わず普及していき、また25年に開始されたラジオ放送等の影響などから一般的な生活スタイルが変化していった。27年頃にはカフェーのブームが起こり、モガ、モボ(モダンボーイ)が東京・銀座などを闊歩した。森永キャンデーストアーは、まさに時代の流れを先取りしていたといえよう。

　森永キャンデーストアーは、広告宣伝および近代的店舗の雛形としての性格を有したが、個人経営スタイルの店舗も設置されたものの数量的にはこれを含めても直営売店では限りがあった。したがって、販売網の囲い込みのためには、小売店を傘下におさめる必要があった。それゆえ1928年、菓子小売店を囲い込むべく擬似フランチャイズ・システムの森永ベルトラインストアー制度を創設し

た。ところでわが国産業界においてチェーン・ストアの類は，それまで存在しないわけではなかった。松崎によれば「例えばいろは牛肉店が東京の市内数十の店を持ち，岩屋天狗煙草店が各地に数十の店を持っていたが，その機構，経営方法等は欧米にみられるものとは違っていたようである。大正の末期に星製薬会社や資生堂がチェインストアの名前でやったが，これはチェインというよりボランタリーチェインに属するもので，何か1品やればよいという組織であった」（松崎［1954］p.168）。資生堂は，23年に，小売店との「取引関係を，ヴォランタリーチェインストア式流通機構の販売組織に改め」たものの，「チェインストア組織結成は，乱売による倒産を解消したが，本舗と小売店との共存共栄にはまだ程遠かった」としている（資生堂［1957］p.241）。機構・制度としてのチェーン・ストアーは，森永製菓がその嚆矢といってよい。森永製品販売会社によって問屋を，そして森永ベルトラインストアーによって小売店までも組み入れて販売網の囲い込みに傾注したのは，「外部環境」が激変した状況下，4つの理由によった。

　1つには，明治製菓との競争対抗上の理由からであった。明治製菓が，販売部門を強化すべく1920年に同じく明治製糖の子会社として創業した明治商事の力を得るとともに東京・大久保工場に加え25年に新たに川崎工場（神奈川）を建設した。これにより明治製菓との企業間競争が激化することとなったからであった。

　2つには，財務内容の悪化の対応策の一環としてであった。1923年の関東大震災後に生じた復興景気に乗じて松崎は，鶴見工場の建設，大量大卒社員の採用などを断行すべく，3倍の増資計画を翻して一躍5倍増資に踏み切り大拡張路線を推進した。しかしその後，震災恐慌，金融恐慌に直面し，わが国経済が沈潜した状況下，打開策として資本関係で台湾製糖の出資を得ることに成功した。それにくわえ森永製品販売会社─森永ベルトラインストアーをつうじて販売網を強固に囲い込むことで乱売防止につとめるとともに売上高の増大を果たさなければならなかったからであった。

　3つには，森永製品販売会社の設立に起因した。各地の販社の顧客である小売店を森永製菓が率先して囲い込むことが販社設立の誘引策となるとともに販社制度の拡充にとって必要不可欠な重要事項であった。したがって既存の小売店の擬似フランチャイズ化が拡充のための合理的な方策となったのであった。また中間のみならず最終流通機関までも囲い込むために製品の多角化を推進した。店頭の品揃えの構成上，森永製菓は製品の多角化によるフルライン戦略をとる必要が

あったのであった。

そして4つには，不況の淵に沈淪し経済環境がますます悪化の一途をたどった状況下，一般小売店が対大型店問題で苦境に追い込まれていた状況にあったからであった。百貨店と一般小売店との対立は，1927年頃から表面化し，単に当事者間のみならず社会・政治問題に発展していた。28年のスタート以降も，「商業界の論争の中心は百貨店対小売店の問題であり」，「百貨店が繁栄するに従い，小売店は益々悲境に陥る有様」（森永製菓［1929］p.4）はその度を強めていた。そうした状況下，森永ベルトラインストアーは森永製菓の商号を用いることで社会的な信用が増し，各地の森永製品販売会社による経営指導[3]を受けるとともに一般の小売店では販売されない専売品を販売することをはじめ特別の待遇を受けることができた（森永製菓［1929］p.4）。かくして森永ベルトラインストアーは急速に加盟店を増やしていき，森永製品の小売機能を保有する直取引の有力小売店を含め4,000店まで拡大し42年まで継続した。販売促進策は，広告宣伝にくわえ店頭装飾競技会，「紙製飛行機模型セール」，「キャラメル・チョコレートの空き箱回収運動」，「キャラメル芸術募集と循環展覧会」，「映画『沈丁花』の配役募集とプロムナード・コンサート」他，多くの積極策を展開した。

5. 本章から学ぶこと

東京大正博覧会で土産品として販売した紙サック入り「ミルクキャラメル」が好評を得，1914年に一般市場に投入して大ヒットとなったことはそののちの森永製菓の動向を方向付ける契機となった。くわえて同年に戦端が切られた第1次大戦の影響による従来にない経済の拡大は，森永製菓にとってこれ以上ない追い風となった。それとともにこうした好況下，森永のアメリカ視察中に第二工場を購入して生産を開始していたのは，まさに松崎の英断であった。芝田町工場の全焼といった危局に直面したが，第二工場によって需要に対応することができた。くわえて16年に生じた専属特約店であった森永信厚会との取引上の問題にさいしても，松崎は自説を曲げることなく主張し得た。かりに第二工場がなければ，森永信厚会の注文に応じられず，そこから東京菓子との新規取引きの突破口となり，ひいては専属特約店制度の崩壊に連鎖したかも知れなかったからであった。

1918年のアメリカ視察をつうじて，先進国の市場と企業の経営状況を学び，

松崎はわが国のマーケット規模や気候の特性から製品の多角化を意思決定した。23年の関東大震災後の復興景気と24年以降29年にかけての震災恐慌，金融恐慌，といったさらなる経済環境の悪化は森永製菓にきわめて強い衝撃を与えた。松崎が注力した製品の多角化は，明治製菓との企業間競争，そして森永製品販売会社および森永ベルトラインストアーの創設と強く結び付いていた。さらに森永ベルトラインストアー制によって小売店までも組み入れた販売網の囲い込みには，明治製菓との競争対抗上の措置としてだけではなく業績の向上による財務危機からの脱却とともに販社の設立の誘引策ならびに販社制度の拡充といった意味合いが強く，くわえて百貨店に圧迫された小売店の救済といった目的があった。

　森永製菓は，一方で海外から技術者を招請して従業員教育に当たらせ技術を確立するとともに各種機械を購入のうえ改良改善して「高品質高生産性」を継続して追求した。とくに塚口工場・鶴見工場はともに最新鋭の製菓工場となり，消費市場の規模や気候の変化等，わが国の特性を考慮し，単品至上主義の弊害を自覚してキャラメル，ビスケット，チョコレートといった製品の多角化が行なわれた。そして他方で直取引から特約店，専属特約店制度，さらには森永製品販売会社の設立とともに森永キャンデーストアーならびに森永ベルトラインストアーを創設して販売網の囲い込みに意をそそぎ，新聞を主体とした広告宣伝を販売促進において優先志向のうえ展開した。これは「販売網の囲い込みプラス販売促進策の推進・強化」といえる。すなわち森永製菓の先駆的マーケティング活動は，「高品質高生産性および販売網の囲い込みプラス販売促進策の推進・強化」であったと指摘できる。こうした考察によって，わが国のメーカーが競合他社にたいして競争優位を構築するためには，零細な小売店が多い流通の状況下，高品質高生産性だけではなく卸店，あるいは小売店まで販売網を囲い込み，販売促進策の推進・強化を連動させることがきわめて重要であったことがわかる。

【注】
1）森永太一郎は，菓子新報社から刊行されていた『菓子新報』に「懺悔録」を寄稿している。これは，1933年〜36年まで掲載された。本章では，ここからの引用については，（「懺悔録十六」［1935.3.10］）というように，通番と発行年月日を括弧書きで表記した。
2）1910年，北浜銀行岩下清周頭取の勧告を受けて，松崎は株式会社化をはたした。同年から北浜銀行が閉鎖となった14年までは同行が，そして14年以降継続して三菱銀行が森永製菓のメインバンクをつとめた。三菱銀行の瀬下清支配人は松崎の最大の支援者であった。
3）各地の森永製品販売会社社員は，森永製菓による教育研修を定期的に受けていた。

【文献案内】
　森永太一郎の企業者行動そのもののみならず，森永製菓としてのマーケティングや経営戦略のなかでの森永の行動，あるいは松崎の企業者活動というように少し幅を広げて従来研究をみてみると，この10年余の間に研究蓄積は進展をみた。公刊された主だったものを略述すると，以下のものが挙げられる。
　森田［1999］は，社史を中心として，ある程度の分量をもって森永製菓の経営行動を主題として取り上げた最初の論稿と位置付けられ，森田［2000］においてさらに詳しくその足跡が示され検討・分析されている。
　武田［2004］も資料としては社史を中心に用い，創業以降1910年代半ばまでについて，森永西洋菓子製造所の創設および西洋菓子市場の創造に関して分かりやすく，大変，コンパクトにまとめられている。
　森田［2007］は，森永製菓からの全面的な協力の下，一次資料を十分に活用して，従来にない考察・分析を行なっているところに特徴がある。

【参考文献】
薄井和夫［2004］「戦前期森永マーケティングの再検討―流通系列化政策を中心に―」『関西大学商学論集』関西大学商学会。
宇田川勝［1995］「第3章　近代経営の展開―明治後期から昭和初年の企業経営―」宮本又郎・阿部武司・宇田川勝・沢井実・橘川武郎『日本経営史　日本型企業経営の発展・江戸から平成へ』有斐閣。
老川慶喜［2008］「岩下清周と松崎半三郎―立教の経済人―」『立教ブックレット3』立教学院。
資生堂『資生堂社史　資生堂と銀座の歩み八十五年』［1957］。
武田晴人［2004］「第4章　日本初の西洋菓子製造と販路開拓―森永太一郎と森永製菓の創業」『世紀転換期の企業家たち　百年企業への挑戦』講談社。
松崎半三郎［1935］「随筆小片　五厘で二拾五万萬圓」『販賣研究 No.71』森永製菓，10月。
松崎半三郎［1939］「宣傳は事業の生命なり」『販賣研究 No.100 付録』森永製菓，5月。
松崎半三郎［1954］「思ひ出のまま」『森永製菓五十五年史』森永製菓。
松崎半三郎［1958］「二　思い出のまま」森永太一郎・松崎半三郎『パイオニアの歩み』森永製菓。
森田克徳［1999］「5-A　森永太一郎―森永製菓の創業者　Case5　マーケティング活動の先駆者―森永太一郎と鈴木三郎助―」法政大学産業情報センター・宇田川勝編『ケースブック　日本の企業家活動』有斐閣。
森田克徳［2000］「第1章　森永製菓の制覇」『争覇の経営戦略　製菓産業史』慶應義塾大学出版会。
森田克徳［2007］「第1章　森永製菓―紙サック入り『ミルクキャラメル』」『日本マーケティング史　生成・進展・変革の軌跡』慶應義塾大学出版会。
森永製菓［1929］『森永ベルトライン』6号，9月。
森永製菓［1964］『松崎半三郎』。
森永製菓［2000］『森永製菓100年史―はばたくエンゼル一世紀―』。
森永太一郎［1958］「一　今昔の感」森永太一郎・松崎半三郎『パイオニアの歩み』森永製菓。

（森田　克徳）

第2章

星製薬のマーケティング
―大衆薬マーケティングのさきがけ―

1. はじめに

　読者の中に，星製薬という企業を知っている人は果たしてどのくらいいるだろうか。本書の目次を一見すればわかるように，取り上げられている企業はいずれも今日の日本を代表するビッグ・ビジネスである。
　しかし，この章で取り上げる星製薬はこれらの企業とはやや性格を異にしている。なぜなら，現在，星製薬は不動産事業を主力とする株式会社テーオーシーの連結子会社として製薬事業に従事してはいるものの，その存在感は限りなく小さいからである。テーオーシー［2009］によれば，製薬事業の販売実績は2億4,800万円にすぎない（p.12）。一般用医薬品メーカートップの大正製薬［2009］が，一般用医薬品等のセルフメディケーション事業で1,611億円の売上高を記録している（p.12）のと比べれば，その差は歴然としている。
　それにもかかわらず，あえてここで同社を取り上げようとするのはそのマーケティングが同業であるか否かを問わず，他企業に及ぼした影響が決して小さくなかったと考えるからである。
　本章では，戦前期星製薬のマーケティング活動を，可能なかぎり一次資料に依拠しつつ検討するとともに，その現代的意義を明らかにすることを目的とする。
　本章の主な分析対象は，星製薬の前身である星製薬所が創業した1906年から同社が隆盛を極めた1923-24年頃までとする。なぜならそれ以降，星製薬は阿片事件によって壊滅的打撃を被り，二度と復活することがなかったからである。
　一般に，医薬品といった場合，それは用途区分によって大きく2つに区分される。1つは医療用医薬品である。医師が患者の症状に応じて処方し，使用するもので，産業財的な性格をもつ。いま1つは一般用医薬品（大衆薬ともよばれ，配置薬を含む）である。消費者が疾病の治癒等を目的として自らの判断によって購

入するもので，消費財的な性格をもつ。この章では，とくに後者を中心に取り上げるが，本文中では売薬という用語を用いる。これはわが国において一般用医薬品という用語が普及したのは戦後になってからのことであり，戦前期においては一般用医薬品を指す用語として売薬という用語が用いられていたためである。

2. 星製薬の創業とその背景

（1）明治期わが国医薬品業界の概況

　ここではまず，星製薬の前身である星製薬所が誕生する背景となったわが国医薬品業界の状況について簡単に確認しておくことにする。

　まず，医薬品生産についてである。明治維新後，西洋医学の本格的な導入に伴い，医療用医薬品については西洋医薬（以下，洋薬と記す）が用いられるようになった。それ以前のわが国医学の中心は漢方医学であり，そこでは草根木皮的な和漢薬が用いられていた。わが国では当初洋薬は生産されていなかったため，洋薬需要はすべて高価な輸入品に頼らざるを得なかった。こうした中で，明治初年には早くも小規模な製薬業者によって洋薬国産化の取り組みが開始された。しかし，設備や技術は幼稚であり，生産される洋薬も粗悪品や不良品が多かった。

　1883年，政府は製薬事業を民間の小企業に任せてはおけないとの判断から半官半民の大日本製薬会社を設立し，主に局方品の製造に従事させた[1]。一方，96年には，民間の薬業家だけの力によって大阪製薬株式会社が創立された。98年，同社は経営不振にあえいでいた大日本製薬会社を吸収合併し，社名を大日本製薬株式会社と改称した。この合併によって，わが国最大の製薬企業が誕生した。

　しかし，明治末期に至ってもなお，わが国の製薬業界は小規模な製薬業者が大部分を占めていることに何ら変わりはなかった。また，ごく一部の優良品をのぞけば，この時期の国産医薬品は外国製品の水準にはほど遠く，わが国における洋薬需要は輸入品に依存する形態が続くこととなった（大日本［1978］p.4）。

　売薬生産も事情は同じであった。製薬業者の規模は小さく，家内工業的に細々と生産されるものが多かった（森下［1974］p.32）。売薬は，家法秘伝の処方によって調合されるもので製薬業者ごとに特技をもっていた。明治期に発売された売薬には和漢薬を配合したものが多かったが，洋薬を配合した売薬も次第に登場した。

しかし一方で、効能が疑問視される売薬も決して少なくなかった。これは政府が無効無害主義を採用していたためであった。当初、政府は売薬を蔑視し、禁絶しようとしたが、国民の売薬への需要が高かったため、衛生上明らかに有害と認められる売薬は販売を禁止するが、無害のものは効能がなくても生産・販売を許可したのである。

次に、医薬品流通についてである。江戸時代、医薬品流通の中心は大阪・道修町であった。当時、わが国では漢方医学が採用され、医療用医薬品は唐薬が用いられていた。唐薬は長崎で輸入された後、道修町に運ばれ、薬種中買を介して全国各地に流通された。これらの薬種中買は株仲間を組織し、幕府から強力な法的独占力を与えられていた。明治時代になると、薬種中買株仲間は解散され、薬種の取り扱いについて営業の自由が認められるようになったが、その後も、道修町は医薬品流通の中心的な地位を維持した。

明治期、道修町で活躍していた薬種問屋には、元売問屋、店売問屋、注文問屋があった。元売問屋は輸入品または国内各地の産物、製薬場からの国産医薬品などを仕入れ、これを店売問屋や注文問屋に卸す元扱店であった。店売問屋は注文問屋から受注し、元売問屋から商品を買継ぐものであった。注文問屋は地方問屋からの注文によって、元売問屋もしくは店売問屋から商品を買継ぎ、出荷する地方向けの問屋であった（田辺［1983］pp.56-58）。

明治中期から後期にかけて、道修町で取り扱われていた医薬品の中心は輸入洋薬であり、局方品が多くを占めていた。局方品は一定の規格にしたがって製造されたものであれば、どの製造業者が生産したものも同様に扱われた。局方品中心の取引をしていた頃の問屋取引は道修町内での仲間取引が中心であり、元売問屋の勢力基盤は道修町をはじめとする一部の地域にとどまっていた。これに対し、地方に独自の強固な販売地盤をもっていた注文問屋の勢力はきわめて強く、元売問屋といえども、地方への販売については慎重にならざるを得なかった[2]。

売薬流通においては、明治末期、売薬を専門に取り扱う売薬問屋が台頭した。従来、売薬の主な販売方法には行商のほか、店売があった。店売は製薬業者が自ら各地の小売商（請売者）を訪問して売薬を預け置き、1年に1回または2回集金と補充を行なうというものであった（吉田［1962］p.33）。しかし、広告媒体としての新聞の発達に伴い、製薬業者は次第に販路を全国に求めるようになった。また、売薬需要が増加する中で、売薬の数も一層増大した[3]。こうして製薬業者と小売商の地理的距離は拡大し、両者を仲介する売薬問屋が出現をみることと

なった。明治末期には，売薬の販売経路は，製薬業者→売薬問屋→小売商のように定型化し，売薬問屋は売薬流通の中心的地位を占めた。

(2) 星製薬の創業と局方品の製造

　星製薬が資本金50万円（4分の1払い込みで，払込済み金額は12万5千円）の株式会社として設立されたのは1911年だった。しかし，同社の起源はさらに古く，06年，星一が星製薬所を創業したところにまで遡る。

　創業者の星一は1873年，福島県に生まれた。東京商業学校を卒業後，94年に渡米した。97年，コロンビア大学に入学し，経済学，財政学，統計学などを学んだ。中でも統計学には強い関心をもち，熱心に研究した。アメリカ滞在中，星は病気をしないよう心がけた。からだの調子が変だなと思うと，すぐに売薬を買って早めに悪化を食い止めるようにした（星［1978］pp.8-9）。このため，売薬に関する知識が自然と身についていった。また，星は新聞や雑誌の発行を手がけた。99年には日本語新聞『日米週報』を，1901年には英文雑誌『Japan and America』を発行した。前者は好評を博し，利益も生んだが，後者は赤字続きであった。05年，星はそれまでアメリカで得た経験やそこで学んだものを基礎として日本で何か大きな事業に取り組んでみようと決心し，採算のあがらない『Japan and America』を廃刊し，『日米週報』の事業を友人の手に委ねて帰国した。

　帰国後，星にはさまざまな仕事の誘いがあったが，これらをすべて断り，自ら事業を始めようと考えた。「事の成否は終局にあらずして，むしろスタートにあり」という信念から取り組むべき事業については，統計的な調査を行ない，慎重に選択することにした。履物業，金物業，製薬業の3つが候補となったが，最終的に星が選んだのは製薬業であった。大衆性があり，小資本で着手することができ，将来，無限に発展させることができるというのがその理由であった。

　ちょうどその頃，星はイヒチオール製造に関する研究の譲渡に関する話をある友人からもちかけられた（星［1998］p.271）。イヒチオールは局方品の1つで，消炎効果を有する洋薬であり，湿布薬の原料であった。当時，わが国では洋薬需要の大半を欧米諸国，とりわけドイツからの高価な輸入品に依存していたのだが，イヒチオールも例外ではなかった。また，イヒチオールは病院や開業医などによって大量に使用されていた薬であり，多くの需要が見込まれた。こうしたことから，星は400円でその友人からイヒチオールに関する研究を譲り受け，1906年，さ

さやかな個人経営の星製薬所を創業し，製薬に着手することになった。

しかし，星は薬学についてはまったくの素人であった。このため，薬学に関する本を購入し，知識の習得に努める一方，薬学校から講師を招聘し，薬学についての教えを受けた。また，彼はイヒチオールの創製に取り組む過程で原料の工夫を重ね，石炭からガスを採取した後に排出されるタールを利用することによって，きわめて安価にイヒチオールを作ることができることを発見した。試行錯誤を繰り返した結果，1907年，星は日本において初めて日本薬局方に適合するイヒチオールを作り出すことに成功した。そして08年，星は粗末なバラックの工場を深川（現在の東京都江東区）に建設し，イヒチオールの事業化に乗り出した（『ホシ』[作成年不詳] pp.7-8)。

星はこうして生産されたイヒチオールを，問屋を通じて販売した。星の生産したイヒチオールの評価は高く，事業は順調な滑り出しをみせた。当時，イヒチオールの生産費は1キログラムあたりおよそ1円程度であった。日本はそれを5円で欧米諸国から輸入していた。星が生産したイヒチオールは輸入品と比較して品質的に遜色なかったため，問屋は輸入品とほぼ同じ値段で引き取ってくれた。

創業間もない頃の星はイヒチオール（局方品）の商品特性に加え，自転車操業に近い状態だったこともあり，もっぱら生産活動にのみ従事していた。

3. 売薬分野への進出とマーケティング

(1) 売薬生産の開始

1910年，星は工場を大崎（東京都品川区）に移転し，本格的に売薬の生産に乗り出した。局方品に加え，各種売薬を次々に売り出した。この過程で，星の事業にとって重要な意味をもったのは事業資金を得られたことであった。08年，星は衆議院議員選挙に立候補し，代議士に当選した。これをきっかけに，岩下清周，片岡直温，木村省吾ら実業家出身の代議士の知遇を得ることとなった（京谷[1924] p.170）。そして10年，星の製薬事業に賛同した彼らは匿名組合を組織し，25,000円の資金を集めてくれたのだった。この資金をもとに，工場を増築し，従業員を増員するとともに，薬剤師や薬学者を招聘して研究を行なわせた。さらに11年には，会社形態を株式会社に改組（星製薬株式会社となる）した。星はこれ以降，

たびたび増資を行なって，工場規模を拡大し，近代的な機械設備を次々と導入し，量産体制を構築していくことになる。

　ところで，星がこの時期に売薬事業に乗り出した背後には，売薬をめぐる政府の方針転換があった。1909 年，「効能なき売薬を免許せざる件」という内務省衛生局長の通牒を出して，従来の無効無害主義から有効無害主義へ方針転換を図ったのである。さらに 14 年には，この方針転換の実効性を担保する観点から売薬法が制定された。それまでの売薬は事実上届け出制であり，売薬営業者（製薬業者）の資格はとくに定められていなかったため，専門的知識のない者でも容易に売薬を製造・販売することができた。その結果，効能が疑わしい不良売薬が蔓延した。そこで，売薬法では売薬営業者の資格を定め，薬剤師，薬剤師を使用する者または医師でなければ，売薬を製造・販売できないとした。さらに，有効無害主義の実効性を確保するために，毒薬・劇薬等使用の禁止，売薬の効能説明における誇張表現使用の禁止，売薬検査の実施等に関する規定が設けられた。

　政府の売薬に対する方針転換の意義は政府が売薬の積極的な存在意義を認めたことにあった。明治末期，売薬需要がますます増加する中で，長年にわたって売薬蔑視の方針を採ってきた政府も，いよいよ売薬の存在意義を認めざるを得なくなったのである[4]。しかし同時に不良売薬に対する国民の不満は大きく，明確な効能が認められる売薬に対する潜在的な需要は少なくなかった。とくに，医師の診療を受けることが困難な山間僻地をはじめ，地方に住む人々にとってそれはより一層切実な問題であった。こうした中で，政府が売薬に対する方針転換を図ったことは国民の売薬に対する評価と信用を一段と高めることとなった。星はこの状況を千載一遇のチャンスと捉え，売薬事業に本格的に進出したのであった。

（2）星製薬の生成期マーケティング

　図表 2-1 は星製薬と，ライバル関係にあった三共の営業成績の推移を示したものである。星製薬が，いかに急速な成長を遂げたかをうかがうことができよう。

　星が飛躍的な成長を遂げた大正期は売薬法の成立による売薬への社会的信用の向上，国民の所得水準の高まり，保健・衛生思想の普及等によって国民の売薬に対する需要が従来以上に高まり，市場が急速に拡大した時期であった。図表 2-2 は大正期における売薬印紙税額と売薬生産額の推移を示したものである。当時，売薬には小売定価の 1 割の印紙税が課されていた。このため，この印紙税額

図表2−1　星製薬と三共の営業成績の推移

(単位：円)

	総益金		当期利益金	
	星製薬	三共	星製薬	三共
1912年（上期）	N/A		N/A	
1912年（下期）	N/A		N/A	
1913年（上期）	N/A	431,284	N/A	89,349
1913年（下期）	81,495		8,073	
1914年（上期）	62,401	212,443	9,825	62,719
1914年（下期）	N/A	226,299	N/A	67,536
1915年（上期）	N/A	408,355	N/A	128,563
1915年（下期）	N/A	N/A	N/A	N/A
1916年（上期）	N/A	N/A	N/A	N/A
1916年（下期）	N/A	N/A	N/A	N/A
1917年（上期）	N/A	1,331,888	N/A	513,211
1917年（下期）	349,431	1,320,201	199,881	750,554
1918年（上期）	460,180	1,213,084	253,522	394,925
1918年（下期）	N/A	N/A	N/A	N/A
1919年（上期）	832,894	1,503,475	421,829	394,761
1919年（下期）	1,242,741	1,456,242	700,045	489,492
1920年（上期）	1,600,381	1,985,691	724,372	747,112
1920年（下期）	1,479,146	1,642,276	683,586	495,793
1921年（上期）	1,631,152	1,574,969	687,753	372,293
1921年（下期）	2,130,705	1,871,699	905,389	581,741
1922年（上期）	2,121,722	1,675,337	868,581	448,808
1922年（下期）	2,610,997	2,004,751	879,929	555,664
1923年（上期）	2,543,649	2,149,865	922,489	592,870
1923年（下期）	2,352,720	1,867,177	992,303	635,260
1924年（上期）	2,870,786	1,908,993	1,146,170	571,602
1924年（下期）	3,391,668	2,406,126	1,289,672	691,778

(注) 1. 三共は1913年に第1回目の営業報告書を出した。第1回報告書の会計期間は1913年3月1日〜同年12月31日であった。

(注) 2. 星製薬の営業報告書の会計期間は上期が12月1日〜5月31日、下期が6月1日〜11月30日であった。一方、三共のそれは1914年上期〜1917年上期までは、上期が1月1日〜6月30日、下期が7月1日〜12月31日であったが、1918年上期以降は上期が12月1日〜5月31日、下期が6月1日〜11月30日に変更された。こうした会計期間の変更に伴い、1917年下期の会計期間は7月1日〜11月30日と1カ月短かった。

(注) 3. 円未満は切り捨てた。

(出所) 両社の営業報告書より筆者作成。また、データが得られなかった部分についてはN/Aと表記した。なお、1913年下期および1914年上期の星製薬のデータは「最近の考課状」(1915.2.15.p.47) より引用した。

図表 2 − 2　売薬印紙税額と売薬生産額の推移

(単位：円)

年	売薬印紙税額	売薬生産額
1912	2,239,379	22,393,790
1913	2,318,891	23,188,910
1914	2,353,582	23,535,820
1915	2,367,059	23,670,590
1916	2,737,860	27,378,600
1917	3,361,290	33,612,900
1918	4,489,860	44,898,600
1919	6,591,943	65,919,430
1920	7,964,151	79,641,510
1921	8,795,588	87,955,880
1922	7,081,923	70,819,230
1923	9,691,219	96,912,190
1924	10,449,131	104,491,310

(注) 売薬生産額は売薬印紙税額に基づく推計値。売薬印紙税は小売定価の1割である。
(出所) 内務省［1923］p.247 および内務省［1926］p.251 をもとに筆者作成。

をもとに売薬生産額(推計値)を知ることができる。図表2-2でみられるように，1912年には2,239万円に過ぎなかった売薬生産額は24年には1億円を超えるまでになった。こうした状況下で，売薬製造業者間の競争も激化していくことになった。

以下では，大正期の星製薬の急成長をもたらした最大の要因はマーケティングにあったという見地に立って，同社の生成期マーケティングについて検討する。具体的には，①チャネル政策，②販売促進政策，③製品政策の3つを取り上げる。

①　チャネル政策

星は本格的に売薬分野に進出すると同時に，特約店制度を導入して自社販売網の整備に着手した。1町村に1軒の割合で特約店(小売商)を配置し，これらと製薬業者である星が直接取引を行なうというものだった。特約店希望者に25円を払い込ませ，星が25円分の売薬を特約店に送ることによって特約店契約の効力が発生することになっていた(大山［1949］p.127)。特約店は，一定の独占的販売区域を保障された。この特約店制度は，星がアメリカ滞在中に発展を遂げつつあったチェーン・ストアにヒントを得たものであるとされる。

特約店募集には，雑誌や新聞などの媒体を利用した。雑誌や新聞に特約店募集

の広告を掲載し，希望者から申し込みを募った。たとえば，1913年3月23日付けの『東京朝日新聞』に掲載された広告は同社の重役または顧問として，岩下清周，片岡直温，松方幸次郎，後藤猛太郎，野口英世らそうそうたる顔ぶれを写真入りで紹介した上で，㈦1区域に1つの特約店を置くことで独占的な営業権を保障すること，㈵だれでも小資本で簡単に開業できること，㈸特約店開業時には看板や広告紙を提供し，開業後は新聞や雑誌を利用して広告宣伝を行なうなど，さまざまな支援策を講じて特約店の利益増進に努めること，㈩多大の利益を得られる商売であること，㈺著名人が役員や顧問に名を連ねる会社であること，を全面に押し出す内容となっていた。

これは，特約店になろうとする者からみれば，きわめて魅力的なものであった。さらに，星は特約店への販売価格を競合他社よりも低いラインに設定してより大きな利幅を保証し，自社の特約店となることに対するインセンティブを提供した（「米国流」［1914］p.129）。

しかしその一方，特約店は特約を維持するために売上を高めなければならなかった。また，当時，商品売買は貸し売りが一般的だったが，星は貸し売りには弊害が多いとして現金取引制度を導入した。特約店となるためのハードルは決して低くはなかったが，全国から特約希望の申し込みが相次いだ。

その結果，国内における特約店数は1910年の時点では700店程度に過ぎなかったが，13年には4,000店，17年には15,000店，23年には35,000店以上に達した。

ところで，星が売薬の製造開始を契機として自社販売網の整備に乗り出した理由は何だったのか。星は「売薬の改良」，「粗製売薬の撲滅」を旗印に売薬の製造を開始した（『星製薬』［1913］第2面）。そこにおける星のねらいは新興企業である自社の売薬に対する需要を創出し，その全国的普及を図ることにあった。また，売薬は銘柄品であった。市場の需給関係に基づいて価格が決まる局方品とは異なり，独自の価格設定が可能であり，製薬業者からすれば，積極的に販売しようとするインセンティブが高い商品であった。さらに，売薬は推奨販売に適した商品であった。売薬は消費者が品質を容易に判断しにくい商品であるため，店員による推奨販売が重要な意味をもった。他社商品に優先して自社商品を推奨販売してもらうことは，競争上きわめて重要であった。小売商の積極的な協力を得るためには，両者の距離を縮め，関係をより一層緊密にすることが不可欠であった。

以上のことを考えた場合，卸売商主導型の流通機構のもとで製薬業者独自の販売政策を貫徹することは困難であった。卸売商にとって，星は数多いる無名の製

薬業者の1人にすぎず，卸売商に対して星の商品の積極的な取り扱い（取扱い数量や取扱い比率の拡大，差別的・優先的販売など）を期待することは不可能に近かった[5]。さらに，当時，医薬品の販路網は卸売商によって掌握されており，新興の製薬業者である星がそこに介入するのは容易なことではなかった。事実，当初，星の特約店になった人には，農業，荒物商，雑貨商などの本業に従事するかたわら，副業として従事した人や，郵便局員，教員，米穀商などから転じて本業として開業した人が少なくなかった。星が特約店制度の導入によって自社販売網の整備に乗り出した背後には，こうした事情が存在していた。

　星製薬の特約店制度は，製造業者と小売商の直接取引を基本としていた。しかし大正期に入ると，星は両者の間に元売捌所を設け，販売組織の再編成を進めた[6]。元売捌所には道府県ごとに設置される元売捌所（以下，道府県元）と市区郡ごとに設置される元売捌所（以下，市区郡元）があった。道府県元は当該道府県を担当地域とし，その地域内の市区郡元と星製薬との間に介在し，商品の分配取次を行なうものであった。市区郡元は当該市区郡を自らの担当地域とし，その地域内の特約店と道府県元との間に介在し，商品の分配取次を行なうものであった。

　これらの元売捌所は基本的に①全国各地の町村にそれぞれ1箇所の割合で特約店を設け，特約店の設置がそれぞれの市区郡のほぼすべての町村に及んだ段階で，その市区郡に1つの割合で市区郡元を設置する，②市区郡元が各道府県のほぼすべての市区郡において設置された段階で，その道府県に1つの割合で道府県元を設ける，という手順で設置されることになっていた。

　これらの元売捌所はそれぞれ道府県元であれば当該道府県内のすべての市区郡を，市区郡元であれば当該市区郡内のすべての町村を独占的な販売区域としていた。したがって，当該区域内の元売捌所あるいは特約店は自らが所属する区域を管轄する元売捌所とのみ取引することとされていた。

　これらの元売捌所は，星製薬の専売店であった。当初は必ずしもすべてが星製薬の専売店ではなかったが，大正時代の中期以降，専売制が徹底して導入された。

　これらの元売捌所は基本的に特約店の中から選ばれた。しかし，地域によっては適任者を確保できない場合もあった。その場合，各地の有力な卸売商と交渉し，これらを元売捌所とした。この場合，卸売商は本体とは別に，星製薬の商品を専門に取り扱う専売店を設けるパターンが多かった。

　星が元売捌所を設ける形で販売組織の再編成を行なった理由として，3つの点

図表2-3　星製薬の販売経路

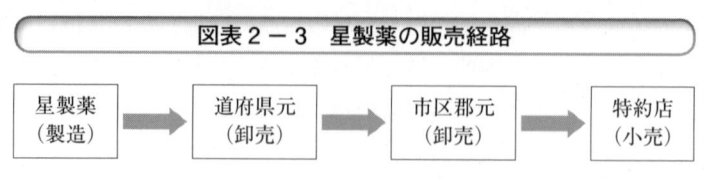

星製薬（製造）→ 道府県元（卸売）→ 市区郡元（卸売）→ 特約店（小売）

（出所）星一［1923b］p.64に掲載された図に加筆・修正を加え，筆者作成。

が考えられる。第1に，業務効率上の問題である。当初，星は特約店から葉書，封書，電報などで注文を受け，商品を発送していたが，特約店数が増加するにつれて特約店からの注文に適切かつ迅速な対応することが困難な状況が生じてきた。こうした事情から，星は元売捌所を設けて取引の集約化を図り，業務効率の改善を図ったと考えられる。第2に，物流上の問題である。従来，特約店が注文してから入荷するまでには相当の時間を要した。このため，急な需要が生じた場合，迅速に対応することが困難であった。星は各地に元売捌所を設け，在庫を保有させることによって，この問題に対応しようとしたと考えられる。第3に，販売経路政策に関する問題である。特約店の設置が順調に進まない場合，その地域に元売捌所を設け，担当区域を割り当てた上で彼らに特約店の新規開拓を行なわせたと考えられる。また，販売意欲が乏しい特約店を星の商品の販売活動に積極的に携わらせる観点から，彼らを特約店の指導に当たらせたものと考えられる。

星製薬の販売の仕組みは分配取次機関として道府県に道府県元を，また市区郡に市区郡元を設置した結果，図表2-3のような販売経路構造をとることとなった。

②　販売促進政策

星は，当時売薬業界に蔓延していた誇大広告を批判しながらも，売薬の販売には広告が不可欠であると考えていた（『星製薬』［1915］第3面；星［1923a］pp.89-92）。このため，星は広告宣伝に大きな力を注いだ。もっとも一口に広告宣伝といっても，同社が展開した広告宣伝はきわめて多岐にわたった。1922年1月1日付の社報には，当時，同社が展開した広告宣伝方法が紹介されている（図表2-4）。

このうち，星がとくに力を入れたのが新聞広告だった。星が新聞広告に注力した理由の1つは，当時，新聞は商品情報を全国に普及させる上でもっとも有効かつ有力な手段だったからである。大量消費型の社会状況が顕著となった大正時代は新聞が従来の政論新聞から大衆的報道新聞へと変貌を遂げた時期であり，発行部数も顕著な上昇を示した。このことは新聞の広告媒体価値を一段と高め，新聞

図表２－４　星製薬の広告宣伝方法

広告媒体	詳　　細
新　　聞	日刊新聞，週刊・月刊新聞，薬業新聞，医事新聞
雑　　誌	普通雑誌，医薬雑誌
社　　報	第一版…特約店版，第二版…学校，官衙版
新　報　知	
引　　札	星の光（月刊新聞型広告），普通チラシ
ポスター	
看　　板	星好会看板，木製その他，鉄道沿線
活動写真	本社直営（地方巡回），岡山県，広島県，島根県，鳥取県，兵庫県
店　　舗	イルミネーション，小売部，窓飾
博　覧　会	陳列，広告塔，その他
玩　　具	飛行機，小旗

(出所)『星製薬』[1922] の資料をもとに筆者作成。

広告の目覚ましい躍進をもたらした（電通 [1991] pp.60-61）。とりわけ売薬は化粧品，図書と並び，御三家と称され，常に全国新聞広告掲載量ランキングの上位を占めていた（内川 [1976] pp.206-208）。星が新聞広告を重視したいま１つの理由として，星のアメリカ滞在時の経験が挙げられる。星は，アメリカ滞在中に新聞や雑誌の発行を手がけた。その中で，彼は新聞広告が社会に与える影響の大きさを知るとともに広告方法も学んだ。星はそれらを自らの売薬の広告に活用した。

星は新聞広告を本格的かつ大々的に展開した。まず，広告を掲載した新聞社数をわが国の主要な日刊新聞についてみると，1921年当時，東京には15，大阪には5，それ以外の地方には合計300余りの日刊新聞が存在していた。このうち，星が広告を掲載した新聞は東京と大阪の日刊新聞をすべて含め，全国で220社前後にのぼった。また，広告に掲載した文章量をみると，星は上記の新聞社の大部分に対して，毎月１社平均4,050行の広告を載せていた。したがって，全体を220社とした場合，１ヵ月あたり89万１千行，１ヵ年あたり1,069万２千行の広告を載せている計算になった（『星製薬』[1922] 第７面）。さらに，新聞広告料の観点からみると，星は全盛期には毎月15，6万円から20万円にのぼる広告宣伝費を投下した（大山 [1949] p.139）。1923年５月３日に『東京朝日新聞』に掲載された一面広告では，「地を見よ　空を見よ　一は天空を支配し　一は地にゐて薬界を支配す　クスリはホシ　クスリはホシ　頭から手足の先きまで　クスリはホシ」とうたって世間の話題をさらった。

また，星は看板にも力を注いだ。これには鉄道看板と星好会看板があった。前

者は1921年から3年計画で取り組まれたもので、全国の鉄道沿線1マイルごとに高さ約182cm、幅約545cmの看板を建てるというものであった。当時日本には国鉄、私鉄合わせ、総延長8千マイルあったため8千枚が建てられた。建設費は1枚80円程度であり、全体で約64万円の費用が投じられた。後者は、1919年1月に星製薬が特約店を優待する目的で設立した星光会の会員に、無料で配布されたものである。琺瑯質の看板で30年間、最初と同様の美しさを保つとされた。

さらに、星は本社直営の活動写真隊を編成した。1919年に初めて編成された活動写真隊は1922年時点で7隊あり、それぞれ地方を巡回して大々的に広告宣伝活動を展開した。地方特約店が共同で活動写真隊を組織するケースもみられた。

このほか、星が力を入れて取り組んだものに社報があった。本来、社報は星製薬による特約店の教育手段、または星と特約店との間のコミュニケーション手段としての役割を担うものであった。このため、従来は特約店にのみ送付されていた。しかし、1921年、新たに第2版が発行され（従来の特約店向けの社報は第1版とされた）、全国各地の学校、市町村役場、警察署及び銀行等に送付された。これらの機関に勤める人に日本の薬業界の状態を知ってもらうとともに、星製薬の事業に理解と関心をもってもらうことが主な目的であった。また、星は『新報知』（1910年10月1日創刊）や『家庭乃花』（1912年8月1日創刊）などの雑誌を自ら発行し、広告宣伝媒体として活用した。さらに、小冊子『家庭医書』（1910年2月19日初版発行）を出し、国民の衛生思想の向上に努め、疾病に対する理解の促進を図る一方、自社商品の広告を行なった。

③ 製品政策

星は新たな売薬を開発する際、確かな需要の見込みがあることを確認した後に実行に移した。すなわち、発売しようとする売薬にどの程度の需要があるのかを各種統計等を用いて調査し、十分な需要が存在することを確かめた上で、研究・実験・製造に取りかかった（『星製薬』［1920］第4面）。この方針は、星が売薬生産に携わった当初から一貫していた。星の製品政策の特徴としては、次の3点を指摘することができる。

第1に、星は顕著な効能が認められる売薬を開発・製造した。すでに述べたように、星が売薬の生産に乗り出した頃の売薬業界は政府の無効無害主義の方針のもと、不良売薬が市場に蔓延していた。しかし一方で、国民の売薬に対する需要はきわめて強く、年を追うごとに需要は高まる傾向にあった。このため、1909年、

政府は有効無害主義への転換を図り，1914年の売薬法の成立につながった。この結果，売薬に対する社会的信用は飛躍的に高められた。このような経緯からも明らかなように，国民の間には確かな効能がある売薬への期待はきわめて高かった。こうした中で，星はそれに応える売薬を作り出していった。それは最新の科学を応用し，薬学博士その他の技術者の指導のもと，厳選された原料を用い，日本薬局方によって薬剤師が調剤した科学的製剤だった。

第2に，星は企業名「ホシ」をすべての売薬に付与した。たとえば，ホシチオール，ホシ胃腸薬，ホシ眼薬等に典型的に象徴されるように，ホシは発売する売薬のすべてに「ホシ」を冠した。知名度が低かった時代には自社を社会に認知してもらう必要があったことに加え，他の数多の売薬とは異なるまったく新しい売薬であることをアピールし，他売薬との差別化を図るねらいがあったためである。

第3に，製品ラインを充実させた。売薬分野への進出当初，星は上記の売薬を含め，13種の売薬を取り扱っていた（『新報知』［1910］第16面）。その後，徐々に製品ラインを拡充させ，大正末期（1923年頃）に手がけた売薬は69種にのぼった。それは消化器病薬，解熱鎮痛薬，脳神経病薬，婦人病薬，小児専門薬，呼吸器病薬，血行器解毒殺菌薬，皮膚病一般薬，局所外用薬等など多岐にわたった。当時，同社が広告に用いた「頭から手足の先きまで　クスリはホシ」というキャッチコピーにみられるように，消費者の多様な需要に対応しうる製品ラインを具備していたといえる[7]。しかし，それらの中でも際だった存在感を示したのがホシ胃腸薬だった。ホシ胃腸薬は星製薬所時代からのロングセラー商品であるとともに，消費者からの指名買いが期待できる超売れ筋の銘柄品であった。当時，ホシ胃腸薬が爆発的なヒット商品となった背景には，当時，胃腸炎が死因の上位（1920年には第2位）にランクされていたという事情があった（吉原・和田［1999］pp.16-17）。

4.　本章から学ぶこと

アメリカへの留学経験をもつ星一が，星製薬の前身・星製薬所を創業させたのは1906年であった。当初，星が生産したのは局方品のイヒチオールであり，卸売商を通じて販売していた。星がマーケティング活動を開始したのは，1910年に売薬の生産に乗り出したことがきっかけだった。彼はアメリカ滞在時に大学で

修めた統計学等の学問，自らが手がけた新聞・雑誌の編集についての経験，その他日常生活の中で学んださまざまな事柄や知識を応用しながら，独自のマーケティング活動を行なった。

いまここにみてきた星製薬の生成期マーケティングに関する事例研究からは，少なくとも2つの現代的意義を見出すことができるように思われる。1つは，マーケティングが企業の成長と競争優位の構築にきわめて大きな役割を果たしたという点である。星製薬の生成期マーケティングは，ささやかな個人経営の製薬所から出発した星製薬を大企業へと成長させる重要な競争手段であった。もっとも，同社は大正時代末期の阿片事件をきっかけに2度にわたる破産宣告を受けるなど壊滅的打撃を被った。このため，同社のマーケティングが現在の同社のサクセス・ストーリーの一大要因であったと結論づけることはできない。また，同社の成長は売薬のマーケティングのみによってもたらされたものではない。たとえば，星は大正時代の中頃，モルヒネの独占的製造販売権を獲得し，次いでヘロイン，コカイン，キニーネ，アトロピン等のアルカロイド類の精製に次々と成功した。こうした医療用医薬品の独占的取り扱いがもたらした収益は，大正期における星製薬の成長の重要な要因であった。しかし，それらの医療用医薬品の研究・開発のための原資を生み出すとともに，大正期における星製薬の急成長をもっとも強力に牽引したのはほかでもない売薬事業とそのマーケティングであった。星製薬にとってマーケティングは大企業としての地位を確立するための，あるいは競争上の優位性を確立するための有力な競争手段であった。

いま1つは，星製薬の生成期マーケティングは医薬品業界にとどまらず，当時あるいはその後の産業界にマーケティングにかかわる有益な示唆を与えたということである。たとえば，星製薬のマーケティングの影響を受けた企業の事例として，大正製薬，佐藤製薬，小林コーセー（現・コーセー），学習研究社（現・学研ホールディングス）などを挙げることができる（大正［1993］p.29；大江［1966］p.79；理想［1996］p.40；岡本［1994］pp.236-239）。これらの企業はいずれも，今日，それぞれの業界で確固たる地位を確立しているわけであるが，そうした地位を構築することができた主な理由の1つはそのマーケティング（とくにチャネル政策）の成功にあったといってよい。星の生成期マーケティングは，これらの企業のマーケティング実践に対して重要なヒントを与えたのである。

このような意味からみた場合，現在，同社のマーケティングに対する評価・注目度は決して高いとはいえない。近年，ようやくマーケティング研究において，

戦前期のわが国企業によるマーケティング活動を歴史的視点から明らかにしようとする研究がさかんに行なわれるようになってきた。たしかに，今日の大企業のサクセス・ストーリーという視点からみれば，資生堂，森永製菓，大正製薬といった企業が代表的な先駆的事例として取り上げられ，研究されるのはもっともなことである。しかし，他の企業に与えた示唆または影響という視点からみた場合，それらの企業の列に星製薬の名が加えられてよいのではないかと思われる。

(付記：本章は，平成21年度長崎県立大学学長裁量研究費に基づく研究成果の一部である。)

【注】

1) 局方品とは日本薬局方に収載された医薬品を指す。
2) 地方問屋とその取引先である小売商との間には，長年の取引から生じた親近感と誠実な取引から生まれた信頼に基づく密接な関係が形成されていた。
3) 内務省[1911] p.134によれば，1900年に56,325だった売薬方数は1909年には68,147に増加した。
4) たとえば，1919年から1924年までの医療用医薬品と売薬の生産額の比率はおよそ前者の4割に対して後者は6割であった（商工大臣[1926] p.560）。
5) 製薬業者が卸売商を利用する場合のデメリットとして，不況時における貸し倒れリスクの問題，流通経路上の地位を利用した卸値の引き下げ要求，卸売商への引き渡し後，商品の販売状況が把握しにくいことなどが挙げられる。
6) 星が元捌所の制度を導入したのは1914年であった。星はこれらの元売捌所に保証金を要求した。これは特約店からのさまざまな注文に対して滞りなく商品を供給するためには元売捌所が一定の売薬を常に備蓄しておく必要があるという考えに基づくものであった（『星製薬』[1914]第2面）。
7) 星は一般消費者向け商品として，売薬のほか，化粧品（大正中期），さらには食料品（大正後期）の開発・生産にも乗り出した。

【文献案内】

明治・大正期のわが国医薬品業界の状況については，日本薬史学会[1995]，武田[1983]，田辺製薬[1983]，池田[1929]などに詳しい。森下仁丹[1974]では，明治末期の売薬製造業者がどのように生産活動を行なっていたのか，その具体像を知ることができる。星製薬の創業者・星一の経歴については，京谷[1924]，大山[1949]，星[1978][1998]，杉山[1988]を参照されたい。ちなみに，星[1978][1998]の著者である星新一は星製薬の創業者・星一の子息である。明治末期から大正時代にかけて，新聞は企業が全国に向けて自社商品を広告する上できわめて重要な役割を果たした。当時，わが国の広告およびその重要な媒体の1つである新聞がどのように発展していったのかについては本章では詳しく触れることができなかった。この点については，電通[1991]や内川[1976]に詳しいので是非参照されたい。それらには，当時の全国新聞広告掲載

量ランキングの時系列データも掲載されており，大変興味深い。『星製薬株式会社社報』は星が特約店を教育するために出版されるようになったものであるが，戦前期の星製薬の企業活動の実態を知る上で貴重な一次資料である。

【参考文献】

池田松五郎［1929］『日本薬業史』薬業時論社。
内川芳美［1976］『日本広告発達史 上』電通。
大江辰夫［1966］『薬ひとすじに 佐藤幸吉伝』実業之日本社。
大山恵佐［1949］『努力と信念の世界人 星一評伝』共和書房。
岡本文良［1994］『望洋 古岡秀人伝』学習研究社。
京谷大助［1924］『星とフォード』厚生閣。
「最近の考課状」［1915］『東洋経済新報』第696号，2月15日。
三共［1913-1924］『営業報告書』。
商工大臣官房統計課編［1926］『大正13年 工場統計表』東京統計協会。
『新報知』［1910］第1巻第1号，10月1日。
杉山茂丸［1988］『百魔』講談社。
大正製薬株式会社社史編集事務局編［1993］『大正製薬80年史』大正製薬。
大正製薬［2009］『有価証券報告書』，3月。
大日本製薬八十年史編集委員会編［1978］『大日本製薬八十年史』大日本製薬。
武田二百年史編纂委員会編［1983］『武田二百年史』武田薬品工業。
田辺製薬株式会社社史編纂委員会編［1983］『田辺製薬三百五年史』田辺製薬。
電通90年史編纂委員会編［1991］『「虹をかける者よ」電通90年史』電通。
テーオーシー［2009］『有価証券報告書』，3月。
内務省衛生局編［1911］『衛生局年報』。
内務省衛生局編［1923］『衛生局年報』。
内務省衛生局編［1926］『衛生局年報』。
日本薬史学会編［1995］『日本医薬品産業史』薬事日報社。
「米国流経営法をとれる星製薬株式会社」［1914］『実業界』第8巻第2号，1月1日。
星新一［1978］『人民は弱し 官吏は強し』新潮社。
星新一［1998］『明治の人物誌』新潮社。
星製薬［1917-1924］『営業報告書』。
『星製薬株式会社社報』［1913］第1号，11月1日。
『星製薬株式会社社報』［1914］第6号，9月1日。
『星製薬株式会社社報』［1915］第11号，3月1日。
『星製薬株式会社社報』［1920］第75号，7月1日。
『星製薬株式会社社報』［1922］第93号，1月1日。
『ホシチエーンストア規定』［作成年不詳］。
星一［1923a］『科学的経営法の真諦』星製薬商業学校。
星一［1923b］『哲理商事経営学』星製薬商業学校。
森下仁丹編［1974］『森下仁丹80年史』森下仁丹。
吉田甚吉［1962］『薬業経営論』評論社。
吉原健二・和田勝［1999］『日本医療保険制度史』東洋経済新報社。
理想の販売制度への道編集委員会編［1996］『理想の販売制度への道 小林孝三郎』コーセー。

（神保 充弘）

第3章

キッコーマンのマーケティング

―メーカー主導型流通経路改編とマーケティング―

1. はじめに

　本章では在来産業（明治以前，近世以来続いてきた産業のこと）として代表的な1つである醬油産業から野田醬油株式会社[1]（1964年10月19日にキッコーマン醬油株式会社へ名称変更，1980年10月19日にキッコーマン株式会社へ名称変更，2009年10月に新設分割により3事業子会社を設立して純粋持株会社に移行した）を取り上げて，その対市場政策について分析し，野田醬油におけるマーケティング活動がどのように生成され，変化していったのかを検討したい。

　ここで，野田醬油を取り上げる意義について少し述べておきたい。我が国においてはマーケティングの生成は19世紀末から20世紀初頭にかけてアメリカにおいて形成されたビッグ・ビジネスが，市場問題を自らの問題と認識し，その問題を解決するための手段として生成されてきたという見解がある。そして，合併・買収を繰り返しながらビッグ・ビジネスになった後にマーケティングを始めた「正常型」と新製品や商品の特性により流通機構を自ら構築していく必要があり，そこでのマーケティングの展開によってビッグ・ビジネスに成長していった「早発型」があったといわれている。また，日本ではマーケティングは1950年代中ごろにアメリカから本格的に導入されたという通説があるが，多くの優れた事例研究（たとえば，小原［1994］，森田［2000］［2007］，野村［2004a］［2004b］など）によって，現代ほど洗練されたものではないが戦前の日本の企業でもマーケティング活動が実践されていたのではないかということが検証されている。

　しかし，これらで取り上げられた事例企業のほとんどは洋菓子や麦酒などの日本市場では新規の製品であるがゆえに自ら流通機構を構築する必要のあった「早発型」の企業であった。醬油産業は在来産業で長年にわたって商慣行が存在していたことや野田醬油の発展形態は一族・親族が合同して大企業になった経緯から

もわかるように日本における「正常型」の事例研究として貴重であると考える。

さて，本題に入る前にマーケティングをどのように捉えるかである。広告や割引などの活動を指摘しただけでマーケティングが実践されていたとはいえないのは明らかである。そこで，本章では市場を知ろうとする何らかの活動が見受けられ，製品，価格，流通経路，プロモーションの各政策が個々に単独で行なわれているのではなく，相互に影響し，補完しあう密接な関係がある対市場活動をマーケティングと捉える。

なお，検討する期間は主に第一次世界大戦前後から第二次世界大戦前までを中心としたい。また，戦前の野田醤油においては，輸出への積極的姿勢がみられ，すでに数多くの海外市場を対象にした対市場活動が展開されていた。これらは国際マーケティングの展開の可能性を示唆している。また，みりんや焼酎及び醤油の副産物の製造・販売も行なわれていたためにこれらに関するマーケティング活動の展開が考えられるが，本章ではもっぱら国内市場，特にその影響力が大きかった東京市場および醤油市場をめぐる対市場活動にしぼって考察していく。

2. 関東における醤油史の概略

関東における醤油産業の形成にも関連があるので，ここで，関東における醤油史を簡単にみておきたい。

醤油は中国から醤（ひしお）という形で伝来したといわれているが，それが京都・大阪という一大消費地域を抱えた関西圏でまず発展する。そして，湯浅（和歌山県）や龍野（兵庫県）がその産地として知られるようになってゆく。

関東に関西の醤油が商品として活発に流通するようになったのは江戸時代に入ってからで，「江戸時代初期の元和5年（1619）堺の一商人が木綿，酒，酢等と共に醤油を江戸に出荷した記録があり，醤油も当時文化の中心であった上方で発達し江戸にも供給されるようになつた」（茂木［1949］p.4）といわれている。

江戸時代の初期から中期にかけては「都市化の進む江戸のマーケットは『下り醤油』と呼ばれる上方の製品で完全に牛耳られていた」（松本［1976］p.17）といわれている。しかしこうした状況は徐々に変化し，「『下り醤油』に対抗する関東しょうゆは，17世紀の後半から18世紀にかけて江戸川沿岸の野田と，常陸川（利根川）川口の銚子を中心に成長していく」（松木［1976］p.19）ことになる[2]。

享保年間（1716〜1736年）になると上方文化に対抗するように江戸前の文化が開花し，色の濃い関東の濃い口醤油を好む江戸っ子気質を作りあげたが，この享保年間，これらの問屋連合は関西の下り醤油を年間六万五千石（1万2,000キロリットル）前後扱っていた。それが19世紀初期の文政4年（1821年）にはわずか千四百石（250キロリットル）に減ってしまう。その代わり，銚子・野田を中心とした関東の醤油の扱い高が，八万六千石（1万5,000キロリットル）に増えていったのである（松本［1976］pp.23-25）。こうして，関東の醤油は完全に江戸市場を制圧した。

1864年（元治元年），江戸の物価高騰になやむ江戸幕府は物価引き下げ令を強行し，醤油もその対象になったが，品質に自信をもつ造家は当時の「極上」，「上」，「並」というランクの上に「最上」というランクを認めてほしいと嘆願した。そして，幕府が「野田の『キッコーマン（亀甲萬）』『キハク（木白）』『ジョウジュウ（上十）』の3銘柄，銚子の『ヒゲタ』『ヤマサ』『ジガミサ（地紙サ）』『ヤマジュウ（山十）』の4銘柄」（キッコーマン［2000］p.42）だけ認めたのであった。この7つの醤油銘柄はその他の銘柄と比べて一段上の醤油として認知されるようになったのである。のちのキッコーマンのブランド力の源泉があったといって過言ではないであろう。

醤油の取引の商慣行は，「近世期〜1910年代半ばまでは，問屋と醸造元との力関係から言えば，問屋の方が強かったということになる。つまり，問屋市場（＝醸造元から出荷される商品が販売される市場）において，価格決定および入荷量についての主導権を握っていたのは，醸造元ではなく問屋であった」（藤井［1999］p.71）と指摘されている。つまり，醤油醸造元は自律した商業に流通を委託していたのであり，長年にわたり市場問題の解決もこうした商業に委ねていたところがあったといえるであろう。後で詳しく検討するが，結論から先にいうと醸造元が本格的に価格決定権を奪還するのは1926（大正15）年の三蔵協定まで待たねばならない。

3. 戦前日本の醤油産業

戦前日本の醤油産業での大きな変化は一部の醸造元が買収や合同によって，大企業化していったことが挙げられる。そして，経営や生産設備の近代化を推し進

めていったことである。

　そもそも醤油業の各醸造元は地域に根ざして，発祥してきたものがほとんどであった[3]。その中から，1907年，関西の『日本丸天醤油』が株式会社組織となり，同じ年に小豆島に『丸金醤油株式会社』(現マルキン忠勇株式会社) が誕生した。そして，銚子醤油株式会社や野田醤油株式会社が大正末までに法人化していった (キッコーマン [2000] p.16)。

　また，当時の大醸造元を調べた「自昭和6年度至昭和8年度二千石以上全国醤油醸造業者調査書」によれば，全国二千石以上の醸造家数は151軒あるが，1万石を越えるものになると16軒となり，2万石を越えるものになるとわずか6軒となる。さらに，5万石を越えるものは，野田醤油，ヤマサ醤油，丸金醤油，銚子醤油の4軒となり，10万石を越えるものは野田とヤマサのわずか2軒となっ

図表3－1　醤油業者全国出荷量と野田醤油出荷量およびその市場シェア

年　度	全国出荷量	野田醤油出荷量	野田醤油市場シェア
1918 (大正7)	473,490	33,284	7.03
1919 (大正8)	529,224	36,778	6.95
1920 (大正9)	503,330	32,712	6.50
1921 (大正10)	578,819	38,096	6.58
1922 (大正11)	588,355	34,459	5.86
1923 (大正12)	624,701	32,015	5.12
1924 (大正13)	659,062	40,443	6.14
1925 (大正14)	633,489	54,016	8.53
1926 (大正15)	635,566	55,741	8.77
1927 (昭和2)	630,761	46,167	7.32
1928 (昭和3)	656,765	56,059	8.54
1929 (昭和4)	653,390	61,797	9.46
1930 (昭和5)	682,560	66,753	9.78
1931 (昭和6)	700,752	67,631	9.65
1932 (昭和7)	694,656	65,735	9.46
1933 (昭和8)	670,464	58,330	8.70
1934 (昭和9)	880,200	79,826	9.07
1935 (昭和10)	891,000	85,535	9.60
1936 (昭和11)	901,800	88,922	9.86
1937 (昭和12)	931,680	74,891	8.04
1938 (昭和13)	939,420	83,243	8.86
1939 (昭和14)	890,640	89,695	10.07
1940 (昭和15)	892,260	87,581	9.82
1941 (昭和16)	890,460	90,281	10.14

＊単位：出荷量＝キロリットル，シェア＝％。

てしまう（佐藤［1985］pp.205-206）。これは仕込み能力なのか出荷量なのか生産量なのか説明がないので定かでないが，数字からみると出荷量か生産量であると推察できる。これからいえることは先述した4軒は他のものよりも少なくとも2倍以上の出荷量か生産量が有り，他のものから頭1つ抜け出た存在であったことが明らかである。特に野田とヤマサは飛び抜けた存在であったといえる。

次に，図表3-1の野田醤油の市場シェアをみてみると，上述の調査の当該年である1931（昭和6）年では，9.65％であり，全国市場規模でみた場合は1社としては規模が大きいのであろうが，1社で強力な影響力を発揮できるとまではいえないであろう。これは，この頃の醤油業界は一部に大量の出荷量を誇る醸造家がいる反面，小醸造家も多数存在していたことを示唆しているのではないだろうか[4]。

花井俊介は1923（大正12）年〜1935（昭和10）年までの東京市場におけるキッコーマン，ヒゲタ，ヤマサの3印の市場シェアを試算している。これによれば1923年には東京市場における3印の市場シェアは45.9％であったものが1927（昭和2）年には59.1％，1931年には67.6％，1935年には79.7％となっている（花井［1990］p.347, p.382）。これをみてもわかるように，東京市場において3印は非常に高い市場シェアを占めており，その影響力は計り知れないといえるだろう。

4. 野田醤油株式会社の成立

千葉県野田での醤油生産の歴史は古い。最初に醤油が生産されたのは，飯田家により永禄年間（1558〜1570年）であったといわれている。そして，飯田家は「亀屋蔵」と称されたしょうゆ醸造蔵をもち，1855年まで醸造業を続けていたのだが，これは後に野田醤油に受け継がれ，野田醤油発足時に第5工場となる。

また，野田では高梨兵左衛門家，茂木七左衛門家，茂木芳五郎家，茂木左平治家，茂木七郎右衛門家，茂木勇右衛門家，茂木啓三郎家，堀切紋次郎家などの8家が有力な醸造家として台頭してくる。これらの8家の醸造家は血縁関係・婚姻関係の下で結束しながら，それぞれ独立した醤油醸造業を続けていった。

各家の醸造の歴史は古くまで遡ることができる。たとえば，茂木本家は1662（寛文2）年からみそ醸造業を始めたが5代に至り1766（明和3）年に醤油醸造業に転じたといわれており，初代茂木七郎右衛門は，1772（安永元）年，単独で醤油

醸造業をスタートさせたといわれている。1781（天明元）年には「造醤油仲間」が成立して，野田で醤油醸造業が産業として基盤を確立したのである（キッコーマン［2000］pp.16-17）。

しかし，醤油業界の中で大きな転機が訪れる。1907年，関西の「日本丸天醤油」が株式会社組織となり，同じ年に小豆島に「丸金醤油株式会社」（現マルキン忠勇株式会社）が誕生した。ともに近代的な組織のもとで製造，営業の近代化をはかろうとしたもので，関西への進出意欲を高めていた野田の造家にとって，強力なライバル出現であった。

その後，関西に始まった法人化の動きは銚子に及び，野田の造家は少なからぬ衝撃を受けることになった。こうした法人化の広がりの中で，茂木・高梨一族の造家の間に，『和の回復』を『一族合同』によって果たそうという動きが出てきたのである。

この動きは先述した茂木・高梨一族と流山の堀切家の8家の造家（醸造家）が，会社組織による合同を目指したのであったが，「キッコーマン」の商標を保有していた茂木左平治が100万円のブランド料を要求したり，各家の従業員に合同後の待遇をめぐって不安が広がったりして難航した。しかし，これらの紆余曲折を乗り越えて，1917（大正6）年12月7日，第6代茂木七郎右衛門を初代社長として，資本金700万円の野田醤油株式会社が成立した。

こうして誕生した野田醤油は8家のブランド総計が211種にも及んでおり，醸造蔵は野田に17，流山と行徳に各1の計19で，その敷地総面積は13万1,550m^2（3万9,864坪）に及んだ。また，19の蔵の仕込能力を合計すると3万6,984キロリットル（20万5,468石）となり，1917（大正6）年の全国出荷量は46万5,560キロリットル（258万6,447石）であったから，おおむね8％のシェアを握るメーカーとしてスタートしたのである（キッコーマン［2000］pp.77-83）。当時の醤油醸造業は中小零細のものが多かった中で，大企業醤油メーカーの誕生といって差し支えないだろう。

5. 野田醤油の経営理念とマーケティング活動

本節では野田醤油の経営理念とマーケティング諸活動を概観し，それぞれがどのように連関していたのかを考察する。

(1) 経営理念

　野田醤油の社是は 1925（大正 14）年 6 月に出された「訓示」によく現されている。この訓示は以下のようなものである。「これは一面からみれば事業の拡張，商勢の増大であるが，他面からみれば社会との関係が深まり，社会に及ぼす影響も広範になったということである。社員はその行動の一つひとつが，社会的責任を負うようになったことを覚悟すべきである」「社会全体の利害を己の利害と信じ，社会全体の善と一致する善を自己の善と信じ，この信念のもとに自己の完成をめざすべきである」「力を入れて撹拌する諸味のひと掻きも，心を込めて数えるソロバンの一珠も，それが多くの人の幸福と生産を増すことにつながることを自覚してほしい」といったようなものである。つまり，社会との関係を強調して，「『社会に開かれた企業』『社会に奉仕する企業』への指向を訴えている」（キッコーマン［2000］p.87）のである。

　また，1928（昭和 3）年 6 月 7 日，社長茂木七郎右衛門は，事業経営の基本理念を次のように布告した。「産業は単に利潤追求を目的とするものではなく，賃金獲得の場として存在するものでもない。企業を通じて社会の福祉，国家の進運に寄与すべき公共の義務を負うものであり，関係者はこの理念を基本として，公共に奉ずる精神で仕事にあたらねばならない」（キッコーマン［2000］p.104）と，ここでも社会に対して奉仕するという基本理念が掲げられている。この基本理念は，一面では社会への奉仕という意味合いをもっていたのであろうが，他面では有名な「野田労働争議」で生じた労使間の亀裂を修復しようとした点も強いのではないだろうか。

　次に，競争相手であった小豆島の丸金醤油社長木下忠次郎は「品質を銚子に学び，経営は野田の長を」（田中［1992］p.113）といったといわれているが，彼によると，関東醤油醸造各社の経営方針は「消費者本位であって，能う限り良い品を提供することによって，消費者を利益しようというのが建前であるから，自然信用も高まって来るし，生産者と消費者が固く結びついて，いわゆる得意が継続する」（田中［1992］pp.107-108）とみていた。ここによい品物を造って消費者を利するという，消費者志向的な考え方が存在していたと外部からはみられていたといえるだろう。

(2) 製品政策

　先述したように野田醤油成立当初は一族から引き継いだブランド総数は211種にも及んでいた。これらのブランドは野田醤油成立後には徐々に整理されていったのである。これらの多数のブランドの存在が野田醤油の製品造りの特徴をあらわしているので、少し時代を遡ってふれてみたい。

　合同前はそれぞれの各家が独立した造家として成長することが期待されたため、知恵をしぼり、技術に工夫をこらすことによって、独自のブランドを積極的に開発し、商品の差別化を争ったといわれている。これは、当時の醤油問屋の「自分だけの店で売りさばくブランド」の開発という要望にも応えるものであった（キッコーマン［2000］p.23）。つまり、販売業者が求める製造態勢をすでに作り上げていたのである。こうした、多ブランドは、一方で創意工夫をこらすといった野田醤油の製品造りの特徴をあらわしていたが、他方で、キッコーマン・ブランドへの製品統合の早期実現という点では足かせとなっていたのである。

　野田醤油が211種の銘柄の整理に着手したのは1920（大正9）年のことで、知名度がとりわけ高かった8銘柄だけを残し、順次各工場もキッコーマン・ブランドの生産に移行した。しかし、それまで違う種麹を使用していた各工場が、キッコーマン印と全く変わることのない製品を造ることは困難であった。野田醤油がキッコーマン・ブランドの集中的、大量生産体制を実現したのは1926（大正15）年、「第17工場」（現、野田第1工場）を完成させてからであった。

　この「第17工場」は1922（大正11）年3月に着工し1926（大正15）年4月に竣工式を迎えた。約1万5,850キロリットルの仕込能力をもつ巨大工場であった。こうした生産能力の拡大は会社創立以来の経営課題であったキッコーマン・ブランドへの統合に、大きな役割を果たしたのである（キッコーマン［2000］pp.90-92）。

　また、「キッコーマン・ブランドをナショナル・ブランドに」（キッコーマン［2000］p.94）育てるという思いから、関西に生産拠点を構える構想がもち上がった。1929（昭和4）年に兵庫県高砂市に工場建設を始め、翌年に完成させた。この「関西工場」は巨大な敷地に最新鋭の設備を設けた工場で、1932（昭和7）年から通年生産に入り、同年には1万2,996キロリットルを出荷したが、この時点ですでに最大7万2,000キロリットルまで生産できる増設余地をもっていた（キッコーマン醤油［1968］pp.254-255）。こうして全国主要市場に対応できる大量生産

体制ができあがっていったのである。

　これをみたヒゲタ，ヤマサ両社はともに関西向けに供給するために設備増強に着手した。こうして，またも新たな生産過剰対策が必要になってきたのである。そして，1931（昭和6）年2月に3社は三蔵協定を生産協定に前進させることで合意し，3月1日から向こう5年間にわたる全国市場を対象とする生産・販売協定を実施することになった。この協定は3社の生産・販売シェアを東京市場に限っては従来どおりキッコーマン55％，ヤマサ32％，ヒゲタ13％としたうえで，全国市場のシェアを前年（1930〈昭和5〉年）の販売実績を基礎に算出し，キッコーマン65.73％，ヤマサ21.67％，ヒゲタ12.60％とするというものである（キッコーマン［2000］pp.114-115）。しかし，この協定は「開始時点では各社の販売比率だけが定められていたに過ぎず，減産などの具体的な生産・販売総数量の制限や将来の設備投資に対する抑制規定を含むきちんとした協定が取り交わされていなかった」（花井［1990］p.369）こともあり，十分に実効性があがったとはいえなかったのである。

　以上，みてきたように，野田醤油設立後の製品政策の特徴は，キッコーマン・ブランドへの統一とそのブランドをナショナル・ブランドへ育てるといったブランド政策に現れている。こうしたブランド政策は大量生産体制の構築と密接に関係しているし，後述する地方営業強化のために開設した出張所・派出所とも相互に作用していたといえる。また，こうしたブランド政策は，情緒的・心理的作用に訴えることによる製品差別化が行なわれていたといえるであろう。もちろんこうしたブランド政策は，キッコーマン印が最上品としての長年培ってきた評判や当時の最新鋭製造設備から安定した品質の製品を大量に供給できることが前提となっていたことはいうまでもないであろう。

　しかし，生産能力の向上は，醤油産業内において過剰生産体制を生むことになり，野田醤油にとっての市場問題の一因となっていたことも指摘しておかなくてはならないだろう。これは，野田醤油が生産・販売協定を結ぶといった業界内での協調関係を重視していた姿勢からもうかがえる。

(3) 価格政策

　先述したように，醤油の価格決定権は江戸時代からの伝統を受け継いで醤油問屋が長年にわたって保持していた。こうした事情から，野田醤油が設立される以

前から価格決定権を奪還するための活動が流通経路政策と密接して展開されていた。その代表的な動きが第7代茂木左平治を代表に1881（明治14）年に共同販売会社として設立された「東京醤油会社」であった。この「東京醤油会社」の目的の1つは問屋が江戸時代からの商慣習を踏襲し価格決定権を専有している実体」を是正することにあった。こうした動きは問屋との対立を激しいものとして，わずか7年で頓挫することになるが[5]，広く蔵元と問屋に流通のあり方を考えさせることになる（キッコーマン［2000］p.66-67）。

第17工場の建設とそれに呼応したヒゲタ，ヤマサなどの増産体制の構築によって生産過剰状態になり，「1919（大正8）年末に東京市場で1樽（16.2リットル）10円であったキッコーマンの卸売相場は，1926（大正15）年6月には4円60銭という，当社設立以来の最低値を記録した」（キッコーマン［2000］p.110）のである。松戸税務署が醤油業界について調べた「昭和三年醤油製造業経済調査書」のなかで昭和3年の野田醤油製品キッコーマン印の原価や販売費が計算されている。それによると，一樽にかかる原価は醤油原価2円21銭，樽代1円27銭，包装費7銭の計3円53銭となり，販売費は運賃16銭，売出費20銭，広告費6銭，諸公費10銭，諸費20銭の計72銭となっている（佐藤［1985］pp.202-204）。原価と販売費を加えれば，一樽4円25銭となり卸売相場に接近して，粗利益は減少している。

こうした事態に危機感を感じた野田醤油は，1926（大正15）年ヒゲタ，ヤマサに協定をよびかけ「醤油共同荷扱所設置・値極取引覚書」を調印する。そして，それは問屋業の発足以来続いてきた歴史的な「問屋委託販売制度」を「値極制度」に改めるという画期的なものであった[6]。これがいわゆる3蔵協定とよばれているものである[7]。こうして，同年11月1日，キッコーマン，ヒゲタ，ヤマサの「三印共同荷扱所」が設置されたが，これは過剰供給による値崩れを防ぎ価格を安定させるとともに，3社が設定する建値を無視する問屋を監視する役割を負うものであった。これは主に東京市場に適用されたものである。この協定が実効性をもてたのは，大正末には，この3社で55％近くの東京市場シェアをもっていたことが挙げられる（キッコーマン［2000］p.111）。こうして，東京市場において，価格決定権の奪取と，建値制度の確立によって，再販売価格維持制が実施できるようになったといえるだろう。

1927（昭和2）年には，共同荷扱所から小売店への直配を行なっていたが，配達の際に問屋組合が振り出す為替手形（期日30日）を付し，商品の到着と同時に小売店に手形を引き受けてもらう「手形制度」を実施したのである。この制度

の実施にともなって，東京市場の卸売建値制度は廃止され，小売りの「定価販売制」に改められたのである（キッコーマン［2000］p.113）。こうして東京市場においてより一層の価格の安定と利益の確保を図ったのである。

　1931（昭和6）年には，先述の生産協定を含めた3蔵協定を全国市場に対して展開していった。しかし，花井氏によると，価格政策の面から見ると「全国市場における三印のシェアの低さ（当時三印合わせても20パーセント程度と見積もられていた）から考えて，生産量制限・販売量調節を通じた価格規制力には大きな限界が存在した」（花井［1990］p.372）といわれている。

　1933年には3蔵協定は解消されることになるが，同年8月22日，野田醬油は東京市場（一部神奈川県を含む）で行なわれてきた直配手形制度を，単独で行なうことを決定し，価格の安定を図っていくことになる（キッコーマン［2000］p.116）。

　ここまで見てきたように，野田醬油の価格政策は協定による建値制度や定価販売制の導入によって，再販売価格維持制を実施し，価格の安定を図っていたことが明らかになった。建値制度や定価販売制は協定によって行なわれていたのであり，その意味では管理価格が実施されていたといえるだろう。こうした制度は最大利潤の確保を目指していたといえるだろう。

　また，野田醬油の価格政策の場合は価格決定権の奪取や直配手形制の実施などから見ても，流通経路における主導力の把握ということが重要であり，流通経路政策と密接に関連していたことは明らかである。

　そして，キッコーマンという強力なブランド力と圧倒的な東京市場でのシェアが背景にあったればこそ，三蔵協定解消後に単独で小売店に対する垂直的価格維持制度の整備を進めていくことができたといえるだろう。

(4) 流通経路政策

　野田醬油が設立される以前は，東京の国分商店や岡田商店などと特約店契約を結んで，東京以外の各地方に出荷していた。しかし，1919（大正8）年11月には大阪出張所は京阪神を中心に西日本の販売を直接担当することになり，翌年1月より東京醬油問屋の販売区域として認めた京浜地区以外の関東以西はすべて野田醬油の直接扱に改めることになった（キッコーマン醬油［1968］pp.246-247, p.273）。

　こうして，まず関西で問屋と直接取引を開始したのである。1940（昭和15）年頃の大阪出張所の主な分担事務は「1．大阪及びその付近並びに関西（山口県

岩国以西を除く) に於ける本社製品の販売に関すること，1. 同上各地の市況及び取引先の情況調査に関すること，1. 同上各地に於ける広告に関すること，1. 下関派出所の指揮監督に関すること」(野田醤油 [1940] p.297) であった。

また，1922 (大正11) 年に至って国分商店もこの特約販売権を返上したので，野田醤油は北海道・東北6県と京浜地区を除く関東以西は，当社の直接扱いに改めたのである (キッコーマン [2000] p.94)。

先述した1926年の協定に基づいて，3印共同荷扱所が東京に設置されたが，これにともなって，それまで東京の問屋との折衝は重役室直轄とされてきたものが，東京出張所を開設してその任を委せた。1940年頃の同所の主な分担事務は「1. 東京醤油問屋販売区域に於ける本社製品及び複製品の販売に関すること，1. 同上各地の市況及び取引先の情況調査に関すること，1. 臨時の広告宣伝に関すること，1. 本社製品の外国輸出販売に関すること，1. 外国に於ける販売取引先の情勢調査に関すること，1. 横浜派出所の指揮監督に関すること，1. 宮内省御用品上納に関すること，1. 東京及び地方定期刊行物等に登載する広告の立案及び登載に関すること，1. 東京醤油共同荷扱所に関すること」(野田醤油[1940]p.299) であった。こうして東京市場に責任をもつ拠点が誕生した。

昭和に入ってくると，地方市場の重要性が増してくる。1934 (昭和9) 年には下関派出所，1938 (昭和3) 年には名古屋派出所が開設され，前者は山口県岩国以西，九州及び沖縄地方に於ける製品の販売，同地区の市況取引先の状況調査及び広告，後者は名古屋市内，三重県，北陸地方に於ける製品の販売，同地区の市況取引先の状況調査及び広告に関することを担った。そして，1941 (昭和16) 年には小樽出張所を設け北海道・樺太の販売を担った (野田醤油 [1940] pp.300-301)。

こうして，野田醤油は問屋と直接取引ができる販売網を全国的に構築したことや東京市場においては小売業に直配する体制をひいていたことなどからみても，流通経路における主導権を奪取したと思われる。つまり，野田醤油は価格決定権の奪還を含め，流通経路において強力な支配力を発揮し始めたと思われる。これは，今日でいうところの垂直的マーケティング・チャネルに似通ったものだといえよう。

ここで留意しておきたいのは，各出張所・派出所の分担事務に各区域の市況及び取引先の状況調査や広告に関することなどが含まれている点である。各出張所・派出所は流通機構の重要な拠点としての役目だけでなく，市場調査・広告につい

ても重要な拠点として機能していたと考えられる。つまり、野田醤油の各出張所・派出所は、製品政策やプロモーション政策の重要な情報源であったと考えてよいだろう。

(5) プロモーション政策

野田醤油は「創立当初は日刊新聞、婦人雑誌、料理雑誌等に広告の主力を注ぎ従来の商標と醸造元を表示する程度の幼稚なものから、新しい図案を加えて商標を引きたたせて、消費者一般へ訴える工夫を凝らすようになり、広告媒体もこの頃より広告塔、電気広告、鉄道沿線広告、電柱、浴場、劇場等を利用し、また突出した看板、ポスター、手帳、新聞折込、宛名広告等の他、映画、飛行機等の文明の先端を行くものを利用して著しく広告の近代化を図った」(キッコーマン醤油 [1968] p.337) のである。

野田醤油のプロモーション政策の背景には「工場は全能力の発揮が行われる時に始めて最も良好なる採算の下に生産さる、ものであるが故に減退しつゝある需要を喚起し製品を市場に消化させることは経営の根本策」(野田醤油 [1940] p.569) という考えがあり、これを実現するには「広告効果ある媒体を一定の計画の下に継続的に使用することが必要となった。このため普遍的媒体である新聞広告を採り上げて計画的に利用するようになり、雑誌広告は新聞広告の掩護とした。大正15年には広告専任者を置き、販売政策と広告理論に基づき広告の予算を編成し、実施に当たっては統計的に広告効果を測定する等の基本的広告体系を樹立した」(キッコーマン醤油 [1968] p.338) のである。ちなみに、野田醤油は1928 (昭和3) 年度の新聞広告に10万円費やし「東西広告主番付」に載っている (1929『広告界』p.25)。また、先述した一樽当たりの販売費72銭のうち売出費20銭、広告費6銭でプロモーション費は少なくとも26銭 (36.1%) を占めていた。

1925 (昭和元年) 年より醤油は著しく生産過剰となり、このため各社は需要喚起の手段として景品付売出しを行なった。この景品付売出し宣伝のために日刊紙を中心とし雑誌、業界紙上で激烈な広告競争を展開したのである。また、野田醤油では広告の主要対象を主婦に置き、醤油が日常家庭生活に不可欠な調味料であること、料理に必要な調味料であることを基本理念として広告の方針を確立したのである。

1930 (昭和5) 年には、東京市内の各主要駅に電光看板を採用したり、工場見

学者に2リットル瓶のミニチュア・サンプルを配布したり，翌年には，百貨店・劇場・神社に飾樽の陳列広告を行なったりした。1932年頃から1935年頃までは有力店のウインドー広告や電車・バス広告，巡回映画宣伝などを利用するようになった（キッコーマン醤油［1968］p.340, pp.342-343, p.360）。

ここでも過剰生産体制が野田醤油にとって解決すべき重要問題であると認識し，それを解決する1つの手段として，野田醤油ではプロモーション活動は需要喚起の重要な手段として認識していたことが明らかになった。そして，実に幅広い広告媒体を使用し，予算編成から広告の対象，効果の測定まで科学的な広告体系が作りあげられていた。また，当時の中心的広告媒体であった新聞広告には1928年には10万円をつぎ込んでいる。この額は当時としては巨額である。この一事を見ても，広告の重要性を認識していたのは明らかである。

狭義のセールス・プロモーションも景品付き特売やサンプルの配布などがさかんに行なわれていた。

これらのプロモーション政策は需要の喚起といった面からは製品政策と，科学的な広告体系づくりといった面からはその情報源としての各出張所・派出所と密接に関連しあっていたことは間違いないであろう。

また，設立当初のプロモーションは従来の商標を訴求するといったものが，消費者の購買訴求を強く意識した科学的な広告づくりや広告専従者の設置の時期と生産過剰体制と三蔵協定の時期がほぼ同時期であるのも市場問題を自らの問題として認識したためだといえなくないだろうか。

6. 本章から学ぶこと

本節では野田醤油のマーケティングの特徴について整理して，現代的な意味について考えてみたい。

野田醤油は一族による合同で法事人組織による経営と生産設備の近代化を成し遂げ，大企業となった。設立当初は問屋との委託販売形式は解消されていなかったが，すぐに流通への認識を新たにしていくのである。ここに，「正常型」マーケティング発展形態がみて取れる。

野田醤油は大企業化することで生産設備を近代化させ，品質の安定した醤油生産能力を向上させていくのであるが，それと同時にヒゲタ，ヤマサを中心とした

業界内での生産設備の近代化，拡大投資を生むことになる。そして，まず東京市場で需要の鈍化がみられるようになり，過剰生産状態が顕在化するようになった。また，後に野田醤油の関西工場の稼働にも刺激を受けて業界内に生産設備の増強が各地方で展開されるようになり，過剰生産状態は全国規模的にひろがっていったのである。

　こうした状況は価格の低下をもたらした原因になっている。そこでこうした問題を解決するために長年の問屋との商慣行であった委託販売制度を改め，建値制度を確立させていくのである。こうして，東京市場において価格決定権を奪取し，価格安定を図ることができたのである。また，少し後になると，より価格の安定と利益の確保が確実な直配手形制度による定価販売で再販売価格維持制を実施することができるようになるのである。

　これは同時に流通経路の改編を意味することになる。野田醤油は関西を手始めに東京市場以外の問屋と直接取引を開始した。これは野田醤油主導の流通機構を構築することであり，現代的にいえば垂直的マーケティング・チャネルともいえなくはない。

　野田醤油は，キッコーマンという強力なブランド力と圧倒的な東京市場でのシェアが背景にあったればこそ，三蔵協定解消後に単独で小売店に対する垂直的価格維持制度や垂直的マーケティング・チャネルの整備を進めていくことができたといえるだろう。

　プロモーション活動は生産設備の稼働率を上げるための需要の喚起を促進するものであると明確に位置付けられている。こうした意識から消費者への購買訴求を目的としたプロモーションを展開している。特に醤油のポジショニングを日常生活に必要不可欠なものと位置付け，主婦層をターゲットにした。今日でもこうした手法は広く使われているものである。

　さて，最後に野田醤油のマーケティング活動の展開が現代的にどのような意味をもつのかについて2点挙げておきたい。

　まず，野田醤油のマーケティングはそれぞれの諸活動が目的をもって他のマーケティング活動と密接に関連し，相互に補完しあっていることが挙げられる。これは，今日においてもマーケティングが成功するかしないかの重要なキー・ファクターであることはいうまでもない。

　次に，キッコーマンのブランド力が野田醤油に計り知れない恩恵をもたらしたことが挙げられる。後にブランド名であるキッコーマンを企業名にすることによ

り，さらに，ブランド力を有効に使おうとしたことは今日のブランド・エクイティ的な考え方に繋がると考える。

【注】
1) 本章で中心的に取り上げる期間の戦中期でも，野田醤油の代表的なブランド名はキッコーマンであったが，戦中期を通して，会社名は野田醤油株式会社という名称が使われていた。そこで，ブランド名と会社名を明確に区別するため本稿では会社を呼称するときは野田醤油の名称を使うことにする。
2) 関東の本格的な醤油造りは「ヒゲタ」印で売り出した銚子の田中玄蕃家で始まったといわれている。銚子と野田が醤油の産地として成長していった背景には江戸という一大消費地が存在したことが第一の要因だが，それに付随して江戸周辺の地域が江戸の消費を満たすために織物や清酒，茶，菜種などの特産地になっていったため，多くの農家は特産品生産に集中するためそれまで自家消費用の醤油造りをとりやめたり，減少させたため，膨大なしょうゆ需要が関東周辺に出現したことも大きかった。
3) そもそも当時の醤油醸造業は5000石の仕込みを超えると品質の安定が非常に難しいといわれており，小中規模の醸造にならざるを得なかったといわれている。
4) ちなみに現代の醤油産業の構造も当時のものとほとんど変化していない。現在キッコーマンは約26％の生産をしており，キッコーマンを含めた大手5社で約50％の生産となる。しかし，地域の地場醤油業者は全国で約1,600社存在しているといわれている。
5) わずか7年で失敗に終わった要因は欠品を繰り返して小売店の信用を勝ち取れなかったことや資金力・情報力・組織力が脆弱であったこと，そして東京醤油問屋組合の激しい抵抗と締め付けがあったためといわれている。
6) このとき問屋側があまり抵抗できなかった要因として関東大震災の被災による組織力の低下があったためと考えられる。
7) 本文でも触れているが，後に野田醤油は単独で直配手形制度を導入している。当時の野田醤油の東京市場での圧倒的な市場シェアを考えればこの時期でも単独で値極制度を導入することは可能であったと考えられる。しかし，他の大手2社との連携の道を選んだ背景には「野田労働争議」の後遺症で組織の体力が疲弊していたためだと思われる。

【文献案内】
野田醤油＝キッコーマンは内部資料として膨大な資料を所蔵している。こうした1次資料は一般公開されていないが，それらをまとめたものとして野田醤油[1940]，キッコーマン醤油[1968]，キッコーマン[2000]の社史があり，本章が取り上げている期間に関しては重要な資料といえる。
　花井[1990]は三蔵協定を基点にヤマサ醤油の経営がどのように変化したのかを分析している。藤原[1999]は東京醤油問屋組合の設立経緯とその変遷や役割について考察しており，実際の構成問屋リストなど貴重な資料を含んでいる。なお，本題から少しはずれるが，醤油産業史全体でみたとき，林玲子編[1990][1999]には貴重な論文が多数見られることを付け加えておきたい。
　松戸税務署[1929]，全国醤油醸造業者調査書[1934]や大日本帝国統計年鑑[1939]

などは当時の生産額などを詳細に把握しようと試みられており，統計的資料として価値がある。

本章では直接引用はしていないが，キッコーマン醤油労働組合［1977］はキッコーマンが単独ではなく他の大手二社と連係して東京醤油問屋組合と価格等の交渉をせざるをえなかった要因の１つと考えられる「野田労働争議」に関して従業員の視点から詳細が述べられている。

また，これも本章では直接引用していないがキッコーマン株式会社［1995］には，戦後にキッコーマンが本格的の国際マーケティングを展開させていった内情について詳しく語られており，キッコーマンの国際マーケティングの初期段階の分析の参考になる。

【参考文献】

キッコーマン株式会社編［1995］『照干一隅』キッコーマン株式会社。
キッコーマン株式会社編［2000］『キッコーマン株式会社八十年史』キッコーマン株式会社。
キッコーマン醤油株式会社編［1968］『キッコーマン醤油史』キッコーマン醤油株式会社。
キッコーマン醤油労働組合［1977］『キッコーマン醤油労働組合30年史』キッコーマン醤油労働組合。
小原博［1994］『日本マーケティング史―現代流通の史的構図』中央経済社。
佐藤真編［1985］『野田の醤油経営史料集成』野田市郷土博物館。
全国醤油醸造業者調査書［1934］「自昭和6年度至昭和8年度二千石以上全国醤油醸造業者調査書」。
田中則雄［1992］「小豆島醤油と野田」『野田市史研究』第3号，野田市。
内閣統計局編［1937～1940］『大日本帝国統計年鑑』東京統計協会。
野田醤油株式会社［1940］『野田醤油株式会社二十年史』野田醤油株式会社。
野村比加留［2004a］「戦前日本企業によるマーケティングに関する一考察―麦酒産業を中心に―」『流通』No.17，日本流通学会。
野村比加留［2004b］「戦前の明治製菓におけるマーケティングに関する一考察」『関西大学商学論集』第49巻・第3・4合併号，関西大学商学会。
花井俊介［1990］「三蔵協定前後期のヤマサ醤油」，林玲子編『醤油醸造業史の研究』吉川弘文館。
林玲子編［1990］『醤油醸造業史の研究』吉川弘文館。
林玲子編［1999］『東と西の醤油史』吉川弘文館。
藤原五三雄［1999］「産業革命期の東京醤油問屋組合」，林玲子編『東と西の醤油史』吉川弘文館。
松戸税務署［1929a］「昭和三年醤油製造業経済調査書」。
松戸税務署［1929b］『広告界』第6巻第8号，商店界社。
松本延昌［1976］『しょう油物語』キッコーマン醤油株式会社。
茂木正利［1949］『醤油味噌』ダイヤモンド社。
森田克徳［2000］『争覇の経営戦略　製菓産業史』慶應義塾大学出版会。
森田克徳［2007］『日本マーケティング史　生成・進展・変革の軌跡』慶應義塾大学出版会。

（野村比加留）

第Ⅱ部　マーケティング発展史から学ぶ

―【第Ⅱ部概説】――――――――――――――――――――――

　この第Ⅱ部では，第2次世界大戦後の復興期（昭和20年代）および高度成長期（昭和30・40年代）を対象とする。とくに戦後日本において高度経済成長が現出するが，これを支えた，より強力な企業行動，わけてもマーケティングを実施してきた個別ケースを検討する。ランダムにあげれば，トヨタ，日産，本田技研工業，ソニー，サントリー，キッコーマン，花王，武田薬品工業，ニコン，セイコーなど枚挙にいとまがない（その一部は第Ⅰ部，第Ⅲ部で扱う）が，ここでは資生堂，パナソニック（＝松下電器産業），キリンビール，オンワードを取り上げる。これら日本を代表する企業のケースでは，それぞれがどう会社を発展させ，またそれらが同業他社，他産業の企業へと影響・伝播していくこと，現代のマーケティングにどう活きているのかを明らかにする。そこに日本的マーケティングの確立がみられるであろう。

　資生堂のマーケティング（第4章）。資生堂は，現代日本を代表する化粧品メーカーであるが，戦前は中小規模の高級・高価格化粧品メーカーとしてニッチャー企業的に存在していたものの，大手メーカー（クラブ化粧品の中山太陽堂，レート化粧品の平尾賛平商店など）に及ばなかった。ここでは，戦後復興期から高度成長期に入るまでのマーケティング活動を考察し，リーディング企業への道を辿っている。その中心は戦前のさまざま販売方法・組織の再構築を図ることにあった。高度成長期に入る昭和30年代以降，資生堂販売会社の復興，セールスマン教育や美容部員の復活，販売力向上の報奨金制度や店員教育セミナー等々の販売活動支援，これらにより著しく流通系列化が進み，結果的に販路拡張を成し遂げていった。また歴史ある花椿会は，1952年に復活させているが，顧客情報の管理を強化し，顧客の固定化につながったとする。

　パナソニックのマーケティング（第5章）。パナソニックは，高度成長期に家電総合メーカーとしてトップ企業となった。そのマーケティングは，生活水準の上昇に見合った商品フルライン化，海外からの技術導入・提携による技術安定性，ナショナル・ショップや店会などの小売段階組織化といった独自の流通チャネ

ル（販売網）の構築，適正価格・利潤を得る正価販売という価格安定化，高額な広告宣伝費やリベートなど流通諸対策費の投入といった販売促進策等があげられる。パナソニックの発展は，総じて他社に先駆けて販売重視策を積み上げたマーケティング活動，市場志向型経営に徹した結果とみられる。また稀代の企業家・松下幸之助という人的要因や，事業部制の導入を始めとする組織の力，日本人特有の従業員の個々人の力が作り上げたことも確かであろう。

キリンビールのマーケティング（第6章）。高度経済成長期のビール市場は，所得増加や生活水準上昇によるビール消費量の増加，都市・地方差のないビールの全国商品化，冷蔵庫や暖房の普及によるビール消費の通年化，小売価格の傾向的低下など，拡大の方向を辿ってきた。これらが各社に好影響を及ぼしたが，キリンビールの伸びは突出するものとなって，1972年にはシェア60％台に乗せていた。その理由は何か。高度成長前半期には，1950年頃までに流通経路の構築と維持を図っている。これにより，取引近代化の名のもとで価格の統制を推しすすめ，販売量の増加，シェア上昇を実現してきた。しかし後半期には販売量の増加，シェア上昇の追求の一方で，マスメディア広告が抑制的であったこと，酒販免許制で拡充ではなく既存の特約店網の対応に依拠したこと，ラガービールの強さゆえの新製品開発の遅れなど異なる特徴が認められるとする。

オンワードのマーケティング（第7章）。日本のアパレル産業は，1970年代初頭に成立しているが，百貨店を主要な販売先とするアパレルメーカーが（代表的なブランドを作って），その主要な担い手となってきたことによる。そのアパレル産業を代表する企業がオンワードである。オンワードは，百貨店との委託取引をいち早く取り入れ，「オンワード」ブランドの知名度を高めてきたことが上げられる。1950年代〜1970年代を3区分して，オンワードのブランド概念の拡張とその前提条件としての委託取引を中心に分析している。さらに1980年代以降，ブランド別のショップ展開が一般化するとともに，百貨店との消化取引がショップで一般化することを明らかにする。

第4章

資生堂のマーケティング
―ニッチャーからリーディング企業へ―

1. はじめに

　資生堂は，現在化粧品業界においては国内トップ，世界第5位の地位を誇る日本を代表する企業である。そして，いち早く流通系列化を進めていき，革新的なマーケティングを展開し，常に時代に先駆けて成長してきた。戦後出現した制度品メーカーは，資生堂のマーケティングを追随してきた。
　しかし，戦前期から復興期にかけての化粧品業界においての資生堂は，今日の状況とは異なっていた。
　戦前期においては，「西のレート，東のクラブ」といわれた中山太陽堂[1]と平尾賛平商店[2]が君臨していて，資生堂は中小規模メーカーであった。戦後まもなく，赤字経営が続き[3]，破綻寸前の時期があった。1948年1月には，物品税滞納により国税庁から工場と商標『花椿』の差し押さえを受けていた。
　そして，他の化粧品と比べ高価化粧品がとりそろえられ，ニッチャー的な企業であった。大々的な特売を行なわず，プロモーションにおいても他化粧品メーカーとは異なっていた。
　資生堂が大躍進を遂げるのは昭和30年代に入ってからであるが，どのように飛躍していき，その後わが国の化粧品業界トップ企業に上り詰めたかは興味深いことである。
　そこで本章では，復興期から高度経済成長期まで，昭和20年代から昭和30年代まで，戦後復興期から高度成長期に入るまでを中心とした資生堂のマーケティング戦略をみていくことにしたい。この時期，資生堂にとっては経営的にも苦しい状況であった。そして，テレビの普及率が低く，未だマスメディアを通しての全国広告の影響が極めて低い時代であったことはいうまでもない。

2. 戦後の化粧品産業と資生堂企業特性

(1) 戦後復興期の化粧品産業

　戦中において化粧品は，一般政策としては，不急不要品として冷遇されていた。物品税は最高12割という税率を課せられ，資金，価格，労務等あらゆる面で厳しい制約を受けていた。化粧品工場の多くは東京および大阪の2大都市に集中していたため，戦争末期に至りその大部分が戦災を蒙り，終戦を迎えたときは，生産設備の大半が失われていた。

　敗戦後の復興期は化粧品業界の復興期でもあった。敗戦直後は，化粧品業者は，資材獲得を開始し，備蓄した原材料の利用，軍の貯蔵物資の活用等を図って生産活動を再開した。当時，商工省より指定生産資材として割当を受ける原料は極めて少なく，大部分をヤミ価格で調達しなければならないのに，売値は低い公定価格で設定された。

　1948年には独占禁止法が公布された。その頃までには原材料の確保もほぼ緩和されるとともに公定価格も廃止されていった。その結果，その年の化粧品出荷は約31億円，前年に比べ238.9%伸びた。

　1950年には朝鮮戦争が勃発し，朝鮮特需が起こった。日本経済が活性化し，その中で，さらに化粧品産業は根強い需要があり，伸びは順調だった。翌年にはサンフランシスコ講和条約の締結とともにGHQの支配が終わり，日本における経済活動は一気に加速した。その中で化粧品業界も売上が約121億円となった。

　同時期より業界から欧米に視察する業者が続出し，技術革新の努力に集中された。その結果新しい技術や原材料が取り入れられて品質は向上し，容器，包装部門など戦前以上の水準に復した。

　しかし，乱売問題が社会不安の一因になっていた。戦前すでに苦い体験になっていたが，この戦後の乱売には，戦前のそれと異なる面があった。

　それは，前述の独占禁止法によって，価格協定が禁止されるようになったことである。

　価格協定禁止が乱売を助長したことは事実であった。資金の比較的豊富な小売店が数店あるいは十数店共同で，共通の広告物を炸裂して乱売を実施し，ある地

図表4－1	1946年～1954年の化粧品出荷金額

(単位：千円)

年　度	化粧品出荷金額
1946年	499,122
1947年	899,709
1948年	3,148,248
1949年	6,165,022
1950年	8,841,785
1951年	12,193,639
1952年	14,881,770
1953年	17,708,892
1954年	20,470,295

(出所) 日本粧業会［1992］。

域を制圧しようとする。たいていの場合はいわゆる「札付き」有力店に押しまくられた。

それに対し化粧品業界は，1950年，化粧品会社5社が「卸売価格販売の維持励行」について声明を出し，また東京化粧品卸商協同組合が「価格協定実施」を打ち出した。しかし，それを違反として審決案が出された[4]。

公正取引委員会から，1953年9月には独占禁止法の適用除外として化粧品の再販売価格維持制度が制定された。翌年9月までには，24化粧品メーカーが再販売価格を決定し維持契約を結んで，公正取引委員会に成立届けを提出している（この制度は後に1997年3月末の撤廃まで化粧品業界を特徴付けるものとなる）。

(2) 資生堂の軌跡

① 戦前期

資生堂は，海軍病院の薬局長であった福原有信により，1872年銀座に日本初の洋風調剤薬局「資生堂薬局」として創業された。1915年，事業主体を本格的に化粧品業界へと移した。翌1916年，写真家でもあった初代社長福原信三の下，美術学校の学生や若手画家を集めて意匠部を創設し，『花椿』マークのデザイン，広告制作や店舗設計等に取り組んだ。

1917年，信三がアメリカ留学中に知り合った，松本昇を資生堂の支配人に迎えている。製造・宣伝の部門は信三，営業部門は松本が担当していた。

1921年，資生堂は個人経営から合資会社に組織形態を改め，そして，「品質本位主義」，「共存共栄主義」，「小売主義」（後に「消費者主義」と改める），「堅実主義」，「徳義尊重主義」の，「五大主義」を社業の基本理念とした。

戦前の化粧品業界は，「西のクラブ，東のレート」といわれた中山太陽堂と平尾賛平商店が君臨していた状況で，資生堂は両社に及ばなく，1928年の売上は

中山太陽堂が約970万円に対し，資生堂は約45万であった[5]。

② 復興期

戦後，資生堂は物品税滞納により国税庁から工場と商標『花椿』の差し押さえを受け，資生堂商標押さえの記事が掲載された[6]。

それ以前の1946年，金融機関資金融通準則（以下，資金融通準則）が公布，即日施行された。化粧品は，丙，「差し当たり資金供給を差し控えられるもの」とされた。そこで資生堂としては，それまでの運転資金の大部分を，販売会社引受け手形の割引によって賄っていたから，資金融通準則の実施は金融停止にはならなかった。資生堂は，販売会社の手形決済から現金決済に切り替えた（資生堂［1973］p.290）。

1947年，販売会社の資本金は戦前のままで，合計253万7千円であった。そこで増資にあたり，資生堂販売会社，資生堂チェーン・ストアへのよびかけを行なった。

それから1948年1月から9月にかけて，合計3千万円を超えた増資があったが，貨幣価値の下落を考えあわせると，1社あたりの資本金は無きに等しい状況といえた。化粧品の製造に必要な資金を，資金融通準則が実施している限り，金融機関からの借り入れで調達することは困難であり，またインフレーション含みで，逼迫状態の続いていた金融状況がそれに拍車をかけていた。

1952年には販売会社を含めると，全体では赤字と不良資産の総計が約2億円に上った。

そのような経営不振から，同年，資生堂本社の役員・社員全員と同系会社販売会社の代表者によって「資生堂躍進5ヵ年計画期成大会」が開催された。1. 品質の絶対優良化，2. 売上の倍加（ママ），3. 経営諸内容の充実，4. チェーン・ストア制度の質的強化，5. ご愛用者へのサービス改善，6. 株式各位の利益増進，7. 従業員諸氏の生活の向上を目指す，という内容であり（資生堂［1973］pp.347-348），売上を5年で2倍に伸ばすこと

図表4－2　資生堂資本金・売上高

（単位：万円）

年　度	資　本　金	売　上　高
1946年	900	7,736
1947年	2,500	19,030
1948年	2,500	40,384
1949年	5,000	72,907
1950年	10,000	113,920
1951年	15,000	159,174
1952年	20,000	198,989
1953年	20,000	278,294
1954年	30,000	377,276
1955年	30,000	554,814
1956年	30,000	717,535
1957年	30,000	865,277

（出所）資生堂［1973］。

を目標としたものだった。

図表4-2をみると,当初52年から5年を待つことなく,3年で目標を到達したことがわかるが,資生堂は戦後復興期からの経営不振から,どのように再建していったのだろうか。

3. 販売網の再構築

(1) 販売会社

① 戦　　前

1927年,資生堂は問屋朝日堂株式会社の資生堂卸部と合体し,株式会社資生堂を設立した[7]。

そして,問屋から資生堂取次店へ,有力な取次店を特定代理店として組織し,さらに特定代理店と共同出資して設立した販社へと発展させるかたちで卸売機構の整備が次第に進んだ。特定代理店に設置された資生堂卸部さらには特定代理店と資生堂の共同出資により資生堂販売会社が設立された資本の大部分は特定代理店が出資する。特定代理店の店主が販売会社の代表取締役に就任し,資生堂専任者の1人が,販売会社の支配人として,経営にあたる。監査役には,資生堂の社員が就任する。経営責任に関しては,最終的には資生堂が負うことを明らかにした（資生堂［1978］pp.9-10)。

資生堂販売会社は,資生堂製品を専門的に扱う卸売機構として,1939年には外国も含めて72カ所設置されていた。

② 戦　　後

資生堂が終戦後真っ先に取り組んだことの1つは,資生堂販売会社の再建だった。「配属社員1人」という状況の販売会社も多かったが,1946年7月には全国45社設立された。そして,同年「再建第1回販売会社支配人会議」が,7月19日東京,25日大阪,29日坂出,8月2日別府で開催された。議題は,本社の現況,商品状況,販売会社の整備,代金回収など再建体制を打ち出したことであった。

それから,販売会社の社員である,セールスマンと美容部員に対し,社員教育

の力を注いだ。

　先ず1946年,資生堂社員向けの機関誌『資生堂ニュース』が創刊された。これは,戦後社員の交替が多く,資生堂という企業のありかたについて理解を求めることに主眼を置いたものであった。

　1948年7月,販売会社外務員のための教育「外務員講座」[8]が復活された。セールスマン向けの教育講座であった。その内容は次の通りである。

　入社1年目には,チェーン・ストア制度について,セールスマンとしての活動,組織管理,店頭販売研究など販売基礎知識が教えられる。2年目は,チェーン・ストアを指導するようにするねらいで,ディーラーヘルプス,チェーン・ストア店頭広告の活用,チェーン・ストア販売計画の立て方とそれに基づく援助のありかたを勉強。3年目には,臨店研究を開始。チェーン・ストアの中から協力店を選び,実際にその店頭に立って,美容部員といかにチームワークを組んで推奨販売するか,その店の売上を伸ばすにはどうすればいいかを実習させた。

　各小売店に派遣される美容部員は1948年に復活された。女子高校新卒業生を対象として募集され,入社すると現地の販売会社で,資生堂商品の成分解説,使用法,販売技術,エチケットなど美容技術の教育を受ける。実際にチェーン・ストアの模擬コーナーを作って,新任美容部員がお客として,客との応対も実演した。電話の受け方からメイクアップ,ヘアスタイルなど教育された。養成期間1ヶ月で必要な製品知識や美容技術を習得させた。

　その後,チェーン・ストアで消費者に美容の実演をし,その個々の美容相談に応じるようになる。美容部員は,資生堂化粧品の市場性,チェーン・ストアの数,販売量などによって全国に配置され,販売会社セールスマンとチームを組んで販売活動にあたっている。

(2) 資生堂チェーン・ストア

① 小売機関の組織化

　1923年12月,資生堂はチェーン・ストア制度を発表した。
　「資生堂の化粧品は,全国の資生堂チェーン・ストアのみで扱う」,「全国同品質同一価格で販売する」,「常備品を取り揃える」という内容3原則は,戦後そのまま受け継がれた。

そして，資生堂の営業方針を遵守すること，小売業者の定価販売は，卸売業である資生堂取次店の責任であることも約束に加えられていた。前金仕入による割引，取引高に応じた報奨金規定などの取引内容も明記されている。

　1953年，資生堂躍進5ヵ年計画が実施されるに及んで，一店当たり販売量を増やし，チェーン・ストア制度の質的強化を図るため，「資生堂エゼントストア」制度を実施した。月額10万円以上，年額120万円以上仕入れるチェーン・ストアが該当した。仕入額の高い有力チェーン・ストアに，優先的に美容部員派遣，販売促進費援助などの優待施策を展開した。

② チェーン・ストアに対する販売支援

　前述したように，資生堂は資金的余裕がない状況にあったゆえ，大々的に広告を展開して顧客を誘引する手段は，困難な状況にあったと思われる。チェーン・ストア独自の会員施策を積極的に機関誌において全国に紹介するとともに，チェーン・ストアの店員に，資生堂の事業に対する理解，資生堂商品に対する知識，資生堂商品の販売方法，資生堂式美容法を身につけてもらおうとした。1927年から継続しているチェーン・ストア向けの機関誌『資生堂チェインストア』[9]は，ショーウインドー・陳列窓の作り方や商品カードの書き方等の店舗作りに関する事，販売の苦心談や接客の言葉遣い等接客に関する事，商品情報，他店（チェーン・ストア）情報，簿記・会計など経営に関する事等が掲載されている。

　そして，1商品ごとに商品情報が記されている『資生堂製品目録』がチェーン・ストア各店に配布された。これが配布されることによって，店員は顧客に商品の情報を説明することができる。

　化粧品は，小間物や薬と一緒に取り扱われていることが多く，化粧品に対する知識不足の小売店員が多かった。資生堂は，古くからチェーン・ストアに対して「資生堂チェーン・ストア・スクール」による商品知識，販売技術の教育を提供していた。

　戦時中一時中断し，戦後は1948年に復活。スクールを3課程とした。第1課程より順次第2，第3に進むもので，初めの2課程は移動巡講の形式であった。第1課程・美容講座では，日程2日間，定員20名科目整髪・整肌法並びに化粧法の実習が行なわれた。講師は，資生堂本社の美容部員であった。第2課程の中等科は，受講資格を特別美容講座・初等科終了とし，美容技術の研修の他に，香粧品および化粧品販売について，第1課程の内容を高度化したものであった。第

3課程の高等科は,中等科を終了した業績優秀な店主夫人が対象となった。このスクールに積極的に通うチェーン・ストアほど売上を伸ばしていたようである。

1949年,「資生堂ユニットチェインカード」契約が発表された。契約額には段階を設け,たとえば,10万円以下の売上げの少ないところでは基本のマージンのみ(25%～30%),500万円以上の月間仕入高という売上げの多い店舗では,リベートが増えて全体の粗利益率が上がる。契約制度には資生堂にとって売上額の向上だけでなく,販売予測の精度を高め,製造,資金などの計画を立てることができ,経営上の利点もあった。

4. 消費者組織花椿会の復活

(1) 戦 前 期

花椿会とは資生堂の消費者組織化活動で,会員の対象は資生堂化粧品の購買者である。消費者の組織化として,花椿会は,1937年に発足された。「チェーン・ストアと御客様との連結,利益の分配は愛用者まで」という考え方で,その運営はチェーン・ストア店となる。

資生堂本社とチェーン・ストアの間で,花椿会活動を推進する目的で,「資生堂花椿会組織契約」が結ばれていた。内容は,本社の企画した花椿会の組織化活動の実施,クーポン帖満欄化のための販売努力,の2点が記されていた(『資生堂は花椿会組織』[1937])。個々チェーン・ストアによる固定客の登録,年間購買予定額の設定,記念品の贈呈が行なわれていた。

しかし,1939年から戦中活動として,化粧品容器の空きビン回収となり,花椿会自体は1941年頃から一時消滅することとなった。

(2) 戦 後

① 花椿会復活まで

1948年には美容部員の派遣,1950年には消費者向けの機関誌『花椿』[10]が復

活された。

　そして，1950年には抽選による景品付き売り出し「資生堂化粧品デー」(1994年廃止) が復活されていたが，それとは別に，翌年，資生堂商品を購入した顧客に，自前で記念品を用意する活動が，各地のチェーン・ストアで見られるようになった。記念品には，各店で売られているハンカチや手帳，小売店の名が入っている手ぬぐいなどがあった。資生堂がこういうサービスを行なっている，という見せかけの活動であった。戦前の花椿会活動を模した活動がある程度自発的に行なわれていたことになる。しかし資生堂は，企業イメージが損なわれるため，このような活動の中止をよびかけた。

② 花椿会復活

　1952年12月，全国的に花椿会が復活された。花椿会の復活は，「資生堂躍進五ヵ年計画」における販売促進の具体策として，位置づけられた。消費者組織化活動は，すでにチェーン・ストアによって個々に開始されていたため，戦前期に比べ自主的な活動にて展開された。花椿会活動の「3つの重大なる意義」として固定客の確保，1年間継続購買，乱売横流れの防止，が位置づけられていた (『資生堂チェインストア』1953年1月号，pp.1-2)。

　以下花椿会活動として，消費者に資生堂化粧品と美容に関する情報を提供する美容講習会，消費者に配布する資生堂機関誌，会員の特典としてのクーポン帖，会員情報を管理するための会員台帳について挙げることにする。

1) 美容講習会

　美容部員が復活された当時，経営事情が悪いため，戦前に比べ入念な教育はできなかった。美容部員は資生堂チェーン・ストア単位で花椿会員に美容の実演をみせ，その個々の会員に美容相談に応じた。チェーン・ストアの仕入れ額や売上高によって，美容部員による実演会の回数や内容に差はあった。

　さらに，「資生堂花椿会の集い」を全国主要都市で順次開催することになった。内容は資生堂フェイシャル・マニピレーション・マスクフェイシャルなどの肌の手入れ，頭髪の手入れと整髪，バレエ風新美容体操，2分間スピード化粧品その他の仕上げ化粧，日本・インド・中国・朝鮮・欧米の花嫁化粧と婚礼衣装の着付けの実演だった (資生堂 [1973] p.354)。

2) 機関誌の発行

　資生堂から発行される『花椿』は，チェーン店を通じて消費者に配布するとい

う，結びつきも十分に考えられている。美容知識や商品知識をはじめ，ファッション動向などの情報提供などを行ない，消費者への知識の高揚を図っている。

1940年8月より休刊していた，花椿会員向け文化情報誌『花椿』が，花椿会に先立って1950年6月に復刊した。戦前と同じ，B5判，本文20～24頁，そのうちグラビア8頁，1部30円であった。戦前の『花椿』と比べ，広告を減らし，内容を充実させた点が変わった。『花椿』の費用は，戦前と同様，資生堂本社，販社，チェーン・ストアの3者によって分担された。

復刊当初は「比較的豊かな階層や知識階層に属する女性読者」が対象とされていた。戦前に資生堂化粧品を愛用していた購買層の引き戻しが『花椿』復刊の意図するところであったと考えられる（藤岡［1999］p.163）。

3) クーポン帖

小売店が実施主体となり，300円の購買ごとに店名印を押したクーポンを1枚，会員の花椿会員手帳に貼る。会員は，年間購買額を基準に，シルバー会員，ゴールド会員，ダイヤモンド会員の3種に分けられ[11]，ランクごとに景品が異なっていた。集められたクーポンの年間枚数に応じて，年に1度，小売店を通じて記念品が贈呈される。クーポン，会員手帳は，本社によって作成され，全国同一のものが使用された。クーポンには店名印の押し印，会員手帳にはチェーン・ストア名の記載が徹底された。会員手帳に貼付されるクーポンは，同一店のものでなければ無効となった。これには固定客の流入を防ぐねらいがあった。

4) 会員台帳

1958年には，全国統一の花椿会員台帳が導入されていたが，その活用は各チェーン・ストアに委ねられていた。

台帳の管理は，氏名，住所，年代（ABCDEの分類で表示），誕生日，未既婚別，職業，肌の状態（正常，荒れ性，脂性，敏感，粗肌）まで記入する欄があり，さらに過去においてこの人は，どのくらい資生堂化粧品を買っているか，年度ごとに，記念品を贈呈した月日とランクが記載されるようになっている。化粧品購入の状況を，記入するようになっている。また台帳によって，会員数や顧客の傾向，1人1人の顧客の情報も得ることができる。

会員手帳の整理，保管は，各チェーン・ストアによってなされ，記載されている会員名，住所は，小売店の貴重な顧客情報源となり，『花椿』誌やダイレクトメールの送付などに活用された。チェーン・ストアは，独自に会員の名前，住所，購買履歴などを記載する会員台帳を作成し，これによって会員情報を管理した。

それから1960年には花椿会の改正が行なわれ，この台帳を中心としたより詳細な運営ガイドラインが示された。改正内容は，①記念品引き換え時期の早期化，②クーポンの廃止（記念品交換時にのみ使用），会員台帳による購買履歴管理の徹底，③買い上げ金額の一部引き上げ，などであった。

1960年には「花椿会員倍加運動」が，1966年には「花椿会員入会促進コンクール」が実施され，新規会員の獲得に重点が置かれるようになった。50年代の会員数が小売店数の増加と並行して，比較的緩やかに推移したのに対し，60年代の会員数は急激に増加していった。

5. 資生堂の化粧品市場戦略

（1）特定市場の確保

① 高価化粧品

資生堂の商品の特徴として挙げられるのは，高価化粧品だったことである。信三は，「昔から高かろうよかろう，安かろう悪かろうと言うが，これは真理である。…何時迄も高かろう，よかろうである。安いものよりも高い良品は大切に，丁寧に使用するのが人情である。…価格を比較すれば高いが，価値は絶対的に勝るので，これが特異性の特異な所以，商品としては一般性，品質から個性を持つ事が出来る」と述べていたように（福原［1929］），創業から高価化粧品をターゲットにしてきたように思われる。

それがより徹底した形で顕著になったのは，1932年の「ドルックス」の販売からだった。それまでの資生堂の化粧品は，他の化粧品2～4倍の価格帯であったのに対し，「ドルックス」はその上をいく2円から2.5円の高価格帯に設定された。「高級品で通っている資生堂の中でも最高級の品質」を追求し，パッケージには銀地に黒の唐草模様のデザインを用いた。

戦後,資生堂は1948年3月,公定価格撤廃後の最初の化粧品として「ゾートス」を発売し，5月に高級香水十種を売り出した。1口5万円でチェーン・ストアの予約を取った。

その後，1951年5月「ドルックス」が復活された。復活発売まで，資生堂チェーン・ストアや消費者から多くの希望が寄せられたというエピソードがある。容器デザインは戦前と変わりロココ調の唐草の連続模様にリニューアルされ，当時「資生堂ドルックスレーデボーデ」400円，「資生堂ドルックス香水」3,000円，「資生堂ドルックス石鹸」100円，6月には「資生堂ドルックス粉白粉」（4色）が，各600円で販売された。

② プロモーションの差別化

特異性のある商品を開発するだけでは，特定市場を確保することは困難である。前で述べたように，資生堂は，大手化粧品メーカーと同じように，大々的に全国広告を打ち出すプロモーションでは到底かなわなかったであろうし，その資金を費やす余裕もなかった。高価商品を販売するには，パッケージなどで高級商品をイメージさせることも有効であるが，豊富な商品知識をもって，消費者に説明，説得を行なうことが，低価格商品以上に必要となる。

それに関して，戦前当時の支配人松本は，「（資生堂は）広告宣伝をしないかのように誤解される向もある」が，「他の営業者のあまりやってこない方法を採って，それに多大なる犠牲を払っている次第である」と述べている（松本［1928］p.1）。

メーカーの小売店に対する奉仕といえば，より多く自社の商品を売ってもらうために，あるいは多く売ってもらった感謝のしるしに，旅行に招待したり，招宴をはることが通例であったが，資生堂は，そのカネと時間を講習会に費やすことにしたという。前述したように，チェーン・ストアに対しては，「資生堂チェーン・ストアスクール」を開催し，各店員に対し商品知識，販売技術の教育を行なった。

消費者に対しては，大々的広告によって顧客を誘引するよりも，前述の消費者向け機関誌『資生堂月報』（後『花椿』）を配布し，美容部員の派遣に力を注いだ。両者とも，化粧品業界では初めての試みであった。

(2) 特定市場の活用

前節により，これまで資生堂は，高価化粧品を販売することと，プロモーションの差別化を展開することで化粧品市場の特定市場を確保することができたといえよう。さらに，花椿会の消費者組織化は固定客の確保につなげることを助長した。

花椿会会員は，月間，年間購買額を目安に名誉会員，特別会員，正会員に分類された。地域の名家の夫人などが名誉会員であり，「一度入会されて，それも最高のクラスに入られると絶対的な顧客」だったとコメントにもあった（吉田［1937］p.2）。彼女たちは，資生堂に対して強力なロイヤリティをもった優良顧客であったと言える。

戦後まもなく，資生堂は，資金難に対処するため，増資による資金調達をたびたび行なった。株式引受けは，既存株主，販社，チェーン・ストアである小売店によびかけられた。

1949年4度目の増資の際には，各チェーン・ストアを通じて資生堂化粧品をとくに愛用している顧客に対しても出資がよびかけられ（『資生堂チェインストア』1949年2月号，p.1），多数の個人株主が誕生した。資生堂の愛用者は，戦前から使用していた中高年層が多かった。

当時取締役社長の松本は，チェーン・ストア店員に述べた。松本は「資生堂のご愛顧者であるご婦人のお申し込みが絶対多数」であったと述べている（『資生堂チェインストア』1951年2月号，p.2）。株式を引受けた「とくに熱心なる愛用者」の多くにあたるのは，戦前の花椿会員であったと考えられる。

1957年5月末調査で，資本金1億円，株主総数6,166名のうち1,811名が女性株主であった。彼女たちは，戦前からの花椿会活動を通じ，チェーン・ストアにより，名前，住所，経済状況などの情報を把握されていた。その彼女たちへのよびかけより，大幅な増資を作り出すことが可能となったと言える。

(3) 新市場の開拓

① 特別整容講座

戦前から資生堂の化粧品市場においては，比較的高所得者で中年層の顧客が多かったことは前で述べた。戦後まもなく，若年層に向けてのプロモーション活動も見られるようになった。

化粧品の製造が自由にできるようになった1949年1月9日から14日まで「資生堂美容部員特別講習会」を開いた。美容部員23人が参加した。3月卒業予定の女子高校生を対象に，学校を巡回する計画に基づき，その要員の研修であった（資生堂［1973］p.300）。

彼女たちは,「特別美容講座」として,1月15日から3月5日まで,新制高等学校,旧制女子専門学校,女子師範学校などを7班に分けて巡回した。計307校,約5万7千人,学校の他に女子青年団や婦人会など56団体,約4,900人が聴講した。

髪や肌の手入れ,メイキャップ,服装,着付けなど美容全般にわたる講義と実演で所要時間は2時間。戦後まだ美容やファッションの情報が乏しく,化粧品が十分になかったので,個々の美容相談に応じたが,時間が足りなくて宿泊先の旅館でも相談を受けるほど盛況であった。さらに4,5月には新入社員教育と一環として,身だしなみ講座も開催された。

新卒予定の女子高生を中心とした「資生堂特別美容講座」は,「資生堂整容講座」と改まり,年初の行事として以後引き継がれた。

② 1960年代以降の資生堂

テレビの普及によって,テレビ広告が直接消費者の茶の間に届くようになると,消費者は店頭以外から圧倒的な商品情報量を得ることが可能になった。1959年には,テレビ広告が前年比20%増加となり,ラジオ広告を上回った[12]。消費者のブランド指名が行なわれるようになることが多くなると,中高年層から働く20代前後の若年層へと移行し,使用者層の低齢化,大衆化が進んだ(藤岡[1999] p.165)。

62年には,制度品メーカーのシェアが一般品にならび,65年にはその比率が逆転するに至った。カネボウが,化粧品業界に本格的に参入したのは,1961年のことであるが,その際も資生堂の戦略を模倣する形で様々な施策が展開された。

チャネル面では,1960年に美容部員および販売会社の営業部員が大幅に増員され,1962年には,チェーン・ストア店内に資生堂化粧品のみを扱う一定のスペースを設ける「資生堂化粧品コーナー」が導入され,全面的なチェーン・ストア支援体制が整えられた。

そして1959年に外資系化粧品メーカーマックスファクターによって実施された「ローマンピンク」キャンペーンが大きなきっかけとなり,1960年代に入ると,資生堂などの各化粧品メーカーは,シーズンプロモーションを盛んに展開するようになった。

資生堂がキャンペーンと称して化粧品のイメージ作りに力を入れ始めたのは1961年の「キャンディトーン」からであった。資生堂化粧品はそれまで,花椿のマークとパッケージなど高級なイメージをもって中高年に浸透を図ってきたが,

キャンペーンの対象を23歳以下に置いた。1962年にはシャベットトーン，1963年フルーツカラー，1964年はメイクアップTOKYO。資生堂がキャンペーン作戦の時期を，まず春に置いたのは，有力な化粧人口となる女子高校生の卒業期を迎える点にねらいがあった。その後数年間続いたキャンペーンの間に，それまで主力商品であったスキンケアに加えて，メイキャップ化粧品の認知度も向上し，これまでの中高年層から若年層の市場を拡大していった。

6. 本章から学ぶこと

　本章では，資生堂の戦後復興期から高度成長期に入るまでのマーケティング活動を中心に考察してきた。ここで本章を総括してまとめとする。
　戦前期，資生堂は化粧品業界では中小規模であり，戦後復興期には経営悪化していた状況であった。そこで資生堂は戦前期遺された組織の再構築化を図った。商品不足のころから，先ず，資生堂販売会社を復興させ，セールスマン教育，美容部員の復活に力を注いだ。それは，資生堂社員としての意識を高めるためでもあった。
　小売機関においては，販売力を高めるために，報奨金制度，店員教育のためのセミナー，販売活動の支援は仕入額や売上高に応じた。販路を，拡張するよりも，固める展開を重視していたことが伺える。
　1937年に設立された花椿会は，歴史が古く，わが国の消費者組織化の代表例として取り上げられることが多い。資生堂は，1952年花椿会を復活させたが，それ以前に，美容部員を派遣し実演会を行ない，チェーン・ストアを通じて『花椿』を発行することにより消費者に情報を提供した。クーポン帖によりチェーン・ストアの固定化を促進し，1958年会員台帳の導入により，顧客情報の管理を強化し，顧客の固定化を図ろうとした。新規顧客の獲得に多大な力を注ぐよりも，資生堂がすでに獲得した顧客と長期的な関係を維持して行く方がコスト的にも有利であっただろう。
　ニッチャーは，自社のマーケティング活動を特定市場に特化してしまう企業である。戦前期の資生堂については，売上に関しては大手化粧品メーカーに及ばなかったが，高価化粧品としての特定市場を確保していたといえよう。さらにプロモーション活動においては，大々的に広告を打ち出すよりも，小売店員に対して

スクールによる商品知識，販売技術の教育を行ない，消費者に対しては，美容部員によるカウンセリング販売や美容講習会の開催，資生堂機関誌の配布の啓蒙活動に力を注ぎ，戦後においてもそれが受け継がれた。

資生堂の戦前からの固定客層は，高所得者の中高年の婦人が多かった。彼女たちに株主になってもらい，資金作りを行なった。特定市場を確保していたがゆえ，それを活用することができたということができよう。

新たな戦略として試みたのは，新市場を開拓することであり，中高年層から若年層の拡大であった。1948年から毎年にわたり，正月から卒業期にかけて全国の女子高校で整容講座を開催してきた。それから，卒業を迎える女子高生などを対象とした若年層開拓は，1960年代からの春のキャンペーン作戦から本格化してきた。50年代半ば頃から，多くの化粧品メーカーが資生堂にならって制度品流通システムを採用し，自社販売網の構築に力を入れ始めた。

わが国の場合，主要な消費財メーカーが市場調査や市場細分化戦略などのマーケティング戦略を取り入れ，著しく流通系列化を進めていったのは，昭和30年代以降であるとされている。資生堂もその1例としてとりあげることができ，化粧品業界においてニッチャー企業からリーディング企業へ成長していった企業でもある。そして，それ以前の戦後復興期の資生堂についていえば，戦前期に遺された組織を再構築・復活させ，緩やかに新市場を開拓していった，地道な努力があったと，とらえられよう。

【注】

1) 中山太陽堂の初代社長中山太一は，神戸市花隈町に，中山太陽堂を開業した。1921年には能率研究のための中山文化研究所を設立し，他の企業のモデルケースとなった。戦後においては，一般品メーカーとし，クラブコスメチックスと社名を改称し，現在では生協のOEMとし，コープ化粧品をメインに販売している。中山太陽堂に関する文献として長尾［2000］がある。

2) 平尾賛平商店の一代目社長平尾賛平は，1878年に「岳陽堂平尾賛平商店」を開業した。1918年に資本金50万にて株式会社平尾賛平商店に組織変更し，1926年にチャネル組織化としてレート3部制を施行したが，1959年廃業した。平尾賛平商店に関して長尾［2002］がある。

3) 資生堂ギャラリーに携わった綿貫不二夫は，次のように記している。「私は『資生堂ギャラリー75年史　1919～1994』の編輯に携わっていたとき関係者に聞き取り調査を行ない，当時の経理担当役員で日々の資金繰りに奔走していた森治樹（後に第五代社長，自ら絵も描いた）に『戦後の混乱期には物さえあればいくらでも売れたでしょうに，資生堂はなぜヤミをやらなかったのですか』と尋ねたことがある。森の答えは『ヤミをやるには現金が必要だ，やりたくても資生堂にはその現金がなかった』というものだった。」

4) 1950年5月，中山太陽堂等の5社は「卸売販売価格の維持励行方につき謹告」という通

5）資生堂の売上は，資生堂［1973］，中山太陽堂の売上は株式会社クラブコスメチックスから資料提供。
6）「大蔵省と東京財務局では，滞納税金整理特別推進隊を編成して，都下7税務署の窓口に進出して調査をしていたが，（中略）滞納整理のつかない者で差押処分を受けたものは，約2,600万円に上る物品滞納で，資生堂工場が，工場，商標権を差し押さえ………見込みである。」（毎日新聞　1948年1月20日付）
7）株式会社資生堂は，資本金150万円，持ち株は資生堂100万円，朝日堂50万円のうち，25万円はそれまでの報酬金，25万円の出資と決まり発足した。なお朝日堂（株）は，売薬，化粧品を扱う，当時関西地区の有力問屋であった。朝日堂の歴史に関しては，井上［1993］を参照されたい。
8）のちに『資生堂セールスカーレッジ』，さらに『マーケティングセミナー』と改称された。その後，『マーチャンダイジェスト』さらに『マーケティンググラム』と改題した。
9）1935年には『チェインストア研究』，1939年には『資生堂チェインストア』，1941年には『資生堂チェイン』から『配給と経営』に変更。1948年『資生堂チェインストア』復刊，1953年休刊，1957年再刊している。
10）資生堂と消費者の関係では，既に1924年に『資生堂月報』が創刊され，1933年『資生堂グラフ』に改め創刊，その後1937年には花椿会の発足によりグラフを廃刊し，『花椿』に変更している。
11）戦前期においても，それぞれのクラスの月額購買基準額は，資生堂本社によって提示され，小売店は本社の提示した月間，年間購買額を目安に会員を名誉会員，特別会員，正会員に分類された。正会員なら年間12円，特別会員なら36円，名誉会員なら60円の資生堂化粧品を購入すれば，手帳にクーポンが満欄となり，景品が得られた。また，満欄手帳数すなわち達成会員数は，全国レベルで「花椿会組織競技会」という名のもとに競われ，上位の資生堂チェーン・ストアには，功労金が与えられた（資生堂［1937］）。
12）1959年のテレビ広告費238億円，ラジオ広告費162億円であった（下川・家庭総合研究会［1998］p.296）。

【文献案内】
　資生堂は，わが国化粧品業界においてはトップ企業であるが，戦前期においては中小企業で，戦後復興期では経営不振まで陥っていた。
　その後の資生堂の革新的なマーケティングを研究していく上で，まず戦前期から受け継がれている，チャネル政策と消費者組織化「花椿会」を学ばなければならないだろう。
　資生堂チャネル政策の歴史に関しては，小原［1994］；［2004］；［2005］，佐々木［1995］；［2007］などがある。小原は，マーケティング史という観点から，資生堂を化粧品業界の代表として取り上げ，そこでの流通支配関係や取引慣行を明らかにしつつ，その発展の動態を捉えている。佐々木は，経営史という観点から，メーカー・卸店・小売店の取引関係や取引条件の変化を実証的に分析している。
　資生堂「花椿会」の研究において藤岡［1999］は，戦前期の設立時から高度成長期においての発展形成過程を考察し，消費者組織化活動をリレーションシップ・マーケ

グという観点から特徴づけている。

【参考文献】

伊藤肇［1972］『ボランタリー・チエインの先覚者松本昇』時事通信社。
井上ゆり子［1993］『船場朝日堂物語』人文書院。
大阪化粧品商報『大阪化粧品商報』各号。
経営管理研究会［1957］『チェイン・ストアの理論と実際』同会。
小原博［1994］『日本マーケティング史―現代流通の史的構図―』中央経済社。
小原博［2004］『日本の流通 100 年』有斐閣。
小原博［2005］『日本流通マーケティング史―現代流通の史的諸相―』中央経済社。
坂井幸三郎［1979］『資生堂驚異の販売組織』日本実業出版社。
坂井清昭［1969］『資生堂パウフウ作戦』産業能率短期大学出版部。
佐々木聡［1995］「化粧品・石鹸業界にみる流通革新」由井常彦，橋本寿郎編『革新の経営史』。
佐々木聡［2007］『日本的流通の経営史』有斐閣。
資生堂［1937］『資生堂花椿会組織契約』内部資料。
資生堂［1973］『資生堂 100 年史』。
資生堂［1979］『資生堂社史』。
資生堂［1989a］『資生堂販売会社 50 年史』。
資生堂［1989b］『六十年史資生堂京都販売株式会社』。
資生堂『資生堂月報』同社刊，各号。
資生堂『資生堂製品総目録』同社刊，各号。
資生堂『チェインストア研究』，『資生堂チェインストア』，『資生堂チェイン』同社刊，各号。
資生堂『資生堂読本』同社刊，各号。
資生堂『資生堂チェーンストア』同社刊，各号。
下川耿史・家庭総合研究会［1998］『昭和，平成家庭年表』河出書房新社。
東京小間物化粧品商報『東京小間物化粧品商報』各号。
長尾清美［2000］「戦前期最大手化粧品メーカー中山太陽堂チャネル政策」『流通経済大学大学院経済学研究科論集』第 8 号。
長尾清美［2001］「資生堂におけるチャネル政策成立過程に関する研究」『流通経済大学大学院経済学研究科論集』第 9 号。
長尾清美［2002］「戦前期メーカーチャネル政策の比較考察-資生堂，中山太陽堂，平尾賛平商店の事例を中心に-」『市場史研究』第 22 号，株式会社そしえて。
長尾清美［2003］「戦前期における資生堂の販売戦略」『ビューティ・サイエンス』源流社。
日本粧業会［1992］『化粧品工業 120 年の歩み』同社刊。
藤岡章子［1999］「化粧品業界における顧客組織化活動とリレーションシップ・マーケティング」近藤文男，若林靖永編『日本企業のマス・マーケティング史』同文舘出版。
松田輝雄［1968］『資生堂経営学』日本経営出版会。
松本昇［1928］「広告と販売に就て」『チエンストア』10 月号。
松本昇［1946］「発刊に際して」『資生堂ニュース』創刊号　資生堂内部資料。
松本昇［1950］『伸びゆくチエイン・ストア』商工振興株式会社。
水尾順一［1998］『化粧品のブランド史』中公新書。
矢部信寿［1970］『福原信三』資生堂。
わたぬきふじお［2004］『ときの忘れもの』資生堂ギャラリーHP《http://www.tokinowasuremono.com/nv05-essay/essay20040401.html》
（資生堂以外の）化粧品企業の社史としては，以下がある。

伊勢半本店［1959］『紅（伊勢半百七十年史）―キスミー化粧―』，井田両国堂［1960］『井田両国堂40年史』，大山［1991］『創業70周年史』，カネボウ［1988］『鐘紡百年史』，クラブコスメチックス［1983］『クラブコスメチックス八十年史』，［2003］『クラブコスメチックス百年史』，小林コーセー［1996］『理想の販社制度への道　小林孝三郎』，武孝商店［1984］『武孝商店六十年史』，パルタック［1978］『パルタック80年史』，平尾太郎［1929］『平尾賛平商店五十年史』，POLA化粧品本舗［1978］『永遠の美を求めて POLA物語』，マンダム［1978］『マンダム50年史』，桃谷順天館［1985］『株式会社桃谷順天館創業百年記念史』。

（長尾　清美）

第5章 パナソニック（松下電器産業）の マーケティング
―家電総合メーカー王者への道―

1. はじめに

　多くの日本企業は，第2次世界大戦後に灰燼の中からの復活，新たな徒手空拳の創業などによって発展してきた。本章ではそうした経済発展著しい中でのメインストリームともなった民生用電子・電気機器産業，いわゆる家庭電器メーカーである，松下電器産業（現・パナソニック，以下松下電器という）を取り上げ，そのマーケティング活動の軌跡を追う。

　高度経済成長は，さまざまな企業が，次々と商品を大量に生産，販売し，これを受けて消費が高度化していった，大量生産―大量流通―大量消費の好循環が現出した事態である。なかでも耐久消費財の家庭電気製品，ついで乗用車が基幹産業として日本経済の根幹を担った。

　松下幸之助が1918（大正7）年に創業，数年後に松下電器産業と称したが，家庭内での便利な生活をもたらす多様な電化製品の提供を積極的，かつ真摯に努めた。高度経済成長期により大きく業績を伸ばし，日本一の家電総合メーカーに位置するのである。松下電器は第2次世界大戦前に，当時マーケティング的にも先端を行っていたので，本書第Ⅰ部に位置づけても良いが，戦後日本の発展期におけるマーケティング全体に顕著な影響をより強く与えたということで，この第Ⅱ部で扱う。

　なお，松下電器の家電製品は，ナショナル（National），パナソニック（Panasonic），さらにテクニクス（Technics）等のブランドがこれまで付されてきたが，2008（平成20）年10月に由緒ある創業者の名を捨て，社名および製品名をパナソニック・ブランドに統一した。これによって，より強力な全社的企業イメージ訴求を目指している。本社のみならず，松下電器産業グループとしての関連企業等も同様で，パナソニック・グループになっている。

2. 戦後家電産業の発展過程

　第2次世界大戦後の家電産業の発展過程を簡単にみておこう。1955（昭和30）年に，電気機械生産額はおよそ1,500億円，うち家電製品は402億円（うち輸出は14億円）でしかなかったものが，1964（昭和39）年には1兆7,000億円，うち家電製品6,646億円（うち輸出は1,369億円）になるといったように，昭和30年代の10年間に家電の伸び率は生産額で16.5倍，輸出で97.8倍と飛躍的な伸びを示した。

　これらの内実はどうであったかといえば，まずメーカー別では，当初は松下電器，三洋電機，早川電機（現・シャープ），八欧電機（現・富士通ゼネラル）などが，当初の売れ筋のラジオ生産を中心とした。1951（昭和26）年の家電普及率調査では，ラジオの普及以外にみるべきものがなく，日本の電化生活はまだ遠かった[1]。

　その後，これら企業は，徐々に製品の追加・多様化を進めて家電総合メーカーとして（とくに松下電器，三洋電機）発展を遂げた。さらに，こうしたラジオからスタートして継起的な電化製品による家電ブームを招来するに及んで，東芝，日立製作所，三菱電機，富士電機といった重電機メーカーも家電部門に本格的に参入して，総合電機メーカーとなった。東芝らの各社は，1955（昭和30）年前後に，専用工場の新・増設，子会社・下請会社の強化など，家電生産にも力を入れた。たとえば，その設備投資額は，東芝の場合，1954（昭和29）年から1958（昭和33）年の5年間に，同社の20％にあたる36億円を家電部門に重点投入している。

　これにより松下電器，三洋，早川の家電メーカー3社と，東芝，日立製作所，三菱電機の総合電機メーカー3社との，6社をメインに家電の競争は熾烈なものとなっていった（その後，音響・映像のソニーが加わっていく）。

　次に製品別では，まず第2次世界大戦後は，ラジオ（1951＝昭和26年に民間放送開始）から内需が活発に展開し，1955（昭和30）年にトランジスタ化されて，その後の花形輸出商品ともなった。当初，家電として一般庶民に価格的に一番購入しやすかったラジオが，次いで白黒テレビが家庭内に普及していった。ラジオで満足していた時代には，娯楽といえば，日本では映画鑑賞が手っ取り早く，また唯一ともいえる楽しみであったが，テレビの登場にその地位を奪われた。

　このテレビとともに，家事労働で一番きつく，つらい仕事であった洗濯から，

主婦を解放する商品として，電気洗濯機の普及が速度を増していった。また，冷蔵庫についても，食生活，あるいは食品購入頻度を根本から変える必需のキッチン機器となって普及していった。

神武景気，岩戸景気と続く中で，これら白黒テレビ，洗濯機，冷蔵庫は三種の神器と称され，家庭内の電化ブーム的様相が現出した。事実，家電生産額中のこれら三種の神器が占める割合は，1955（昭和30）年には52.8%（白黒テレビ25.7%，洗濯機21.4%，冷蔵庫5.7%），1960（昭和35）年には56.3%，1964（昭和39）年には52.4%と大きい。

昭和30年代を通じて家電製品は「もはや戦後ではない」状況となり，家電産業は大きく確立された状態になった。その後，一時的に1965（昭和40）年不況に関連しての，個人消費の停滞や，家電製品の普及一巡から，成長はいったん鈍化したが，昭和40年代以降にはカラーテレビ，クーラー，カーといった次世代新製品への需要，いわゆる3Cブームの到来で消費は再度活況を呈した。

図表5－1　高度成長期・主要耐久消費財の普及率の推移

(単位：％)

年	自転車	ミシン	カメラ	扇風機	白黒TV	カラーTV	洗濯機	冷蔵庫	掃除機	ルームクーラ	乗用車
1958（昭33）	65.6	64.2	38.5	27.6	15.9	—	24.6	3.2	—	—	—
1959（昭34）	68.7	68.3	43.4	28.6	23.6	—	33.0	5.7	—	—	—
1960（昭35）	67.7	69.5	45.8	34.4	44.7	—	40.6	10.1	7.7	—	—
1961（昭36）	67.8	74.1	49.2	41.9	62.5	—	50.2	17.2	15.4	0.4	2.8
1962（昭37）	68.3	75.8	51.8	50.6	79.4	—	58.1	28.0	24.5	0.7	5.1
1963（昭38）	68.0	79.1	56.4	60.6	88.7	—	66.4	39.1	33.1	1.3	6.1
1964（昭39）	72.9	76.2	43.8	49.9	87.8	—	61.4	38.2	26.8	1.8	6.0
1965（昭40）	73.1	77.4	49.4	59.6	90.0	—	68.5	51.4	32.2	2.6	9.2
1966（昭41）	—	76.6	52.9	65.7	94.4	0.3	75.5	61.6	41.2	2.0	12.1
1967（昭42）	71.8	81.7	57.3	69.1	96.2	1.6	79.8	69.7	47.2	2.8	9.5
1968（昭43）	70.5	82.6	59.8	75.6	96.4	5.4	84.8	77.6	53.8	3.9	13.1
1969（昭44）	67.8	84.6	62.7	80.1	94.7	13.9	88.3	84.6	62.6	4.7	17.3
1970（昭45）	67.1	84.5	64.1	83.2	90.2	26.3	91.4	89.1	68.3	5.9	22.1
1971（昭46）	66.8	84.4	67.0	85.0	82.3	42.3	93.6	91.2	74.3	7.7	26.8
1972（昭47）	71.0	83.0	69.8	89.3	75.1	61.1	96.1	91.6	79.8	9.3	30.1
1973（昭48）	71.3	84.6	72.7	91.8	65.4	75.8	97.5	94.7	85.2	12.9	36.7
1974（昭49）	75.4	84.2	75.6	93.3	55.7	85.9	97.5	96.5	89.6	12.4	39.8
1975（昭50）	77.0	84.7	77.4	94.3	48.7	90.3	97.6	96.7	91.2	17.2	41.2

(出所) 経済企画庁調査局［1991］pp.52-55。

このように日本経済の戦後高度成長の中心的産業の1つとして家電産業が位置づけられる（小宮ほか［1973］）。これらの普及の程度は，図表5-1に明らかである。こうした家電の顕著な成長はどのような要因に基づくのか。種々考えられるが，①ラジオ放送（昭和26年），テレビ放送（昭和28年）の開始による生活の楽しみの追求，②主婦の家庭内労働の軽減，③所得水準の向上と平準化（中流意識の形成と普遍化），それに伴う消費水準の高度化，④核家族化への移行，⑤海外から比較的容易であった技術導入・提携，⑥メーカー間競争の激化，それに伴う品質の向上とコスト・価格低減，および⑦販売活動（マーケティング）の活発化，などが挙げられる[2]。

3. 家電総合メーカーへの進展
― 松下電器の製品政策 ―

　家電生産には，多くの電気メーカーが存在したが，松下電器は，その先導役を果たし，またマーケティング上で牽引車となった。周知の通り，立志伝中の人，松下幸之助が1918（大正7）年に松下電気器具製作所として，配線器具，アタッチメント・プラグの家内工業的生産に始まったものであるが，二股ソケットさらに自転車用ランプへと，そして1929（昭和4）年にラジオの生産に着手する。1935（昭和10）年には松下電器産業と社名変更するとともに，株式会社化されているが，すでに第2次世界大戦前にも，家電メーカーの一角を占めるまでになっている。なお，創業当初から義弟・井植歳男が幸之助の片腕となって手伝い，第2次世界大戦後の1947（昭和22）年に独立し三洋電機を起業している。

　第2次世界大戦後に至って，松下電器は家電ブームそのものをよび起こしたメーカーの1つとなっているが，その大きく伸びた主因としては，包括的なマーケティングがあった。従来から「販売の松下」として，販売力は知られていることに端的に現れているが，それは戦前からの連綿と続いた営業の歴史を辿ることによって理解できる（松下電器，［1979］；［1980］）。

　松下電器のマーケティング活動の基礎となるのは，おおむね①生活水準の上昇とともに，生活欲求に見合った新製品を次々と打ち出したこと，およびその基礎となった海外からの技術導入・提携を進めたこと，②独自の強力な流通チャネル（販売網）を構築したこと，③価格安定化のためにさまざまな方策をとったこと，さらに④販売促進のために高額な広告宣伝費や，またリベートなど流通諸対策費

を投入したこと等,総じて他社に先駆けて販売重視策を積み上げた結果ということができる。現代のマーケティングは,product, place, price, promotion(製品政策,流通チャネル政策,価格政策,販売促進政策)という4つのPを構造としてもっているが,まさに松下電器が取ってきた諸活動であった。松下電器にあっては,戦後になって始まったのではなく,諸方策の基礎はすでに戦前にまで遡るところに強さの根本がある。

まず製品政策について触れよう。松下電器は継起的な電化製品の発売という,製品の幅(ライン)を拡大することにより,生活欲求を顕在化させたのであり,家電を一大市場に成長させるとともに,その一翼を担ったといえる。松下電器では昭和30年代に以下のように新製品が次々と誕生した(松下電器[1968][1980])。

1956(昭和31)年	自動炊飯器,電気掃除機,ジューサー,電気毛布,電気フライパン,殺菌灯
1957(昭和32)年	トランジスタラジオ,乾電池時計,閃光電球,リフレクター写真電球
1958(昭和33)年	ステレオ,テープレコーダー,ホームコタツ,テーブルロースター,ガスストーブ,ルームクーラー
1959(昭和34)年	ステレオアンプ,電気鍋,タオル蒸し器,ホットプレート,サイホンポット,電気乾燥機,ディスポーザー
1960(昭和35)年	カラーテレビ,トランジスタテレビ,電気オーブン,赤外線ホームコタツ
1961(昭和36)年	トランシーバー,テープトレーナー,石油ストーブ,クールファン,エアコン,X線テレビ
1962(昭和37)年	卵ゆで器,ズボンプレッサー,流し台,調理台,シュレッダー,ナトリウム灯,トランジスタシリコン
1963(昭和38)年	電子オルガン,電気カンキリ,ホーム大工,空気清浄器,電子レンジ
1964(昭和39)年	ビデオテープレコーダー,電気温蔵庫,ガスクッキングテーブル

こうした家電総合メーカーへの進展は,家電小売店の品揃え(家電製品のフルライン化)のためにも必要で,後述の流通チャネル(販売網)の構築と大きく関わっている。

これとともに,第2次世界大戦後の産業発展で忘れてならないのは,海外からの技術導入・提携である[3]。松下幸之助が外遊により家電の発展に関して彼我の違いを認識した結果,エレクトロニクス技術をオランダ・フィリップス社に求め,

技術・資本提携を結んだ。1952（昭和27）年，松下電工（現・パナソニック電工）がこれにより誕生し，電球・蛍光灯をはじめ真空管，ブラウン管，トランジスタなど電子管半導体の生産が始まった。提携により未開拓の電子工学技術を得られたことは大きく，松下電器はこれらの電子管や半導体を使い，あらゆる種類のエレクトロニクス応用機器の品質を世界的な水準に高めることができた。もちろん，この他に，長年にわたる消費者の利便を考えての技術練磨，それによる製品づくりを追い求めてきたことが結実したのはいうまでもない。

松下電器の製品政策は，他社との直接的な製品差別化策を取ること以上に，製品フルライン化を武器とし，さらにそれらの水準を技術的に改良を重ねることによって高めていくというものである。このことで必ず売れる多様な製品づくりや，たとえ業界の2番手の後発となっても高い技術安定度を得るなど，競争上の製品優位となってきた。

4. 包括的マーケティングの展開

現代のマーケティング（製品政策，流通チャネル政策，価格政策，販売促進政策の4P構造からなる）のうち，前節では松下電器の製品政策を明らかにしてきた。本節では残る3つの政策をそれぞれ検討しよう。

(1) 松下電器の流通チャネル政策

メーカーはより良い製品をつくり出すとともに，工場から出荷された製品が最終の消費者の手に渡るまで，そのプロセスも大事である。商品によっては一切そうしたことを考えず，社会的な流通システムに委ねる場合もないではない。家電という耐久消費財では，メーカーが独自の流通チャネル，すなわち販売網を作り上げることを，とくに松下電器では重要な課題としてきた。以下，流通チャネルの構築・維持過程を明らかにしよう。

① 流通チャネル体制の復興（第2次世界大戦前の遺産）

「販売の松下」と称されるが，戦前からの長年にわたる販売力強化，蓄積の賜物である。とくに1935（昭和10）年に製品の乱売に対する適正化を狙っての「連

盟店制度」創設が挙げられる。すなわち，卸売り段階による小売り段階への無秩序な売り込み競争の激化が，卸売価格の低下，さらにその経営を悪化させていたため，これを防止するものであった。その方法は，各代理店に連盟店専任係を置いて加盟店の組織化を進め，仕入額に応じて松下電器からこの連盟店へ「感謝配当金」が年2回贈呈されるというものである。

ここに松下電器－代理店（卸売り）－連盟店（小売り）という流通チャネルが構築され，系列化が進んだ。とはいえ，第2次世界大戦前は日本の流通全体が卸売商（問屋）主導型が一般的ななかで，この産業でもいまだ大企業とはいえなかった時代の松下電器がこれを構築するのは多くの困難があったのはいうまでもない。戦前に松下電器がこうした流通チャネル，系列販売網を構築できていたことが，戦後に至って，より大きな後発の重電機メーカーに比べて競争優位を得ることにもなった。

② 流通チャネル体制の拡大（昭和30年代）

松下電器は戦前の代理店（卸売り），連盟店（小売り）という遺産を戦後にいち早く復活するが，それは単なる戦前の焼き直しではない。他方，製品多様化（フルライン）に基づいて多くの製品政策が取られた。すなわち，従来の製品別連盟店制度から総合連盟店制度への移行，これらのうち有力連盟店によるナショナル会の結成（当初は親睦組織，後にナショナル店会へ発展），代理店レベルでのナショナル共栄会の発足（1950＝昭和25年），初期的ながら販売会社制度の模索（高知県下の各代理店との共同による販売会社第1号，1950年に高知ナショナル製品販売会社の発足），ラジオ・ブームの促進を意図した月賦販売会社の設立（1951年，全国各地の代理店との共同出資によるナショナル・ラジオ月賦販売会社の設立，1952年には28社）という具合により一層の改善を進め，およそ1952（昭和27）年頃には，流通チャネルを系列的な販売体制として拡大，確立し，その販売競争上の優位を得ていたものである。

1955（昭和30）年頃には，家電ブーム到来の中で，大手重電機メーカーも将来性ある領域として家電販売網の構築に乗り出し，本格的に参入した[4]。こうした販売体制の確立により，重電機メーカーは高度成長の半ばでその売上シェアを高めた。1962（昭和37）年時点で，松下電器24.0％，東芝18.0％，日立製作所14.0％，三菱電機10.0％，三洋電機8.8％，早川電機（シャープ）5.1％と，上位6社で80％のシェアを，かつ重電機メーカーはその半分を占めている（竹内［1966］，

第5章　パナソニック（松下電器産業）のマーケティング　　83

p.236）。まさに高度成長期を迎え，耐久消費財としての家電製品欲求の時期に重電機メーカーも間に合ったのである。これにより流通段階での値引き競争など販売激化により市場の混乱が引き起こされた。

　こうした状況に，松下電器は対抗して1957（昭和32）年には流通チャネル（販売網）のより一層の強化を図っている。すなわち，卸売り段階では販売会社化，小売り段階では店会制への積極的な移行である。

　卸売り段階の販売会社化をみよう。それまで商品流通のメインは代理店方式を取っており，さらにこれを補完する副代理店や特約店が存在していたが，1957（昭和32）年には，各地域の代理店と計らいながら，販売会社を設立し，簡素化，強化していった。それは当該地域での専売（テリトリー制）を保証しながら，松下電器との共同によって，あるいは代理店独自の出資で新設したものである。

　1959（昭和34）年までには，販売会社は100社を数え，全国的な販売網が段階的に成立している。これによって，松下にとって販売の正常化が推進され，秩序ある体制が整ったのである。

　この卸売り段階の整備で，1963（昭和38）年時点での流通システムは図表5－2に見られるように，販売会社経由で全体の47％，代理店経由で25％，そして月賦会社経由で25％が，小売段階へそれぞれ再販売されている。この時点では3方式の経由であり，販社方式で一本化するのは1965（昭和40）年の「新販売体制」以後になる。なお，この他，大口需要の官公庁や業務用には別途に特機営

図表5－2　高度成長期・松下電器の流通経路　1963（昭和38）年

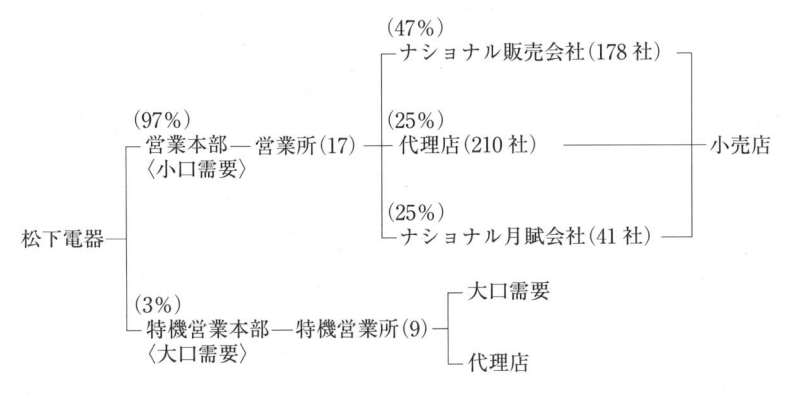

```
                          (47%)
                        ┌─ナショナル販売会社(178社)─┐
              (97%)     │  (25%)                    │
     ┌─営業本部──営業所(17)─┼─代理店(210社)────────┼─小売店
     │  〈小口需要〉          │  (25%)                    │
松下電器                     └─ナショナル月賦会社(41社)─┘
     │  (3%)                    ┌─大口需要
     └─特機営業本部──特機営業所(9)┤
        〈大口需要〉              └─代理店
```

（出所）大阪市立大学経済研究所〔1974〕p.6。

業部門（3％）が設置されている。

　松下電器の代理店から販社制度への移行，転換は，卸売商の自立性をメーカーが侵食し，卸売り業務を内部化するプロセスでもある。これを数量的に示せば，図表5-3の通りである[5]。

図表5-3　高度成長期・松下電器の販社制度への転換

年	代理店（社）	販社（社）	販社への資本出資額	
			当期増加（千円）	当期減少（千円）
1953（昭28）	250	?	5,500	
1954（昭29）	560	?	2,200	
1955（昭30）	580	?	2,015	
1956（昭31）	580	?	2,000	300
1957（昭32）	550	?	17,000	
1958（昭33）	367	88	233,470	
1959（昭34）	226	106	58,600	2,500
1960（昭35）	210	106	85,650	4,000
1961（昭36）	222	112	116,895	13,000
1962（昭37）	210	178	139,675	15,275
1963（昭38）	221	198	246,940	8,150
1964（昭39）	220	221	160,300	16,482
1965（昭40）		174	3,230,885	50,695
1966（昭41）		176	238,605	98,073
1967（昭42）		188	157,828	203,062
1968（昭43）		197	245,923	33,601
1969（昭44）		210	623,658	14,680
1970（昭45）		228	397,398	11,396

（注）代理店，販社は各年11月，出資額は年度計。
　　　販社数の？は有価証券報告書に表示なし。

　この表から，1958（昭和33）年と1965（昭和40）年とが販社への出資額の変化が大きく，販社制度への2度の転換時期を示している。とくに後者は全国販社という「新販売体制」の時期なのである。この年の5月には販社206社，代理店30社と急激な変化が報告されており，以後，代理店制度は発展・解消して販社制度に一本化した。

　第2の小売り段階の店会制への移行をみよう。1957（昭和32）年に，従来の連盟店を束ねる組織として「ナショナル店会」を構成し，これによって松下電器は傘下の連盟店の経営・技術の向上を意図した。またナショナル製品の普及と販

売正常化のため，玉石混交であった従来の連盟店を選別する必要性から，より有力店との連携強化のため，専売店，準専売店にランク付けした「ナショナル・ショップ」制度を発足させた。これによって小売り段階は，松下製品の取り扱いの多い順にナショナル・ショップ，ナショナル店会，ナショナル連盟店と3区分された[6]。

　結局，松下電器にとっての販売網再編は，安値取引，押し込み販売の排除によって，適正価格での販売，適正利潤を得ていくもので，戦前に唱えられた共存共栄の理念を再確認するものであった。

　いずれにしても，高度経済成長初期に，以上の卸売り段階，小売り段階で流通系列化を進めたことは，卸，小売が連動することによって全国的に強固な流通チャネル（販売網）が構築されたことである。この松下モデルを家電各社が，あるいは他産業がその後に続くのである。

③　流通チャネル体制の強化（昭和40年代）

　第2次世界大戦後の日本経済は，神武景気，岩戸景気を経て，1962（昭和37）年頃より1965（昭和40）年にかけて一時期景気後退があり，その後にまた高度成長（いざなみ景気）が続く。この景気後退の，いわば高度成長の踊り場，1964（昭和39）年の東京オリンピック開催を経て昭和40年不況が襲っている。家電産業にとっても経済全体の好不況は大きく影響するのはいうまでもなく，その競争に打ち勝つため，流通・販売体制の強化に各社が取り組むことになる。

　ところで，高度成長の波が一時休止し踊り場にさしかかっていく前後に，日本経済全体で流通革命論が浮上している[7]。論争の背景には，折からのスーパーマーケット，量販型ディスカウントストアの登場，これとの関わりにおける問屋の役割の見直し，さらにメーカーの流通管理など，新旧の諸問題が輻輳しており，太くて短い流通への転換の方向が示唆された。論争自体は，いわゆる問屋無用論（卸売商排除問題）に結び付けて論じられセンセーショナルなものであったが，究極，流通上で卸売り機能を誰が担当するのか，という課題を明らかにしたといえる。

　そんな中で，家電産業では，家電メーカー系列店と，台頭してきた家電量販店（ディスカウンター）との間で，販売激化が生じてきていた。家電トップの松下電器といえども例外ではなく，傘下の販売会社や系列代理店が業績悪化に見舞われることになった。1964（昭和39）年7月に松下幸之助会長の出席の下，これらの関係者が一堂に会しての（松下の歴史に残る）熱海会談が開催された。

　会談では，共存共栄の理念からすれば「販売会社が儲からないのは，松下が儲

からないのと同じ」として,松下会長は営業本部長代行に復帰し,「新販売体制」を展開することになる。その内容は多岐にわたるが,全国的な販売会社網の完成・充実（代理店の発展的解消,販売地域の明確化），営業所の業務変更によるチャネルの短縮化・簡素化,月賦制度の変更（その業務の販売会社への移管）などである。

これにより,販売会社中心の商品流通システムが確立し,さらにその後の景気の回復（とくに家電産業全体ではカラーテレビの爆発的な普及を中心に,また輸出の急増など）が追い風となって,より一層の成長を松下電器は謳歌することになった[8]。

以上から,前述フルライン化・技術安定性のある製品優位,後述する高価格優位とともに,チャネル優位を競争戦略として得るところとなったといえる。さらに加えて,同時に大量広告宣伝による販売促進政策で一層の優位を得て,堅実な企業・商品イメージを築きながら,家電のリーディング・カンパニーと成りえたのである。

(2) 松下電器の価格政策

松下電器は操業当初から大量生産によって安い価格で製品を普及させる考え方で経営されてきた。松下のいわゆる水道哲学といわれるもので,「水道の水は加工され価のあるものである。今日,価あるものを盗めば,とがめを受けるのが常識である。しかし,道ばたにある水道の栓を捻って,通行人が水を盗んで飲んだとしても,その無作法をとがめる場合はあっても,水そのものについてのとがめ立てはないのである。それは,その価格があまりに安いからである。なぜ価格が安いか,それはその生産量が豊富だからである。ここに,われわれ産業人の真の使命がある。すべての物資を水のように無尽蔵にしよう。水道の水のように価格を安くしよう。ここにきて初めて貧乏は克服される」として,大量生産による低価格方策を提唱したのである（松下電器［1968］,pp.96-97）。これにより,「不当な高い利益も,少なすぎる利益も,ともに商売の正道から外れている」として適正な利潤を目指してきた。それも松下電器本体だけではなく,代理店,小売販売店といったその製品を販売する関係者全体の価格,利潤を考えてのものであった。

こうした方針がすでに第2次世界大戦前の1935（昭和10）年に画期的な「正価販売運動」として始まっている。当時,定価販売とは無縁の状態で,メーカー

が小売り売価を決めても実際は販売店が自由に競争をしながら値決めしており，需要者の価格不信が高まっていたこと，他方で，このことは過当競争，さらに乱売も生じさせ，値くずれによる代理店，小売販売店の経営が不安定さを増していたことがある。

　この適正価格，適正利潤を目指す正価販売運動は，ついで代理店，小売販売店の経営安定を意図した「連盟店制度」を進めるが，それは前述の流通チャネル（販売網）の確立と密接に関わることはいうまでもない。通常，競争上の価格優位（前提としてのコスト優位）は，低価格によって競争相手に打ち勝つという政策であるが，松下電器にとっては，今日まで自社製品を安売りの対象とさせないこと，かつ十分な利益が出ること，という安定的な価格維持を基本的な販売政策としてきたのである。

　とはいえ，こうした基本的な松下電器の価格に対する考え方は，流通チャネル管理でもあったが，高度成長期に台頭してきた安売り哲学を信条とする総合スーパー・ダイエー（中内 功社長）からの挑戦状を受けることになった。1967（昭和42）年に公正取引委員会は，家電各社による価格協定とヤミ再販を問題とし，とくにリーダー格の松下に対して後者の排除勧告をしている。こうしてディスカウント・価格破壊への挑戦として，ダイエー対松下との長い相克があったことは，価格安定と適正利潤の確保とは何かを問うものとして歴史に残るものとなった。

(3) 松下電器の販売促進政策

　耐久消費財としての家庭電気製品の商品特性は，①耐久性があるために，故障，部品交換といったアフター・サービスが欠かせないこと，②一般的に高価格な商品であるために，一般大衆を相手にするならば割賦販売を導入せざるを得ないこと，などが挙げられる。

　1954（昭和29）年以降に，各地に電化製品ショールームの開設，1956年にはPR本部の新設，同時期にアフター・サービスの徹底をそれぞれしており，1963（昭和38）年にはサービス本部，1966（昭和41）年には製品検査部を設置するなど，その商品特性ゆえに，販売の基礎的な条件づくりを松下電器は整えてきた。しかし何といっても，販売促進上で大きいのは広告宣伝活動であり，製品政策，流通チャネル政策，価格政策の諸活動と一体となって，積極的な販売促進が進められてきた。

もともと家電製品では、広告宣伝費が他産業に比べて大きい傾向があるが、その中でも松下電器の広告宣伝費は、トップ企業として大きい。主要電気メーカーの広告宣伝費の比率は、図表5-4の通りで、総合電機メーカー（重電からスタートした、東芝、日立製作所、三菱電機）の平均2.5%に対して、家電総合メーカー（松下電器、三洋電機）の方が高い比率となっている。1970（昭和45）年の全産業主要企業の広告宣伝費ランキングでは、松下電器が首位で148億7,300万円、東芝が2位で112億8,300万円、以下日産自動車、武田薬品工業、トヨタ自販（工販合併前）が続いている。

図表5-4　高度成長期・広告宣伝費の比較　1960（昭和35）年

（単位：百万円）

	売上高	広告宣伝費（対売上高比率%）
東　芝	126,961	4,573　(3.6)
日立製作所	167,878	3,586　(2.1)
三菱電機	91,058	1,644　(1.8)
松下電器	105,476	6,369　(6.0)
三洋電機	41,825	1,992　(4.8)
計	533,198	18,164　(3.4)

（出所）各社有価証券報告書より作成。

こうした広告宣伝等により、販売増進はもとより、ナショナル（1927年～）のイメージ構築が同時にできあがり、松下電器は堅実な企業、優秀な製品提供をアピールすることに成功した。また戦後、パナソニック（1955年～、国内では1985年～）、テクニクス（1965年～）の諸ブランドが使用されてきた。その後、社名、製品名（商標）について、長い呪縛であった松下からの決別と、これらを全てパナソニックに統合する決断がされ、2008（平成20）年10月より実施されている[9]。

次に、リベート（売上割戻し）、販売奨励金など流通諸対策費についてみよう。家電産業のリベートは、数量リベート、売上額リベート、契約達成リベート、支払い促進リベート、店格リベート、早期納入リベート、拡販費など多様である。松下電器の場合、小売り段階での、ナショナル・ショップ、ナショナル店会、ナショナル連盟店の3層区分は、売上高に応じ、またナショナル製品を扱う専売比

率の差により，各種のリベート差となり，また店内改装，広告宣伝といった費用を直接間接に松下電器から援助する差別の根拠となった。松下電器はこれら流通支援により販売促進のインセンティブとした。

以上，松下電器が展開したマーケティングの諸活動を検討した結果，トップメーカーとして戦後の華々しい業績といえども，その基礎には戦前からの継続的になされてきたものが少なからずあり，一朝一夕にできあがったものではないことが確認できる。

とくにその企業経営に関わる理念は，創業当初から松下幸之助の考え方が，時代を経ながらもDNAとなってきたも確かである。なお，今日においては，総合的・全社的な販売体制を敷いてのマーケティング活動を通して，顧客に好まれる製品づくりをするという，こうしたマーケティング・マインドをもって経営される企業は「マーケティング企業」といってよい。戦前，戦後を通して，松下電器の活動は，まさにマーケティング企業と評価できる。また，その活動は日本のマーケティングの発展上大きな貢献をしてきた。まさしく，「松下電器のマーケティング行動の特質は，戦前におけるランプ，ラジオなどの販売活動に基礎をおきながら，戦後の電化ブームのなかで，自ら試行錯誤的に生み出されてきたものである。……すぐれて創造的な革新的企業行動の所産であった」（岡本［1973］p.233）のである。

5. 日本市場と世界市場

高度経済成長期に家電メーカーとして日本を代表する企業になった松下電器であるが，内なる日本市場にだけ存在したのではない。明治時代以降の近代国家経済として，日本は諸資源をほとんどもたず，基本的に貿易立国でなければ立ち行かないと方向を定めざるを得なかった。多くの産業，企業は，第2次世界大戦後に輸出を主体に業績を伸ばしており，松下電器も同様であった。

しかし，松下電器はすでに戦前にそうした方向性を強くもって対外関係を築いてきた。早くも1932（昭和7）年に貿易部を設置し，3年後の1935（昭和10）年には，松下製品の海外輸出代理店として松下電器貿易を設立している（半世紀を経て，1988年に松下電器へ吸収合併した）。

その意味では，日本市場（国内）から世界市場（海外）へと展開していくとい

う通常考えられる方途ではなく，松下電器では当初から同一歩調で国内も海外もターゲットにしてきた。第Ⅲ部にソニーの国際マーケティングのケースを掲げているが，それは第2次世界大戦後のことであり（会社創立も），歴史的には松下電器が古くから活動していたことである。その方法は，貿易商社等による間接貿易（輸出）ではなく，メーカーによる直接貿易（輸出）を当初から目指すものであった。

戦前はともかくとして，戦後の高度成長期に日本市場での家電ブーム，したがって内需拡大の一方で，アメリカを中心とした外需拡大に，松下電器のみならず家電メーカーは一気に走り始めていた。それは「集中豪雨的輸出」といわれるような凄まじいものであり，主として対米輸出に拍車がかかった（結果的に多くの産業分野で集中豪雨が続き，日米の貿易摩擦問題ともなっていった）。

国際マーケティング論では，輸出マーケティング→マルチドメスティック（多国籍ないし海外）マーケティング→グローバル・マーケティングの発展段階が認

図表5－5　高度成長期・松下電器の売上高・輸出高推移

(単位：億円)

年　　度	売上高	うち輸出高（輸出比率%）
1958（昭和33）年	538	33　（6.1）
1959（昭和34）年	791	62　（7.8）
1960（昭和35）年	1,055	108　（10.2）
1961（昭和36）年	1,360	133　（9.8）
1962（昭和37）年	1,708	171　（10.0）
1963（昭和38）年	2,037	224　（11.0）
1964（昭和39）年	2,203	273　（12.4）
1965（昭和40）年	2,035	335　（16.5）
1966（昭和41）年	2,565	503　（19.6）
1967（昭和42）年	3,473	677　（19.5）
1968（昭和43）年	4,671	875　（18.7）
1969（昭和44）年	6,045	1,183　（19.6）
1970（昭和45）年	7,387	1,452　（19.7）
1971（昭和46）年	7,489	1,754　（23.4）
1972（昭和47）年	8,543	1,812　（21.2）
1973（昭和48）年	9,956	2,013　（19.3）
1974（昭和49）年	11,612	2,696　（23.2）
1975（昭和50）年	10,659	2,445　（22.9）
1976（昭和51）年	13,106	3,810　（29.1）

（注）輸出高＝対外公表ベース。
　　　（2009年時点の輸出比率は35％となっている。）
（出所）松下電器・社内資料。

識される。松下電器は，輸出マーケティングからグローバル・マーケティングの筋道を辿っていった。当初の輸出マーケティングとは，初歩的な輸出に留まるものではない。国内市場飽和による単なる過剰品の一時的なる輸出販売（日本企業の多くの場合，既存商社依存型を取った）とは異なっており，マーケティングの用語の使用から明らかなように，輸出先の市場開拓ないし確保という意識的，計画的にして積極的な意味合いを強く含んだものである。メーカー自ら主体性をもって，当然ながら輸出するだけの力を備えたメーカーの直接貿易が実施されるのである。

　高度経済成長期，松下電器の輸出額の推移は図表5-5の通りで，売上高のうち輸出が20％超を占めている。当初は日本で国内生産された製品の輸出中心であったが，次第に海外各地への営業所網の構築，直接投資（工場建設）などにより現地生産が主流になっていった。したがって松下電器は，高度成長期以降，1980年代以降には単なる輸出マーケティングに留まらず，グローバル・マーケティングが展開されていった。

6. 本章から学ぶこと

　日本を代表する家電メーカーとして，日本経済の高度成長期に存在を確実なものとした松下電器であるが，その家電総合メーカー王者への道は，大きくマーケティングがもたらした。とりわけ，その中心は全国的な流通チャネル（販売網）の構築にあったといえる。また国際的な展開を当初からしてきており，そのブランドは，国際的な知名度を上げたソニーほどではないものの，高度成長期には輸出割合も20％を越しているなど存在感が増している。現在，国内外を問わず，企業名も製品名もともに統一されたパナソニック・ブランドが大きく知名度を上げていくものと思われる（2009年の海外売上高比率は約47％）。以下，本章の結びとして要約しつつ，学ぶことに言及しよう。

　第1に，松下電器といえども，初めから大企業であったわけではない。家内工業からスタートし，日本を代表する家電の大メーカーとなった。当然のことながら，同様な家内工業からスタートしても全てが同様に成功するわけではなく，松下幸之助という稀代の経営者の高い目標を成し遂げる意思があってのことである。松下電器の成功は，こうした名経営者による統率の下，アントレプレナーと

いう人的な要因,事業部制の導入を始めとする組織の力,日本人特有の従業員の個々人の力が作り上げたのである。最大限の努力をした結果,その一致結束こそが松下電器を盛り上げたことはいうまでもない。それが現在にもつながっている,「栴檀(せんだん)は双葉より芳(かんば)し」というべきであろうか,このように企業発展の典型パターンを学ぶことができる。

第2に,第1の人的要因とともに,松下電器の発展は,市場志向型経営というべき,すなわちマーケティング活動を強く意識して経営された結果である。松下電器は「販売の松下」という異名を第2次世界大戦前からもっていたが,さらに戦後もこれを一層強化した。製品多様化,流通チャネル(系列販売網)の構築,メーカー・代理店（後に販売会社）・小売連盟店の3者の強い絆の中での正価販売制度という価格維持,ブランド構築と主体的な広告宣伝活動など,トータルなマーケティングが一貫して行われてきたことである。とりわけその流通チャネルの構築とその変遷過程は,日本企業におけるマーケティング展開の典型パターンであり,その軌跡に学ぶことは多く,今後にも活かせる。

第3に,経営者・経営組織といった人的要因,市場志向型経営にみる積極的なマーケティング的要因とともに,第2次世界大戦後の高度大衆消費社会が日本に根付く過程という歴史的時期的要因をも上げることができる。そこでは耐久消費財が各家庭に必需のものとして生活目標にさえなった同質的な消費動向という一国の経済状況を得たこと,こうした恵まれた経済環境要因も当然注目しなければならない。いうまでもなく,松下電器だけに作用した要因というわけではもちろんないが,これらの企業内外の諸要因を有効に機能させた総合力が存在したとみられる。こうした発展要因分析からも学ぶことができる。何事かを成すためには,古くから天地人（天の時,地の利,人の和）の重要さが言われてきているが,何時の時代も真理である。

最後に,基本的に企業は終わりのない永続的な存在（ゴーイング・コンサーン）を前提としている。当然ながら,常に売上げ,利益ともに右肩上がりでありたいとして企業経営している。松下電器の場合にも,長いスパンでみれば,家内工業的なスタートから今日に至る大企業までの軌跡は,右肩上がりでの上昇傾向を続けた。しかしながら,仔細に点検すれば,その長い年月には山もあれば谷もあった。過去に無駄はない,たとえそれが一時的に失敗,停滞しても,その経験した事柄を次の機会に生かすことであれば,無駄とはならない。松下電器のケースは,産業の枠を超えて多くの日本企業で典型的経営方式,マーケティング活動として

1つのプロトタイプ，1つの手本（The Panasonic Way）となってきたし，今後もなり得るであろう。

【注】
1）関西電力による，1951（昭和26）年の家電普及率調査では以下のようであった。

ラジオ	67.6%	電蓄ラジオ	5.3%
アイロン	38.0	扇風機	2.8
コンロ	23.5	裁縫ゴテ	1.8
スタンド	9.2	天火	1.2
コタツ（あんか）	6.9	冷蔵庫	1.0
ポンプ	5.6		

（出所）山田・森［1983］p.82。

2）戦後の家電の発展理由は，その他種々考えられるであろう。これについては，日本電機工業会編［1970］を参照のこと。
3）日本では，戦前から海外からの技術導入・提携が行なわれてきた。たとえば，1905（明治38）年著名なマツダランプの生産に関連しての東京電気（現・東芝）とGE（ゼネラル・エレクトリック）社との提携以降，三菱電機とWH（ウェスチングハウス）社，富士電機とシーメンス社など数多い。
4）たとえば，東芝は1953（昭和28）年に東芝商事を，また同様に日立は1955（昭和30）年に日立家庭電器販売を設立して，家電部門の販売を統括させ，さらに各地域に特約店，代理店をおいて系列化，その後に専売の小売り販売店を組織化していった。東芝はこれをマツダ会，東芝ストア，日立は日立チェーンストール，ファミリー店として，それぞれが松下電器の販売網に準拠して構築していった。
5）松下電器の販社制度への転換については，岡本編［1973］，とくに孫［1992］の集計が詳しい。
6）松下製品の取り扱いの多寡により，①80％以上占めているナショナル・ショップ，②79～50％をナショナル店会店，③49～30％をナショナル連盟店とした（1971年の改定で，①は90％以上，②は60％以上の扱いとされた）。系列小売店の全体は，高度成長期でおよそ3～4万店で，そのうち有力協力店である①は1961年時点でおよそ4,000店，1965年で5,000店，1970年で7,000店を数えた。
7）流通革命の論争は，1962（昭和37）年秋に『日本の流通革命』（田島義博，日本能率協会），『流通革命』（林周二，中央公論社）が出版され大きな波動となった。
8）とはいえ，松下電器は，その後，順風満帆に成長したわけではない。たとえば，戦後の消費者運動の大きな成果ともいわれるカラーテレビ二重価格問題に関わる不買運動を始め，家電メーカーへの再販問題の公正取引委員会審決などが挙げられる。松下編［1977］；通産省重工業局編［1971］を参照のこと。
9）さらに2009年，パナソニックは三洋電機を子会社化した。

【文献案内】
　松下電器産業＝パナソニックでは，内部資料の保存記録体制が充実し，多くの1次資料が所蔵（社史室）されている。一般閲覧は難しいが，松下電器［1968］［1985］が啓蒙的文献として一般図書館でも蔵書されている。本章関連では，未公刊で閲覧で

きないが松下電器［1979］［1980］がより有効である。

孫［1992］は，日本の高度経済成長期における流通革新を丹念に論文等で明らかにしているが，この論文では家電産業を扱っている。小原［1994］は，日本におけるマーケティングの発展過程を通史的に跡付け，その諸特徴を明らかにしているが，戦後の松下電器のマーケティング活動についても詳解している。近藤［2004］は，家電メーカー各社の国際マーケティングの初期的形態，（対米）輸出マーケティングを分析している。

業界の盟主でもあるので松下電器関係の文献は，枚挙に暇がないほど出版されてきている。本章は，いわゆる高度成長期を検討時期としているため限定的である。現状分析については，下谷［1998］，長田［2006］，伊丹ほか［2007］，マキナニー［2007］，松下電器［2008］などが参考となる。

【参考文献】

伊丹敬之ほか［2007］『松下電器の経営改革』有斐閣。
大阪市立大学経済研究所［1974］『大阪における家電卸流通機構の再編過程』同所刊。
岡本康雄編［1973］『わが国家電産業における企業行動－松下電器の実態分析』報告書。
岡本康雄［1979］『日立と松下（上，下）』中央公論社。
長田貴仁［2006］『The Panasonic Way 松下電器「再生」の論理』プレジデント社。
経済企画庁調査局［1991］『消費動向調査年報』。
小原博［1994］『日本マーケティング史－現代流通の史的構図－』中央経済社。
小宮隆太郎・竹内宏・水原正夫［1973］「家庭電器」熊谷尚夫編『日本の産業組織Ⅰ』中央公論社。
近藤文男［2004］『日本企業の国際マーケティング』有斐閣。
近藤文男［2009］「パナソニック」大石芳裕編『日本企業のグローバル・マーケティング』白桃書房。
下谷政弘［1998］『松下グループの歴史と構造』有斐閣。
孫一善［1992］「高度成長期における家電流通構造の変化－家電メーカーの販社制度を中心に」東京大学『経済学研究』第35号，12月。
竹内宏［1966］『電気機械工業（現代の産業）』東洋経済新報社。
通産省重工業局編［1971］『変貌する家電流通機構—家庭電気製品流通実態調査報告書』通商産業調査会。
日本電気工業会編［1970］『日本電機工業史（第2巻）』同会刊。
マキナニー，フランシス（沢崎冬日訳）［2007］『松下ウェイ——内側からみた改革の真実』ダイヤモンド社。
松下電器［1968］『松下電器五十年の略史』同社刊。
松下電器［1985］『松下電器貿易50年のあゆみ』同社刊。
松下電器［1979］［1980］『松下電器・営業史（戦前編，戦後編）』同社。
松下電器［2008］『社史 松下電器変革の30年：1978-2007』同社刊。
松下満雄編［1977］『流通系列化と独禁法』日本経済新聞社。
山田正吾・森彰英［1983］『家電今昔物語』三省堂。

（小原　博）

第6章

キリンビールのマーケティング

―戦後マーケティングの原型―

1. はじめに

　伝統的に日本で酒類といえばもっぱら清酒を指していた。第2次大戦以前，酒類消費量の8割は清酒が占めていたが，清酒と入れ替わって台頭してきたのがビールであり，消費量では1959年に清酒を上回り，62年には酒類全体の中の過半をつかむようになっていた。以後ビールは消費量，そして消費金額からみても清酒を抜いて酒類の首位に位置している（麒麟［1968］p.489；加護野・石井［1991］pp.74-76）。ビールの成長をひと言で約せばその大衆商品化ということになるだろうが，大衆商品化に深く関わった，というより事実上それを支え促進した企業の1つにキリンビールがある。その誕生は1869年のスプリング・ヴァレー・ブルワリーの設立にさかのぼり，同社は85年のジャパン・ブルワリーによる買収を経て，1907年に三菱が参画してキリンビール株式会社に改称されていく。

　明治期には多数のビール会社が生まれ，多くは衰退，統合の道を辿ったが（麒麟［1957］pp.53-54），半面大規模化を進めていった企業もあり，札幌，日本，大阪の3社は06年に合同し大日本ビールとなっていく。大正期を通じてビールメーカーとしては大日本，キリン，日本ビール鉱泉，帝国ビール，日英醸造などが出そろい，先行投資的に設備投資を繰り広げていたが，昭和初頭に景気後退の波がおそい価格競争の時代に直面することになる。販売協定が結ばれ，また共同販売会社が設立された。41年からの戦時経済下では商品不足，価格上昇の進行，またはその恐れから各種の商品が統制の対象に入るようになり，価格統制，経路統制，消費統制が行なわれ，なかでも必需品を消費者に届けるための経路統制は配給制として試行され，ビールは配給制にのった商品であった。

　戦後は混乱から始まっている。その基本的な特徴としては物価が極端な上昇をみせていたという点があり，また，戦時中から行なわれていた配給は戦後にう

つっても遅配・欠配が続き，消費はヤミと買い出しを頼りにしていた点もあった[1]。国民生活の混乱はおおいようもなく，ビールも戦時中に引き続いて配給制が敷かれ，価格統制も継続された。ビールは生産設備に対する戦時の影響が比較的軽微にとどまり生産の再開は早かったが，軍需向けは中止になったものの，アメリカ軍への出荷が優先され，50年頃では国内全生産量のうちで国内配給分に向けられる大きさは戦時中とほとんど違いはなかった。ビールの生産者は戦時中の企業整備を経て大日本ビールとキリンビールの2社になっており，大日本ビールは市場の75％ほどを占有していた。49年大日本ビールは日本ビールと朝日ビールに分割され，53年，日本，朝日，キリンの各社はそれぞれ33％のシエアをつかみ3社均衡状態を迎えるが，キリンは翌年に37％と首位に躍り出て，65年にはシエアを50％に引き上げ，72年には60％台に乗せていた（麒麟[1985] p.30, p.32）。

　高度成長期が幕を下ろしたのは73年であり，60年代前半を境にして高度成長期を前半，後半に分けると，キリンビールは高度成長期の全体を通して地位引き上げを実現していた。高度成長期はビール市場を拡大させる要因を生み出しており，所得の増加，生活水準の上昇がビール消費を高めたこと，都市消費にとどまらず地方消費が伸びビールの全国商品化が進んだこと，電気冷蔵庫，暖房器具の普及がビール消費を通年化したこと，小売価格が傾向的に低下したことなどは各社に好影響を及ぼすものであったが，キリンビールの伸びは突出していた。以下の課題は高度成長期におけるキリンビールの成長をマーケティングの展開という点から整理することにある。

2. 戦後の取引近代化

　高度成長期のキリンビールのマーケティングとして指摘できる点は，次の3点である（麒麟[1968] pp.203-213, pp.262-267）。手形決済制度の導入，小売商への直送，窓口一本謝礼方式であり，順にみていく。

　第1は手形決済制度の導入である。ビールは伝統的に卸売商と特約店契約を結び，自己製品の販売権を与えてきた。そしてそういう卸売商（特約店と称する）に対しては委託販売取引を用いて，生産者は特約店に商品販売を委ね，特約店は生産者の出荷価格で小売商に販売をし，その販売代金を回収して生産者に送り，生産者から手数料を得るという関係に立っていた。設定される価格は生産者

出荷価格と小売販売価格の2つであった（これを価格二段階制とよぶ）。これに対して卸売販売価格を成立させる方式は価格三段階制と示され，三段階制下では，卸売商はビールを買い入れ，販売している。戦時の40年以降，キリンビールは価格三段階制に変更しており，あわせて現金決済を取り入れていた。財源に占める酒税の比重の高さから[2]，1つは三段階制のもとで，戦費調達の容易さのため，もう1つは納税主体の分散のためであった（後藤［2006］pp.26-28）。これが戦後49年になって価格二段階制に戻る。

委託取引に復帰したことになるが，現金決済方式は継続していた。したがって変則的な委託取引になっていたが，この段階では，売手市場下であり代金の回収は好都合であった。50年頃になり生産力が回復し，したがって買手市場に移行していくのにつれて，販売数量が増え取引金額が大きくなると，現金方式では決済期間が長くなり始めた。これを打開するために導入された方途が手形決済方式であった。

手形決済は，戦後になって取り入れられたわけではない。戦前の昭和8年に始まる共販時代にキリンビールは特約店と45日サイトの手形を取り入れていたと説かれているが（稲垣［1978］p.157），当時は支払い手段としての手形ではなかった。販売不振による価格競争下で支払いは数ヶ月に及んでおり，特約店が振り出す手形は支払時期が不明でむしろビールの預かり証としての性格を帯びており，判取り手形と称された（麒麟［1968］p.213）。

増産が実現するようになった50年代の前半，手形決済制度は販売代金の確実な回収を図るべく試行されておりサイトの明示化を意図していた。生産者と特約店の間だけでなく，特約店と小売商の間にも導入が進められ，生産者と特約店は15日サイトで決着をみたものの，特約店，小売商は導入をめぐって紛糾し，特に小売商からの抵抗は強かった。キリンビールは，特約店，小売商の3者で協議を重ね，特約店と小売商の間の決済サイトを25日とすることで合意を取りつけ，最終的には54年に実施されるようになった[3]。キリンビールは手形決済制度の実施について，戦後の新しい販売方法の中核（麒麟［1968］p.213）との位置づけを与えており，確実な代金回収方法として貢献するところが大であったとの評価を下している。

第2が直送である。手形決済制度は生産者から小売商への直接の配達（直送）と結びついていた。54年から55年にかけて小売価格の引き上げと景気後退により，東京では値引き競争が広まり，手形決済制度の運営に支障が出ていたが，生

産者が取り入れた方途が直送であった。この時までキリンビールは特約店からの注文を受けて特約店に出荷し，特約店が小売商への販売，配達，代金回収を担当してきた。これに対して直送制度のもとでは，生産者への発注は従来通り特約店が受けもつが，生産者は集まった注文を小売商ごとにとりまとめ，生産者が小売商に直接配達する。そしてそのさいに，生産者は特約店が振り出した為替手形を小売商に持参し，小売商の引き受けを得た後，その手形を特約店にまわすことにした（麒麟 [1968] pp.264-265)。ここで為替手形は支払いのためというより商品代金の取り立てに用いられている。支払いサイトの短縮化を可能にし，また直送制度と相まって流通段階の値引き競争を抑止する効果を期待されていた。

　第3は窓口一本謝礼方式とよばれ，59年に，直送同様，東京で実施された。ビールは戦時中から，交錯運送を回避するための工場別地域別の出荷体制が敷かれていた。複数の生産者工場が立地する東京では，特約店には共同販売，言い換えれば，併売制がとられていた。小売商は複数の特約店から仕入れて，小売商への割戻し[4]は各特約店が個別に交渉していた。値引き圧力が強くなれば，特約店間での割戻し競争が誘発されるため，特約店における支払い基準の統一と支出窓口の一本化が試行された。ここに関わったのが直送制度であり，小売商への配達は直送を基本としたが，注文が少量の時は特約店の配達とした。そしていずれの場合であっても出荷明細は生産者の手元に集まるようにし，生産者は各小売商の仕入れ量を把握できるようになった。

　東京都内の全特約店が参加して店会制が組織化され，特約店会が結成され，そこが割戻し支出の窓口となり，確定された仕入れ量に応じた割戻し額（応量リベート）が決められた。キリンビールにあっては相当額のキリンビールの株式，またはキリンジュース現品で支払われた。現金支払としないのであるからいわば値引き原資が減額され[5]，ここでも値引き販売の抑制が意図されていた。窓口一本謝礼方式はリベート総額を劇的に減じた。前年比で3分の1とも4分の1とも伝えられており，59年に新たなリベート方式として定着していく（東京小売酒販組合 [1963] p.555, p.558)[6]。

　手形決済制度の実施，直送の実施，窓口一本謝礼方式はいずれも高度成長期に導入されており，3者相まってキリンビールの取引近代化に貢献したと整理されているが，その実が卸売段階と小売段階での値引き競争の抑止，流通段階での価格維持に置かれていたことは読み取れる[7]。

　ところで，先にビールは戦後も価格統制が継続されたと述べた。昭和戦時下の

39年4月以降,統制価格の時代となり,価格は公定された。この統制価格は戦後49年7月の公団解散まで続く。公団廃止後は自由価格になったはずだが,価格統制は続いていた。むしろ公団解散の流通機構の再編に対応して酒税の重要性[8]から統制価格を改定し,49年5月に130円であった小売価格[9]を7月には126円50銭とした。50年の1月は125円に改正され,4月は132円,12月115円となり,51年は3月123円,12月127円を示し,3ヶ月後の52年3月は130円にあがり,さらに53年3月は107円,54年4月は113円という推移をみせている(サッポロ[1997] p. 864)。これらの動きにはその時々の原材料費の騰落,各種酒税の改定,廃止が関わっているが,統制下にあったとはいえ頻繁な変動をみせており,統制の用語からイメージできる安定さには隔たりがある。上で述べたように,53年から54年にかけては値上げによって,東京では値引き競争が起きていた。頻繁な価格改定で価格政策上支障はなかったのかということである。価格政策は利益に結びつく度合いが高い[10]とすると,統制された価格のもとであったとしても価格には注意は払われ続けているはずである。加えてビールは49年以降は生産量が増加し,買手市場に向かっていることになるが,ビールは需給バランスの失調から値引き競争の恐れをつねに抱えてきたという歴史をもつ。戦前,統制価格が設定されていても,地方ごとの価格差,同一県内での価格差が残り,あるいは種類別,銘柄別の価格差も認められた(後藤[2004] p.16;後藤[2005] pp.28-29)。流通段階での価格維持を追求していこうとすれば,価格維持が実施される場である経路の整備(経路構築と経路維持)が行なわれていなければならない。

3. 流通経路の構築と維持

(1) 流通経路の変遷

戦後のビールの流通経路について述べていくには,戦時期間中の流通経路の粗描から入るのがいいだろう。あらかじめ図式化すれば,以下のように表示できる(後藤[2009] p.152)。

①伝統的経路時代（～33年6月*1）
　　　生産者──特約店──小売商
　　　　　　*1. キリンビールの場合，ジャパン・ブルワリーとして1888年に明治屋と特約店契約を結んでいる。
②共同販売株式会社時代（1933年6月～42年9月）
　　　生産者──ビール共同販売株式会社──特約店──小売商
③販売会社時代（42年9月～44年7月）
　　　生産者──中央ビール販売株式会社──地方ビール販売株式会社──支店，出張所*2──荷扱所──荷捌所──総合配給所
　　　　　　*2. 支店，出張所は地方ビール販売株式会社の内部組織。
④配給統制株式会社時代（44年7月～46年10月）
　　　生産者──ビール配給統制株式会社──荷扱所*3──荷捌所*3──総合配給所
　　　　　　*3. 荷扱所，荷捌所はビール配給統制株式会社の内部組織。
⑤配給株式会社時代（46年10月～48年3月）
　　　生産者──ビール配給株式会社──荷扱所──荷捌所──個人営業の小売商
⑥公団時代（48年3月～49年6月）
　　　生産者──酒類配給公団──荷扱所（生産会社の工場，倉庫）──荷捌所（配給株式会社時代の荷扱所，荷捌所）──個人営業の小売商

　ビールにあっては①に示されるように，販売先を特約店とするのが伝統であった。昭和恐慌期にビールの乱売が起きた時も，②のように特約店は用いられた。③からが戦時期間になる。②にみるビール共同販売株式会社は③の中央ビール販売株式会社のなかに発展的に解消していき，中央ビール販売株式会社は日本全体の配給計画の検討に携わり，さらにそのもとで全国7社の地方ビール販売株式会社が7つの地区の出荷計画を策定した。特約店は契約を解消され，卸売段階は一元的化されていることになる。小売商については，戦時下での整理縮小を通じて，特に43年以降酒類小売商店数は劇的に減少し，残った酒類小売商を統合した小売酒販組合が結成された。小売商としてビールを受け入れたのは小売酒販組合であったから，小売商も統制されるようになっていた。こうした経路統制への注力は価格統制を進める上では必須の条件をなしていた[11]。

　④に移ろう。④は中央ビール販売株式会社と地方ビール販売株式会社が合併した44年7月から始まる。合併によりビール配給統制株式会社が強制的に設立さ

れた。そのさい荷扱所と荷捌所はビール配給統制株式会社の下部組織として引き継がれた。ビール配給統制株式会社はビールの一手買取り、一手販売の業務を担当した（サッポロ［1997］p.303）。ビールは45年頃になると商品不足が目立ち、④は形だけの経路になっていた。戦後になって④は⑤につながっていく。⑤ではビール配給統制株式会社は「統制」の2字を取りビール配給株式会社と改称して民間企業となっている。46年10月のことであり、配給統制会社が行なっていた一手買取りと一手販売を継承した。このビール配給株式会社に対し、GHQは民間企業が配給統制機能をもつことに難色を示したため、ビール配給株式会社は解散されることになった。浮上したのが配給公団構想であり、政府の手によって設立された。酒類配給公団時代は48年3月から始まる。

戦時中の中央・地方のビール販売株式会社はビール生産者、酒類卸売商の出資によって設立された株式会社組織であり、人事や運営も政府の意向下に置かれ政府主導によって形成されていた。酒類配給公団は人事や運営に加え出資も政府が全額拠出していたから、統制としては戦後になってむしろ一歩進んだことになる。カバーする商品についても酒類配給公団はビールだけでなくすべての酒類を扱い[12]、政府組織が唯一の酒類全般の卸売機関として位置するようになった。

⑥では、全国8つの支部、そして県庁所在地に38の支所が設けられ、配給組織として荷扱所と荷捌所が置かれていた。荷扱所、荷捌所は運送・保管といった実際のビール配給の業務を公団から委託された関係にあった。③の販売会社の時代、荷扱所、荷捌所は介在していたが、荷捌所には、両ビール販売会社の設立で契約解消されることになった特約店の店舗が用いられていた。戦時下④で、生産会社の倉庫が地方ビール販売株式会社に借り上げられ荷扱所として使用されるようになり、公団時代の⑥になると、生産会社の工場や倉庫が直に荷扱所として広まっていた。公団時代の配給は工場立地別に行なわれていたこともあって、生産者組織の関わりが強くなっていたということになる。荷扱所は生産者組織が担当するようになっていたから、実質的に卸売業務を遂行したのは荷捌所であった。新たに設置された荷捌所もあり、酒類小売商への配給を受けもった。48年4月、荷扱所は25箇所、荷捌所は794箇所を数えていた（サッポロ［1997］p.319；麒麟［1968］pp.431-432, p.447, p.457, p.461）。

(2) 特約店方式の復活

　酒類配給公団の解散は 49 年 7 月であった[13]。公団の廃止は統制経済からの決別を意味する。17 年以後，唯一の酒類の卸売機関であった公団が担当してきた卸売業務をどうするかという課題の解決が要請される。49 年 7 月，酒類卸売業務を民間に委ねることになるが，卸売段階はどのように整備が進められたのか。

　上で触れたように，ビールは戦時中から，併売制がとられた東京以外の地域，あるいは工場が立地しない地域では専売制が前提になっていた。専売制のもとでは卸売商は特定生産者の商品しか扱えなかった。卸売商を自社専属にするために特約店契約を結ぶことは必要になる。特に，生産規制が解除されるようになると，出荷地域の規制が後退する。全国各地の卸売商と特約店契約を締結することは大きな販売力をもつことを意味した[14]。

　流通での酒類取扱いは戦時下の 38 年以降，酒税保全の立場から安定的な経営を期待できる卸売商が求められ，販売業の免許を必要とした。卸売業免許は酒類卸売業を営むうえで必要な資金，倉庫，設備などを具備し，酒類販売についての知識，経験を有するものに交付するとされ，ある程度の厳選方針をとるとされていた。既存の卸売商で考えられるのは，公団時代の荷捌所であろう。この荷捌所は生産者組織の 1 つであり，卸売業務を実質的に担当していたが，国税庁の通達によって荷捌所はビール会社の荷扱所に転換された。荷扱所は公団の荷捌所であるから免許はもっていない。卸売業免許は生産会社の社長名義で受けて，それが与えられた。公団荷捌所の自社の販売機関（＝荷扱所）化は 49 年 6 月以降のことであったが（後藤［2009］pp.159-160)，半年で終了をみることになり，各社は新たにビールの販売組織の整備に乗り出すことになった。

　ところで，生産者が自社の販売網を整備しようとするさいの基本方針は生産量の増加に照応した販売網の拡大であり，自社製品の取扱が可能な卸売商を見つけることが課題として浮かび上がってきたはずである。ここに公団時代の荷捌所で，生産者の現荷扱所が選ばれて，新たに特約店になったのは想像に難くない。かかる荷扱所はビール生産者の社長名義の販売免許をもっており，独立の存在となっても，生産会社に帰属している。いわば特約店に横滑りできたことになり，50 年 4 月の時点でキリンビール特約店のうちの 6 割弱（360 店ほど）を占めた。

　この数値は，逆に，特約店のうちの 4 割以上が新規に特約店になったことを告げる。280 店ほどになり，比重としては見過ごすことができる数値ではない。こ

の新規参入者は次の2つに分かれた。1つは戦時中，公団の荷捌所になれず，廃業，転業をしたキリンビールの旧特約店であった（麒麟［1967］p.48）。荷捌所の特約店化と旧特約店の活用は，戦前から特約契約を結んでいた卸売商を優先的に専属卸売商化していたことを示す。もう1つは全く新規に選定された。特に，未進出地域では戦前，戦時にビール販売の経験がない人の起用がはかられた。旧特約店主の親族，従業員などが選ばれ，あるいは，しょうゆ醸造・販売商や清酒の醸造商なども特約店契約を結んだ。1年足らずの間に急募されたということになり，販売免許は申請に対しては原則的に交付された。政府は一挙に大量の酒類卸売業の免許を発行していた。

　未経験者をも動員していたのは，キリンビールが特約店を募集する際の条件をゆるやかにしていたことを物語るが，これ以外にもキリンビールの特約店増加については触れておく点がある。49年9月，大日本ビールは日本ビールとアサヒビールに分割されたが，分割は2つの新会社に偏在した工場立地を課した。工場立地に応じた出荷規制は50年1月に解かれていたが，日本ビールは東日本を，朝日ビールが西日本を受けもとうとした。対して，キリンビールは工場所在の都市に重点的に出荷する方針をとった。特に東京と大阪が選ばれ，横浜工場，尼崎工場での生産に傾斜をかけた。東京と大阪という多数の人口を擁する市場で，特約店の獲得活動が繰り広げられたことになる[15]。

　特約店の獲得に関しては銘柄と商標の動きも見逃せない。銘柄と商標は戦時43年3月以降，統一されており，「ビール」と印刷された小紙片が商標に変わって貼られた。この状態が変わるのは分割後の49年12月であり，以後各社の銘柄別商標が復活した[16]。大日本ビールによって生産されていたのはエビスビール，サッポロビール，アサヒビールの3つの銘柄であったが，社名に大日本ビールの名を掲げて，伝統的にエビスは関東中心，サッポロは北海道と東北，アサヒは名古屋以西の全域というように展開されていた。分割後，朝日ビールがアサヒビールを復活させ，日本ビールはサッポロビール，エビスビールを継承し新銘柄ニッポンビールを作ったが，社名がなくなり工場配置が偏っているのであるから，いわば地域限定のビールが売り出されたことになり，ブランド競争力の低下は避けられなかった[17]。

　また内部機構の整備，販売員の補充，得意先の分割をはじめ販売面でも混乱が発生した（アサヒビール［1970］pp.240-241）。特約店選出活動に遅れがあったことは否めない。他方，キリンビールは49年12月，銘柄商標キリンビールの販売

を再開したが,銘柄(＝商標でもある)のキリンビールは戦前から社名と同一であって,その復活は競争上の優位を発揮するものであったろう。

以上の検討を要するに,キリンビールの流通経路としては,おおむね50年頃までに,生産者——特約店——小売商[18]——消費者からなる三層構造の形をとって戦前型流通機構が復元することになる。

4. 経路維持のインセンティブ

(1) 価格二段階制への復帰

キリンビールが価格二段階制に戻るのは49年7月である。三段階制の時のように卸売商がビールを買い取るということはなくなっているから,二段階制への復帰は脆弱な特約店であっても仕入れ資金面での不安を後退させるが,キリンビールがのぞむ委託取引を資金面での不安を抱えた特約店が実現できるかは保証されていなかったことであろう。そうであるのなら,特約店制を復活させても,そうした特約店を含んだ経路は不安定性を帯びていることになる。不安定な経路では価格維持は追求できるものではない。こうしてキリンビールの販売に邁進する特約店づくりをおし進める必要が出てくる。

特約店に対するインセンティブの供与が浮上する。インセンティブの供与はここでは特約店が得ることができるマージン(委託取引の場合は手数料)の増大を意味するから,ビール業界を戦前から特徴づけてきた各種のリベートが注目できる。キリンビールに限らず,各社は昭和初頭の値引き競争時にも,年末割戻し金,包み金,販売奨励金,挨拶金,春期奨励金などのリベートを採用しており,これらは戦後も用いられており,商慣習として定着していた(麒麟[1968] pp.390-391, p.478)。ここでは,戦後のこの時期——つまり戦後型の枠組が形成されつつあったとき——に足場を獲得した戦後のインセンティブに焦点を当てて検討していく。

ところで,二段階制への復帰[19]は卸売商の販売価格を統制するから,小売商の仕入れ価格を全国一律にする上では有効であった。また生産者にとっては,二段階制復帰によって貸し倒れの恐れを減らすことも意味していた[20]。ただ二段階制への復帰は完全に従前型に復したというのではなく,生産者への代金支払いが戦時中の三段階制のように現金取引として取り入れられたことに特徴があっ

た[21]）。

　二段階に戻ってなお現金取引が継続されたのは，現金取引による効果が看過し得なかったからである。生産量が増加する 50 年以降は買手市場になることを意味する。買手市場下では，建値（＝特約店の販売価格）と払い込み価格（卸売商が生産者に支払う商品代金の価格）が乖離していくが（後藤［2002］pp.333-334），現金取引にすることで，その危険を減じることができた[22]）。加えて，戦後 46 ～ 48 年間の間はビール生産水準はいまだ低く，売手市場下であるから，ビールの販売は買手市場下より容易であり，代金の回収を進めやすい点もあった。生産量の少ない 48 年以降，小売価格が従来の上昇基調から下降に転じ，支払いを求めやすかったということも挙げられるだろう。

　価格二段階制への復帰の含意はさらに続く。

(2) 運賃補助

　キリンビール社史は，51 年 3 月 23 日から同社の販売条件がこれまでの売主店先渡し（＝卸売商の店頭渡し）から買主店先渡しへと変更されたとしている。そして同日から，卸売商の庫入分に対して運賃補助を支給したと記している（麒麟［1968］p.173, p.473）。売主店先渡しの売主は生産者を指すから，図表 6 - 1 に示したように，小売商までの運送は卸売商にまかせ，これに対して買主店先渡しは小売商まで生産者が運送を行なうことを指している。したがって買主店先渡しで

図表 6 - 1　売主店頭渡しおよび買主店頭渡しにおける運送（1951 年 3 月以降）

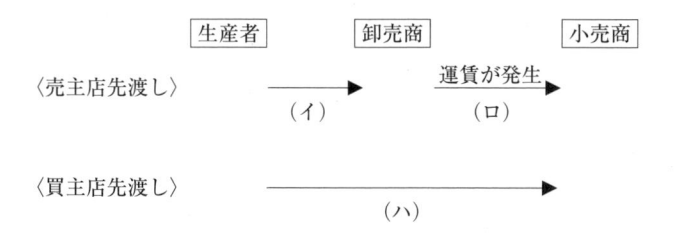

〈売主店先渡し〉　生産者 ──(イ)──▶ 卸売商　運賃が発生 ──(ロ)──▶ 小売商

〈買主店先渡し〉　生産者 ──────(ハ)──────▶ 小売商

（注）1. 生産者は工場を指す。
（注）2. (イ) は生産者の運送を示し，(ロ) は卸売商が行なう運送を，(ハ) は生産者による運送を示す。
（注）3. (ハ) ＝ (イ) ＋ (ロ)

は卸売商の運送機能は不必要とされていく。生産者が運送機能を代位するようになっているということであり，生産者が運送機能を吸収するといいかえてもよいが，生産者による小売商までの運送は55年以降，直送という呼称で広まっていく。なぜこういう動きが生じたのか。

　ビールでは運送費用の比重が高いため，運送費用の大きさには注意を払わざるを得ない。運送費用は運送距離によって異なってくる。そして，それぞれの卸売商の運送機能の遂行程度によって違いが発生するのも避けられない。統制された一定の小売価格のもとで不確定要素を減らす1つの途は，運送を卸売商に任せないことであろう[23]。

　卸売商にとっては運送機能の制約は一挙に起きたわけではなかったろう。生産者はある地域の小売商にはじかに配達するというようにして地域別に直送を取り入れていったことだろう。小売商への直送を徐々に増やしていくということである。直送が増えていくことは卸売商の運送数量が減少するということであるから，卸売商の遂行機能が縮小するということになる。卸売商が取得する販売手数料は，卸売商が遂行する小売商への販売，広告，運送，保管，あるいは代金の回収などの各種機能の遂行程度に応じて決められることになる。手数料比率は卸売商の売上高に対する比率として表示される[24]。遂行機能の程度は手数料比率とどのような関係にあるのか。

　たとえば，卸売商は従来は売主店先渡しで1本100円のビールを100本販売していて，手数料として700円を得ていた（手数料比率7％）。買主店先渡しとなり生産者が支出する運賃が1本あたり2円かかったとしよう。かりに生産者が運送機能の担当から利を得ないとすると，買主店先渡しでの価格は102円になるだろう。卸売商による小売商への運送がすべてなくなり手数料比率が7％からたとえば5％に下がったという場合を考えてみると，1本あたり取得できる手数料は7円から5.1円（＝102円×5％）に減り，差額は1本あたり1.90円になる。差額1.90円は運送機能を全く担当しないときの減少額である。

　かりに直送の割合が半分であったとして，取得できる手数料は次の2つに分けて考えることができる。1つは，運送機能を行なう領域での100×50×7％＝350円，もう1つは非運送領域の102×50×5％＝255円であり，合算した605円が手数料となり，差額95円が減少分である。ここにみられるように，直送の進展は遂行機能の縮小を伴い，それに応じた手数料比率の低下を，そしてさらには手数料の減少を伴っている。

全国に散在する消費者に零細規模の小売商を通じて，ビールのような規格品を販売する場合，生産者が卸売機能のすべてを引き受けるのは現実性がない。卸売商への依存は不可避的であって，卸売商対策は避けて通れない。上で卸売商の庫入り分に対して補助が出るようになったと触れた。しかし，卸売商が取得する手数料比率の低下，さらには手数料収入の低下は直送に伴って生起する不可避的な動きといってよく，したがって運賃の補助支給は手数料比率の低下，手数料収入の低下の脈絡で浮かび上がってくるものであろう。とすると運賃補助は卸売商（特約店）の庫入分に対して支給されるという性質のものではない。むしろ，卸売商の運送機能遂行への補助という形を取っているが，遂行機能の縮小に根拠を置いた手数料収入の減少を埋めるべく生まれているのであるから，あたかも休業補償的な支給のようにもみえる。

　補助額の大きさについては，上限値が画定されていると考えてよい[25]。ただ補助額の確定には操作性が入り込む余地が広く，減少額そのものの額を支給しない場合，手数料収入は減額されたままである。この場合，卸売商には取扱い数量の引き上げが自ずと必須化し，卸売商も応えようとしたことであろう。この限り，卸売商の側では量販指向が高まることになる。運賃補助の支給は，その額の操作をすることを通じて，卸売商の量販指向を高めさせる効果をもっていた。

　卸売商は運賃補助を受け取り，この限り卸売商としての収益性には運賃補助が支給されないときに比べて恵まれた状態になるといえる。反面，卸売機能の実際の遂行と結びついていない運賃補助は時間の経過につれて既得権化すると，生産者への依存度を強める。生産者への依存度が強まるというのなら，生産者にとって運賃補助支給は経路の維持ないし統制の働きをもっている。したがって，運賃補助は経路統制のためのインセンティブ（リベート）にあたっている。そして消費者との関係でも，鮮度の高いビール提供を実現する働きをもっていたということになる[26]。

　運賃補助額は，以下の通りである。大瓶1本当たりの運賃補助額は52年の時点で，卸売手数料が2.00円であったのに対し都市部で0.83円，その他の地域で0.71円に及び（麒麟［1968］p.173, p.476），相当に大きいとみてよい。実質的には手数料が増額されたことを示す。

　以上のようにキリンビールは，経路構築，経路維持を展開し，取引の近代化の名のもとで価格の統制を推し進め，販売量の増加，シエア上昇を実現してきた。これらはおよそ高度成長期前半の動きといってよい。そして後半期も販売量の増

加，シエアの上昇を追求していくが[27]，後半には前半と異なる1つの大きな特徴が認められる。

後半期，ビールはマスメディア広告の活用を通じて一段と広まっていく。ところが，特約店網の拡充については，免許制により新規参入は抑えられており，また大都市以外は専売店制が敷かれていたため，容易に進展しなかった。既存の特約店網で高度成長後半期のビール流通を処理する必要があった。また，運送距離の延長，鉄道・自動車運賃レートの上昇，自動車運送効率の低下，人件費の高騰などによって（麒麟［1968］p.335），販売量の増加は前半期に運送費用の上昇を引き起こしていた。こうして後半期のマーケティングは物流面にウエイトをかけた内容が展開された。各方面で機械化の推進，一貫パレチゼーションの導入，各運送手段利用の区分化，特約店への運送合理化資金の供与，あるいは関連運送会社の強化などが試みられた（麒麟［1985］pp.42-49）。高度成長期においてまず商流の整備を優先し，その上で物流面の整備に取り組んだことはキリンビールの高度成長期全体の伸展を支えるものであった[28]。

5. 本章から学ぶこと

冒頭で触れたように，キリンビールのシエアは高度成長が終焉を迎える前年に60％を超えている。業務用市場を抑えていた大日本ビールの分割，家庭消費の高まりなどの追い風はあったが，数ある日本企業のうちでキリンビールほど成長の足跡が明確に描けるケースは少ない。高度成長期の日本企業のマーケティングの特徴とされる新製品開発についていえば，キリンビールはラガービールだけにこだわり続けた企業であり，高度成長期の新製品開発は他社に比べて遅れていた。あるいはマスメディアを動員した広告実施についても高度成長期を通じて抑制的ではなかったか[29]。キリンビールの動きはむしろ異色にすら感じられるが，生産能力の引き上げに傾注するのは当然としても，高度成長期の成長過程にマーケティングが，特に経路政策，価格政策がかわっていた点は指摘してよい。そしてここで検討してきたように，キリンビールのマーケティングが戦時の統制経済の下で行なわれていた動きも踏襲して展開していたことには考慮が払われるべきであろう。

【注】
1) 戦後の物価急騰は生産が壊滅的な打撃を受けて極端な物資不足におそわれたところに臨時軍事費の放出を始めとする通貨発行量の急増があったために起きた（後藤［2009］p.151）。
2) 40年，ビール小売価格の中で酒税は45％におよび，戦時中は8割近くを占めていた（サッポロ［1997］pp.863-864）。
3) この三者協議には朝日ビール，日本ビールも加わり，両社のサイトは30日となった（麒麟［1968］p.212）。
4) キリンビールの社史では割戻しは，マーケティング論でいう差別価格としての割引，アローワンス，さらにリベートをひとまとめにして使われていたり，リベートで割引，アローワンスを指している場合もある（麒麟［1968］pp.265-266, p.375, p.390）。割引，アローワンスに対して非体系的，不明瞭に供与されるのがリベートであるが，以下では差別価格を意味するものとして，社史の扱いに即した割戻し（リベート）を用いておく。
5) 自社株の提供は小売商にキリンビールとの一体感を作る働きをなす。株式の共有は利害の共通性を醸成する上で高い効果があるといわれている（Carman and Uhl［1973］p.181）。
6) 1964年以降，他メーカーも追従していった（麒麟［1968］p.267）。
7) 高度成長期におけるキリンビール成長の要因については，各種の方面からの分析は可能である。たとえば，高度成長期全体を通して他社を上回る新ビール工場の建設，既設工場の増設を進めていた。生産規模の拡大は設備更新のための投資とあいまって，大量生産によって生産コストの低下，品質の均一化を実現したこと（麒麟［1985］pp.63-65）は高度成長期のキリンビールの特徴の1つに数えられる。ビールは生産原価に占める運送費用の比重が高いため，工場が消費地に近い場所に作られるのならば，生産原価は抑えられるだけでなく，鮮度の高いビールを消費者に届けることも可能になる。キリンビールはこういう工場立地面で看過し得ない有利性を得ていた。
8) 49年7月で大ビン1本当たりの税率は，72％を示していた（サッポロ［1996］p.864）。
9) 当時ビールは，配給酒と自由販売酒に大別された。配給酒は重要産業従事者向けの低価格酒であり，これ以外は自由販売酒としてくくることができる（後藤［2009］pp.155-156）。以下でいう小売価格は自由販売酒の価格で中身価格を指している。
10) これについては，価格政策は利益に関連をもち，製品政策，経路政策，販売促進政策は費用支出に関わるとの指摘がよく引き合いに出される（Kotler［1994］p.347）。
11) 生産面を取り上げても，企業整備を受けて2社体制となっており，しかも1社の規模がシェア7割以上に届いており生産は単純化，集約化されていた。あるいは，消費に対しても割当制，入手に際しての代替配給，総合配給，等差配給の配給方法などが設定された（後藤［2006］p.24）。貯蓄の励行を行なうことで消費生活が規制され，戦時財政のために国債の購入が鼓舞された。消費統制は事実上，切符配給によっていたから，切符と引き換えに商品を得ることになるが，切符自体は無償で交付されるものの，商品を得るさいには商品代金は払う必要があった（後藤［2005］p.21）。生産，流通，消費は戦時経済のもとに組み込まれていたことになるが，流通について一言すると，流通業務の能率化が第一に考えられるべき戦時期間の方が流通機構は複雑化の様相を呈している。流通業務を商流と物流に分けると，端的には商流は商品の所有権移転に関わる業務（調達・出荷）を指し，物流は物的移転業務（運送・保管）を内容とするとみてよいが，戦時期間中に生じていたのは物流をともなわない商流の延長化であった。
12) 公団は酒類全般を扱うが，当時最大比重を占めていたのは清酒であり，清酒は小規模生産者が多く一手買い上げが必要とされていた。
13) 公団はその設立の趣旨からして生活必需品の取扱いに特化していたはずであり，商品の希少性を前提にしていた。ビール生産量は45年と49年を比べてみるとあまり大差なくす

ぎていたが，50年以降増加ははっきりしていた（サッポロ［1997］p.869）。もともと時限立法として制定されており，生産量が増えてくれば足場をもち得ず，早晩の解散は不可避的であった。
14) 後藤・旧稿で触れた点であるが，卸売経営の点からすると特約の獲得が大きな意味をもったということになる（後藤［2001］p.180）。
15) キリンビールは公団廃止直後から，特約店の設置にとりかかっており取り組みの早さも指摘できる。キリンビールは明治時代から明治屋と特約店関係を締結してきたが，戦時中の中断をはさんで公団解散の翌月の49年7月には両社の関係は旧に復していたという（明治屋［1958］p.103）。
16) 銘柄はブランド（レーベルともいう）を指し，大阪ビール（独立の企業としての活動期間は1887年～1905年）が生産していたアサヒビールが例をなす。商標は登録された図柄全体（＝トレード・マーク）を意味し，大阪ビールがアサヒビールを登録すれば商標になる。
17) 戦後のビールの伸びは家庭消費の著増にそっており，戦前の市場が業務用を主流としていたのとは大きく異なっていた。そして戦前，業務用販売を中心にしていたのが大日本ビールであった。
18) 酒類の小売商について述べておく。酒類の小売商としては戦時中から配給制のもとで総合配給所が担当したが（東京小売酒販組合［1963］pp.233-243），45年12月総合配給所が廃止され，個人営業の酒類小売商が復活した。46年では酒類を含む生活必需品の取扱商が酒類小売業に加わり，さらに48年になると酒類小売商は，38年に採用された免許制が課せられていたことに加えて，税務署に登録されることになった。酒類小売商の販売場数は40年に35万を示していたが，戦時中を経て整理過程をあゆみ，48年の谷では8万にまで減少していた。登録制は49年7月に廃止され，以後免許だけとなった。公団時代から営業していた小売商は引き続いて営業することになり，酒類小売業の免許基準が緩やかになったため，酒類小売業の店数は増加をみていた。また料飲店も店舗数を増加させていた。こうした増加は，酒税の徴収を意図して，酒類の販売を促進することに伴う緩和措置であった（国税庁［2000］p.344）。
19) 社史の中で同時売買方式なる呼称を与えている（麒麟［1968］p.461）
20) 52年になると麦類の原材料統制が撤廃され，ビール生産は著しく回復した。52年以降，生産量増加による値崩れの心配が現実性を帯びてくる。価格二段階制への復帰はこの点から要請された。二段階制はメーカーが待ち望んでいた（麒麟［1968］p.168）。
21) 伝統的にビールの委託販売で用いられてきたのは，たとえばキリンビールとその特約店の明治屋とのケースでみると，明治屋のキリンビールへの代金支払いは現金取引ではなかった。委託取引であるからもともと明治屋の支払いは小売商からの支払いを前提にしており，それは小売商の販売代金の回収があって可能になり，数ヶ月のズレが入り込んでいた（明治屋［1987］p.50）。くわえてメーカーの金融力強化を背景に代金回収期間の長期化も認められた（後藤［2002］pp.328-329；後藤［2003］p.154）。
22) もっとも，生産量の急増が見込まれるようになると，現金取引を継続することは代金回収の困難さを大きくする。手形決済制度が導入されたのはすでに見たとおりである。
23) 戦時では出荷地域制限が課せられていた点があるが，仮に戦時中のように運送費用を統一化すると，小売商の仕入れ価格は一律に向かうことになる。生産者による運送機能の担当は運送費用の平準化を実現するから，同じ効果は期待できることだろう。
24) 二段価格制のもとでは，生産者価格と特約店価格が等置されるから，生産者価格は卸売商の販売手数料を織り込んでいる。
25) 1本あたりの運賃補助の上限値は上の例では，1.90円となるはずであり，またそこを上限として運送機能の縮減に応じて一定の幅をもった額であったことだろう。
26) もっとも生産者に負担増が起きたというのではない。運賃を自ら支出し，運賃補助も支

出しながらも，正味受取額を増やしてきているからである（麒麟［1968］p.168, pp.172-173）。ほぼ安定した生産者価格のもとでそういう動きを実現するのは，とりあえずは量産効果によるコストダウンが働いていた可能性が強いということになるだろう。
27) ビールの小売価格は24年の酒類配給公団の解散後は自由価格になったはずであったが，統制価格は続き，60年以後も名称を基準価格と改称して事実上の統制は続いていた。基準価格は64年に廃止され，以後自由価格時代を迎えたということになる。基準価格廃止後，各社間では価格差が生まれなかった。
28) 高度成長期の後半，流通合理化が叫ばれていたころ，あたかも物流の合理化が実現できれば流通合理化が達成されるとした視角と比べると，明確に一線を画すものであろう。物流は商流の結果である。
29) 売上高と広告費の関係，広告費の実額をみると，キリンビールの低さは指摘できる（週刊ダイヤモンド［1972］pp.38-42）。

【文献案内】
　キリンビールの研究に入るうえで最も資料的価値が高い文献としては，キリンビールが自ら編集し刊行した社史を挙げることができる。創業50年を記念して編まれた［1957］をはじめ［1968］；［1985］；［1999］とあらわされている。どれも大部の書籍であるが業界動向，同社の経営，生産，販売，物流などについて包括的に記述されている。同社編集の刊行物としては創業者追悼記［1967］，あるいは日本のビール普及史とでも称すべき［1988］もあり，同社を知る有効な資料となっている。片山［1972］はジャーナリスティックな書名を冠しているが，キリンビールの諸相を手際よく描いている。キリンビールのマーケティングについては管見ながらまとまった文献は見あたらないが，加護野・石井編［1991］は随所につっこんだ分析を展開している。高度成長期の後半に顕在化するビールの価格問題では多数の類書がおおやけにされているが，杉岡［1966］を挙げておく。同書のなかでキリンビールの販売先として取り上げられているのが明治屋であり，明治屋については後藤［2001］が検討を加えている。

【参考文献】
アサヒビール株式会社［1970］『山本為三郎翁伝』。
稲垣眞美［1978］『日本のビール』中央公論社。
加護野忠夫・石井淳蔵［1991］『伝統と革新』千倉書房。
片山又一郎［1972］『キリンビール独走の秘密』評言社。
麒麟麦酒株式会社編［1957］『麒麟麦酒株式会社50年史』。
麒麟麦酒株式会社編［1967］『追悼録 磯野長蔵』。
麒麟麦酒株式会社広報室編［1968］『麒麟ビールの歴史　戦後編』。
キリンビール編［1988］『ビールと日本人』河出書房。
麒麟麦酒株式会社社史編纂委員会編［1985］『麒麟ビールの歴史　続戦後編』。
キリンビール株式会社広報部社史編纂室［1999］『麒麟ビールの歴史　新戦後編』。
国税庁編［2000］『国税庁五十年史』大蔵財務協会。
後藤一郎［2001］「食品卸売商の日本的展開とマーケティング」（マーケティング史研究会編『日本流通産業史―日本的マーケティングの展開―』同文舘出版）。
後藤一郎［2002］「キリンビールのマーケティング」『大阪経大論集』第53巻第3号，9月。

後藤一郎［2003］「キリンビールにおけるマーケティングチャネルの再編（下）」『大阪経大論集』第53巻第6号，3月。
後藤一郎［2004］「マーケティングと経済統制（1）」『大阪経大論集』第55巻第3号，9月。
後藤一郎［2005］「マーケティングと経済統制（2）」『大阪経大論集』第56巻第4号，11月。
後藤一郎［2006］「マーケティングと経済統制（3）」『大阪経大論集』第57巻第4号，11月。
後藤一郎［2009］「戦後におけるマーケティングの胎動」『大阪経大論集』第60巻第2号，7月。
サッポロビール株式会社広報部社史編纂室編［1997］『サッポロビール120年史』。
杉岡碩夫［1966］『管理価格』日本評論社。
東京小売酒販組合［1963］『東京小売酒販組合40年史』。
明治屋創業100年史編纂委員会［1987］『明治屋百年史』。
明治屋本社編［1958］『明治屋73年史』。
週刊ダイヤモンド編［1972］「広告宣言費―その実態を分析する―」『週刊ダイヤモンド』第60巻第5号，8月。
Carman, J. M. and Uhl, K. P. [1973] *Marketing : Principles and Methods*, 7th ed., Irwin.
Kotler, P. and Armstrong, G. [1994] *Principles of Marketing*, 6th ed., P-H,.

（後藤　一郎）

第7章

オンワードのマーケティング

―ブランド構築と小売機能の包摂―

1. はじめに

　日本のアパレル産業は，1970年代初頭に成立し，百貨店を主要な販売先とするアパレルメーカーがその主要な担い手となった[1]。その証左の1つは，アパレルメーカーが代表的なブランドを作ってきたことにある。樫山株式会社（1988年9月よりオンワード樫山株式会社，2007年9月より株式会社オンワードホールディングス，本章では樫山と記載する）は，企業規模の大きさのみならず，百貨店との委託取引をいち早く取り入れ，「オンワード」というブランドの知名度を高めてきた点で日本を代表するアパレルメーカーである。

　本章は，樫山を素材として，ブランドと委託取引との関連性，ブランドと製品との関連性，ブランドと小売機能との関連性の歴史的発展を明らかにする[2]。結論を先取りしていえば，まず，第2次大戦後新興の紳士服納入業者として百貨店の販路を開拓しようとした樫山にとって，委託取引と，それを可能にする強固な財務体質を活用することで，「オンワード」ブランドを構築してきた点である。日本のアパレル産業の委託取引や消化取引，QR（Quick Response）に関わる歴史研究および実証研究は数多い[3]が，ブランド構築と取引様式との関係について必ずしも焦点が当てられてこなかった。樫山の成長の歴史は，委託取引がブランド構築の手段として機能したことを明らかにしてくれる。

　結論の第2点は，特定製品カテゴリーを指示するブランドから多様な製品カテゴリーを包摂するブランドへの発展を基礎として，アパレルメーカーの有するブランドが小売機能を包摂するものへと発展し，製品・小売ブランドが生成したことである[4]。企業のブランド戦略および消費者のブランド認識の両者において，ブランドは製品と小売機能を包括的に示すような深さをもつようになった[5]。

　樫山という個別事例を扱うことで，とりわけ以下の2点において意義ある分析

ができる。第1に，樫山は，委託取引を戦略的に活用することで，日本を代表するアパレルメーカーへと成長したが，樫山のマーケティング史を取り扱うことで，委託取引がブランド構築を促す制度的イノベーションとして機能したことが浮かび上がってくる[6]。委託取引がマーケティング上重要な役割を演じただけではなく，「オンワード」というブランドを認知させる上で委託取引が有効に機能した。

第2に，樫山は，本章ではアパレルメーカーと規定しているが，とりわけ1950年代までは商業資本としての行動を伴いながら資本蓄積をしてきた点である。樫山は，商品企画，設計・生産管理，製造技術，販売という基本的機能を育てていくことになるが，樫山の成長プロセスの中には，商業資本としての行動を通じて資本蓄積をしていた面を捨象することはできない。

本章の構成は以下の通りである。まず，2.「オンワード」ブランドの形成期（1950年代）では，(1)商業資本としての利益蓄積活動，(2)ブランドに対する樫山の基本理念，(3)委託取引の戦略的意義とその帰結を明らかにする。樫山は，市況変動をうまくくぐり抜け，商品回転率を高めることのできるイージーオーダーを利用しながら成長した。

次に，3.「オンワード」ブランドの確立とマルチ・ブランド化への展開期（1960年代）では，(1)紳士服から婦人服，子供服，和装へ，スーツやコートからカジュアル衣料へと取り扱い商品の総合化を進めたこと，(2)海外メーカーとの技術提携を進め，設計・製造技術の導入と学習を進める一方，海外提携ブランドを積極的に導入したこと，(3)「オンワード」ブランドの下で個別ブランドが形成されると同時に，「オンワード」が製品ブランドから実質的に企業ブランドに変化したことが示される。

そして，4. マルチ・ブランド政策による市場細分化の促進期[7]（1970年代）では，(1)多様な製品カテゴリーを含むコーディネイト・ブランドが生成したこと，(2)年齢や価格帯だけではなく，「クラスターとマインド」の切り口によりマルチ・ブランド展開が行なわれるようになったことを示す。最後に，5. 本章から学ぶことでは，製品ブランドから製品・小売ブランドへのブランド概念の拡張は，委託取引とブランド別コーナー展開をきっかけにしながらも，1980年代以後の消化取引とブランド別ショップ形式の採用により完成していくことを示唆している。

本章の主な素材は，樫山関係者へのインタビュー，社内資料，『有価証券報告書』，『繊研新聞』や『日本繊維新聞』などの業界新聞・雑誌，学術書・学術論文である。

2. 「オンワード」ブランドの形成期（1950年代）

「オンワード」ブランドを世に送り出した樫山純三は，1947年3月戦時中の代行会社の全株を買収して樫山工業株式会社と改め，同年9月，樫山商事株式会社（資本金19万8千円）を設立，既製服卸販売業務を行なう。樫山商事は，1948年1月に日本橋に東京支店を再建，1949年6月，樫山株式会社に社名変更し，樫山工業株式会社を吸収合併した。樫山は，1952年1月に大阪本社を新築完成させ，紳士既製服の製造卸売の準備を整えた（樫山株式会社『1988年2月期有価証券報告書』，p.1，樫山［1976］p.66）。

(1) 商業資本としての利益蓄積活動

樫山は，1950年代には商業資本としての性格を強く帯びていた。その証拠の1つは，樫山が，1951年の「フラノ旋風」（繊維市況の大暴落）時に，在庫として抱えていたスラックスを安値で処分し，その資金で暴落したフラノ地などの生地を購入し，全国の百貨店店頭で生地の裁ち売りをしたことである。その結果，資本金をはるかに越える利益を出した（樫山［1976］pp.71-75）。繊維産業は，原綿の国際市況など相場に左右される産業であり，生地も市況に左右されるコモディティであった。市況への機敏な対処が，1950年代の衣料品製造卸には求められていた[8]。

第2に，樫山は，1950年代，既製服のみを取り扱っていたわけではなく，イージーオーダー事業にも熱心に取り組んでいた[9]。イージーオーダーは，1951年頃に始まり，1954年にかけて全百貨店に広まっていく[10]。樫山も1951-2年頃，紳士既製服用の生地を用いて，既製服用の縫製工場を使い，イージーオーダー事業に取り組んだ。1950年代後半には，樫山（紳士服）の利益の6割はイージーオーダーに依存する状態であった（角本章氏インタビュー）。

イージーオーダーの百貨店売場での展開は，百貨店にもメリットがあった。顧客はイージーを注文する際，内金を50％以上納めてくれる一方，製品在庫をもつ必要はなく，できあがり品を顧客に納入する前から利益が得られた。樫山，花咲，昭和ドレス，東京スタイルなど婦人服を製造卸売する業者は，既製服が定着する前の時代に，このイージーオーダーの取り扱いで利益を蓄積した（佐久間

美成氏インタビュー)。既製服の製造卸事業が全面的に進む前に,イージーオーダーは,樫山の利益蓄積を支えたのである。

(2) ブランドに対する樫山の基本理念

樫山は,当初から自社のブランドで顧客に販売しようとした。樫山は,1951年7月に「オンワード」というブランドの商標登録を行なっている。「オンワード」とは,副詞の「前へ」という意味であり,賛美歌の歌詞からとったものである(樫山[1976] p.70)。製造卸売業者である樫山は,自社が最終責任をもって顧客に販売する体制を目指した。既製服が,「安かろう悪かろう」と品質の信頼性をもちえていなかった状況において,「オンワード」を通じて品質保証を行おうとしたのである(角本章氏インタビュー)。

しかし当時,納入業者の信用ではなく,百貨店の信用で顧客に商品を販売する,すなわち百貨店の暖簾で販売することが一般的であった。百貨店は「オンワード」の商標のついたタグを樫山の営業員に切り取らせ,代わりに百貨店のタグを取り付けさせた。呉服系の百貨店はその点で厳しく,電鉄系の百貨店はメーカーブランドが許容された。1950年代後半,呉服系の百貨店ではメーカーのブランドは取られた。そして1960年頃,百貨店ブランドとメーカーブランドのダブル・チョップとなった。1970年代前半にはメーカーブランドのみとなり,百貨店は自己のブランドにこだわらなくなる(角本章氏インタビュー)。

(3) 樫山にとっての委託取引の戦略的意義とその帰結

委託取引の概念とはどのようなものか。アパレルメーカーと百貨店との取引様式を想定すると,買取取引は,買い取った商品については百貨店が引き取り返品しない取引であるのに対して,委託取引は,最終消費者に売れた分だけ百貨店が仕入れたことになる取引様式である。百貨店が仕入係で検品した商品は,納入業者に所有権はあるが,その商品の損傷・滅失は百貨店が責任をもつ[11]。

第2次大戦後復興期において,百貨店と納入業者という垂直的な関係の中で,百貨店と納入業者が制度として委託仕入方式を導入するに至った歴史的制約と戦略を明らかにした実証研究に高岡[1997]があるが,本章では,戦後復興期から紳士服の製造卸売を始めて新興の大手納入業者へと成長していった樫山を取り上

げ，樫山が委託取引を受け入れた戦略的意義とその帰結に限定する。

　高岡［1997］は，樫山株式会社の事例を挙げながら，「比較的強力な納入業者がそれを戦略的に遂行したという側面もあった」と指摘し，納入業者と百貨店双方が期待利益と期待損失を勘案しながら取引形態を選択する点から，納入業者が委託取引を受け入れた論理を捉えている（p.17）。納入業者は，委託取引に際し，負担するリスクを納入価格に含めようとし，委託取引と結びついた派遣店員は，店頭における顧客情報の収集を通じて需要に応えることでリスクを軽減させる（高岡［1997］pp.17-18）。

　このリスク分担あるいはリスク回避は，販売の不確実性の管理と捉えることができる。髙岡［2000］は，アパレルメーカーが商品売れ残りリスクを管理するためには，商品の店舗間移動と，実需に対応した追加生産を意味するQR（Quick Response）が必要であることを挙げている。しかし，買取取引から委託取引に踏み込んで販売の不確実性を樫山が管理する意思決定をしたのは，単に消極的なリスク管理・リスク回避にとどまるものではなく，同時に販売機会を得て成長していくための戦略としてのものでもある。

　1950年代に紳士既製服の製造卸売りをしていた樫山が委託取引を導入する経緯について，角本章氏へのインタビューに依拠して，樫山の戦略の観点から述べてみよう[12]。1950年代前半頃，百貨店の仕入係は消化率を上げるための在庫管理を行なっていた。仕入係は，シーズン途中で売場に商品が欠けてきても，買取仕入であるためシーズン後に在庫が残ることを回避しようとして，追加の発注をしようとしなかった。樫山からすると，秋冬物は11-12月に追加で納品しようとするが，買取取引では百貨店に納品できず，11-12月にはサイズ，色の点で欠けるアイテムが続出し，歯抜けのような売場が現れ，かつ見栄えが悪く，売ろうにも商品の絶対量が足りなかった。そこで樫山は，シーズン最初の納品は買取りであるが，追加分については委託取引でよいから商品を入れさせて欲しいと要請をし，委託取引が始まった。ただし，追加分は当初補完的な位置づけであった。

　当初の買取部分に占める樫山の特定店舗内紳士服販売シェアは低かった。そこで樫山は委託部分を広げていった。仕入担当者の買取仕入れ計画が100であると，補完的な委託仕入れは当初10から20であったが，委託部分を増やし，買取仕入れ100，補完的な委託仕入れ100としていった。シーズンの初めに計画するよりも，期中に追加した方がよいと樫山は考え，委託部分を広げるよう実行していったのである。その結果シーズン末に締めてみると，スーツの売上げは，樫山が競合他

社をしのぐことになった。

　売れ残った商品は，まずは地方百貨店にもっていった。それから百貨店の催し物である「オンワードセール」，従業員セールで処分した。婦人の夏物などはラベルを切り取り，香港と台湾で処分した。

　樫山は，委託取引について，百貨店売場にある在庫は樫山の在庫であると理解していた。樫山の売上げとは，消費者の手に渡ったものである。商品が樫山に返ってこないようにするために，百貨店の仕入担当者を通してではなく，消費者の生の声を直接集めることとした。1953，54年頃にはマネキンクラブから派遣販売員を集めた。派遣販売員は，当初樫山の商品企画担当者などの社員が土，日に百貨店の売場に応援手伝いに行っていたことから始まった。その後派遣販売員の制度が作られていった[13]。

　では1950年代に委託取引と派遣販売員の制度が定着するなか，樫山と百貨店の担う流通機能の分担関係はいかに変化したのか，紳士服スーツの事例についてみていこう。ただし，百貨店は呉服系の百貨店を念頭に置き，電鉄系の新興百貨店は除外する。ここで検討する流通機能は，①小売価格決定，②店頭への品揃え機能（時期・型数・サイズ・カラー・数量），③接客サービス，④店頭商品管理，⑤製品および小売におけるブランド機能である[14]。その具体的な記述は角本章氏へのインタビューに依拠している。

①　小売価格決定

　1950年代における百貨店の仕入担当者は，工賃，生地などの素材とその価格，小売価格を知悉しており，アパレルメーカーから見積もりを必ず取った。これができた理由は，典型的な紺のスーツなど，型数，素材のバリエーションが少ないからである。買取りの際には，売価に対するバイヤーの厳しい点検があり，売価の修正を余儀なくされることもあった。しかし，委託取引の比重が高まるにつれて，バイヤーが仕入計画・販売計画を甘くみだした。その経過の中でアパレルメーカーの設定する売価が信用されるようになった。1960年代前半には百貨店は売価についていわなくなり，小売価格の決定権がアパレルメーカーに移った。

②　品揃え機能

　買取りの場合は，百貨店が品揃えの責任をもつ。しかし，欠品した商品（型・サイズ・カラー）が委託取引で店頭に入るようになると，その部分については納

入業者の意向が強く働く。委託取引により，店頭商品の品揃え（展開時期，発注数量）は，アパレルメーカーの意思を入れながら百貨店と協働で作っていくしくみが築かれた。

③ 接客サービス
樫山の派遣販売員が顧客に販売サービスを提供するとともに，顧客からの情報を追加発注や販売に生かしていった。

④ 店頭商品管理
樫山の委託取引では，返品率という概念はなく，商品回転率を重視する経営であった。したがって，期末在庫，すなわち越年在庫のコントロールを重視した。1960年代には，既存パターン・素材の追加生産体制を作り，追加生産30％，計画生産70％という体制を作っていった。生産コスト削減のため，全体の20％程度は工場閑散期に作った。越年在庫をもたないようにするため，越年在庫は紳士服について半額評価，婦人服は3割掛けの評価に落とした。税務署と厳しいやり取りをしながら，実際に越年在庫が翌年度，大幅な割引価格でしか売れないことを示しながら，在庫の評価損を認めさせた。

⑤ 製品および小売におけるブランド機能
1950年代前半，「オンワード」のブランドに百貨店は抵抗した。樫山は，メーカーの責任を明確にする意味で1951年に「オンワード」ブランドをつけ，新聞広告や電車の宙づり広告を利用した。

メーカーのブランドが1960年代以後に普及することで，メーカーは製品の差別化および品質保証を担うこととなった。さらに，委託取引と派遣販売員により，樫山が小売価格設定，品揃え，接客サービス，店頭商品管理などの小売機能に深く関与するようになると，「オンワード」ブランドが小売機能を内側に含んでいくこととなる。

委託取引と派遣販売員は，樫山が同業者との競争に勝ち百貨店売場のスペースを広げていく上での，そして在庫管理を徹底しながら商品回転率を高めていく上での戦略的な制度であり，制度上のイノベーションとして機能した。

3. 「オンワード」ブランドの確立とマルチ・ブランド化への展開期（1960年代）

樫山株式会社は，1960年10月に東京，大阪，名古屋の各証券取引所に上場をし，64年7月に一部に指定替えとなった（㈱オンワード樫山『1992年2月期有価証券報告書』p.1）。売上高は，1962年2月期50億円から1971年2月期278億円の年商に拡大している（樫山社内資料）。

（1）取り扱い商品の総合化

樫山は1960年代に総合衣服製造卸売業に脱皮したが，それは多数のブランドを展開する上での多様な製品カテゴリーを提供することになった。樫山は，婦人服について，1956-57年にテスト販売を重ね，1959年に婦人服部を設け本格的に進出した（樫山 [1976] p.90）。婦人服は，1960年当時イージーオーダーが売上の大半を占めていた。樫山も，百貨店で何十体も並ぶマネキンのうち10-15体ほどを得て，イージーオーダーを展開していた。したがって樫山も，最初は製造が容易なスラックスやスカート（ウールとテトロン）の既製服販売に乗り出す。俗にいう「下物屋」であり，1,900円のスラックスなどがよく売れた[15]。

樫山の婦人既製服分野の強化は，東レがライセンシーとなっていた「イヴ・サンローラン」ブランドの婦人既製服の製造に樫山が1963年頃に関与することに端を発する。樫山のデザイナーや技術者がサンローランの考え方，デザイン，パターン，工場，生産体制を学習する。1965年には，樫山婦人服のイージーオーダーと既製服の割合が逆転し，その後婦人服部門も既製服が支配的になっていき，1974年，樫山は婦人服イージーオーダーを取りやめた[16]。

1962年，樫山は子供服，和装，毛皮服，1963年，企業向けユニフォームへと多角化した（樫山 [1976] p.92）。また，紳士服関連でも，スーツ，ジャケット，スラックスから，コート，さらにはカジュアル衣料にまで総合的な服種展開を進める[17]。このようなアパレルの総合化は，多数の個別ブランドを生み出すうえでの基盤となった。

(2) 海外メーカーとの技術提携と海外ブランド導入

樫山は，図表7-1にみるように，1960年代に海外メーカーとの技術提携と海外ブランド導入を積極的に進めた。スーツやコートなどの重衣料からカジュアル衣料も含めて，設計・生産技術，商品企画とデザインを学習することにねらいがあった。海外技術提携はデザイナーやパタンナーなどの教育・研修という意味を兼ねていた。

樫山は，海外技術提携によりデザイン，パターン，縫製技術を学習してアパレルメーカーとしての基礎を固めるとともに，「カタリナ・マーチン」「タイムリー・クロス」など一部の海外ブランドについてはそのブランド名を日本でも用いることで，多ブランド展開が進んだ。

図表7-1 1960年代樫山の代表的な海外提携事例

- 1962年，東洋レーヨンがイヴ・サンローランと，プレタポルテおよびスカーフでライセンス契約を結び，東レの素材を中心として婦人服を展開することとなる。1963年，樫山はサブ・ライセンシーとして婦人服の生産下請けに携わる（『繊研新聞』1972年4月18日5面，㈱オンワード樫山・古田三郎マーケティング部部長（当時），㈱オンワードクリエイティブセンター・福岡真一営業推進室室長（当時）へのインタビュー，1996年6月12日）。
- 1968年，樫山は，東レのサブ・ライセンシーを受け，アメリカのカタリナグループのアパレルインダストリーズ・オブ・カリフォルニア社と提携，同社の著名なブランド商品「カタリナ・マーチン」カジュアル・ウエア（紳士服）の製造販売に乗り出す。提携商品はジャンパー，ブレザー，スポーツ・コート，ジャケットなどのアウターウエア，およびスラックス，シャツ，ニット製品，スイミングウエア，テニスウエアなど男子カジュアルウエアの全般に渡っている。カタリナ・マーチン商品の特徴であるカラー・コーディネイト展開，商品のトータル化，コーナー販売を行なう（『繊研新聞』1968年2月21日）。
- 1968年7月30日，アメリカのメイベスト社とスポーツ・コート分野で，デザイン，縫製の両面で技術提携をした。百貨店にて「フライング・クロス・オンワード・スポーツ・コート」のブランドで販売する（『繊研新聞』1968年9月30日）。
- 帝人を窓口として，アメリカのタイムリー・クロス社と，ポリエステル毛混紳士服の縫製技術習得のために提携した。伊勢丹（「デューク・マジソン」），東急百貨店（「アストロジェット」）に絞って販売する（『繊研新聞』1968年9月30日，『日本繊維新聞』1969年5月23日）。

(3) 個別ブランドの形成と「オンワード」ブランドの企業ブランド化

1960年代を通じて，樫山は，紳士服，婦人服に複数のブランドを展開するようになった。紳士服スーツの場合，まず「エベリット　バイ　オンワード」が登場する。「エベリット」ブランドは，通常のスーツよりも，素材，パターン，附属品の高級化を進めた。しかし，1960年代半ばには，市場が細分化されているという意識はなく，年齢，価格帯によるブランド区分があるだけであった（以上，角本章氏インタビュー）。1969年には，紳士服でヤングを対象とする「OAK」ブランドが存在していた（『日本繊維新聞』1969年5月23日7面）。

また，1966-67年，樫山の婦人コートは，ヤング向けの「ジューヌ」，都会的・知性派の「ラフィーネ」，フェミニンルックの「ジョリー」，お洒落な本格派の「ランプルール」とブランド別にセグメントを分けて商品を企画している（『繊研新聞』1967年7月28日5面）。顧客年齢別のブランド訴求が1960年代後半に始まった。

「オンワード」ブランドは当初単独で存在しており，紳士服スーツの製品ブランドとして始まった。しかし新たに個別の製品ブランドが出てくると，個別製品ブランドを保証する企業ブランドとして「オンワード」が位置づけられるようになる。総合的な製品展開が進み，海外ブランドの提携が広がる中で，個別製品ブランド訴求が始まる。『日本繊維新聞』1970年7月8日，9面によると，「メイベスト」（スポーツ・コート），「タイムリー・クロス」（スーツ），「マジソン」（コート），「カタリナ・マーチン」（リゾートウエア）など海外提携ブランドや，「エベリット」（スーツ），「マッケンジー」（スーツ，コート，スラックス，ジャケット），「オーク」（スーツ，コート，スラックス，ジャケット）といったナショナルブランドが，服種を限定して展開されている。

樫山が「オンワード樫山」という表現を新聞広告にて行なっていることを考えると，「オンワード」は樫山と結びついた企業ブランドに近いものとして運用されていると理解できる（『繊研新聞』1967年7月28日5面の記事および「オンワード・コート」広告）。

4. マルチ・ブランド政策による市場細分化の促進期（1970年代）

1960年代を通じて「オンワード」ブランドの社会的認知は高いものになっ

た[18]。1970年代樫山のマーケティングの特徴は，市場細分化にある。樫山の市場細分化は，百貨店，チェーンストア（量販店），専門店という小売販路別に行なわれ，1980年には基本的に各ブランドが小売販路別営業部門に所属する形を取った[19]。樫山は，チャネル別ブランド展開を基本にして市場細分化を進めたといえる[20]。

もう1つ重要な点は，1970年代に全国一本の企画・販売体制を整えていったことである。1973年9月1日に樫山東京店紳士服本部は紳士服営業本部に改称，ブランド集約化，東西統一ブランド実施に1974年から取り組むこととなった（『日本繊維新聞』1973年9月10日3面）。1974年2月，紳士服営業本部は，各ライン企画と別個の総合企画室を設けスタッフ部門の拡充方向を示している（『日本繊維新聞』1974年2月21日3面）。さらに1974年9月に，紳士・婦人・子供を含めた総合企画本部を作り，それぞれのブランド・コンセプト[21]を明確化する作業に取り組んだ（『日本繊維新聞』1974年12月17日3面）。

1976年，樫山婦人服部門は，企画面での全国一本化，東京店と大阪店での生産拠点活用，東京店による札幌，仙台，名古屋，九州の販売網の管理，大阪店による広島の販売網管理という体制を整えているが，同時に「東京，大阪各店の開発する新企画がそれぞれ全支店網を通し全国市場をカバーする販売展開」に着手している（『繊研新聞』1976年12月6日3面）。この時期に，全国的な企画・生産・販売体制，全国的なブランド構築体制が整備されていった[22]。

(1) 取り扱い商品の拡大，多製品ブランド，コーディネイト・ブランドの成立

1960年代樫山は，紳士服から婦人服，子供服，和装，毛皮，カジュアル衣料に至る総合アパレルメーカーに成長した。さらに1970年代にはニット製品，ジーンズ，バッグ，アクセサリーなどへと取り扱い商品を広げた（図表7-2「1970年代樫山の取り扱い商品の拡大」）。またスーツやドレスなど重衣料から出発した樫山はカジュアル衣料を充実させていく（『繊研新聞』1974年4月26日3面）。

取り扱い商品の拡大は，特定の服種のみを扱う単品ブランドから多様な服種を含む多製品ブランドへの転換を促した。1960年代の百貨店は基本的に，スーツ，コート，スラックスという服種別の売場構成になっており，特定のブランドが複数の製品カテゴリーに用いられたとしても，製品カテゴリーごとの売場にばらして販売される。たとえば，1960年代樫山の紳士服は，スーツ，コート，スラックス，

図表7－2　1970年代樫山の取り扱い商品の拡大

- 1971年, 紳士ニット・ウエアの総合展開を図る (『繊研新聞』1970年2月17日2面, 『日本繊維新聞』1971年5月17日2面, 8月2日9面)。
- 1971年, 紳士フォーマル・ウエアに進出する (『日本繊維新聞』1971年8月2日9面)。
- 1972年, 美術絵画の販売 (『日本繊維新聞』1972年6月29日3面)。
- 1972年, ホームウエア分野に乗り出す (『日本繊維新聞』1972年8月4日3面)。
- 1972年, 婦人用のバッグ, ベルト, スカーフに取り組む (『日本繊維新聞』1972年11月21日3面, 11月27日3面, 1973年1月17日3面)。
- 1976年, 婦人用バッグの扱いを,「脱皮革」にまで広げる。
- 1977年, ジーンズを中心とした紳士, 婦人, 子供のカジュアルを販売する (『繊研新聞』1976年10月16日3面, 1977年6月11日7面, 1980年6月5日9面, 『日本繊維新聞』1976年5月21日3面, 10月16日3面)。
- 1980年, ドレスシャツを百貨店ドレスシャツ売場にてシャツだけ独立させて販売する (『日本繊維新聞』1979年11月24日)。

スポーツ・コート, ヤング世代を対象とする「OAK」に区分されており,「1967年から単品キャンペーン作戦を実施」するというものであった (『日本繊維新聞』1969年5月23日7面)。

しかし, 1970年代になると, 特定のブランドのもとに多様な服種のアイテムが企画され, さらにブランドによって区分された売場ごとに, 多様な服種が販売される方法が広がることとなった。ブランドによるコーディネイト提案, コーディネイト・ブランドの登場である[23]。

1970年代樫山の重点ブランドは, 紳士が「マッケンジー」, 婦人が「ジョンメーヤー」であった。「マッケンジー」は, 1970年発売当初ヤング層向けに, ジャケット, スーツ, コートなど重衣料を発売したが, 1973年には,「重衣料だけのトータル」から洋品分野までを含めた本格的なトータル展開を目指すこととし, シャツ, ネクタイ, ソックスなども品揃えに入れることとした (『繊研新聞』1970年6月22日2面, 1973年8月29日3面, 『日本繊維新聞』1973年11月9日3面)。1974年秋冬, 樫山は「マッケンジー」ブランドを全面に出した販売を行なう。樫山は売場の販促手段として, 什器, POP (Point of Purchase), ディスプレイを提供する[24]。

「ジョンメーヤー」が米社との提携ブランドとしてスタートするのが, 1973年秋冬物である (『繊研新聞』1981年8月19日3面)。樫山婦人服部門は, 1977年春,

全国有力百貨店を中心に「ジョンメーヤー」作戦をコーナー展開として行ない，コーナーに 30 人の販売コンサルタントを配置，売場と一体となった販売促進活動を進め，実績を向上させている。幅広い品揃えで構成されるスポーティカジュアル「ジョンメーヤー」の着こなし，組合せを売場で直接消費者に提案するもので，メーカー主導型のコンサルタントセールスを行なっている。百貨店のコーナーが次々拡大されるのに伴い，「ジョンメーヤー」もコーナー展開を広げている（以上『繊研新聞』1977 年 3 月 10 日 3 面）。1977 年，「ジョンメーヤー」は樫山婦人服の「リードブランド」として集中的な宣伝・販促が行なわれ，全国 98 店舗の百貨店にて販売された（『繊研新聞』1977 年 3 月 18 日 3 面）。1979 年，「ジョンメーヤー」は「ジェーンモア」と呼称を変え，商品内容も，ブレザー，ジャケット，ブラウス，スカートの組合せで通勤着，街着を狙ったものに，ブルゾン，トレーナー，セーター，T シャツ，パンツも加えることとなった（『繊研新聞』1979 年 2 月 21 日，3 面）。

重点ブランドである「マッケンジー」「ジョンメーヤー」は，百貨店コーナー展開にてコーディネイト訴求の要素をもつブランドであった。

(2) 年齢・価格帯別ブランドから「クラスターとマインド」によるブランドへの転換

1970 年代前半における樫山の個別ブランド展開は，年齢，価格，小売チャネルの切り口に基づくものであった。図表 7-3 の「1971 年オンワードの紳士ナショナルブランド」にみる「フライングクロス」「マッケンジー」「オーク」は，それぞれ多様な製品カテゴリー（服種）を包含しながら，年齢層別に区分されている。また図表 7-4 の「1975 年樫山婦人服部のブランド一覧」では，小売チャネル，価格帯，対象年齢によりブランドを区別している。

しかし 1970 年代後半になると，図表 7-5 の「クラスターとマインドによる樫山のブランド分類」に示されるように，年齢，価格帯基準ではなく，「クラスターとマインド」によって，樫山の展開する各ブランドのコンセプトとポジショニングが示される。これは，1970 年代前半にはなかった市場の切り取り方である。百貨店向けのブランドを想定したとき，従来の年齢，価格帯を基準としたブランド展開では，多数のブランドを販売できなくなる。とりわけ海外提携ブランドを百貨店のコーナーないしはショップで販売するようになると，年齢や価格帯基準ではブランドのコンセプトを表現するのに不十分となる。

樫山の用いる「クラスター」は，各人の活動，関心，意見に表現される生活パター

図表7－3　1971年オンワードの紳士ナショナルブランド

年齢層	ブランド		スーツ	ブレザージャケット	スラックス	コート
シニア層中心	フライングクロス	舶来生地使用	カスタムスーツ	カスタムジャケット	カスタムスラックス	カスタムコート MADUSON COAT
			エベリットAAA エベリットAA エベリット・プラス (2PANTS)	ブレザージャケット	スラックス	コート
青年層中心	マッケンジー		マッケンジースーツ (C・T)	マッケンジーブレザージャケット (C・T)		マッケンジーコート
若い人中心	オーク		オークスーツ (C・T)，ノンスーツ	オークブレザージャケット	オークスラックス	オークコート

C＝コンチネンタル，T＝トラディショナル
（出所）『繊研新聞』1971年6月30日8面．

図表7－4　1975年樫山婦人服部のブランド一覧

	ジュニア	ミス	ミセス	ウーマンサイズ
ボリューム	トレトレ	ミス・オンワード	ジュヌファム	アミエル
海外提携	プル・アクトン	ケンスコット　リッキーモデル ミス・ワイキキ　X-WEST	ジョンメーヤー	
ベター		ロープエレガン		ウエルフォーム
チェーンストア		メモリー		
専門店		メル・バスストップ		

（出所）『繊研新聞』1975年1月29日3面．

ンを意味するライフスタイル（Kotler & Keller [2009] p.159）のことと解釈できる。「マインド」は，ブランドを着用する際の生活者の心理を示し，同時にファッションのスタイルによる分類を示すものでもある。個々のブランドは，「クラスターとマインド」という顧客分類の中で，コンセプトの明確化が求められる。海外ブランドは，顧客をどう捉えるかというブランドのコンセプトが明快であり，樫山の提携した海外ブランドもその例外ではなかった。

　たとえば，「J・プレス」は，1970年代後半以降，樫山の代表的な海外提携ブランドとなる[25]。樫山は，アメリカのJ・プレス社と紳士服のデザイン，技術，

図表7−5　クラスターとマインドによる樫山のブランド分類

◎紳士服　○婦人服　●子供服　△和装

マインド	クラスター				
	感覚派	主張派	調和派	規律派	無関心派
エレガント	◎イヴ・サンローラン ◎アルマーノ ○ミス・ミッシェル	◎アーブラ ○エバドーナ ○ローブエレガン ○ノアローブ ●ポッペレディ △いついろ袖	○レオ・ノーブル ○ココ・ベール ○ジェルメーヌ ●ボーイズオンワード ●ヤングランド ●ティーンズ・クラブ	△きわだち	−
ニート	○トレトレ ○ナッキー ○メルバス	◎オーク ◎マッケンジー ◎ドミトリー ○ラモスポーツ ○ビリーボニー ○サンディナ ○ケンスコット	◎J・プレス ◎ザ・シック ◎樫 △プレマードレ ○ダンエミール ○タイムアンドプレス ○ジュヌファム ○ウエルフォーム ●ボーイズオンワード ●ヤングランド ●ティーンズ・クラブ ●トレミニオン	◎フライングクロス ◎エレクトロ ◎マイクロード ◎ダグラス ◎ケンスレー ○ミス・オンワード ○メモリー ○リコルダ ○アミエル	−
コンフォタブル	○ビアンモア ○ジーニート	○ジョンメーヤー ○●ダニエルエシュテル ○○●リー・クーパー	◎ウッドハウス ◎J・プレス ◎トレミニオン ●ティーンズ・オンワード ●プチオンワード ●ボーイズオンワード	◎カタリナ・マーチン △ミネットメール △プルトア △ぶ〜らぶ〜ら △さわやぎ	
アクティブ	−		◎ラニーワドキンス ◎パワービルト ◎J・プレス	◎ナイスヒッター ◎アリソンスポーツ	−

（出所）『繊研新聞』1977年6月11日7面。

販売ノウハウに関する提携をし，1974年秋冬より「J・プレス」を発売する。J・プレス社は，アメリカのトラディショナル・モデル，アイビー・スタイルを主張する高級メンズ・ショップである。樫山は提携商品を紳士服全アイテムに拡大し，全国専門店，百貨店でイン・ショップ形式にて販売する（『日本繊維新聞』1974年4月3日3面）。樫山は，1977年の社内資料で「J・プレス」を，「頑なまでにアイビーリーグ・モデルを守るアメリカのJ・PRESSとの提携によるトラッドなトータルコレクション」と説明している。

顧客の「クラスターとマインド」によるブランド分類は，百貨店の売場編集が服種別売場からブランド別のコーナーないしはショップ別売場に変化したことと対応している。スーツやコートなど服種により売場が区切られ，複数のブランドが並べられている場合，顧客はたとえば複数のブランドのスーツから選択することになる。スーツの素材やデザイン，縫製の仕立ての良さ，サイズ，接客サービスなどに焦点が当たり，ブランドはスーツという製品に密着したものになる。

あるブランドが多数の服種を横断して品揃えをし，1つのまとまった売場で販売されることで，ブランドは特定の「クラスターとマインド」を表現するものとなる。特に複数のブランドがコーナー売場によるコーディネイト提案を競い合うようになると，それぞれ独自のブランド・コンセプトの提案が必要となる。

1977年の樫山社内資料によれば，「J・プレス」は「トラッドなトータルコレクション」，「マッケンジー」は「ベーシックな上品さを備えたトータルファッション」，「ジョンメーヤー」は「洗練された単品コーディネイト」とある。樫山の主力ブランドは，多様な服種によるコーナー展開，ショップ展開を共通の要素としており，ショップは「クラスターとマインド」によるブランド分類を支えている。

5. 本章から学ぶこと

樫山が1950年代に百貨店との間で制度として定着させた委託取引，派遣販売員制度により，樫山は小売価格，店頭商品の品揃えと展開時期，店頭在庫の管理，接客サービス，顧客情報の収集等の重要な小売機能に深く関与することとなった。さらに，多様な服種を含んだブランドのコーナー展開が行なわれると，樫山は，コーナー売場をメーカーのブランドとして訴求することとなる。樫山の提供するブランドは，製品を包含するだけではなく，小売機能をも含むものとなった。たとえば「マッケンジー」というブランドは，百貨店にて「マッケンジー」のブランド名で販売されている個々の製品を意味するだけではなく，「マッケンジー」ブランドの売場および「マッケンジー」の販売サービスを含めた小売をも意味するものとなる。それを製品・小売ブランドと名付けている。

樫山の提供するメーカー・ブランドが小売要素を包摂する点は，1970年代には部分的に進んだだけである。委託取引，百貨店におけるコーナー展開は，製品ブランドから製品・小売ブランドへの進化の途中段階を示している。

委託取引は，百貨店内商品の管理責任を百貨店が担うため，百貨店の仕入担当者が，小売価格設定や店頭商品管理，商品の品揃えなどに関与するのであり，百貨店とアパレルメーカーが協働で売場を創造し管理するという性格が強かった。とりわけ服種別売場の場合は，仕入担当者が商品知識の点において理解できる範囲内にあり，その意味で品揃えや店頭商品の管理などの小売機能を百貨店がアパレルメーカーと共同で担うこととなった（角本章氏インタビュー）。

服種別売場からアパレルメーカーのブランド別のコーナー売場兼コーディネイト売場になると，仕入担当者は，多様な服種に関わらなければならないため，特定ブランドの品揃え構成や小売価格設定に深く関与することが能力面でできなくなった（市川正人氏インタビュー）。百貨店はコーナー売場の小売機能の多くをアパレルメーカーに譲り渡さざるを得なくなる。

しかし，コーナー売場は，他のブランドとの間に壁という仕切りがなく，明確に売場が区分されていないため，顧客からみたショップとしての独立性が弱い。また，各ブランドの売場面積も固定したものではなく，季節ごとに簡単にブランド間の境界を動かすことができる。売場では派遣販売員が接客サービス，商品管理などを担当するものの，ブランド別売場の個々が明確なアイデンティティを提案しているようにはみえず，その意味ではメーカーのブランドが小売要素を包括するものとはなり得ない。さらにコーナー売場での派遣販売員は百貨店の制服を着ているという点でも売場としての独立性が弱い[26]。

とはいえ，1970年代後半に形成された「マッケンジー」「J・プレス」「ジョンメーヤー」は，都心部百貨店との委託取引と派遣販売員制度を基礎としながら，①多様な服種の品揃えを行ない，②コーナー展開，イン・ショップ展開の中で，小売機能をブランドに取り込み，ブランドが小売をも包含するまでに拡張した。いわば製品・小売ブランドへの転換点が，1970年代樫山の代表的なブランドに示されている。

本章では，1970年代までの樫山のブランド概念の拡張とその前提条件としての委託取引を分析した。1980年代以降，ブランド別のショップ展開が一般化し[27]，メーカーと百貨店との消化取引がショップにおいて広がる。

消化取引は，百貨店に納入された商品のうち売れた分だけ仕入を起こし，仕入代金を支払う取引形態である。この点では委託取引と変わらないが，店頭の商品管理責任は納入業者側が負う[28]。メーカーが商品の品揃えと展開時期，ディスプレイ，小売価格設定，商品管理，接客サービスを中心的に担う1つの典型的な

取引形態が消化取引である[29]。消化取引の比率は，紳士，婦人ともに1975年から97年にかけて高くなっている[30]。

1980年代以降に，ブランドが製品から小売に至る全体の提案を行なう手法，すなわち製品・小売ブランドが一般化する。このようなブランド構築手法の淵源は，戦後アパレルメーカーと百貨店との間に形成された委託取引および，ブランド軸による多様な製品群の売場提案にあり，製品・小売ブランドの原型はおおよそ1970年代に築かれたといえよう。

【注】
1) 日本のアパレル産業成立と構造分析については，中込［1975］，中込［1977］，康［1998］，鍛島［2006］，木下［2009］を参照。
2) 本章は，木下［1997］をふまえ新たに書き下ろしたものである。
3) 一例として，江尻［1979］，江尻［2003］，髙岡［1997］，髙岡［2000］，崔［1999］，石井［2004a］，石井［2004b］，河田［2004］，河田［2005］，鍛島［2006］がある。
4) 本章で用いる製品カテゴリーとは，アパレルにおけるスーツ，コート，シャツ，スラックスなどの服種の違いを意味する。なおメーカーによる小売機能の包摂をブランド戦略として捉え，製品・小売ブランドの形成史を捉えた論文に，木下［2003］［2004a］［2005］［2006］がある。
5) 陶山・梅本［2000］は，大手流通企業におけるプライベート・ブランドとの競争関係のなかで，メーカーが製品レベルに加えて流通レベルにおいてもアイデンティティを構築しつつある現実を示している（pp.167-177）。
6) 崔［1999］は，委託取引をメーカーの販売リスク負担という制約条件として捉え，追加生産システムという革新はその制約条件によって生み出されたことを主張している。委託取引の制度的受け入れをきっかけとして，「オンワード」ブランドの浸透が進み，限られた企業とはいえ収益性を高め同業者との競争において優位な地位を占めるとすれば，委託取引は取引様式におけるイノベーションとして捉えることができる。
7) Tedlow［1990］は，マーケティング史の3段階を，市場分断―市場統一―市場細分化と捉えた。日本のアパレル産業は，有力アパレルメーカーが全国市場を捉えたのは，営業支店の全国的な配置の点から1970年代前半頃であり，またほぼ同時期に，多ブランド政策による市場細分化が形成された。木下［2009］参照。
8) 石井晋［2004a］は，1950年代衣服製造卸は素材の原反入手が容易ではなく，かつ原反の価格変動が大きかった点を示している。原綿，糸，織物など繊維品の市況変動のゆえに，衣服製造卸は生地を安く買いそれをつぶして現金化することに重きを置くこととなり，品質改善と大量生産に力点を置くことにはならなかったとする。また，中小衣服製造卸は生地を入手するにも困難な状況であり，現金買いのできる一部有力製造卸に有利な状況であったことが論じられている（pp.30-35，東京都経済局［1957］pp.152-155も合わせて参照）。樫山は，原反を現金で安く仕入れる商業者として機敏な行動をしたと言えよう。
9) 樫山［1976］pp.77-78。「イージーオーダーには大きなメリットがあった。生地だけ持っていればよく，工賃は後払い，資金の回転が早い」（p.78）との指摘がある。古田三郎氏・福岡真一氏インタビューによると，1960年当時，樫山は百貨店で何十体も並ぶマネキン人形のうち10-15体ほどを得て，イージーオーダーを展開していた。
10) 伊勢丹［1990］p.175によると，伊勢丹は，婦人服イージーオーダーについて，1953年12月頃から「マネキン人形4体の陳列コーナーを2カ所設け，スーツとオーバーコートの

型見本を着せて販売を開始した」。また,「新聞広告を見ても,婦人服では「セミオーダー」(27年2月),「イージーオーダー」(同年5月)があり,紳士背広,オーバー等については「ハーフメイド」(26年11月),「セミオーダー」(27年2月),「イージーオーダー」(同年10月)と早くからさまざまな呼称で手がけられていたことがわかる」と記している。

11) 公正取引委員会[1952]pp.43-45。委託取引の概念は本文の通りであるが,実際の会計処理を含めた取引形態は多様である。返品条件のついた買取では,百貨店が商品を検品して受け入れた際には所有権が百貨店に移ることになる。

12) 樫山株式会社『昭和59年2月期有価証券報告書』p.3によると,角本氏は1952年3月に樫山株式会社に入社している。

 なお樫山株式会社の創業者である樫山純三は,1953年に委託取引を導入した経緯を以下のように説明している。百貨店には商品ごとに一定の予算があるので,この予算の枠を取り払えるようにして商品を納入できるようにするために委託取引を導入した。「仮に消費者が衣類一着を選ぶのに,サイズや色など10種類が最低必要だとする。1ロット10着というわけだ。一着欠けても消費者の選択の幅は狭くなり,売りにくくなる。ところが百貨店が予算主義を貫けば,ロット数が限られ,欠けた商品の補充もできない。私のほうでは,店によって売れ残る商品にバラつきが出るから,それらをまとめて新たに一ロットを組める。引き取った商品を渡すルートさえ作っておけば負担にならない」。樫山[1976]pp.76-77。

13) 樫山純三は,百貨店への派遣店員制度の導入について以下のように記述している。「百貨店は土,日曜は多忙だが,日曜の忙しさに合わせて社員を増やすわけにはいかない。平日が暇で,人件費の負担が重くなるからだ。その点,こちらとしては消費者に直接売れば,『どの商品が売れるか』といった消費動向を知ることができるし,消費者の生の声を聞くことができる。こちらの休日をずらせば済むことである。それに商品の企画者や生産者が売るのだから,商品知識も豊かである。高度な専門技術は消費者の要望にもこたえるものである」。樫山[1976]p.77。

14) 石井[2004b]は,アパレルメーカーの小売機能包摂の分析にあたり,アパレル製品供給のための主要機能として,①製品企画,②小売価格決定,③売場の品揃え,④売場の商品管理(販売員,売場在庫管理など),⑤売れ残り品処理に分けて検討している。江尻[1979]では,アパレルメーカーが返品条件付取引契約により,小売機能に関わる価格決定権,商品供給権,売場管理権を押さえていくこで成長していったことを示している。

15) 古田三郎氏・福岡真一氏インタビュー。日本のアパレルメーカーは,レナウンのメリヤス肌着,セーター,靴下,三陽商会のコート,イトキンのブラウス,ワールドのニットなど,特定の製品カテゴリー専業の製造卸として出発している。

16) 本段落については,古田三郎氏・福岡真一氏インタビューに依拠している。東京スタイル[2000]p.65によれば,東京スタイルは1973年2月,婦人服イージーオーダーからの撤退を決断している。

17) たとえば,1968年,樫山は「カタリナ・マーチン」カジュアル・ウエア(紳士服)の製造販売に乗り出している。『繊研新聞』1968年2月21日。

18) 日本経済新聞社企画調査部[1973]『繊維二次製品銘柄調査』の1972年11-12月調査によれば,紳士服の「知名銘柄」1位は,「オンワード」92.2%,「所有銘柄」1位は,「オンワード」35.0%であった。なお,調査対象者は,東京,大阪,名古屋証券取引所の上場会社に勤めている独身男性,女性,既婚男性およびその主婦である。1970年代初めの都市部サラリーマン世帯では,アパレルのブランドが認知され所有されていたことがわかる。

19) 『繊研新聞』1980年2月1日3面,『日本繊維新聞』1980年5月30日3面。樫山は,1980年3月1日付で流通別に第一営業部門(百貨店,月販店),第二営業部門(チェーンストア),第三営業部門(専門店),第四営業部門(商事関係)に改め,各営業部門内に企画,

生産,販売の機能を含めている。
20) 1980年2月期における樫山の販路別売上げ構成比は,百貨店66％,専門店小売店5％,スーパー7％,その他22％となっている。また商品別売上構成比は,紳士服50％,婦人服32％,和装12％,子供服4％,美容類2％である。日本経済新聞社［1980］『流通会社年鑑－1981年板－』p.301。
21) 本章で,ブランド・コンセプトは,顧客ターゲットとの関係において示されるブランドの機能や便益,価格として用いている。石井［1999］は,ブランド価値すなわちアイデンティティと,ポジショニング,コンセプトとの概念上の区別を論じている。アイデンティティは,「普遍的な統一性」,すなわち「時間と空間を横断してなおかわらぬ『包括性』と,『他からの差異性』」(p.91)であり,「消費者の心の中にある財産」,「他の何も代わりようのない」(p.89)ものと理解されている。これに対して,コンセプトは「消費者がそのブランドにたいして期待する機能やベネフィット」であり,ブランドにたいする消費者要求の変化に応じてコンセプトも変化する (p.94)。ポジショニングは,「他の競合商品にたいするその商品の位置づけ」(p.92) のことである。
22) 樫山の事例は,1970年代半ばにアパレル分野における全国市場,すなわちマス・マーケットが形成されたことを示している。樫山の事例から日本のアパレル市場を理解するとすれば,Tedlow［1990］（近藤監訳［1993］）の示す市場分断→市場統一→市場細分化という市場の発展段階において,市場統一と市場細分化がほぼ同時代に到来したこととなる。木下［2009］も参照のこと。
23) 『日本繊維新聞』1972年8月15日5面には,「トータル・コーディネイト・ファッションは,ジャケット,ブレザー,スラックスにとどまらず,ドレスシャツ,ネクタイ,セーター,靴下,靴にまで及んでいる。販売面にも影響を与え,とくに百貨店などでのコーナー展開が最近とみに増えてきた」との記述がある。また『日本繊維新聞』1976年10月16日10面にも,「最近の紳士,婦人服売場は,これまでのアイテム別,単品指向からトータル・コーディネイト展開に変わってきた」と記載されている。
24) 『繊研新聞』1974年8月31日3面参照。『繊研新聞』1975年1月29日3面には,樫山が「マッケンジー」を戦略商品とすることが記されている。さらに『繊研新聞』1975年10月23日3面には,「『マッケンジー』（樫山）……など,主力メーカー・ブランドが,トータル展開で,紳士スーツ,ジャケット,スラックス,ワイシャツ,ネクタイに至るまでのコーディネイションを強調して並んでいる」と記されている。
25) 『日本繊維新聞』1980年4月4日3面によると,「今期は60億円の売上を計画している」(1981年2月期のこと) とあるように,1970年代後半に数十億円規模の主力ブランドに成長した。
26) 古田三郎氏,福岡真一氏インタビュー。1980年頃にDCブランドが登場したとき,販売員自身が当該ブランドの着こなしの見本となった。DCブランドとは,デザイナーズ＆キャラクターズの頭文字をとったものであり,デザイナーの個性やブランドの特徴を明確に打ち出したブランドのことを指す。
27) たとえば,伊勢丹新宿本店では,1970年「カルバン・クライン」,1977年「セルッティコーナー」,1978年「KENZO JAP」「バーバリーコーナー」「ハネモリムッシュ」「リズ・クレイボーン」などのコーナーないしはショップ展開が進んでいた（伊勢丹［1990］pp.337-347）が,1982年「カール・ラガーフェルド」「ノーマ・カマリ」「クロード・モンタナ」「ゴルチエ」「イッセイ・ミヤケ」「ムッシュニコル」「メンズビギ」「ワイズ」「コムデギャルソン」など,海外ブランドやDCブランドのショップ展開を一挙に導入している（伊勢丹［1990］pp.396-400）。
28) 本章で用いる消化取引は,百貨店からみた売上仕入れと同義である。売上仕入れの定義は,公正取引委員会［1952］pp.43-45,菊池［1966］pp.30-31参照。委託取引,消化取引の概

念に比して現実上の取引形態は多様である。
29) 岡野 [2008] は，百貨店の売上仕入契約書の検討を通じて，「売上仕入契約は，出店場所の独立性が弱いことと，百貨店の営業組織の一部門として納入業者を統制するという要素が強く，かつ，建物使用の代価を収受するというより，百貨店・納入業者間の収益分配を基軸とした契約であるため，基本的には借地・借家法の適用を受けないと考えられる」(p.16) と結論づけている。その意味では，さらにアパレルメーカーがショップとしての独立性を追求するならば，建物の賃貸借契約による路面店展開，または駅ビル，ファッションビル，ショッピングセンターへの入居ということになる。
30) 百貨店における取引形態の推移を示すと，婦人アパレルの場合，1975年の買取25.0％，委託52.6％，消化22.4％に対し，1997年の買取29.2％，委託31.1％，消化39.6％となる。紳士アパレルの場合，1975年の買取35.4％，委託50.1％，消化14.6％に対し，1997年の買取38.8％，委託40.1％，消化21.2％となる。日本百貨店協会 [1998] p.195（日本百貨店協会「50年史アンケート調査」に基づいている）。

【文献案内】

Tedlow [1990]（近藤監訳 [1993]）は，アメリカにおけるマス・マーケティングの発展について，分断された市場―統一された市場―細分化された市場という市場状態の発展の視点に基づいて，ソフトドリンク業界など4つの業界の代表的な企業を素材として明らかにしている。

髙岡 [1997] は，洋服問屋と百貨店との委託取引の形成過程を，百貨店および洋服問屋それぞれの戦略をふまえ，「垂直的企業間関係に基づく資源補完メカニズム」の視点から明らかにしている。

崔 [1999] は，オンワード樫山を素材として，委託取引をアパレルメーカーに課せられた制約条件と捉え，その制約条件と追加生産システムの進展という革新との間に戦略的補完性が働いていることを示している。

江尻 [2003] は，日本の百貨店経営の問題点が集約的に表れている返品制という取引慣行を，静態と動態の両側面から明らかにしている。

石井 [2004b] は，1970-80年代におけるアパレルメーカーの小売機能包摂の進展を，チャネル類型（百貨店と有力メーカー，専門店と新興アパレルメーカー），メーカーと小売業者間の機能の分担関係とその変化，そしてチャネル間競争の視点から分析している。

木下 [2004b] は，日本の衣料品流通の100年の歴史について，第二次大戦前と戦前・戦後の衣料品流通の評価，戦後における衣料品流通の担い手としての製造卸売業者，衣料品におけるコモディティからブランドへの転換に着目しながら通観している。

鍛島 [2006] は，1970年代初頭までの日本アパレル産業について，生産および流通を総合的に分析している。合わせて代表的なアパレル製造卸売業者の製造および卸売について分析している。

【参考文献】

［学術書・論文］

石井淳蔵［1999］『ブランド　価値の創造』岩波新書。
石井晋［2004a］「アパレル産業と消費社会―1950-1970年代の歴史」『社会経済史学』70巻3号，社会経済史学会，pp.25-47。
石井晋［2004b］「転換期のアパレル産業―1970-80年代の歴史―」『経営史学』第39巻第3号，経営史学会，pp.1-29。
江尻弘［1979］『返品制』日本経済新聞社。
江尻弘［2003］『百貨店返品制の研究』中央経済社。
岡野純司［2008］「大規模小売業者・納入業者間の売上仕入契約―百貨店の事例を素材として―」『判例タイムズ』1262，2008年5月1日，法律タイムズ社，pp.5-17。
鍜島康子［2006］『アパレル産業の成立：その要因と企業経営の分析』東京図書出版会。
河田賢一［2004］「日本型百貨店取引慣行の嚆矢」神奈川大学大学院経済学研究科『研究論集』第39号，pp.33-73。
河田賢一［2005］「百貨店取引慣行をめぐる百貨店と納入業者との関係性の考察―終戦直後から百貨店が特殊指定（1954年）されるまでの期間を対象として―」神奈川大学大学院経済学研究科『研究論集』第40号，pp.47-109。
菊池兵吾［1966］「百貨店取引の変化と独禁法」『公正取引』No.192，9月，公正取引委員会，pp.28-31。
木下明浩［1997］「樫山のブランド構築とチャネル管理の発展」（近藤文男・中野安編著『日米の流通イノベーション』中央経済社，第5章所収，pp.115-135）。
木下明浩［2003］「ブランド概念の拡張―1970年代イトキンの事例―」『経済論叢』第171巻第3号，京都大学経済学会，pp.1-20。
木下明浩［2004a］「製品ブランドから製品・小売ブランドへの転換―1970年代ワールドの事例」『立命館経営学』第43巻第2号，立命館大学経営学会，pp.113-137。
木下明浩［2004b］「衣料品―コモディティからブランドへの転換」（石原武政・矢作敏行編著『日本の流通100年』有斐閣，第4章所収，pp.133-172）。
木下明浩［2005］「製品ブランドから製品・小売ブランドへの発展―1960-70年代レナウン・グループの事例―」『立命館経営学』第43巻第6号，立命館大学経営学会，pp.35-58。
木下明浩［2006］「三陽商会におけるブランドの発展」『立命館経営学』第44巻第5号，立命館大学経営学会，pp.93-119。
木下明浩［2009］「日本におけるアパレル産業の成立―マーケティング史の視点から―」『立命館経営学』第48巻第4号，立命館大学経営学会，pp.191-215。
康賢淑［1998］「戦後日本のアパレル産業の構造分析」『経済論叢』第161巻第4号，京都大学経済学会，pp.86-109。
陶山計介・梅本春夫［2000］『日本型ブランド優位戦略―「神話」から「アイデンティティ」へ』ダイヤモンド社。
髙岡美佳［1997］「戦後復興期の日本の百貨店と委託仕入―日本的取引慣行の形成過程」『経営史学』32巻1号，経営史学会，pp.1-35。
髙岡美佳［2000］「アパレル　リスク適応戦略をめぐる明暗」（宇田川勝・橘川武郎・新宅純二郎『日本の企業間競争』有斐閣，第7章所収，pp.152-173）。
崔容熏［1999］「オンワード樫山における委託取引方式と追加生産方式の戦略的補完性」（近藤文男・若林靖永編著『日本企業のマス・マーケティング史』同文舘出版，第6章，pp.130-152）。
中込省三［1975］『日本の衣服産業―衣料品の生産と流通』東洋経済新報社。
中込省三［1977］『アパレル産業への離陸―繊維産業の終焉』東洋経済新報社。
Kotler, Philip and Kevin Lane Keller［2009］*Marketing Management 13th edition*, Pearson Education.

Tedlow, Richard, S. [1990], *New and Improved: The Story of Mass Marketing in America*, Basic Books.（訳書，近藤文男監訳［1993］『マス・マーケティング史』ミネルヴァ書房。）
［実務書・調査報告書・業界史・社史など］
伊勢丹［1990］『伊勢丹百年史―三代小菅丹治の足跡をたどって』。
樫山純三［1976］『走れオンワード―事業と競馬に賭けた 50 年』日本経済新聞社。
公正取引委員会［1952］『デパートの不公正競争方法に関する調査』。
『繊研新聞』。
東京スタイル［2000］『東京スタイル 50 年史』。
東京都経済局［1957］『既製服，婦人子供服の実態分析』。
日本経済新聞社企画調査部［1973］『繊維二次製品銘柄調査』。
日本経済新聞社［1980］『流通会社年鑑―1981 年板―』。
『日本繊維新聞』。
日本百貨店協会［1998］『日本百貨店協会創立 50 周年記念誌　百貨店のあゆみ』。
［インタビュー］
㈱伊勢丹・佐久間美成代表取締役専務取締役（当時）へのインタビュー，1996 年 6 月 11 日。
㈱オンワード樫山・古田三郎マーケティング部部長（当時），㈱オンワードクリエイティブセンター・福岡真一営業推進室室長（当時）へのインタビュー，1996 年 6 月 12 日。
樫山株式会社・角本章元取締役副社長へのインタビュー，1996 年 6 月 10 日，7 月 31 日。
㈱三陽商会・市川正人婦人企画部次長（当時）へのインタビュー，1996 年 1 月 17 日，2001 年 7 月 11 日。

　　　　　　　　　　　　　　　　　　　　　　　　　　　　　　　　（木下　明浩）

第Ⅲ部　国際マーケティング史から学ぶ

―【第Ⅲ部概説】―

　この第Ⅲ部では，主として戦後期，20世紀後半以降現在に至る時期を対象として，国際マーケティングを展開したグローバル志向のマーケティング企業のケースをみる。言うまでもなく日本における経済大国形成の要諦は，諸資源を持たないため輸出入に見出すほかなく，いわば貿易立国にあるといえる。その先兵ともなったソニー，さらにトヨタ，そして独自商品である味の素について，その具体的グローバル・マーケティング行動の諸特徴を明らかにする。これら日本企業のマーケティング行動を通して，第Ⅰ部，第Ⅱ部とともに，日本的マーケティングの独特な諸特徴を明らかにするとともに，マーケティング一般の理解を深めることとしよう。なお，第Ⅱ部で扱った企業のほとんどが，この第Ⅲ部の企業に負けず劣らず国際的活動を展開しているが，主として高度成長期の国内的活動に重点を置いて検討したことを了解されたい。

　ソニーの国際マーケティング（第8章）。ソニーは，本書では取り上げていないがオートバイ・自動車メーカーのホンダ（本田技研工業）とともに，戦後創業にもかかわらず世界的に著名なメーカーとなり，日本経済発展の象徴的存在ともなった。通常の家電メーカーとは一線を画した存在感をもって，日本的な社名・商品名とはいえない「エス・オー・エヌ・ワイ SONY」として，ブランド力を磨き，エクイティを確かなものに高めてきた。そうした戦後生まれのソニーが，どのように国際化を進めてきたのか，そのプロセスについてブランドを中心に検討する。日本企業の中でも最も国際化の進んだ企業であるが，その国際化は，国際マーケティングの発展，輸出マーケティング段階→マルチドメスティク・マーケティング段階→グローバル・マーケティング段階の3つの道筋を経て，メーカー主導型の国際市場へ挑むマーケティングであったことが明らかにされる。

　トヨタのグローバル・マーケティング（第9章）。トヨタは，2007年には約950万台を生産し，GMを抜いて世界一となっている。世界27カ国で53工場をもって，約3秒に1台のペースで自動車が完成しており，その約7割は米国をはじめ，約170カ国で販売されている。本章では，トヨタのグローバル規模での成

長を支えてきた米国市場への参入，展開を中心にグローバル・マーケティングの軌跡を描いている。自動車は近代的な生活にとって不可欠な耐久消費財であるとともに，その生産のために産業の裾野が広く，基本的に現代国家にとって基幹産業として重要な産業の1つである。いわば国家経済の浮沈にもかかわることから，純粋な経済問題に限らず，政治問題化する性格を強く持っている。アメリカへの輸出，現地生産にはそうした背景の解明が意味を持つ。そこで輸出マーケティングの時代，輸出自主規制から合弁生産と単独進出へ，高級車レクサス新チャネル構築と経営理念のグローバル規模での浸透などが順次検討されている。

　味の素のマーケティング（第10章）。約100年前の1908年に，日本でうま味調味料「味の素」（一般名・グルタミン酸ナトリウム）が誕生した。味の素のグローバル化の歩みは，この「味の素」のグローバル・ブランド化の歴史でもある。その努力が実り，今日家庭用と業務用ともに，「味の素」がうま味調味料で唯一のグローバル・ブランドとして不動の世界一の地位を築いている。今日，味の素は単品の「味の素」だけではなく，その経営依存度の縮小を図った結果，「味の素マヨネーズ」（68年）、マーガリン「マリーナ」（70年）、風味調味料「ほんだし」（70年）、「味の素冷凍食品」（72年）、中華合わせ調味料「クック・ドゥ（Cook Do）」（78年）などを擁する総合食品メーカーであり，グローバル企業である。

　「味の素」で世界中の人々に「一段とおいしくなるうま味」を提供し続けているが，「味の素」が定着したアセアン諸国では，風味調味料，スープや即席麺，冷凍食品，ソフト飲料などの商品ラインを次々に成功させてきた。中南米，特にブラジルでは，風味調味料の成功を皮切りに，やはり商品ラインの多角化に成功しつつある。両地域とも既存食品ブランドの売上増と新商品・新ブランドの導入が続いている。しかしながら，欧米諸国ではこうした「成功モデル」が働かないとして，「新しい成功モデル」を開発中とされている。本章はそうした味の素のグローバル化への軌跡を探り，その強みの特徴と課題が明らかにされる。

第8章

ソニーの国際マーケティング
― グローバル・ブランドの実現に向けて ―

1. はじめに

　ソニーといえば，日本企業の中でも最も国際化の進んだ企業である。ハワード・ストリンガー（H. Stringer）をトップとする全世界で従業員17万人のうち，約3分の2が外国人で占められており，2009年3月期における売上高は，図表8-1が示すように，日本では24.2%，米国23.6%，欧州25.7%，その他地域では26.5%，4分の3以上が，海外で商売をしている国際企業である。

　本章では戦後生まれのソニーが，どのように国際化を進めてきたのか，そのプロセスをブランドを中心とした国際マーケティングに光を当て，ソニーの国際マーケティングの発展について分析する。国際マーケティングとは国境を越えて行なわれるマーケティングであり，それは輸出マーケティングに始まり，マルチドメスティック・マーケティング段階を経て，グローバル・マーケティングへと発展する。ソニーもこの3つの段階を踏んで発展した典型的な国際企業である。ここではソニーの輸出マーケティングとマルチドメスティック・マーケティング段階を中心に考察する。この段階はソニーの歴史において「創業者の時代」であり，創業者・井深大と盛田昭夫という優れたリーダーが，日本の伝統にこだわることなく，ソニーの創業理念「ひとのやらないことをやる」という精神に基づいて，常に新しいものに向かってチャレンジし，革新的な商品や新しいビジネスのやり方を，次々と矢継ぎ早に創造してきた歴史である。なかでも国際化のプロセスにおいて，特に盛田昭夫の果たした役割が大きく，彼は対米輸出を通してアメリカから多くのことを学び，そこからソニー独自のやり方を創造してきた。戦後のアメリカは，世界で最も豊かな国であり，最先端の経営やマーケティング技術の宝庫であり，絶好の学習の場であった。

図表 8 − 1　ソニー輸出地域別販売実績　1957 〜 2008 年

(単位：億円)

年		1957〜8		1961		1966		1971		1975		1980	
割 合			%		%		%		%		%		%
国 内		33.8	80.5%	114.2	61.4%	189.9	40.4%	855.2	48.8%	1,438.1	48.7%	2,052.4	33.9%
国外	南北米州	8.2	19.5%	28.6	15.4%	150.4	32.0%	562.5	32.1%	739.1	25.0%	1,701.9	28.1%
	欧州			7.4	4.0%	32.9	7.0%	173.7	9.9%	351.6	11.9%	935.6	15.5%
	その他			35.7	19.2%	96.8	20.6%	160.8	9.2%	427.1	14.4%	1,360.6	22.5%
	小計	8.2	19.5%	71.8	38.6%	280.1	59.6%	897.0	51.2%	1,517.8	51.3%	3,998.1	66.1%
合 計		42.0	100.0%	186.0	100.0%	470.0	100.0%	1,752.2	100.0%	2,955.9	100.0%	6,050.0	100.0%

年		1985		1990		1995		2001		2005		2009	
割 合			%		%		%		%		%		%
国 内		2,831.1	31.0%	6,196.1	40.3%	6,804.4	35.2%	22,481.2	29.7%	21,687.2	29.0%	18,732.2	24.2%
国外	南北米州	3,048.4	33.4%	4,099.3	26.7%	5,817.7	30.1%	24,615.2	32.5%	19,576.4	26.2%	18,278.1	23.6%
	欧州	1,226.9	13.5%	3,003.3	19.5%	3,602.6	18.7%	16,091.1	21.2%	17,157.0	23.0%	19,876.9	25.7%
	その他	2,012.9	22.1%	2,065.9	13.4%	3,085.4	16.0%	12,595.1	16.6%	16,333.7	21.8%	20,412.7	26.4%
	小計	6,288.2	69.0%	9,168.5	59.7%	12,505.7	64.8%	53,301.4	70.3%	53,067.1	71.0%	58,567.7	75.8%
合 計		9,119.2	100.0%	15,364.6	100.0%	19,310.0	100.0%	75,782.6	100.0%	74,754.3	100.0%	77,299.9	100.0%

(注) 1．1999 年より報告書の様式が変更。
(注) 2．1957 〜 58 年，1961，66 年は『週刊ダイヤモンド』1967 年 5 月 5 日号，p.99 より。
(出所)『有価証券報告書』より。

2. 対米輸出マーケティングの段階

(1) ソニーの対米輸出戦略と創業者盛田昭夫のリーダーシップ

① 対米輸出戦略

　戦後生まれのソニーは，パナソニックや日立，東芝など，戦前から存在する企業と比較したとき国内では後発で，絶対的に小さな企業であった。これらの企業とは真っ向から競争しても，勝ち目がない。そこでソニーが採用した基本戦略は，海外重視の戦略であった。海外でも第二次大戦後，技術も市場ももっていたアメリカ合衆国への進出を狙った。戦後のアメリカは，家電王国を誇り，世界最高の

生産技術とマーケティング技術をもっていた。このアメリカを拠点に，国際企業の展開を目指した。

1960年2月，ニューヨークに，米国における販売拠点として，現地法人ソニーアメリカ（Sony Corporation of America）を設立した。初代の社長は，本社の副社長盛田昭夫であった。

② 盛田昭夫のリーダーシップ

盛田は，まず，アメリカに進出することによって，そこで学習し，蓄積した技術や経験をベースに，日本やヨーロッパに進出することを考えた。井深大が国内の社長として，盛田昭夫はソニーアメリカの社長としてソニーを支えた。盛田は主として営業を担当した国際推進者で，「世界のセールスマン」とよばれた。彼はアメリカで成功しナンバーワンになることは，将来，世界市場でナンバーワンになる，と考えた。ソニー・アメリカ社長就任と同時に，直ちに家族共々NYに引っ越し，本社社長井深を説得し，NYの高級住宅地に住み着いた。そして，アメリカの一流のビジネスマンや弁護士，政治家と積極的に交流を深め，ビジネスの技術のみならず，アメリカの政治や法律制度，商慣習，文化などについて多くのことを学んだ。

(2) ソニーの対米輸出マーケティング戦略

輸出マーケティングとは，輸出先国の顧客ニーズを踏まえ，本国で開発・生産した商品を複数国で，価格や販売チャネル，プロモーションを統合して，それを継続的に行なう活動である。

① 製品戦略

ソニーの主要な輸出品目は，テープレコーダー，トランジスタラジオ，トランジスタテレビであった。特に，トランジスタラジオは，画期的な商品で，瞬く間にアメリカの中で評判となり，大量の売れ行きを示した。それは同時に，日本製品に対する「安かろう，悪かろう」のイメージを一変して，日本の製品がアメリカで高く評価されるようになる契機となった。アメリカへの輸出に際して，アメリカメーカーとの正面競争を避けるため，テレビの場合は小型で2台目を狙った。

製品は，圧倒的な技術の優位性に基づいて作られた，トランジスタラジオ，ト

ランジスタテレビ，VTR，トリニトロンカラーテレビ，ヘッドフォンステレオ，CDプレーヤーなど，独創的な商品を次々に発売した。消費者に提案することで新市場を創造し，時には消費者のライフスタイルまで変えてきた。ソニーの製品は，市場の創造を目的とした独自の革新的な製品であり，トランジスタラジオにみられるように，高級イメージ化と同時に，世界最小・最軽量など，他社との差別化を，徹底して重視した。カラーテレビに関していえば，多くの日本のカラーテレビメーカーが，RCA社からライセンス供与を受けたシャドウマスク方式のカラーテレビであるのに対して，ソニーは，独自に開発した革新的なトリニトロンカラーテレビを発売し，シェアを一挙に拡大した。トリニトロンカラーテレビは，欧州への輸出マーケティングの本格的な道を開いた。高級イメージの定着のため，単に技術を重視するにとどまらず，デザインにも力を入れた。参入当時，日本の民生用電子製品に対するアメリカの消費者の苦情の多くは，商品のデザインに対するものであった。そのため，現地にデザイナーを送り込むなど，技術同様，デザインにも力を入れるようになった（*Merchandising Week*, September 4, 1972)。

② ソニーブランドの確立

世界中の有名ブランドが集まるアメリカは，世界に通用するソニーブランドを育てる，最適の場所であった。単品商品を中心として高品質の商品とデザインの優位性を基礎に，ソニーブランドの戦略を重視した。盛田は1958年の社名変更ごろから世界ブランドを目指し，一貫して自社ブランドによる輸出マーケティング展開してきた。アメリカへの輸出に際して，多くの日本メーカーが，OEM供給（Original Equipment Manufacturing＝相手先ブランドによる製造）により輸出を行なったのに対して，ソニーは一貫して自社ブランドによる輸出を行なった。盛田が初めてトランジスタラジオのアメリカへの輸出を計画し，アメリカを訪問した時，この巨大な市場で，商品をどこからどのように販売すればいいのか，途方にくれていた。そんな時，アメリカの大手時計会社ブローバーから，偶然にも，10万台ものトランジスタラジオの引き合いがあった。しかし，ソニーブランドが使用できないことがわかり，彼はこの話を断った。盛田は，後年「あのときの決断は，私の生涯で最大の英断であった」と振り返る。

③ 価 格 戦 略

ソニーアメリカが，終始一貫して貫いてきた価格戦略は，商品の「ハイ・クオリティ，ハイ・プライス」である（盛田［2000］p.119）。当時，日本メーカーの多くは，国内価格より安い価格で輸出したが，ソニーの戦略は「儲けるための」しかも「長続きする商売」を基本にしていたため，ソニーのトランジスタラジオやテレビの価格は，アメリカ一流のRCAやゼニスと比較しても高かった。

その結果，ソニーはこれまで強いブランド力により，他社商品より高く値付けした高価格商品を販売してきた。その製品の最も強い力となったのが，アメリカのユーザーの指名買いである。図表8-2はノース・ウエスタン大学のラドノア（Radnor, Michael）等によって作成されたもので，カラーテレビの各ブランド別の価格と小売りマージンの関係を示したものである。ブランドイメージの高いソニーの場合は，高価格で小売りマージンの低い，典型的な指名買いされる企業に位置づけられている。

図表8－2　日米家電メーカーの小売マージンと価格戦略

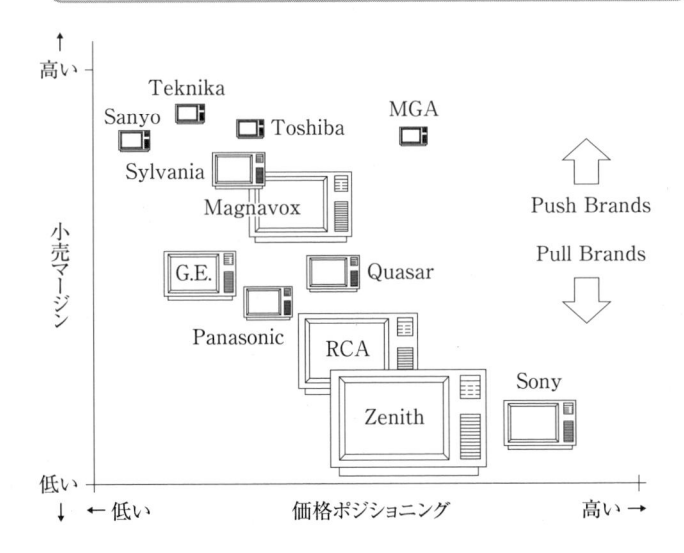

（注）　テレビの大きさは，マーケットシェアを示す。
（出所）　*The U.S. Consumer Electronics Industry and Foreign Competition,* May, 1980, p.26.

④ **チャネル戦略**

　ソニーアメリカのチャネル戦略は，自社ブランド戦略と密接であった。次の盛田昭夫の言葉がそれを端的に示している。「自分で自分のブランドを販売するとなると，次は，よい店で扱ってもらうことが，非常に大切になってくる。一流の店で，一流の商品として販売してもらう。そのため，私は最初から売ってもらう店を慎重に選んだ」「ただ商品を，マス・マーチャンダイザー（量販店）で大量に販売するのではなく，超一流の店で扱ってもらうことにより，ソニー・ブランドの信用を高めようとした」「最初は手が届きにくいが，超一流の店で販売して信用を得る方が，特に，ソニーのように，初めから技術集約を指向してスタートした企業にとっては，正しい戦略であったと思う」（盛田［2000］p.126）。

　ソニーアメリカの販売チャネル戦略は，自社商品を自社販売ルートで売りさばくことを原則に，販売チャネルを余り広げないセレクティブなものであった。これは，自社ブランドの信用を高めるというほかに，価格と在庫管理にとって重要であった。盛田は，たとえ時間とコストがかかっても，流通網の構築は必ずやり遂げなければならないと決意し，広いアメリカを駆け回り，ソニー製品のブランドイメージを高めるのにふさわしい，流通網の構築にエネルギーを注いだ（盛田［1987］pp.164-65）。当時のアメリカの一流の卸売商はRCAやゼニスによって組織されていたので，ソニーは独自の卸売商を新らたに構築した（近藤［2004］pp.344-346）。ソニーはマーケティングの構築に当たって，次のような基準を設定した。所有権がはっきりしていること，金融がしっかりしていること，ソニーのイメージにつながる店であること，専任のフロアセールスパースンがいること（商品説明のできる要員がいること）などであった（宇都宮幸夫ソニー韓国代表理事・当時，インタビュー，1993年9月6日）。当時，このような条件に最適であったのは，百貨店であった。百貨店は量販能力がある上に，百貨店に並んでいる商品は，その周辺の店が模倣するため，宣伝効果が大きかった。これは，牛が首に付けているベルの音を聞きつけて集まってくるのに類似しているので「カウ・ベル（cow bell）効果」とよばれた。とはいえ，一流の百貨店に，RCAやゼニス，GEのような商品と並んで，日本の商品を並べてもらうことは，容易なことではなかった。しかし，ソニーの製品は西海岸のブロードウェイ百貨店に並べてもらえた（*HFD*, January 7, 1976）。百貨店やチェーンストアとの取引を始める際には，そこの評判や経営方針を調査し，それが，ソニーのブランド・イメージを傷つける危険性があると判断したときには，商談に入らなかった。60年代，70年代の，輸出マー

ケティング段階では，販売チャネルの基本戦略は，数を余り広げないセレクティブなもので，ディスカウンターとは一切取引をしなかった（石原昭信ソニーアメリカ社長，インタビュー，1989年9月18日）。

　ソニーは，当時，日本で一般的であった系列店のメーカー依存体質を排除し，アメリカ市場で行なわれている，メーカーと販売店の厳しい独立的な関係を日本にもち込んだ。まず，日本の系列において，一般化している専売率リベートを一切採用しなかった。また，返品ゼロを目標とする計画仕入れを強く要求した。また，アメリカでは，ディーラーとメーカーの間でプライスリストは，1枚しか存在しない。そのリストは全てのディーラーに平等に適用されており，日本の系列リベートのような特別待遇は一切存在しない（近藤［2004］p.371）。

⑤　プロモーション戦略

　ソニーブランドを浸透させるカギは，高品質，高価格とならんでプロモーションであった。そのため，ソニーアメリカは他社に比較して，広告や広報活動には特別の力を注いだ。

　ソニーの名を広めるにあたり，大きな効果があったのは，ショールームの開設であった。アメリカ参入後間もない1962年に，NY目抜き通り，世界の有名ブランドがひしめく五番街にショールームを開設した。ここで，世界最小・最軽量（当時）の5インチのマイクロ・テレビを展示し，世界の人々にソニーの企業としての優秀さを示すことができた。更に，高級品を作り，高級品しか売らないソニーの高級イメージを一層高める効果があった。

　この成功体験を，シカゴと東京の銀座でも実行した。ソニーは，PR活動にも力を注いだ。ここでも盛田はソニーの広告塔として活躍した。アメリカ経済界での精力的な活動が，ソニーという企業のPRと結びつき，アメリカ経済界にソニーの存在を広く浸透させた。その象徴的なものが，アメリカの週刊誌『タイム』71年5月10日号の表紙に，ソニー副社長盛田昭夫が掲載されたことである。

　さらには，NY証券取引所に上場することによって，世界中の一流新聞紙上に毎日ソニーの株価が掲載され，世界中の多くの大衆の目に触れ，ソニーの知名度を高める役割を果たした。

(3) ソニーアメリカのマーケティング組織

輸出マーケティングの拠点ソニーアメリカを，1960年NYに設立した。

ソニー商品の販売会社であるソニーアメリカは，設立当初は製品の量と種類が少ないことを反映し，集権的組織であった。その後，日本本社からの商品輸出が増え，更に，現地で生産する商品も加わり，ソニーアメリカで取り扱う商品量が急増した。そればかりか，ソニーが開発した新製品が増え，ラジオ，カラーテレビ，オーディオ，放送業務用・教育用・事務用・家庭用の各種VTR，各種の磁気テープなど商品の種類が増え，仕事内容も複雑になってきた。社長1人に集中していた責任と権限を分散し，管理範囲を狭くすることが重要となった。そのため，ソニーアメリカは78年に大幅な機構改革を実施した。集権化していたそれまでの機構を，5つに分権化し，それぞれに社長を置いた。販売関係が，a. ソニーインダストリー，b. ソニービジネスプロダクツカンパニー，c. ソニーコンスーマープロダクツカンパニーの3つと，生産部門が，a. ソニーサンディエゴ，b. ソニーマグネティックプロダクト・オブ・アメリカの2つである（近藤［2004］p.349)。

ソニーアメリカは，ソニーグループの一員として本社の長期計画に従うが，ソニーアメリカ独自の経営方針は，米国ソニー会長が決める。その方針に基づく執行業務は，各組織の社長が担当する。社長は，執行については責任と権限が与えられており，自主的に事業を展開できた（『日本経済新聞』1978年3月27日付け）。

1980年初頭の世界同時不況期に，ソニーアメリカは，大量の在庫を抱えた。それを契機に，販売予測の精度を高めることと，在庫コントロールが重要な課題となり，83年5月にソニーは，新事業部制を発足した。本社事業部長の権限は，国内の技術開発から製造までであった旧制度を，新事業部制では権限を内外の販売会社を含めた利益，在庫，その効果，全てに責任をもつことになった。本社事業部長は，工場で製造された製品が，全世界の販売会社の倉庫から，ディーラーの手に渡る，最後のところまで責任をもつ，という制度に変更された。現地での販売責任は，本社の事業部長だけでなく，ソニーアメリカの社長にもあり，両者のダブル責任にした（近藤［2004］p.352)。

(4) 小　　結

ソニーの対米輸出マーケティングは，盛田昭夫のリーダーシップのもとで展

開され，この活動は，アメリカ企業にキャッチアップする歴史の過程でもあった。その結果は，アメリカのカラーテレビ市場における生産企業の国別シェアは，1988年には日本企業がトップで34.0％に対して，アメリカ企業は，フランスに次いで3位の19.9％であった（新宅［1994］p.50）。ソニーの全輸出のうち，南北アメリカの占める割合は，図表8-1が示すように，61年には28.6億円，15.4％であったが，85年には3,048.4億円，33.4％まで高まり，日本での売り上げ2,831.1億円を超えている。

対米輸出マーケティングにおいてソニーが獲得した最大の成果は，ソニーブランドがアメリカのみならず，世界の人々にまで認知されたことである。66年の段階で，すでにソニーの商標が登録されている国が，150ヶ国に及んでおり，これは，清涼飲料水のコカコーラ，万年筆のパーカーより多かった，とまで言われている（『日本経済新聞』1966年1月4日付け）。

その他，ソニーは対米輸出の過程を通して，デザインの重要性や，アメリカ企業が持っている最先端の経営と，マーケティング技術を学び，それをベースにソニー独自のマネジメントを創造することができた。それが，後にソニーが世界へ羽ばたく力の源泉となった。

盛田がアメリカから学び，ソニー独自のものに仕上げた最大のものは，ブランドの育成であった。盛田はソニーブランドの育成のため，ありとあらゆる機会を重視した。それはソニー独自の技術に裏付けられた高品質の商品をブランドを中心として，高価格，自社網での販売，大量広告とPRの重視，NYとシカゴでのソニーショールームの開設などがあげられる。その結果，ソニーはわずか4，5年で日本のトランジスターの代名詞のように，世界各国で使用されるようになる。

輸出マーケティングの段階は，一言で言えば，その後のソニーの国際企業として世界に羽ばたく基礎を築いた時代である，と特徴づけることができる。とりわけ，消費者に対する信頼の証としてのブランドの育成過程は，アメリカの流通業者との間での強い信頼関係の構築につながり，盛田が世界進出にあたって描いた「世界諸国に共通に理解される価値観」の共有の実現でもあった。

ソニーをはじめとする，日本企業の集中豪雨的輸出は，76年から77年にピークとなり，アメリカ企業との間で貿易摩擦を引き起こし，アメリカへの輸出規制を強く迫られた。これを契機に，日本の多くの企業は，現地生産を余儀なくされた。ソニーも例外ではなかったが，ソニーの現地生産は日本の他のメーカーより5年から10年早かった。72年にサンディエゴ工場をスタートさせ，ブラウン管から

組み立てまで，一貫して生産していたため，ソニーは，貿易摩擦の影響は他社に比較して軽微であった。ソニーのサンディエゴ工場は，81年の時点ですでに米国市場の3分の1をカバーしていた（『日本経済新聞』1982年6月1日付け）。

3. マルチドメスティック・マーケティングの段階

(1) ソニーの全体の戦略と組織

　貿易摩擦と円高を契機として，ソニーは「マーケットに近い場所での生産」を基本戦略として，日・米・欧・東南アジアの「4極」を中心に積極的に現地生産を急展開した。1985年の「プラザ合意」[1]以降，日本企業の海外投資が急増，ソニーの海外投資も増え，海外での生産比率は85年時点では20%であったが，89年には32%に上昇している。さらに，90年代に入り，ソニーの海外生産投資は激増した。その結果，87年末には1兆9,000億円にすぎなかった連結総資産が，91年の3月末には4兆9,000億円と約2.6倍に増加している（『有価証券報告書』）。ソニーは，日本を含めた世界の四極体制で生産・販売・技術開発の一貫体制を敷き，貿易摩擦や為替変動に左右されない事業基盤を整えていった。

　まず，第1の拠点，アメリカ市場ではアメリカで売るものはアメリカで作ることを基本にし，アメリカ市場向けのテレビは，サンディエゴ工場で生産した。ここで生産された商品は，アメリカ向けを中心にカナダ，中南米，さらには一部ヨーロッパや日本など第3国にも輸出された。　ここで注目すべきことは，CBSレコードの買収である。これによって，ソニーはAVソフト事業の世界展開が可能となった。4極体制によるハードウエアビジネスの国際化に加え，ソフトウエアビジネスにおいても国際化の道を開いた。大賀典夫社長（当時）による「ハードとソフトを車の両輪にして，国際ビジネスに取り組みたい」とする，ソニーの戦略の骨格がCBSレコードの買収によってはっきり表面化した（『日経産業新聞』1987年12月2日付け）。　北米における地域統括会社であるソニーアメリカは，持ち株会社として，北米におけるエレクトロニクス事業に加えて，エンタテインメント事業なども傘下においた地域統括会社となった。

第2の拠点，ヨーロッパ市場は，アメリカ市場とは異なり国別に多様である。92年のEC統合をにらみ，ヨーロッパという1つのまとまりの中で，オペレーションを自己完結的に行うことを目指し，86年11月にヨーロッパ統括会社「ソニーヨーロッパ」がドイツに設立された。これは，東ヨーロッパを含む，全ヨーロッパにおけるエレクトロニクス事業の地域統括本社として，現地法人や工場の統括を実行する。その傘下には，ソニー UK Ltd., ソニーオーバーシーズ S.A., ソニーフランス S.A., ソニードイチュランド G.m.b.H. などがある。

　第3の拠点，アジアは世界の工場として位置づけられ，87年9月，ソニー・プレシジョン・エンジニアリング・センター（シンガポール）が設立された。85年に東南アジア地域の統括会社，ソニーインターナショナル・シンガポールを新設した。ソニー・インターナショナル・シンガポールの役割は，第1は，ヨーロッパとアメリカに対する輸出拠点となる。第2は，アジア全体のマーケットの戦略的な拠点となる。第3は，日本そのものに対する生産拠点としての役割を果たす。ソニーがアジアを製造拠点として本格的に展開したのは，80年代半ば以降であり欧米に比べ20〜30年遅れている（岩城賢ソニー副社長「4極体制を超えるワールド・ヘッドクォーター構想」DHB June-July, 1991, p.23)。

　以上の統括会社には，権限を委譲し，生産だけなく，販売，物流，技術，財務などについて，それぞれの地域で，最適なオペレーションを自己完結的に決定できるようにした。地域の統括会社は，それぞれの目標をもち，徹底してローカライズ化するとともに，ソニー全体としては，本社を中心としたグローバルな戦略意思決定の下で，これら4極が相互に補完交流を強めなければならない。盛田はこれを「グローバル・ローカライゼーション」と命名した[2]。グローバルな戦略意思決定は，世界全体の経営トップが集まって年2回，ITM（International Top management Meeting）で行なう。そのオペレーショナル意思決定は，それぞれの地域で行なう（『電波新聞』1991年7月10日）。

　83年に導入された事業本部制は，本社の事業本部長が，製造，販売，人事にいたるグローバルな戦略に関するものについては，全責任を負う。ソニーにおけるグローバル事業の基本となる組織は事業本部であり，事業本部長がグローバルな事業経営の大きな権限を有している。資金をはじめ，工場をコントロールし，グローバルな人材育成しポストの選定まで行なっている（岩城［1991］p.20）。

　事業部レベルでのグローバルな責任体制の発想は，82年アメリカでベータマックスが，大量の在庫を抱えた時が契機となった。それまでは，事業部長の権限は，

国内での技術開発から製造までであった。海外の販売会社は,事業部で作られた製品を買い取って市場で販売していた。80年初頭の不況期に,事業部は販売会社が大量の在庫を抱えていることを知りながら責任はなかった。その結果,資金が枯渇し,これ以上在庫を持つことができなくなった。これを教訓として,83年に事業本部制に変え,事業本部長に販売までの権限を与え,在庫を事業本部長の責任に含めるという規定に改めた。そのとき以来,グローバル事業経営に関しては,グローバルな責任をもてる人を事業部長レベルに置くという発想にした(岩城 [1991] p.19)。

(2) ソニーのマルチドメスティック・マーケティング戦略

マルチドメスティック・マーケティングとは,複数の国におけるそれぞれの国の顧客ニーズを踏まえ,本国や現地で開発した商品を進出国で生産し,その国にマッチした価格やチャネル,プロモーションを統合して,それを継続的に行なうマーケティングである。

① 製品戦略

輸出マーケティング時代の商品は,テープレコーダーやトランジスタラジオ,テレビのような,独立型のハード単品の輸出であった。しかし,1980年代には,なお単品商品を中心としながら,アメリカのレコード会社や,映画会社などを傘下に収め,ハードとソフトの融合製品が見られた。マルチメディア時代をにらんだマーケティング戦略が展開された。ソニーが,ソフトの重要性をアメリカで学んだのはこの時代である。

ソニーのつくったものは,日常必需品とは異なる,エンタテインメントの色彩の強いものである。その意味ではパナソニックと対照的である。パナソニックの商品開発の目的が,松下幸之助が「日本の女性を,過酷な家事労働から解放するためであった」としたのに対して,ソニーのそれは「使って楽しくなる」,いわゆる,エンタテインメントを追求したどちらかといえば,なくても生活できるような商品である。個人の楽しさを実現するということが,ソニーの商品開発の原点であった。

このような,ソニーらしさを象徴する商品として開発されたのが"ウォークマン"である。79年7月に発売され,場所を選ばず,いつでもどこでも音楽を聞

くことができる製品の登場とともに，世界的な大ヒット商品として，ヘッドフォンステレオの代名詞とまでなった。1号機発売から29年間で累計3億8,500万台を販売，そして，世界の音楽好きな人のライフスタイルをすっかり変えた。ウォークマンは数字では表せない，ライフスタイルを提案する「流行発信基地」(出井[2006] p.189)としてのソニーをアピールする効果が大きかった。ソニーがソフト事業の重要性を初めて認識したのは，テープレコーダーの売り出した頃にさかのぼる。機材の開発や商品化と並行して，システムの効果的な利用の支援にも力を入れた。ソニーは日本国内においては1968年にアメリカCBSと合併で「CBS・ソニーレコード(株)」を設立し，音楽ビジネスをスタートしていたが，88年には，アメリカCBSが所有していたCBSレコードの全株を買収し，音楽のソフト産業を展開するに至った。なお，89年にはアメリカ・コロンビア映画(現ソニー・ピクチャーズエンタテインメント)を買収した。

現地生産時代の商品開発は，東京の各プロダクトを担当している事業本部と連絡を取り，どんな商品を，いつ頃までに作るかを企画する。ソニーの商品は，トリニトロンカラーテレビに代表されるように，常に革新的なものが多く，それがソニーは常に新しいことにチャレンジする企業である，というイメージに結びついている。ブランド・イメージは，単に高級であるというイメージではなく，ソニーの場合は，常に新しいことをやっている会社である，ということと結びついている。しかも，ソニーで作った商品は信頼性がある，ということが重要であった(野副正行ソニーアメリカ社長，インタビュー，1994年7月22日)。

② **価格戦略**

価格に関しては，単に安売りしない，ということではなく，業界平均の値段に比較して，何パーセント高く売れているか，つまり，どれだけプレミアムを取れているか，同時にどれくらいのシェアをとっているか，ということに常にチャレンジしている。プレミアムのパーセンテージと，マーケット・シェアの両方をとって初めて，社内で認められる(野副，インタビュー，前出)。輸出マーケティング段階では，マーケット・シェアよりも，高級イメージを優先したのに対して，ここでは，市場シェアの追求も重視された。

③ **チャネル戦略**

輸出マーケティング段階では，ソニーは独自の卸売商を組織し，それを介した

ツー・ステップのチャネルを採用し，卸売商との間でいかに良好な関係を築くかということが，大きな課題であった。しかし，80年代になるとソニーの取引相手は，それまでの百貨店や，オーディオ・ビデオストアの他に，マス・マーチャンダイザー，カタログ・ショールーム，サーキットシティ，ハイランド，サイロなどの，いわゆる，パワーリテイラー，さらにはウエアハウス・クラブなどのディスカウンターが加わり多様化するとともに，これらとの直接取引が重要となった。85年頃を転機にパワーリテイラーが，それまでお互いにマーケット・セグメントし，「不可侵条約」を結んでいたが，それが崩れて群雄割拠が始まった。このような状況の中で，ソニーアメリカは80年代後半から，ナショナル・アカウントと呼ばれる大型量販店との直接取引を高め，89年に卸売りを介するツー・ステップ・ビジネスを廃止し，全ての取引を，卸売りを介しないワン・ステップ・ビジネスにした（野副，インタビュー，前出）。

ソニーは，百貨店，地域の専門店，ナショナル・チェーンのそれぞれに対して，異なった商品戦略を行う。ナショナル・チェーンに対しては，マス・ボリューム・ゾーンから下を重点とした商品を提供する。90年代初頭には，Kマートやウォルマートのようなディスカウント店とも取引を拡大した。ただし，取引対象の商品は，ラジオや，テープレコーダー，ウォークマンのような商品で，コモディティ化し成熟化した商品を中心としている。ビデオやテレビ，ハイファイ商品などは販売しなかった。コモディティ化した商品であればあるほど可視化を高めるために，顧客の目につくところには，たとえディスカウント店であろうと，どこでも置くようにした。ソニー製品を，ディスカウント店に並べることは，ソニーブランドのイメージを落とすリスクがあることは否めない。しかし，大切なことは「またソニーが出した」「こんなものをソニーが出した」と，次々と画期的な新商品を出すことである。新製品についてはディスカウント店ではなく，専門店で販売していた（西田不二夫ソニーアメリカ社長，インタビュー，1998年8月10日）。

ディーラーの重要な役割は，セールスであるが，ソニーではディーラーが，単にセールスにとどまらず，コンサルティングセールスを重視していた。

ディーラーの選択に際しては，その店がどのような考えでやっているのか，高級志向なのか，安い商品を大量に販売して利益を上げようとしているのか，どのような顧客を対象としているのか，など調査した上で契約する（野副，インタビュー，前出）。

④ プロモーション戦略

ソニーは広報活動を重視し，意識的に行った。特に，会社のリーダーのキャラクターを含めた，ソニーのイメージ作りには積極的である。ファッション雑誌にソニーがどれくらい掲載されているか，テレビや映画の中にソニー商品がどれだけ登場するか，などにも細かく注意を払うなど，ソニーのイメージづくりを徹底していた（野副，インタビュー，前出）。ソニー・アメリカ独自の宣伝雑誌 Sony Style を発行した。

(3) マーケティング組織

4極体制の1つであるソニーアメリカの基本的組織は，a. コーポレート（会社業務），b. セールス，マーケティング，c. 製造，d. その他の4つのオペレーションに分かれていた。セールス＆マーケティングは，製品別に，キー・オーディオ，キー・ビデオ，ハイファイ，カーオーディオ，インディペンデントに分かれており，これが，東京の事業部に対応している。セールスは，各地域別に支店を持ち，それらをコントロールしている。広告は，マーケティング機能として，マーケティング部門に属する。最大の目的は，マーケティングの強化であった。

(4) 小　　結

アメリカから始まったソニーの輸出マーケティングは，ヨーロッパを経て，アジアへと拡大していった。その結果，図表8-1が示すように80年代以降ヨーロッパやアジア市場への輸出割合が増大した。同時に，これらの地域でソニーブランドの浸透を確実なものにした。

1985年の「プラザ合意」以降，積極的に現地生産を指向し，国際化を一層推進した。

88年6月に，ソニーのテレビ事業本部ヨーロッパの本部機能が，日本から西ドイツ（現ドイツ）へ移転，ここで，ヨーロッパ仕様テレビの商品企画・設計を行ない，テレビ事業の現地一貫体制を構築していくことになった。ヨーロッパは，国ごとに言語が異なるように，消費者ニーズも各国各様であり，テレビ方式も異なっており，この細かな顧客ニーズに応えていかなければならない，という背景があったためである。

ソニーは，日本を含めた4極体制を確立したが，これはあくまで，その地域の生産などに関する意思決定を現地で行なうことであり，本社が4つに分化されると言うことではなかった。例えば，アメリカのテープ工場からヨーロッパへ，磁気テープを輸出したり，サンディエゴ工場で作られたテレビを，日本やヨーロッパにも輸出した。商品だけでなく人的交流をはじめ，地域間でのノウハウのやりとりは，輸出段階に比べ一層頻繁になった（『日経産業新聞』1991年1月10日，3月20日付け）。

4. グローバル・マーケティングの段階

(1) ソニーのグローバル戦略

グローバル競争の波は先進国のグローバル企業間だけでなく，韓国のサムソンやLG，さらには中国や台湾企業の参入によってかつてない激しさで押し寄せてきている。ここにおける競争戦略は，品質とコストを中心としたものが要求されてた。「第1創業期」のオーナー経営者井深と盛田から岩間，大賀へと続き，それからバトンタッチした出井伸之は，グローバル競争段階にふさわしい優位戦略を考案した。

その1つが「AVとIT」を軸とした事業戦略である。出井が社長就任したのは，1995年4月，デジタル時代の幕開けの時であった。ソニーの「第2の創業期」と重なったこの時期を出井は「リ・ジェネレーション（「第二創業」）」と呼んだ。「リ・ジェネレーション」とは，過去50年間で培ってきたAVの技術をベースに，「自由闊達」な創業精神を取り戻し，新しい時代を創り出すという意味を込めた言葉である。この言葉とペアで「デジタル・ドリーム・キッズ」という概念を掲げた。この概念は出井によると「デジタルキッズ」という言葉に，ソニーらしさという意味の「ドリーム」でできたものである。「デジタルという新しい技術の方向性に夢を持って取り組みましょう」ということと，「デジタル時代に育ったユーザーがわくわくするような製品やサービスを発信していきましょう」という内容を盛り込んだものである（出井［2006］）。

「AVとIT」を軸としたこの事業戦略は，「ネットワーク環境の中でAV技術

を主にしてITを面白くすること」を目的としたAVとITの融合である。この事業戦略の目的は「何を作って売る」かではなく,「新しいソニーの楽しみ方」を創造するネットワークカンパニーである。これは従来のように「各個別の製品市場で勝つ」ことではなく,様々な製品,ソフト,サービス,コンテンツの融合によって優位性を示すカンパニーである。

　ソニーの第2創世期のもう1つの優位戦略は,サムソン電子やLG,さらには中国メーカーの低価格戦略と戦えるコスト優位戦略の策定である。ソニーは工場を中心とした物流を含む流通部門を含むグローバル規模の大規模な選択と集中,M. E. ポーターのいう「配置」と「調整」の戦略である[3]。そのためソニーが実行したことの1つは,世界で12カ所あったテレビ工場の拠点を日本,スロバキア,スペイン,マレーシア,中国,ブラジル,の6カ所の最適地に配置し縮小・集中した。コモディティ化した商品の製造は,社会的分業型でアウトソーシングをする,キーデバイスや高付加価値商品については垂直統合型で内製化するという基準に基づいて実施されている。前者の例として,アメリカのテレビ供給基地であったメキシコのテファナ工場（Sony Espana S.A）の台湾の鴻海精密工業への売却が典型である。ソニーは技術の開発,設計,デザインなどの業務に集中,ここからのEMS（電子機器製造受託サービス）からOEM/ODM供給を受けることによってコスト競争力をねらう。出井が提案したこの戦略は基本的には,現会長兼社長ストリンガーに継承され推進されている。

(2) ソニーの組織構造

　2005年から会長兼CEOをつとめるストリンガーは,2009年4月に社長を兼務すると同時に機構改革を行なった。その基本はテレビやオーディオのようなソニーの伝統的に強いハードの領域を担当するコンスーマプロダクト＆デバイスグループ（CPDG）と,パソコンや携帯電話,ゲーム,音楽関係などの領域を担当するネットワーク＆プロダクト＆サービスグループ（NPSG）の2つに再編した。CPDGは,ソニーの伝統的に強い領域のハードを担当し,NPGSは,ネットワークによる新たな差異化を提供し,ネットワークがハードと一体化することでソニーの成長を主導するという考えのもとに作られた（*Sony Anual Report* 2009, p.10）。

(3) ソニーのグローバル・マーケティング戦略

グローバル・マーケティングとは，進出国の顧客のニーズを踏まえ，世界の最適地で開発・生産された商品を，国境を越えて価格やチャネル，プロモーションを統合して継続的に行なうマーケティング活動である。ソニーにおけるマーケティング戦略の課題について，以下概略しよう。

① グローバル・ブランド戦略

第1の課題はブランド戦略である。出井は，「ブランドの維持・構築・再生は，グローバル企業の経営者に宿命的に課せられた課題である」(出井[2006] p.188) と，「リ・ジェネレーション」時代におけるソニーブランドの「リ・デザイン」の必要性を強調する。ソニーは「個人の楽しさ」にその原点をおいた企業であり，輸出マーケティング時代には，商品がソニーのイメージを発信し，「よい商品＝よいイメージ」という考え方を定着させた。しかし，出井によると，それは売り上げ規模が1兆円までであり，売り上げ規模が5兆円から6兆円になってくると，それまでプロダクトブランドが培ってきたイメージ以上の何かにソニーは変化してきていると主張する (片平 [1998] p.197)。第1創生期に個別の商品の製品ブランドが培ってきたイメージ以上のものとは何か。それはソニーに課せられたこれからの大きな課題である。

② 販売チャネル戦略

ソニーのグローバル・マーケティング段階における2つめの重要な課題は，販売チャネルにおける戦略である。ソニーの販売チャネル戦略は，セレクティブなものから，全方位型のオープンな戦略に転換している。グローバル時代の各国の流通チャネルの特徴は，アメリカのベストバイやウォルマート，フランスのフナック，イギリスのディクソン，中国の蘇寧電器，国美電器，ベトナムのマクロなど大手量販店がそれぞれの国で圧倒的シェアを占めている。アメリカではウォルマートやコスコ，ターゲットなどのディスカウントストアの登場が著しく，毎年マーケットシェアを増大させ，無視できない存在になっている。これらの店に今や家電企業をリードするサムソン電子をはじめLGが果敢に攻め，大型サイズのテレビをはじめデジタルカメラ，BDプレーヤーなど最新の機器を堂々と並べ，激しい価格競争を展開している。この価格競争にソニーをはじめパナソニック，

シャープなどこれまで敬遠してきた日本企業が競って参入している。ソニーのもつ高いブランドイメージは，これまでセレクティブなチャネル戦略の中で維持されてきた。しかし，ディスカウントストアに多くの新製品を並べることは，大量の商品を捌ける反面，ブランドイメージを傷つけるということは否定できない。出井によって提起された「デジタルドリームキッズ」によるブランドの「リ・デザイン」の実現は，大型量販店やディスカウント・ストアでは，限界がある。

この限界を克服するためにソニーは，2つの戦略を採用している。1つは大型店内におけるソニー・コーナーの特設で，もう1つはソニーの直営店，「Sony Style Store」の展開である。ここではソニーが進めているハードとソフトの融合商品全体のイメージをコンテンツを含めて顧客は体験ができる。2009年12月時点で，アメリカで約45店舗展開している。

さらに，映像配信などのネットワーク・サービス「Sony Online Service（仮）」を10年に開始，ハードとソフトの融合戦略を一段とひろめようとしている。

③　グローバル SCM 戦略

3つめの課題として，グローバル・マーケティングの成功の基礎となっているグローバル SCM（Supply Chain Management 以下 SCM と略す）戦略の構築に関するものが指摘される。グローバル競争時代におけるアナログ技術からデジタル技術への移行は，新製品の寿命の短縮化，大幅な価格下落をもたらし，納期の短縮による顧客満足と在庫削減によるキャッシュフロー改善が重要な課題となっている。納期の短縮とリードタイムの短縮を目的とする SCM は，ネットワークで結ばれた部品の供給業者，組み立て業者，流通業者が情報を共有することによって，製品と資金の流れを早める効率的な経営手法である。先進国のみならず，新興国をも含め流通の覇者となっている大手量販店とのコラボレーションを進めていく中で，競争優位を実現する欠くことのできない重要な手段である。

5.　本章から学ぶこと

本章のテーマはソニーが，どのような歴史的経過をたどって世界企業を形成したのか，とりわけ国際マーケティングの中心的課題でもあるグローバルブランドを育成したのか，国際マーケティングに焦点を当てて分析した。

本章で学べることの第1は，なぜ，日本の戦後生まれの企業，ソニーがブランドランキングにおいて，世界のトップクラスにまで辿り着いたのか，ソニーのブランド構築に対するトップの指導の下に一丸となって企業を上げての努力の結果であることがわかる。

　Interbrand 社による財務体質の面からみた Best Global Brand 2009 年度のランキングでは 29 位，10 年前の 2000 年度の 18 位と比較したとき大きく下落しているとはいえ，今なお上位にランキングされている。アメリカの調査会社，Harris Interactive のアメリカ消費者が選ぶ Best Brand ランキングではソニーは 00 年から 06 年まで 7 年連続で 1 位という輝かしい人気を獲得している。

　第2に，ソニーの歩んだ国際化の道は，21 世紀の日本の企業の進むべき道の羅針盤ともなる。特にグローバル化が進んだ今日，「ガラパゴス化」[4]することによって，韓国や中国の企業に前途を阻まれている日本企業にとって，創業期から果敢に海外に挑戦し競争優位を実現してきたソニーの歩んだ道は教訓になる。

　第3に，ソニーが優れた国際企業として世界の多くの人に知られ，評価されるまでに至った大きな要因に，トップのリーダーシップ，とりわけ井深大と盛田昭夫の活躍があった。グローバル時代に日本の企業に求められているのは，トップリーダーシップの重要性である。本章から企業におけるトップのリーダーシップの重要性について多くのことを学ぶことができる。

　最後に，マーケティング研究，とりわけ国際マーケティングとの関係に言及しておく。

　これまで国際マーケティングに関する研究は，マーケティング一般の特殊の分野と思われており，その研究が遅れており研究業績も少ないのが実情である。しかし，急速にグローバル化が進んできている現在，これまで特殊であった国際マーケティングが，逆に一般になってきている。ソニーの国際マーケティングを，輸出マーケティングに始まり，マルチ・ドメスティック・マーケティングを経て，グローバル・マーケティングへと発生史的に具体的に辿ることによって，国際マーケティングとは何か，なぜその研究が重要なのか，本章から読み取ってもらえれば幸いである。

　（本章の執筆に際して，ソニーの大曲昌夫氏をはじめ，宇都宮幸夫氏，石原昭信氏（故人），西田不二夫氏，野副正行氏，河野弘氏，野口不二夫氏，實方恵太氏，文景俊氏には大変お世話になった。深く感謝の意を示したい。なお，本章の文責は全て筆者にあることは言うまでもない。）

【注】
1) プラザ合意とは，1985年9月22日，アメリカの過度なドル高是正のため，G5（日本，米国，英国，旧西ドイツ，フランスの5ヶ国）が集まり，発表された為替レート安定化に関する合意のことである。基軸通貨ドルに対して，参加各国の通貨を一律10～12%幅で切り上げた。その結果，ドル安円高が進み，日本の輸出が困難となったため，急速な海外での生産が進行した。
2)「グローバル・ローカライゼーション」は，盛田昭夫が1988年に提起した言葉で，その意味するものは，国際経営の実行に際しては，グローバルに考え，ローカルに実践する，ということである。
3)「配置（configuration）」と調整（coordination）」とは，M.E.Porterが定式化した概念で，国際的に戦う企業は，経営の諸活動が世界のどの場所で行なわれるべきかを決定する「配置」と，また国別で行なわれる活動がどれくらい「調整」されるのか，という2つの次元の重要性を論じている。ポーター（土岐坤ほか訳）[1989] 参照。
4)「ガラパゴス化」とは，日本市場が世界市場から孤立し，個性はあるが独自の生態系をもった閉鎖的な島に閉じこもってしまっているという意味である（宮崎[2008]参照）。

【文献案内】
　経済のグローバル化が進み，グローバル競争が激化している現在，21世紀の日本企業がグローバル競争において優位を実現するためには「ガラパゴス化」に陥ることなく，世界的視点でマーケティング戦略を立てなければならない。日本企業の中でも最も国際化を進めているソニーが，どのように国際化を進めてきたのか，知ることは重要である。これに関しては盛田 [1987]；[2000]，ソニー広報センター [1998] が詳しい。また，これらの文献はソニーの創業者である盛田昭夫自身が体験したことに基づいて執筆されたものであり，日本とアメリカの経営やマーケティングのやり方や経営におけるリーダーシップの重要性がリアルにわかる好書である。また，国際マーケティングの実践書としても優れた書物である。国際マーケティングに関する研究書としては，近藤 [2004]，大石 [2009] が参考になる。特に，前著は日本の民生用電子機器メーカーの対米輸出マーケティングの詳細な実証分析である。後著は日本企業の産業別グローバル・マーケティングの実証研究である。

【参考文献】
出井伸之 [2006]『迷いと決断』新潮社。
大石芳裕編 [2009]『日本企業のグローバル・マーケティング』白桃書房。
片平秀貴 [1998]『パワー・ブランドの本質』ダイヤモンド社。
楠木健一 [2003]「ソニーコーポレート・アーキテクチャーの革新」（一橋ビジネスレビュー編『ビジネスケースブック』東洋経済新報）。
近藤文男 [2004]『日本企業の国際マーケティング』有斐閣。
張世進 [2009]『ソニーVSサムスン』日本経済新聞。
新宅純二郎 [1994]『日本企業の競争戦略』有斐閣。
ソニー広報センター [1998]『ソニー自叙伝』ワック株式会社。

ポーター，M. E. 編著（土岐坤ほか訳）[1989]『グローバル企業の競争戦略』ダイヤモンド社。
宮崎智彦 [2008]『ガラパゴス化する日本の製造業』東洋経済新報社。
盛田昭夫著（下村満子訳）[1987]『Made In Japan』朝日新聞社。
盛田昭夫 [1987]『学歴無用論』朝日新聞社。
盛田昭夫 [2000]『21世紀へ』ワック株式会社。

(近藤　文男)

第9章

トヨタのグローバル・マーケティング
―米国市場での否定から受容の軌跡50年―

1. はじめに

　日本の自動車産業は，第2次世界大戦での敗戦から朝鮮動乱で成長のきっかけを得て，各自動車メーカー（以下「メーカー」と略）の小型車開発が活発になった。現在，日本の自動車産業はグローバル産業へと成長したが，その復興・成長には大きな困難もあった。特にこれまでの自動車研究では「生産」に多くの関心が集中していた一方，その流通やマーケティングにはほとんど関心が払われず，一部，部品メーカーとの取引に関心が払われてきた程度であり，完成した自動車をいかに顧客に届けるかは，大きな関心事ではなかった。

　金融危機前年の2007年，トヨタは世界で自動車を約950万台（連結ベース）生産し，GMを抜き，はじめて世界一となり，トヨタの生産台数は07年までの10年でほぼ倍増した。世界27カ国の53工場では，約3秒に1台のペースで自動車が完成している。その約7割は米国をはじめ，約170カ国で販売されている（石坂［2008］p.3）。したがって，ウォルマートやセブンイレブンがある国よりもトヨタ車が走っている国の方が多く存在する。そこで本章では，トヨタのグローバル規模での成長を支えてきた米国市場への参入，展開を中心にトヨタのグローバル・マーケティングの軌跡について取り上げていく。

2. 輸出マーケティングの時代

(1) トヨタによる先進国以外で自動車輸出の開始

　第2次世界大戦後，日本の自動車産業は多くの僥倖に恵まれた。技術提携等

で欧米の先進技術を導入し，小型車生産が軌道に乗った（影山［1980］p.320）。Tedlowは，「日本は世界に光り輝く自動車生産国となったが，それは40年前，あるいは30年前さえ，予想しだにしなかった出来事」（Tedlow［1990］邦訳 p.207）とした。

　1953年，日本政府は国際収支の赤字打開のため，輸出振興策を展開しはじめた。ただ，戦後の輸出再開から60年頃までは，made in Japanは「安かろう，悪かろう」であった（小原［1998］pp.159-160）。日本車は，米国で低価格を訴求したが，大型車志向の強い米国市場では受容されにくかった。しかし，徐々に性能や品質が向上し，世界市場で競争力のある製品へと成長した（岩崎［2005］pp.112-113）。50年のトヨタ自販設立と同時に輸出部が発足し，朝鮮特需の受注から活動を開始した。トヨタの輸出方針は，①商社依存でなく自ら市場開拓をすること，②進出には徹底したマーケティング調査をすること，③仕向先国でのアフターサービス体制を整備すること（トヨタ自販［1980］p.173）であり，トヨタの輸出マーケティングには当初から基軸があった。

　トヨタは，戦後から56年頃にかけて，タイなど東南アジアにディストリビューターを設置した。57年2月にはタイに日本自動車業界初の直営海外拠点を開設した（トヨタ自販［1980］p.175）。中南米でも，58年1月にトヨタ自工全額出資の現地法人を設立した。当時の主力車種はランドクルーザー（現地名バンデランデ）であった（大石［2009］p.231）。さらに中近東諸国でもランドクルーザー中心のチャネルを構築し，輸出が急増した。そして東南アジアには，55年から担当者を派遣し，政治経済上の問題のない地域をほぼ網羅し，輸出市場は，55年の14カ国から56年35カ国，57年47カ国へ拡大した。輸出台数も56年の880台から57年には4,117台へと伸長した。このトヨタの輸出圏の拡大は，先進国メーカーとの直接競合回避による市場開拓だった。ただ，55年にトヨタ自販社長神谷正太郎が米国を視察した際に，小型車ならば日本車も参入する余地を感じた。そして57年，トヨタは米国への乗用車輸出を決定した。品質は国際水準に接近していたが，性能，価格，信頼性は米国輸出できる水準ではなかった（トヨタ［1987］pp.326-329）。

(2) トヨタによる対米輸出の開始

　1957年8月，トヨタは米国にトヨペット・クラウンと同デラックス各1台を

見本輸出した。同年10月にはカリフォルニア州にToyota Motor Sales USA（米国トヨタ）を自工・自販両社折半出資で設立した。58年2月に米国トヨタから卸売業務を分離し，Toyota Motor Distributor, Hollywood Toyota（ディーラー）を設立した。そして，市販車の型式認証をクリアし，同年7月から米国トヨタは営業を開始した（トヨタ[1987] pp.329-332）。クラウンの価格は2,300ドルでVolks Wagen（VW）のビートルよりも600ドルも高く，シボレー並みであった（牧野[2003] p.135）。

　58年6月，はじめての対米輸出車であるクラウンがロサンゼルス港に到着したが，故障が予想されたため，アフターサービスに備え，同年1月には既に補給部品を送っていた。米国トヨタは，58年7月から一斉にクラウンの販売を開始したが，米国では長時間高速運転をするため，ボデー重量，パワー不足等で問題が生じた。日本の悪路に強く設計されたクラウンは，高速道路走行の多い米国では適合しなかった。その結果，米国車との併売中心のディーラーはクラウンの販売を控えるようになった。一方で米国には輸出小型車の流入が加速し，58年の約38万から翌年には約61万台に急増し，米国国内総登録台数の10.2%になった。そして60年7月，トヨタはパワー不足を補うため，対米輸出用クラウンに1,900ccの3R型エンジンを搭載したクラウン・カスタムを追加したが，価格面で小型車と競合し，欧州車の値引き競争もあり，クラウンの販売は厳しくなった（トヨタ[1987] pp.402-404）。

　一方，60年6月，ティアラ（コロナの輸出名）の本格的な輸出も始まった。ティアラはクラウンより優れた高速性能を発揮したが，足回りのトラブルが発生した。そこで技術担当者が渡米し，連続高速運転での問題点を抽出していったが，その間にもディーラーは離反していった。そして同年12月，工販両社首脳は乗用車の対米輸出を中止し，米国トヨタはランドクルーザーを中心にチャネル維持に専念した。一方，日産は60年9月にロサンゼルスに米国日産を設立した。日産のダットサンは，堅牢性と経済性に優れ（トヨタ[1987] p.405），クラウンよりも価格面でも有利なため米国に浸透した。

(3) 対米輸出頓挫からの経験

　トヨタは対米乗用車輸出の頓挫で，技術面，販売面でさまざまな学習をした。技術面では，国際商品開発への刺激であった。国際商品としては，米国の高速道

路で通用することが重要であった。販売面では，試行錯誤が貴重な経験となった。特に米国的経営の実態，自動車販売の実情，税制や法制，市場調査，プロモーションなどの多くの知識を吸収した（トヨタ［1987］pp.405-406）。

　1962年，トヨタは輸出立て直しのため，組織体制を強化した。トヨタ自販に輸出本部を設置し，本部内に北米，中南米，極東，豪亜，中近東アフリカの5つの仕向先別担当部を設置した。同時に輸出本部には輸出業務部を設置し，輸出本部各部は各担当地域の市場把握に努めた。一方，輸出業務部は，市場分析をし，各担当部との連携で増販策を検討した。また海外技術部は現地でのKD（ノックダウン）輸出増加に伴う技術指導を推進し，海外で得た技術情報をトヨタ自工にフィードバックし，輸出適格車の開発に反映させた。さらに輸出業務部に海外宣伝課を設置し，海外でのプロモーション活動を強化した（トヨタ［1987］p.410）。そして，63年2月にトヨタ自工の輸出部改組，同年8月に自工と自販間に工販合同輸出会議を設置し，同年12月に同会議が「トヨタ輸出5カ年計画」を策定し，輸出体制強化に乗り出した（トヨタ自工［1967］pp.185-188）。特に60年代には，トヨタと日産はモデルを増やし，定期的なモデルチェンジで既存モデルを陳腐化させ，顧客ニーズの多様化と上級車への移行欲求を刺激した。これはGM，フォードが30年以上前に採用した政策であった（林［1999］p.77）。

　また，国際商品として通用するように，ティアラを国内と同様，コロナに統一し，65年5月に本格的な対米輸出を決定し，エンジンは連続高速回転に耐えられるように1,900ccエンジンを搭載し，AT（オートマチック）車も用意した。ラジオやヒーターも標準装備し，価格も1,860ドルで東西両岸において統一した。ディーラーも増設し，プロモーション活動も活発に行った結果，販売は徐々に拡大した（遠藤［2002］p.263）。一方で，コロナの再輸出から米国トヨタは販売体制強化に乗り出した。特に都市部にディーラーを増設し，乗用車中心のマーケティング政策に変更した。そして，都市部でのディーラー設置が進み，65年の346店から67年には603店となった（トヨタ［1987］pp.444-445）。

　トヨタ車の輸出は，66年5月にわが国初の月間1万台を達成し，補給部品を含めた総輸出金額も62年の90億円から66年には560億円になった。さらに輸出金額は68年に1,465億円となり，商社以外で企業別輸出金額1位となった（トヨタ［1987］pp.448-449）。そしてビッグスリーは，輸入小型車に対抗するために小型車開発を決断し，67年5月には従来のコンパクトカーよりも小さいサブコンパクトカーの開発計画を発表した。69年から70年にかけてGMはベガ，フォー

ドはマベリックとピントを発売した。一方，トヨタは，競合しないと判断して，新型コロナに続いて，68年4月にカローラを導入した。急速にカローラの販売台数が伸長した。工販両社は，両車種の販売増加のため，米国での販売・サービス体制を強化しようとした。トヨタの対米輸出は，68年には9.5万台を達成し，69年には船腹不足などで船積みできなかったが，対前年比160％も伸長し，15万台に達した。トヨタの米国での輸入乗用車順位は66年第8位，68年第3位，69年にVWには次ぐ第2位となった（トヨタ［1987］pp.464-467）。これは小型で価格の安いロー・エンドのニッチ市場を狙ったためであり（林［1999］p.79)，このロー・エンドのニッチ市場をターゲットとしたのが，日本車の成長をもたらしたといえる。

3. 石油ショックによる自動車産業への影響

(1) 1970年代初頭の経済情勢の変化によるトヨタの動揺

日本は，戦後から1960年代半ばまでトラック輸出が主流だったが，60年代半ばからは乗用車輸出が2年毎に倍増し，71年には100万台を超え，西独，仏に次ぐ世界3位となった。市場規模の拡大，道路等社会資本の充実，急速な品質改善がその背景にあった。一方で，日本車の進出を阻止する動きも出た。米国経済が経常的な貿易収支の赤字に悩み，国際通貨基金（IMF）中心の固定為替相場制度は，71年8月のニクソンショックで崩壊した。ニクソン大統領の新経済政策は，ドルと金の交換停止，輸入課徴金[1]等が中心であった。しかし，71年12月のスミソニアン協定で，1ドル＝360円であった為替レートは308円に切り上げられ（小野［1999］p.6)，米国では新経済政策発表の翌月から米国車が伸長し，輸入乗用車が伸び悩んだ。それまで月間3万台を超えていたトヨタの販売台数も，12月には1万7,000台に下落した。72年1月から2カ月以上の特別キャンペーンを実施したが，在庫が増加し，一部ディストリビューターやディーラーから引取拒否もあった。そして，73年に再びドル不安となり，スミソニアン協定は崩壊し，変動相場制へ移行した。その結果，日本の輸出動向は為替レートに影響され，円高基調で日本車の価格競争力は著しく低下した（トヨタ［1987］pp.510-512)。

一方で，米国政府の新経済政策によって，7％の乗用車消費税の撤廃，個人所

得税減税等が自動車需要を喚起し，米国市場は71，72年と史上空前の活況期となっていた。次第に低迷していた輸入車も，72年の秋頃から次第に回復した。これには価格凍結令が解除されて，米国車が値上がりし，輸入車の品質や経済性等が見直された背景があった。トヨタ車も73年4月に円の上昇で値上げしたが，ガソリン価格の急上昇による小型車ブームでさらに伸長した（トヨタ [1987] pp.552-523）。トヨタをはじめとした日本車は，ビッグスリーの小型車との直接競合を避け，新市場を形成する政策でチャネルを拡充しようとした。品質向上・商品展開・価格設定・広告・サービス力強化・部品供給・マーケティング・チャネルの展開等でマーケティング能力を発揮し，72年には日本車が独車の輸入を凌駕した（牧野 [2003] p.136）。特に製造から販売までの一貫したマーケティング政策が，日本車の魅力を押し上げたといえる。

(2) 石油危機後のトヨタの対応

　1973年の第一次石油ショックにより，自動車業界も大打撃を受けた。74年春に石油供給の量的制限は解除されたが，石油価格が1年間で4倍に高騰し，激しいインフレとなった。前年の73年まで史上空前の自動車ブームだった米国では，74年に886万台と前年の1,140万台から大幅に減少した。米国トヨタは，74年6月から最大規模の増販キャンペーンを展開したが不調だった。米国でのトヨタ車は，72年にはニクソンショックで過剰在庫，73年には日本での好況により供給不足，74年は予想以上の市場の落ち込みで再び過剰在庫と毎年市場状況が変化した。75年2月，従来，米国トヨタは「ディーラーの立場で考える」ことをあらゆる場で強調した。一方，幹部が全米のディーラーを回り，「あなた方の繁栄がなければ，われわれの繁栄もない。ディーラーとトヨタは共存共栄だ」と，信頼関係の重要性を説き続けた。そして，74年末には米国におけるトヨタ車を扱うディーラー数は1,000店を超え，1,014店に達した（トヨタ [1987] pp.617-618）。まさにトヨタが標榜してきた「1にユーザー，2にディーラー，3にメーカー」の海外市場における徹底であった。

　また，米国環境保護局（EPA）が75年モデルから全モデルの燃費を公表したため，海外メーカーだけではなく，ビッグスリーも小型車の大規模なプロモーションを展開し，小型車需要が伸長した。米国の小型車市場は，75年465万台，76年498万台と順調に拡大し，77年には500万台を突破して，543万台に成長し

た。トヨタは，75年12月にカローラなど重点3車種のプロモーションに集中した。その結果，75年にはVWに代わって輸入乗用車で1位となり，76年35万台，77年49万台と伸長した。チャネルの充実，ディーラーと一体となった増販策などで，トヨタは77年に乗用車49万台，トラック8万台強を販売し，米国に進出して以来20年で，年販60万台体制となった。それは省資源・省エネルギーが要請される中，日本車が品質と経済性に優れていると高く評価され，チャネル構築，アフターサービス体制の充実，輸送体制整備などが功を奏したためであった。輸出の好調さは，国内需要が低迷した自動車産業を支えただけでなく，停滞する日本経済の立ち直りにも貢献し，原油価格の高騰の影響を受けた日本の外貨事情の改善にも寄与した（トヨタ［1987］pp.619-620, pp.625-626）。

　70年代後半から80年代にかけて，日本だけでなく米国でも，特に78年のエネルギー節約法の施行で，小型で低燃費，低公害，高品質，高価値の乗用車需要が一気に高まり，小型車が標準になった。ここで日本の小型車は，この時期「ファースト・アンド・ベスト」になった。そして，トヨタ，日産，本田技研が輸入車ランキング1～3位までを占め，3社合計で米国において年間1兆円（40億ドル）の利益を得た。一方，79～82年にかけて大型車の売上が減少し，3社の赤字は40億ドルになった（林［1999］pp.82-83）。まさにビッグスリーの赤字分が，日本メーカーの利益となっていた。そして，第二次石油ショックが起こったが，80年，米国乗用車市場での日本車の比率は21.3%まで拡大し，日本車輸入規制の動きがさらに高まった。

4. 輸出自主規制からトヨタによる合弁生産と単独進出

（1）日本メーカーによる対米輸出自主規制

　1960年から80年にかけて，世界の自動車生産台数は，年産1,400万台から4,000万台になった。この間，ビッグスリーの地位が次第に低下し，欧州が成長，日本が大躍進して，三極時代となった。しかし，70年代後半から日米貿易摩擦が政治問題となりはじめた。

　トヨタ自工は，73年7月に海外事業室，海外業務部，海外技術部を設置し，トヨタ自販も74年2月に海外技術部の組立課を独立させ，海外組立部を発足し

た（トヨタ［1987］p.702）。一方，ビッグスリーの業績悪化でレイオフも社会問題となり，UAW（全米自動車労働者組合）は失業者急増の原因を日本車にあるとして，数量制限や工場進出を求め，80年6月，ITC（米国国際貿易委員会）に対し，通商法201条の発動を要請した。工販両社と米国トヨタは対応策を検討し，米国トヨタを中心に全米のディーラー，輸入車販売店協会などと連携した。80年10月の公聴会では，米国トヨタは具体的事実を指摘し，米国自動車産業の苦境は経済情勢であり，輸入車ではないと訴えた[2]。しかし，81年から日米自動車摩擦は再燃し，米国議会では日本車の輸入規制の要求が強まり，81年から3年間，日本製乗用車の輸入台数を年間160万台に制限するという法案や各種保護法案が提出された。米国政府内でも意見の対立はあったが，米国議会の動きを懸念し，日本政府は自主規制に踏み切った（トヨタ［1987］p.697）。またこの背景には，米国での保護主義の台頭もあった。

　一方，日本メーカーの輸出自主規制で，米国メーカーは急速に業績を回復した。ビッグスリーの税引後利益額は，80年には赤字が40億ドルを超えていたが，81年に約12億ドルの赤字に減少した。同年，既にGMは赤字経営を脱出し，フォード，クライスラーも赤字が大幅に縮小した。そして，82年にはわずかに黒字転換し，83年には60億ドルを超え，84年には100億ドル近くに達する史上最高の黒字を記録した（広瀬［1985］pp.89-90）。自動車貿易の問題は，ビッグスリーの「ワールド・カー構想」の具体的進展とともに，新たな様相を見せた。小型車市場を巡る日米，米欧各メーカーのシェア争いとなった（影山［1980］p.322）。

　米国での輸入車シェアは，82年に27％，86年には29.6％に達した。そして，86年の日本車の輸入は，米国乗用車総輸入台数の約73％を占めるようになった（塩地他［1994］p.130）。さらに貿易摩擦に加え，80年後半からは円高が日本車の価格競争力に影響した。トヨタは短期的な通貨リスクを負担し，ディストリビューターやディーラーの収益を確保するために現地通貨決済を導入した（トヨタ［1987］pp.700-701）。これらはトヨタをはじめ日本メーカーによるディーラー対応が，日本車の高シェアをもたらしたといえる。

(2) トヨタによる合弁での米国進出

　米国では1980年前後に小型車需要が急増し，ビッグスリーは，日本車の「集中豪雨的輸出」で大打撃を受けた。日本車の対米輸出自主規制枠は，81年は168

万台（うちトヨタ60万台）だった。自主規制は厳格に行なわれ，毎年米国通商代表部が来日して交渉した。その後，日本車の輸出枠は少しずつ増えたが，事実上意味がなくなった93年まで続いた。この状況に対応するため，80年1月に本田技研がオハイオ州での乗用車工場建設，同年4月に日産がテネシー州での工場建設を発表した。通常，企業の海外進出の動機は，①コスト・メリット，②受け入れ国の工業化政策への対応，③輸入規制や直接投資への圧力などの政治的動機，である。

　トヨタは，当初は①であったが，後には②，③となった。それは，トヨタが進出国の経済発展と社会づくりに貢献することを基本としたためである。トヨタも，80年4月から米国進出に向けて調査を開始したが，これは米国現地進出要請への対応であった。そして，工場進出をすると，立地や部品調達方法，市場条件等では異なったが，進出した方が有利と判断した。そこでトヨタ自工社長豊田英二は，フォードの社長に親書を出し，合弁生産を提案した。80年6月，フォードの社長がトヨタ自工本社を訪れ，トップ会談の席上，米国での共同生産を目的に交渉開始に合意した。トヨタは小型乗用車，さらに小さなクラスの乗用車の提案をしたが，フォード内での小型車開発計画と競合し，交渉は不調に終わった。フォードとの共同生産交渉が白紙に戻ると，GMから提携の打診があった。81年12月から接触し始め，82年にはGMとの共同生産交渉が本格化した。トヨタのメリットは，単独進出に伴うリスクを軽減し，速やかに米国に生産拠点を確保すると同時に，オーバー・プレゼンスをも回避しながら，現地生産のノウハウ，つまり，米国の労働者，部品供給業者と協働する経験の蓄積だった。さらにトヨタには，当時米国議会に高まっていたローカルコンテント法制定の動きや，労働界の日本車批判への対応策にもなった（トヨタ［1987］pp.714-715）。GMのメリットは，巨額の開発費とリード・タイム，設備投資費を節約し，量販可能な小型車の獲得だけでなく，「トヨタ生産方式」を学習する機会となることだった（鈴木［1991］pp.68-69）。

　トヨタとGMの共同生産工場は，カリフォルニア州フリモントに決定し，車種はFFのスプリンターを基盤とした車となった（トヨタ［1987］pp.716-717）。そして83年2月15日，トヨタとGMは共同生産に基本的に合意し，17日にフリモント工場で合弁事業に関する基本覚書に調印した[3]。UAWが指摘してきた労務問題などの課題もあったが，トヨタとGMの提携事業の開始にはFTC（米国連邦取引委員会）の認可を申請し，84年4月には正式に認可された。一方で，

共同生産する乗用車のGMへの提供は，トヨタディーラーの士気を損なうのも危惧された（トヨタ［1987］pp.717-718）。

合弁事業の具体的運営は，GMとの間で協議し，交渉過程で意見対立もあったが，84年2月に合弁事業運営の契約書を交わした。同時に合弁会社設立手続きも完了し，資本金2億ドル（両社折半）のNew United Motor Manufacturing（NUMMI）が発足した（トヨタ［1987］p.796）。調達活動には，仕入先選定，試作品評価，生産準備および生産フォロー，品質管理，納期管理などの段階があるが，ほとんどの段階がトヨタとGMでは異なっていた。NUMMIではトヨタ流で生産するため，できるだけトヨタの方法に近づけた（楠［2004］p.136）。そして85年11月に生産準備が整い，12月にGMに供給するシボレー・ノバがラインオフした（トヨタ［1987］pp.799-800）[4]。

図表9－1　アメリカ市場における日本車（乗用車）の販売台数とシェア

	1980	1985	1990	1991	1992	1993	1994	1995	1996（年）
台数（千台）	1,779	2,213	2,589	2,469	2,471	2,593	2,687	2,563	2,563
シェア（％）	19.8	20.0	27.8	30.2	30.1	30.4	29.9	29.8	30.1

（出所）日刊自動車新聞社編［1998］pp.278-279より作成。

トヨタの海外事業への基本的な考え方は，海外事業の成功は日本本社の役割が7割を占め，海外駐在の人が左右できるのは3割であるというものである（楠［2004］p.83）。また，トヨタは海外進出を，日本的経営か米国的経営かという二者択一ではなく，A（日本的）＋B（米国的）を2で割るというものでもなく，AをA'，A"に換えることとしている（池渕［1997］p.171）。つまり，トヨタは進出した地域で，トヨタ流を完全に貫徹するのではなく，現地のさまざまな状況に合わせて適合化を図るということである。

(3) トヨタによる全額出資工場の設置

日本の乗用車輸出自主規制で，米国自動車業界は高収益体質を取り戻したが，対日貿易赤字の増大，米国議会では保護主義が高まった。一方，GM等は積極的に新車開発をし，84年には米国の乗用車市場は1,040万台となり，5年ぶりに1,000万台を超え，ビッグスリーは史上空前の高収益となった。円高による値上げで日

本車は，価格面で米国車と競合するようになった。一方，本田技研は直接投資をしたオハイオ工場のフル稼働で販売台数を伸ばした。他の日本メーカーも，現地生産に踏み切り，新車を投入した。84年はじめ，トヨタはビッグスリーの巻き返しで優位性が揺らぐのを恐れ，顧客アンケートやディーラーの評価を調査した。また，販売員教育のための各種ツールをディーラーに提供し，顧客サービス向上キャンペーンを行なった。また，製品も輸出専用車を導入したり，低価格モデルを設定し，多様な需要に応えようとした（トヨタ［1987］pp.808-809）。トヨタ特有の顧客とディーラーを基点として再構築し直したのである。そして，85年のプラザ合意以降は，日本メーカーの米国生産がさらに拡大した。91年には，日本からの輸出と米国現地生産をあわせて，日本車の米国でのシェアが30％を超えた。日本発であるが，多国籍で生産される「TOYOTA」ブランドが米国顧客の支持を得るようになった（林［1999］pp.88-89）。

　トヨタは，GMと合弁でNUMMIでの米国生産を開始したが，現地経済への寄与には100％出資会社が必要だった。また，日本からの輸出自主規制で販売車両不足となり，現地生産への強い要望があった。そこで85年2月，トヨタは海外事業室に北米生産検討チームを設置し，現地生産から販売までの可能性と将来性を詳細に検討した。そして，85年7月，臨時取締役会を開催し，米国とカナダでの現地生産を決定し，正式に発表した（トヨタ［1987］pp.801-802）。北米の単独工場建設に向けて，調査グループの調査や評価には，①候補地を広く公募，②公表後に働きかけが予想される政治的な問題は新しく作る上部会議で検討する，という2つの方針があった（楠［2004］pp.148-149）。工場進出の発表後，各地から工場誘致が相次いだ。特に米国中西部，ほとんどの中南部の州が誘致に乗り出し，最終的に31になった[5]。役員が分担して各地を訪問し，部品調達や輸送などの交通の便，地価，電力，労働力，州の優遇措置などの条件を現地で確認した。その結果，12月に米国工場はケンタッキー州スコット郡ジョージタウン市近郊，カナダ工場はオンタリオ州ケンブリッジ市に決定した（トヨタ［1987］pp.802-803）。

　また，北米プロジェクト委員会は，工場計画，生産準備大日程などを決定し，86年1月には，Toyota Motor Manufacturing USA（TMM），Toyota Motor Manufacturing Canada（TMMC）を設立した。現地の税制や運営方法などの総合的に判断した結果，TMMは米国トヨタ80％，トヨタ20％，TMMCはトヨタの100％出資とした（トヨタ［1987］pp.803-804）。TMMの現地部品調達率は，生

産開始当初は 60％であったが，87 年 11 月にはエンジンなどを生産するパワー・トレイン工場建設を発表した。そして TMM も 90 年代初頭に現地調達率が 75％になった（鈴木［1991］p.77）。米国への輸出マーケティングの時代から約 30 年を経て，トヨタのグローバル事業は合弁生産，そして単独進出へと大きく舵を切ったのである。

図表 9 － 2　日本の自動車メーカーのアメリカでの現地生産台数

（年）	米国日産	米国ホンダ	米国トヨタ	マツダ
1985	151,232	145,337		
1986	173,165	238,159		
1987	220,052	324,065		4,200
1988	205,816	336,354		163,289
1989	238,641	362,274	151,150	216,501
1990	235,248	435,437	218,215	184,428
1991	265,024	451,199	187,708	165,314
1992	330,326	458,251	240,382	168,859
1993	386,972	403,775	234,066	219,096
1994	445,610	495,564	272,373	240,852
1995	465,786	552,995	381,445	149,562
1996	414,031	634,348	385,657	129,442

（出所）日刊自動車新聞社編［1995］p.614。

5.　トヨタの高級車対応と経営理念のグローバル規模での浸透

（1）トヨタにおける高級車対応

　規模の面で日米のディーラーには相違がある。米国のトヨタディーラーでは，1990 年まで年間で 1 万台以上販売していたのは 1 社しかなく，数百台から 1,000 台が一般的であった。また米国では，ほとんどが他社との併売店であり，ビッグスリーや独車，仏車，日産，本田技研など 4 ～ 5 社の車を一緒に販売していた。トヨタは，ディーラー増加，1 店あたり販売台数増加のため，ディーラー立地のさらによい場所への移転，増改築を進めた。86 年から 90 年までに全ディーラーの 25 ～ 30％で実施した。そして，ディーラー経営者を意欲のある人に入れ替え，

500 社以上のディーラーが新しい経営者となった（楠［2004］pp.234-237）。

　また，84 年にトヨタでは未来のフラッグシップ・カーを開発する「マルＦプロジェクト」を開始した。これは通常の新車開発よりも 2 ～ 3 倍の時間と人手と予算をかけた。ただ，トヨタと米国トヨタでは見解の相違があった。トヨタではフラッグシップ・カーとして既存チャネルで販売しようとしたが，米国トヨタでは新しい高級車ブランドを立ち上げ，新チャネルと新しいビジネスモデルを構築して販売すべきと考えた。88 年に役員会議は，意見の相違で紛糾したが，豊田英二会長が決断し，米国トヨタの計画を採用した（石坂［2008］pp.97-98）。

　米国トヨタは製品差別化だけでなく，販売とサービスの差別化も図ろうとし，新ブランドにこだわった。米国内ではトヨタのイメージが定着していたため，新企画車はこれまでのトヨタ車の延長線上でなく，非連続の製品を強調しようとした。米国トヨタは「レクサス・チーム」を編成し，高級車市場での販売・マーケティング戦略を多様な角度から研究し，特に顧客やディーラーから意見を聴取し，高級車顧客のライフスタイルや自動車に対する考え方を分析した[6]。新チャネル構築には，米国トヨタに抵抗があったが，最高級の販売・サービス体制を整備し，ステイタス感を加える必要があった。そこでディーラーの高収益のために，ディーラー同士を競合させず，ディーラー数を抑え，商圏が重ならないようにした。ディーラー数は，新ブランド立ち上げ時に約 100 店，最終的に約 200 店とした。

　ディーラーは，高級車ブランドで実績のあるディーラーから，販売シェアや利益率，顧客満足度，資本力，イメージ等を審査し，新ブランドに取り組む能力と余裕があるディーラーで，顧客満足度の高いディーラーを選んだ。また統一的なレクサスのイメージ浸透のため，全米，各地域，各ディーラーの広告内容に一貫性のあるプロモーションを行った。さらに供給政策として，需要を若干下回る程度を供給し，ディーラーの在庫水準を極力抑えた（石坂［2008］pp.104-105, pp.108-110）。

　そして，2000 年にはレクサスの販売台数は 20 万台を突破し，ラグジュアリー部門でトップになった（遠藤［2002］p.270）。また，レクサスは米国への投入以降，日本で生産し，輸出する方法をとっていた。03 年秋から TMMC で生産し，最高級ブランド車の生産を現地化することは，トヨタにとって北米での存在感が一層強固になった（日刊自動車新聞編［2003］pp.28-29）。レクサスは「新車」だけでなく，新チャネル・ブランドであった。一方，トヨタのチャネルは 03 年には全米で約 1,400 拠点になった。年間の販売台数は，01 年にはじめてシェア 10％を超

えた。生産の現地化では本田技研，日産に遅れたが，販売では両社を引き離した（日刊自動車新聞編［2003］p.32）。

こうして日本メーカーは，米国現地生産開始から80年代後半に欧米メーカーに匹敵する高級車を開発した。トヨタ・レクサス，日産・インフィニティ，本田技研・レジェンドなどである。80年代の日本メーカーは，利益の多くを海外現地生産に投資し，高級車の製品開発投資に費やし，国際競争に備えた。90年代前半，欧米メーカーは日本メーカーの開発生産性，製造品質で追いつこうとし，日本メーカーは優位性こそ差を詰められたが，生産性の逆転にはならなかった（大鹿［2007］p.203）。

（2）若者向けブランドの構築

2003年6月から米国で販売しているサイオンは，若者の消費行動を分析し，インターネットを活用した新たな販売手法を導入した。まずサイオンは，カリフォルニア州で開始し，GenerationY[7]を取り込もうとした（日刊自動車新聞編［2003］pp.33-34）。これまでの事業モデルの根本的見直し，新製品開発，部品の物流管理や供給システム，新しい価格設定，マーケティング，顧客との交流に至るまで，全ての部門で新しい方法やプロセスを必要とした（大薗他［2008］p.147）。そして，サイオンは店舗内のブースを設けたブランド内ブランドで，日本名istやbB（アメリカ名xA, xB）を発売し，その後サイオン専用のtCを発売した。トヨタのマーケティングは，マーケティング・チャネル政策に重点があり，日本国内で培ったディーラーとの共存共栄政策が，米国でも有効に機能した。さらにトヨタは，02年にGKC（Global Knowledge Center）を設立し，マーケティングのベスト・プラクティスを世界で共有しようとしている（大石［2009］pp.240-241）。

トヨタは，05年から06年にかけて55万台も販売台数を増やし，GMを追い上げた。トヨタのグローバル成長経営は，奥田碩社長時代にはじまり，21世紀のトヨタの方向として「2010年グローバルビジョン」を明示した。そこでは21世紀の早い時期にグローバル・シェア15％を達成する目標を掲げた。そして，06年6月，トヨタは営業に関わる抜本的組織改革を行ない，営業企画本部の名称を「海外」から「グローバル」に変更した。これまでの「国内vs海外」の構図ではなく，グローバルな営業企画立案を目的としたためである。また，地域軸も変更し，以前は国内営業本部と海外営業本部が分かれており，海外営業本部の中に，米国，

欧州・アフリカ・豪州・アジア・中近東・中国の4地域本部があったが，国内営業部と他の4地域本部を同列に配置した。それはトヨタにとって，グローバル・マーケティング管理が重要となったためである。そして，トヨタのグローバル・マーケティング部にはブランド戦略室とマーケティング支援室が置かれ，GKCは部付で配置された（大石［2009］p.236, p.244）。GKC は，University of TOYOTA（UOT）[8]と同じ建物に置かれた。

(3) 企業理念のグローバル規模での共有

　トヨタは2001年，企業理念をグローバルに共有するため，「トヨタウェイ2001」を策定した。海外事業が拡大し，現地採用の社員・幹部が増えたため，トヨタの基本理念を明文化し，共有するためである。「トヨタウェイ2001」は，日本語と英語で，5つのキーワードで説明され，わかりやすく補足する形で，経営者の「語録」がつけられている。それは，①チャレンジ，②カイゼン，③ゲンチゲンブツ，④リスペクト，⑤チームワーク，である。これらは社員が共有すべきトヨタのアイデンティティとして，社員意識にずっとあったものである。言葉や行動で先輩から後輩へと伝えられながら，70年以上に亘り「暗黙知の常識」として社内に定着していた（石坂［2008］p.16）。
　また，トヨタブランドに関わる1人ひとりが顧客へ伝える「トヨタらしさ」や「トヨタならではの価値」を再度認識する必要がある。そのために「トヨタバリュー」を定め，共通の価値を明確化しようとしている。トヨタバリューは「トヨタは，いつも私にとって，"最適"を提供してくれる」という一言に表されている。具体的には，①卓越した品質，②期待を超える価値，③クルマの歓び，④革新性，⑤安全，環境・社会への誠実さ，という5つの要素を，いつも高次元で，相反することでも同時に，顧客に提供するという約束である。これらを商品，プロモーション，パブリシティ，店舗，人，金融サービス，アフターサービス，その他あらゆる顧客との接点を通じて達成するという「約束」である（大石［2009］pp.246-247）。つまり，「TOYOTA」ブランドを支えるものとしてとらえようとしている。
　ただ，2010年になり，トヨタ車ユーザーが，運転時に違和感を感じた「不具合問題」によって，日本国内だけでなく，特に米国で大きな問題になっている。このような状況を打開するためにも，これまでトヨタが追求してきた「ものづく

り」と同時に，世界の至る所で受容される顧客対応が必要となっているといえる。

6. 本章から学ぶこと

　本章では，今や世界一，二の生産台数を誇るようになったトヨタの輸出マーケティングから，海外での現地合弁生産，単独進出の軌跡について，米国市場でのトヨタの行動を中心として見てきた。第2次世界大戦後，完全に自動車後進国であった日本メーカーが，国内市場が狭隘であったために，海外市場に目を向け，当初は先進国以外の地域での輸出マーケティングを展開してきた点にまず焦点を当てた。そして，米国という自動車先進地に進出を図った当初は，ビッグスリーが製造・販売している以外の小型車というニッチ市場を対象とした。結果的に石油ショックや環境対応の規制等が日本車に味方したが，愚直に製品の改良を進め，マーケティング・チャネルの構築に傾注したことが，その後のトヨタの米国におけるプレゼンスの拡大へと結びついた。

　さらに米国でトヨタのプレゼンスが拡大するにしたがい，貿易摩擦の問題等で，輸出自主規制を行なわざるを得なくなった頃から，GMとの合弁生産，そして単独進出を実現してきた。国内でのマーケティングと異なり，労働者意識から顧客の購買行動の変化に至るまで，グローバル・マーケティングの場合は，さまざまなことに配慮しなければならない。一方で，グローバル規模での拡大が進むほど，当初のトヨタの理念が希薄化したり，共有できない社員も増加してきた。その対応として，21世紀初頭には「トヨタウェイ2001」を作成し，グローバル規模での社員意識の共有化を目指している。まさにトヨタの一連の行動は，活動する地域や企業の大きさは変化しても，常にまずは顧客，その次にディーラー，そしてメーカーであるトヨタ自身という順番には変化がないことを教えてくれる。

【注】
1） 乗用車とFOB1000ドル未満のトラックに，従来の関税に加え，10%の課徴金を課した。
2） 1980年11月にはITCは3対2の僅差ではあったが，輸入車増加と米国自動車産業の苦境には因果関係がないと判断した。
3） 基本合意は，①新型小型乗用車を生産する新会社を合弁で設立することが目的であり，それ以外の協力関係の樹立を意図しない，②新会社への出資比率は，トヨタ・GMそれぞれ50対50，③新会社はトヨタ・GM双方から半数ずつ任命される取締役により運営され，業務執行責任者である社長はトヨタが選出，④生産はカリフォルニア州フリモントの

元 GM の組立工場で行ない，生産する小型乗用車は前輪駆動方式の新型車とする，⑤生産は 1985 モデルイヤーのできるだけ早い時期に開始し，年産約 20 万台とする，⑥合弁の期間は生産開始後 12 年以内，という内容であった．
4）2010 年 4 月 1 日，NUMMI は 25 年間続いた車両生産活動を終了した．これまでの累計生産台数は 800 万台近くに達する（「トヨタ自動車ニュースリリース」2010.4.2）．
5）ケンタッキー工場は総投資額 8 億ドル，従業員約 3,000 人で，1,500 エーカーの敷地に年産 20 万台規模の乗用車組立工場および関連施設を建設，オンタリオ工場は総投資額 4 億カナダドル，従業員は約 1,000 人で，400 エーカーの敷地に年産 5 万台の工場を建設する計画であった．
6）マーケティング班と技術班の報告を突合し，高級車の条件を，①ステイタス感あるいはプレステージ感があること，②高品質，③下取時の価値の目減りが少ないこと，④高度なパフォーマンス，⑤高い安全性，とした．②④⑤には自信があったが，①③は工夫が必要だった．想定した顧客像は，「47 歳，専門職男性，年収 10 万ドル」であった．つまり，トヨタと明確に差別化した新チャネルの立ち上げは，マル F カーを成功させるためには絶対に必要な前提であった．（石坂［2008］pp.99-100）
7）Generation Y とは，いわゆる X 世代（1960～74 年生まれ）に続く，75 年以降に生まれた世代であり，両親とも戦後生まれの世代の総称である．
8）UOT は米国トヨタ社員とディーラーのトレーニングを継続的に発展させるため，98 年に設立された企業内大学である．各部門で開発された教育プログラムを一元化すると同時に，新しいコースを開発し，製品知識，販売プロセス，財務管理，マネジャーの育成など約 200 のプログラムの実務経験をもつ専任講師が教授している．

【文献案内】
　わが国の第 2 次世界大戦後の経済を支えてきた自動車メーカーのグローバル・マーケティングについて学ぶには，各メーカーの「社史」にまず目を通す必要がある．特に自動車メーカーの場合，これまでほぼ 10 年ごとに新しい社史が刊行されてきた．基本的には社史に共通するのは，経営史を網羅しているが，マーケティングについての言及は一部にとどまっており，さらにグローバル・マーケティングについては，ごくわずかしか割り当てられていない．しかし，トヨタ自動車販売［1980］，トヨタ自動車［1987］は，かなり自社のグローバル展開について言及している．また，ややジャーナリスティックな面はあるが，遠藤他［2002］，牧野［2003］なども全体を網羅しているといえる．
　特に自動車流通に的を絞ったものでは，塩地・キーリー［1994］，塩地［2002］『自動車流通の国際比較』（有斐閣），孫飛舟［2003］『自動車ディーラー・システムの国際比較』（晃洋書房）の 2 冊は参考文献として取り上げていないが，かなり深くまで踏み込んでいる．また，現場サイドにおいて，これまでトヨタのグローバル・マーケティングを手がけてきた池淵［1997］，楠［2004］などは臨場感がある．そして，大薗他［2008］や大石［2009］はこれまでの長期間に亘るトヨタのグローバル展開の強靱さを示す重要な文献であるといえる．

【参考文献】

池淵浩介［1997］「トヨタ式現場イズムの真髄：NUMMI」安室憲一・(財)関西生産性本部『現場イズムの海外経営』白桃書房。
石川和男［2009］『自動車のマーケティングチャネル戦略史』芙蓉書房出版。
石坂芳男［2008］『トヨタ販売方式』あさ出版。
岩崎尚人［2005］「ケーススタディ　トヨタ自動車」『経済研究』成城大学。
遠藤徹［2002］「トヨタの販売と輸出実績の足跡」岡崎・畔柳・熊野・遠・桂木『トヨタ自動車の研究』グランプリ出版。
影山僖一［1980］『現代自動車産業論』多賀出版。
大石芳裕編［2009］『日本企業のグローバル・マーケティング』白桃書房。
大薗恵美・清水紀彦・竹内弘高［2008］『トヨタの知識創造経営』日本経済新聞出版社。
楠兼敬［2004］『トヨタ北米事業の立ち上げの「現場」』中部経済新聞社。
小原博［1994］『日本マーケティング史―現代流通の史的構図―』中央経済社。
塩地洋・Keeley, T.D.［1994］『自動車ディーラーの日米比較』九州大学出版会。
鈴木直次［1991］『アメリカ社会のなかの日系企業』東洋経済新報社。
トヨタ自動車販売(株)社史編纂委員会［1980］『世界への歩み』。
トヨタ自動車［1987］『創造限りなく　トヨタ自動車50年史』。
日刊自動車新聞社編［1995］『自動車年鑑』。
日刊自動車新聞社編［1998］『自動車産業ハンドブック』。
日刊自動車新聞社編［2003］『変革の構図　トヨタ新成長戦略』日刊自動車新聞社。
林廣茂［1999］『国境を越えるマーケティングの移転』同文舘出版。
広瀬明［1985］「対米自動車輸出自主規制が国内自動車需要に及ぼす影響」『経営論集』明治大学，第33巻第2号。
牧野克彦［2003］『自動車産業の興亡』日刊自動車新聞社。
Tedlow, R. S.［1990］*New and Improved The Story of Mass Marketing in America*, Basic Book, Inc.（近藤文男監訳［1993］『マス・マーケティング史』ミネルヴァ書房。）

(石川　和男)

第10章

味の素㈱のグローバル・マーケティング

―美味しさと幸せを世界の食卓に届ける―

1. はじめに[1]

　味の素株式会社（AJINOMOTO KK）は，2009年3月現在，味の素㈱（本社・東京）と国内外の子会社133社と関連会社20社で構成される日本で最大級の総合食品企業グループである。事業活動は，調味料，加工食品，冷凍食品，油脂，飲料，飼料用アミノ酸，医薬用・食品用アミノ酸，甘味料，医薬中間体，化成品，医薬品，医療用食品などの国内外での製造・販売など多岐にわたっている。

　日本を含む世界22カ国・地域に20の事務所と22の主要な販売拠点，14カ国・地域に102工場（うち日本48）を配置している。全世界の従業員数は約2.7万人で，その内日本国内で約1.2万人である。日本人の海外駐在員は約250人である。

　事業体制として3つのカンパニー制をとっている。食品カンパニーとアミノ酸カンパニーは国内外の事業を統括している。医薬カンパニーは，ライセンス事業を除くと，国内中心の展開である。

　カンパニー制を縦軸とし，企業統治では，横軸に北米本部，ラテン・アメリカ本部，アセアン本部，欧州アフリカ本部，中国事業本部の5地域本部を設けている。地域本部の機能は，カンパニーを横断して地域内の全現地法人のHR，PR，法務，ファイナンス，品質管理，調査などのコーポレート機能の支援・統括，現地法人の管理・支援が中心である。

　2007年度の全世界の売上高は1兆2,166億円。国内外の売上比率は68%対32%で，海外比率が2002年の23%から急速に拡大している。国内の売上高は，過去5年間で，プラス10%の伸びに留まっているが，海外の売上高は約1.7倍に拡大した。

　2008年度は，世界同時不況の中で，業績が下がった。全世界の売上高は1兆1,904億円で，前年度比97.8%だった。特に海外売上が円高の影響で10%強の減少となっ

た。

　同業他社と比較する。08年度の売上高で見ると，国内では，キリン・ホールディングスが2兆3,035億円（海外売上比率27%），サントリー・ホールディングスが1兆5,129億円（同13%），アサヒ・ビールが1兆4,627億円（同3%）で，いずれも味の素㈱を超えている。しかし味の素㈱は，グローバル化の進展度では，30%前後で上の3社を抜いている。

　世界の食品ジャイアンツと比較するとどうだろう。08年のビッグ・ファイブは，ネスレ（スイス）の9兆3,600億円，ユニリーバ（イギリス―オランダ）の5兆2,200億円，ペプシコ（アメリカ）の4兆円，クラフト・フーズ（アメリカ）の3兆9,000億円，コカ・コーラ（アメリカ）2兆9,600億円である。

2. 味の素㈱の歴史と沿革[2]

(1) 創業は1909年である

　味の素㈱の歴史は，約100年前の1908年に池田菊苗博士（当時・東京帝国大学教授）が昆布のうま味の正体がグルタミン酸であることをつきとめ，特許の共同所有者になった創業者・鈴木三郎助（二代目）が翌年に工業化を始めたことがスタートである。うま味調味料「味の素」（一般名はグルタミン酸ナトリウム，略称はMSG）の誕生である。以下，商品「味の素」，英文表記ではAJI-NO-MOTOとする。一般発売の開始は1909年5月20日で，この日が味の素㈱の「創業の日」と定められている。

(2) 戦後，総合食品メーカーへ脱皮した

　戦後味の素㈱は，商品「味の素」の単品メーカーから総合食品メーカーに脱皮して，国内でトップの地位を確立した。

　1963年，アメリカのCPC社（現・ユニリーバ社）と提携して「クノール・スープ」を導入し，日本の家庭で「洋風スープを飲む」食生活を創造した。CPCからは商品戦略だけでなく，マーケティング戦略形成の内容やのステップなどの総

合的な知識が移転された。これが，味の素㈱を総合食品メーカーに導く大きなエンジンとなった。

　69年にアメリカを震源地とするMSG有害説が味の素㈱を襲い，企業消滅の危機に直面した。87年，世界保健機関（WHO）と世界農業食料機関（FAO）の合同専門家委員会（JECFA）がその安全性を最終的に確認するまで，味の素㈱は世界中で安全性の検証とそのPRに壮絶な企業努力を重ねた。

　味の素㈱の商品「味の素」依存度の縮小と総合食品メーカーへの進化がこの危機を契機に加速した。「味の素マヨネーズ」（68年），マーガリン「マリーナ」（70年），風味調味料「ほんだし」（70年），「味の素冷凍食品」（72年），中華合わせ調味料「Cook Do」（クックドゥ）（78年）などの調味料・加工食品を開発して新分野・新市場への参入を果たした。一方では，ゼネラル・フーヅ社（現・クラフトフーズ社）と合弁で味の素ゼネラル・フーヅ社を設立してインスタント・コーヒーへ（73年），カルピス食品工業社（現・カルピス社）へ資本参加して（90年）ソフト・ドリンク分野へ，それぞれ参入した。ここでもCPCとの経験（他社から学ぶ）が生かされた。

(3) グローバル化の歩みをたどる[3)]

　味の素㈱のグローバル化の歩みは，商品「味の素」のグローバル・ブランド化の歴史でもある。その努力が実り，今日家庭用と業務用ともに，商品「味の素」がうま味調味料で唯一のグローバル・ブランドとして不動の世界一の地位を築いている。

① 戦前からグローバル化を進めていた

　味の素㈱の海外進出の歴史は長い。1917年には早くもアメリカ・ニューヨークに事務所を開設して，商品「味の素」の輸出マーケティングを手がけた。しかし日系人家庭以外ではさっぱり売れなかった。他方では30年頃にはハインツ社やキャンベル社が商品「味の素」のうま味に注目して原料として採用した。業務用ではあったが，戦前に日本の工業製品の食品として，アメリカでのマーケティングで成功を収めたのは，唯一つ商品「味の素」だけだった。

　アジアでは，1914年を皮切りに30年代までに，当時の中国や満州（現・中国東北部），台湾そして朝鮮半島で家庭用，業務用ともに中華料理や朝鮮料理に不

可欠なうま味として定着した。中国で3つの生産工場を擁して拡大する需要に対応した。

② 戦後のグローバル化が実を結んだ

タイなどASEAN諸国へ：タイ味の素社の設立は1960年である。商品「味の素」は，1948年より輸入販売されていたが，1961年のタイ工場の稼動による供給体制の確立と販売体制の強化とともに爆発的に売れた。さながら「砂漠に水が浸み込むように無限に売れるようだった」。同年フィリピンとマレーシアでも発売され，やはり爆発的な支持を得た。インドネシアでの発売は70年である。ここでもたちまち必要不可欠の調味料になった。各国ともに最初の20〜30年間は，商品「味の素」の販売に集中した。

70年代後半以降はアセアン各国で，商品「味の素」の成功を土台にして次々と新しい商品分野を開拓すべく多様な商品ブランドを開発・発売して，成功を積み上げた。かくしてアセアンは，味の素㈱の海外食品ビジネスの最大の柱に成長した。中でもタイが拡大・成長のリード役を担った。

07年度のアセアン地域の推定売上は約1,300億円。家庭用食品が75％である。

ブラジル・ペルーへ：ブラジルへの味の素㈱の進出は1956年である。ブラジルでは，肉類が食生活の中心で，これらの食品にはもともと「うま味」であるグルタミン酸が豊富に含まれていることもあって，日系人以外には商品「味の素」の普及は遅々として進まなかった。68年に設立したペルー味の素社は，南米のインディオの米と野菜中心の食生活に商品「味の素」を浸透させることに成功した。

ブラジルでの本格的な家庭用ビジネスは，商品「味の素」の成分であるMSGをベースにして開発した家庭料理用（肉類が中心）の風味調味料の「大成功」によってその基盤を形成した。現在はタイに次いで味の素㈱の海外食品ビジネスを支える大きな柱に育ちつつある。

中南米の07年度の推定売上は550億円。家庭用・外食用食品で4割，アミノ酸などで6割である。

アメリカへ：ブラジルと同じく1956年，ニューヨーク味の素社（現・アメリカ味の素社）を設立し商品「味の素」を家庭用に普及させる挑戦を再開した。しかしアメリカ人の食生活も肉類や乳製品などが中心であり，またブイヨン等の風味調味料が普及していたこともあり，家庭用の商品「味の素」の市場開拓は苦難の連続だった。

味の素㈱は，戦前から培ってきた加工食品用（スープ類など）と外食用（中華料理店など）などの業務用調味料として商品「味の素」と化成品用のアミノ酸や飼料用のアミノ酸（リジン）のビジネス機会を拡大し，80年代にはB2B分野（企業間のビジネス）でアメリカでの強い経営基盤を確立した。

アメリカでの本格的な消費者向け加工食品ビジネスは，00年に日本資本の現地企業をM&Aして設立したアメリカ味の素冷凍食品社（オレゴン州ポートランド）が本格的なスタートである。

北米での07年度の推定売上高は約500億円で，アミノ酸，飼料用アミノ酸，加工食品用調味料が全体の90%を占める。残りが家庭用・外食用商品である。冷凍食品は，推定約50億円のビジネスに成長している。

ヨーロッパ・アフリカへ：1954年パリに駐在員事務所を開設することから始まった。61年にはドイツ味の素社を設立した。アメリカと同じく，商品「味の素」の家庭用の販売は苦戦している。

欧州でも74年から飼料用のアミノ酸や加工食品用の商品「味の素」や甘味料「アスパルテーム」などのB2Bに活路を見出し，90年代の後半までに欧州内で確固としたビジネスを確立した。

欧州での家庭用の食品ビジネスは最近その端緒についたばかりである[4]。03年に買収したポーランド現地企業の事業（即席麺「サムスマク（SAMSMAK）」）をベースにしたポーランド味の素社および2008年に設立した味の素コンシューマープロダクト社（フランス）が中心になって，ビジネス構築を進めている。

西アフリカ諸国では，ナイジェリアを拠点に商品「味の素」の販売が急成長しており07年度で推定約100億円の業績である。年+20%台の伸長が今後とも続くと期待される。

欧州・アフリカ地域の07年度の推定売上は約1,150億円。家庭用・外食用商品が15%程度である。アミノ酸などが残りを占める。

(4) グローバル化を推進する味の素㈱の強みと課題[5]

① 味の素㈱の強み

最大の強みは，その世界最高水準のアミノ酸技術にある。国内の研究所の他に，ロシア政府との合弁で「味の素ジェネティカ・リサーチ研究所」をもち，新しい

発酵菌株の開発などを続けている。その成果を利用して発酵の生産性を高め，最高級の品質で，そして圧倒的なコスト競争力で，MSG を含む各種アミノ酸とその関連製品を全世界で生産している。

MSG の世界市場の規模は年間約 200 万トンである。味の素㈱による MSG の全世界生産量は，08 年度推定 60 万トンで世界市場の約 30%を占め，シェアはナンバーワンである。中国の現地メーカー，大小合わせて 100 社超が合計 100 万トン弱を生産している。その他，韓国，台湾，インドネシアなどのメーカーが生産している。

味の素㈱の MSG のグローバル・サプライ・チェーンを 2 番目の強さとして要約しておきたい。日本国内では MSG を生産していない。アセアンとブラジルから MSG の中間体の供給をうけて，国内で精製し商品化している。

アセアンが味の素㈱の MSG の総生産量の 50%を担っている。タイとインドネシアが主要な生産国である。原料は現地特産のサトウキビとタピオカである。アセアン域内と，日本，東アジアの市場に供給している。

ブラジル・ペルーが第 2 の生産・供給拠点で，30%を担っている。中南米域内はもとより，日本，アメリカ，欧州，西アフリカへの供給基地である。原料はサトウキビである。

アメリカとフランスで合計 20%を生産し，それぞれ域内の需要を賄っている。原料は両国共にコーンと砂糖大根を使っている。

味の素㈱は全世界で，60 万トンの MSG を販売している。約 24 万トンを商品「味の素」として食品メーカーに，約 27 万トンを商品「味の素」として家庭用に，それぞれ販売している。約 10 万トンは風味調味料や，スープ，即席めんなど各国独自の加工食品のうま味素材として利用している。商品の加工度が高いほど，利益率は高い。

3 番目の強さは，加工食品の海外生産・供給基地をもっていることだ。中国，タイ，アメリカである。中国とタイでは主として日本市場向けの冷凍食品を生産している。一部は現地市場や欧州にも供給される。

中国では野菜類，餃子やハンバーグ，焼き鳥用のチキンなど中心に自社工場で生産して日本に供給している。国内の加工食品売上の 30%近くが中国産である。タイではチキン，豚肉，そしてエビを活用した加工食品である。アメリカではスープ商品用のコーンパウダーを生産し，ブラジル，アセアン諸国，日本などに供給している。

② 海外食品ビジネスの特徴と課題

　海外食品ビジネス，主として家庭用・消費者向けである（B2C）分野は，近年急速に業績を伸長させ，味の素㈱の全世界売上高の13％を占めるまでに成長している。しかし，その売上業績（13％＝100％）はアジア（77％）と中南米（15％）に集中しており，そこでは各商品分野のリーダーであるが，アメリカ（1％）[6]，ヨーロッパ・アフリカ諸国（7％）などの市場開拓が今後の課題である。

　アメリカやヨーロッパでのB2B分野で，加工食品用調味料や飲料・菓子類用の甘味料が，食品・飲料・菓子・化粧品のグローバル・ジャイアンツ企業（ネスレ，ユニリーバ，コカ・コーラ，リグレイ，P&Gなど）に原料として販売されている。B2Bではビジネス・パートナーでありつつ，B2Cでは強力なコンペティターでもある。これらの企業が圧倒的に強い欧米の先進市場で，味の素㈱の家庭用ビジネスは端緒についたばかりである。

3. 食品カンパニーのグローバル化に焦点をあてる

（1）カンパニーの業績をレビューする[7]

　「世界の食卓においしさと健康を届ける」。これが食品カンパニーの使命である。国内食品ビジネスでは調味料や加工食品，冷凍食品，油脂，飲料，甘味料，健康基盤食品などの分野で数多くの商品ブランドを取り扱っている。海外食品ビジネスについては後ほど詳しく述べる。

　国内の食品ビジネスは，2002年度以降5年間連続して年平均で約100億円強ずつ売上を伸長させ，さらに07年度と08年度の2年間は200億前後の売上伸張を達成した。08年度の売上高は約6,540億円である。

　海外の食品ビジネスは08年度，マイナス成長で1,488億円の売上である。05年度から07年度までの2年間でそれぞれ，282億円，278億円の売上伸張を実現したが，08年度は円高のために失速して67億円の売上減となったためである。

　営業利益額では07年度に国内食品と海外食品が拮抗し，それぞれ157億円（対前年マイナス120億円）と149億円（同プラス48億円）である。08年度には，国内の営業利益が海外を55億円上まわった。

(2) 国内では緩やかな成長を目指す[8]

国内の食品ビジネスは，不景気による消費減退と少子高齢化による食品需要の減少というネガティブなマクロ環境の中にあり，技術開発の成果を反映させた既存商品ラインの高付加価値化の他に，新しい商品分野への参入とM&Aによる緩やかな拡大を志向している。また大幅なコスト削減を達成するために，エネルギーや原材料の全世界的な共通仕入れ体制を急速に整備している。

国内食品ビジネスの既存の主要商品分野では，今後市場の大きな成長は期待できないようだ（図表10-1）。商品ブランド別では，商品「味の素」，風味調味料「ほんだし」，「クノール・スープ」，中華調味料「Cook Do（クックドゥ）」などが当該分野で1位，マヨネーズ「ピュアセレクト」は2位である。既存ブランドでは高付加価値化とコスト削減努力によって収益性の向上を実現すること（ミルキング戦略）が不可欠になっている。

図表10－1　商品分野の市場サイズ（日本国内）

(単位：億円)

（年度）	2008	2007	2006	2005	2004	2003	味の素㈱ブランド
うま味調味料	80	79	80	85	85	90	「味の素」「ハイミー」
和風だしの素	456	413	409	417	446	456	「ほんだし」
コンソメ	130	124	124	124	118	105	「味の素KKコンソメ」
スープ	925	928	911	780	755	750	「クノール」
マヨネーズ	503	465	427	422	450	470	「ピュアセレクト」
中華調味料	452	446	435	459	448	471	「CookDo」

（出所）味の素㈱ホームページ「決算短信」各年度版他。

(3) 海外ビジネスは現地対応のグローバル化で急成長を実現する

国内市場の縮小が止まらなくなった今，食品カンパニーの長期的な成長・発展は，海外ビジネスにますます依存することになる。その2本柱であるアセアンと中南米での食品ビジネスを深掘りする。

(4) 最大の成長エンジン，アセアンでの食品事業[9]

2007年度でみると，アセアンでの食品ビジネスが海外食品ビジネス全体1,555

億円の約 7 割を占め，しかも成長率が高く，文字通り最大のエンジンである。中でもタイの食品ビジネスの規模は推定約 655 億円で地域全体の約 7 割である。

① 「タイの成功モデル」

タイ味の素社の成功経験が，他のアセアン諸国やブラジルなどの味の素社に横移転され海外食品ビジネスの拡大・成長のベンチマークになった。

商品「味の素」の大成功が，その後のさらなる成長への経営・マーケティングのインフラを整備してくれたのである。「AJI-NO-MOTO」が家庭の日用語になり，AJINOMOTO KK への「安心・安全・信頼」のエクイティが確立した。そしてロジスティクスや小売網の整備ができた。

このインフラの上に 70 年代から次々と新市場を創造し，商品ブランドを増殖して成功を重ねた。商品「味の素」の次に，即席麺「ヤムヤム」(73 年) と風味調味料「ロッディー」(79 年) をいち早く導入して成功し，タイで第 1 位の食品メーカーに成長した。90 年代に入ってからは冷凍食品 (91 年)，缶コーヒー「バーディ」(93 年)，乳製飲料「カルピコ」(98 年) の新分野へ，2000 年代の初頭には甘味料「ライト・シュガー」(03 年) とスープ「ボーノ」(04 年) も発売して総合食品メーカーへ脱皮し一段と成長した。これを「タイの成功モデル」とよんでいる (図表 10-2)。

② 以下でタイの成功モデルを詳しく説明する

先ずグローバル・ブランド，世界標準品である商品「味の素」を国内の隅々まで売り歩き，主婦や外食店主などの強い支持を獲得する。新市場・新需要の創造だ。商品「味の素」が，人々の日用言語になり，親しみと馴染みの対象となり，やがてそのブランドと提供する味の素㈱への信頼につながる。

その強い支持にむけて，一段と加工度が高く，したがって付加価値も高い風味調味料やメニュー調味料を提供する。現地の食生活に学び用途・味・パッケージ・情緒などを全て現地化した (Localize = 後述する AI 移転) 商品開発である。素材は現地の食生活で多用されるチキンやポークで，それに商品「味の素」を塗りこめた複合調味料である。経済成長のおかげで所得が増えた消費者がこの高級調味料を購入してくれる。

その支持の上に，さらに一段と付加価値が高く，「食」そのものである即席めん，洋風スープ，冷凍食品を加える。ダイエットにもよい甘味料も提供する。こ

図表10-2 アセアン・中南米での

		タイ	フィリピン	マレーシア／シンガポール
現地法人設立年		1960年	1958年	1961／1973年
商品ライン	ソフト・ドリンク（含粉末）	バーディ（93）(Birdy) カルピコ（98）(CALPICO)	フレスシー（03）(FRES-C)	（－）
	甘味料	ライト・シュガー(03)(Lite Sugar)	パル・スイート（99）(PAL SWEET)	パル・スイート（89）(PAL SWEET) スリム・アップ（00）(SLIM UP)
	加工食品（含スープ／即席麺／冷凍食品など）	ヤムヤム（73）(YumYum) 冷凍食品（91） ボーノ（VONO）（04）	クリスピー・フライ（03）(CRISPY FRY)	ボーノ（05）(VONO)
	風味・メニュー別調味料	ロッディー（79）（03）（04）(ROSDEE) タクミアジ(Takumi-aji)（05）	ギニサ（91）(Ginisa) サバウ（03）(Sabaw)	アジ・ミックス（94）(AJI-MIX) セリ・アジ（96）(SERI-AJI) ツミックス（03）(TUMIX)
	うま味調味料	商品「味の素」(62)(AJI-NO-MOTO) 「味の素プラス」(85)(AJI-NO-MOTO Plus)	商品「味の素」(62)(AJI-NO-MOTO) アジシオ（99）(AJI-SAL)	商品「味の素」(62)(AJI-NO-MOTO) 味液（71）(AJI-EKI) アジシオ（78）(AJI-SAL)

（出所）味の素㈱『Corporate Brochure』2008年などを基に，筆者作成。
＊上記の国々のほかに，タイ味の素社，マレーシア味の素社，シンガポール味の素社を通
　タイ味の素社から，カンボジアへ。マレーシア味の素社から「ジャキムハラル」の承認
　シンガポール／インドネシア味の素社からパキスタン，バングラディッシュへ。

主要商品ブランド

インドネシア	ベトナム	インド	ブラジル	ペルー
1969 年	1991 年	2003 年	1956 年	1968 年
カルピコ (95) (CAL PICO) カルピコ・ソーダ (96)(CALPICO Soda) バーディ (97)(Birdy) カルピコ・ミニ (06)(CALPICO MINI)	(-)	(-)	ミッド・リフレスコ (00)(MID Refresco) フィット・ダイエット (05)(FIT Diet)	(-)
(-)	(-)	(-)	ミッド・シュガー (99)(MID Sugar)	(-)
(-)	食酢「リサ」(04) (LISA Vinegar) マヨネーズ「リサ」(05)(LISA Mayonnaise)	(-)	カップ・ヌードル (75)(CUP NOODLE)(日清食品と合弁) ボーノ (05)(VONO)	アジノメン (02)(04)(Aji-no-men)
マサコ (89)(Masako) サジク (99)(Sajiku) サオリ (05)(Saori)	アジゴン (00)(Aji-ngon) ホット・ティット・ヘオ (04)(Hat Thit Heo)	(-)	テンペロ・サゾン (88)(Tempero Sazon) ほんだし (78)(HON-DASHI) カルド・サゾン (01)(Caldo Sazon)	アジノ・シジャオ (79) AJI-NO-SILLAO ドニャ・グスタ (01)(Dona Gusta)
商品「味の素」(70) (AJI-NO-MOTO) アジ・プラス (86) (AJI-PLUS)	商品「味の素」(93) (AJI-NO-MOTO) アジ・プラス (97) (AJI-PLUS)	商品「味の素」(03) (AJI-NO-MOTO)	商品「味の素」(78) (AJI-NO-MOTO) アジシオ (82)(AJI-SAL) サボーラミ (87)(Sabor ami)	商品「味の素」(69) (AJI-NO-MOTO)

して周辺各国に商品「味の素」を輸出販売している。
を得て，サウジアラビアなどの中近東のイスラム諸国へ。

れらの商品は日本に原型があり，それを味やパッケージなどを現地適応化して（Adapt）市場に送り出した。

家庭内消費向けのこれら商品のターゲットは主婦などの女性だが，家庭外消費では男性もターゲットにした商品が必要である。男性も購入すればビジネスが一気に拡大する。その武器がソフト・ドリンクであり，缶コーヒー，粉末ジュース，乳製ドリンクである。これらの商品が連続して発売され，味の素㈱は成長を持続した。

販売力の強さも特筆できる。08年5月時点ではこうである。全国の伝統的なウェット・マーケットを36の販売拠点から全てカバーしている。このチャネルで，卸売り経由を含め，売上の7割を稼ぐ。販売は現金直売で焦げつきなし。販売チームは2人1組で全国350チーム，事務員などを含めて全国で830人の大販売部隊である。残りは大型量販店ルートでの販売で，味の素㈱の販売社員が直接カバーしている。

タイでの食品ビジネスの推定売上構成比は，うま味調味料30%，缶コーヒー30%，風味・メニュー別調味料20%，加工食品13%である。

(5) 拡大を続ける中南米での食品事業[10]

① ブラジルでの成長期のスタート

ブラジルの食品ビジネスは，1995年に長年続いたインフレが終息したおかげで，成長への閾値(いきち)をこえた。閾値とは，それをこえると急速に成長を始めるある時点のことで，インフレ後の経済の急成長で国民の所得があがり，加工食品への需要が急拡大し，市場が活性化して味の素㈱の食品ビジネスの追い風になった。それでも99年までの4年間は，食品ビジネスの業績は高原状態だったが，00年に入って急成長が始まった。最大の牽引車は，ブラジル人家庭で日常的に調理される肉類料理用に現地化対応で開発された風味調味料「サゾン」（88年）である。その売上が急成長した。

② 商品ブランドの増殖（Proliferation）が続いている

その後発売した「サゾン」のライン拡張商品（01年）のほかに，甘味料「ミッド・シュガー」（99年），粉末ジュース「ミッド・リフレスコ」（00年），グローバル・

ブランドのスープ「ボーノ」(05年) などの新市場創造型商品を，本格的な統合的マーケティング支援 (IMC=Integrated Marketing Communication) を行なって成功に導いた（図表10-2）。

③ 全国をカバーする販売部隊と代理店網の整備

全国約15万のPOP（店頭拠点）を直販チームと70の代理店を使ってカバーしている。自社の販売部隊は約250名である。

最大の都市サンパウロで，サンパウロ販売部の直販チームが160の広域量販店を，そして代理店2社と共にスーパー32店をカバーしている。サンパウロ州全域では地域1チームが17代理店を動かして3万7,200 POPをカバーしている。州全体で食品売上の40%を占める。売上の60%は地方販売部があげている。地域2～地域4までのチームが，51代理店を通してサンパウロ州以外の全国25州で11万2,400 POPをカバーしている。

④ ビジネスの急成長が続いている

07年度，食品ビジネスの推定売上高約220億円の構成比は，風味調味料が65%で最大である。粉末ジュースが20%と続いている。風味調味料は，競合するユニリーバやネスレを抑えて約40%のトップシェアを維持している。その売上高は98年度から07年度の9年間で約5.5倍に拡大した。

(6) グローバル化の特徴を抽出する

① 東アジアと熱帯・亜熱帯ベルトの国々での文化環境の共通性

商品「味の素」が成功した国々には，宗教や食生活の共通点が観察される。日本を含む東アジアでは仏教が文化の底流としてあり，穀類，野菜，魚介類が食の中心素材であるという共通性がある。アセアン，南アジア，中近東，東西アフリカの多くの国々では，仏教またはイスラム教が信仰されており，ここでも食の中心素材が東アジアと共通している。ペルーでも，宗教の共通性はないが，食生活は米，野菜，魚介類が中心である。

商品「味の素」が成功した国や地域は，東アジアを除いて，地球を一周する熱帯・亜熱帯のベルト地帯（赤道をはさんで南北回帰線の内側）に集中している。

このベルト地帯には今でも 1960 年代のアセアン諸国がそうであったように，経済発展段階が低く人々の所得も低い国々が多い。米と野菜中心の食生活であるため，肉類の味（Meaty Taste）が得られず，その代替として「うま味」を提供する商品「味の素」が重用される。

人々の所得水準が向上する時期と平行して 1980 年代以降，商品「味の素」に続いて，より付加価値が高い風味調味料や加工食品へのニーズが拡大した。味の素㈱はそのニーズに先行的（Proactive）に対応して新商品を次々に発売し，新市場開拓・新需要創造のパイオニアとなった。タイを皮切りに，インドネシア，マレーシア，ペルーなどでも，総合食品メーカーへの道を突き進んだ。

② 文化環境の差異性とブラジルでの成功モデル

ブラジルの食品ビジネスの発展は「タイの成功モデル」通りではなかった。食生活は肉類が中心で，商品「味の素」の成功条件を満たしていなかったからだと考えられる。

一方では，アセアン諸国で商品「味の素」に次ぐ主要商品に育てあげた風味調味料用の統一コンセプト，「それぞれの国の独自で不可欠な家庭料理（日本ではみそ汁や煮つけなど）を一段と美味しくする調味料」をブラジル化した「サゾン」（牛肉や鶏肉の風味）を導入して，食品ビジネスの急成長を実現した。そのベースの上に，商品分野と商品ブランドの多角化を積み上げている。「タイの成功モデル」の変更版である。

③ 欧米では新たな成功モデルの創造が必要だ

商品「味の素」を導入したが「タイやブラジルの成功モデル」が当てはまらなかったアメリカや欧州では，「新しい成功モデル」を創る必要がある。

アメリカ味の素冷凍食品社が「新しい成功モデル」を創りつつあるのではないか。日本文化そのものである日本食の「日本ならでは，日本らしい」という「心」を中心に据えて，「味や見栄え，パッケージ」の「形」をアメリカ適応化した冷凍の調理済加工食品を提供することでビジネスを拡大している。つまり，「日本の心は変えないで形をかえる」現地適応化である。

ビジネス拡大の背景には，アメリカでの食の日本化（Japanization）やアジア化（Asianization）現象の急速な広がりが追い風としてある。「クール・ジャパン（Cool Japan）現象の拡大」に象徴されるように，日本文化の受容性が高まっているのだ。

取扱商品ラインは，ライス類（チャーハン，白米飯，玄米飯など），ギョーザ・シューマイ，パック類（牛丼，焼肉丼，照焼チキン丼など），そしてミール・キット類（「中華料理＋ごはん」など）である。ギョーザやチャーハンなど，もともとは中国の「心と形を備えた」食が，日本食化されている。その「日本食らしさを保った現地適応化」が支持を広げている。

欧州では，まだはっきりとした「成功モデル」の姿が見えない。日本文化の受容性が急速に高まっている中，日本やアジアの食の「心」を，欧州の人々が受け入れる「形」にどう展開するか。今後に期待したい。

4. 食品カンパニーのグローバル・マーケティングの一般化・普遍化を試みる

(1) 林の「マーケティング知識の移転モデル」[11]

味の素㈱食品カンパニーの「グローバル・マーケティングとその管理の過去・現在・今後の方向」を，「林の移転モデル」であるマーケティング知識の移転ミックスの4P（ProductとBrand, Program, Process, People）にそって分析・展望する。

マーケティングの知識として移転するのが上の4Pの戦略である。移転のコアはプロダクト戦略やブランド戦略である。例えば，トヨタのセダンであるカローラ，うま味調味料の商品「味の素」などのことだ。広告や販促，流通や価格といった具体的なマーケティング投資や支援のプログラム戦略を実践する。そのプログラムを開発・立案・実践するための手法・技法，ステップなどがプロセス戦略である。マーケティング知識はピープル，人から人へ移転される。

(2) AI移転とSA移転のモード

移転のモードでは，移転ミックスの4Pを自社が外（海外）から移転（学ぶ）することをAI移転とし，採用と模倣，応用と革新，習熟と創造の3ステップのいずれかまたは全ての戦略を経て競争力があるマーケティング知識の競争力を習得する。自社が外（海外）に移転（進出）することをSA移転とし，標準化および・または適応化の戦略を採用する。

(3) SA 移転の2アプローチと AI 移転の3アプローチ

商品戦略を例にとる。商品タイポロジー（類型）で文明（Culture-free）商品と文化（Culture-bound）商品にわける。自動車・家電などは文明商品で，日本発の「形_{かた}」（機能や性能の優劣で差別・優位性が評価される）を変えないで，「心_{こころ}」（情緒・心理や自己表現の満足度の違いで差別・優位性が評価される）を変える現地文化への適応化（SA 移転の適応化）が中心となる。

食品や化粧品などの文化商品は，日本発の「心」（「日本ならでは，日本らしさ」など）を変えないで，「形」（味，香り，パッケージ，形態など）を変える現地文化への適応化（SA 移転の適応化）が主である。

どちらも変えない場合は標準化移転である。

文明商品，文化商品いずれでも，外国，他社，現地など外から学んで「心」も「形」も最初から現地で開発するのが AI 移転である。

以下，味の素㈱のマーケティング知識の移転の 4P を順に検証する。

(4) プロダクト戦略の移転

① プロダクト戦略の原則

どの国でも食は独自文化そのものであるから，現地の「心」に学び，その「心」が求める「形」を創造することが，味の素㈱が現地で実践する商品開発の基本プラクティスである。

かつては現地一国主義だったが，現在は各国主導型をベースに本社・海外食品部が各国に「支援」を行ない，各国と「協議」のうえ「決済」する。商品開発プロセスはグローバル標準化を進めているが，プログラムである「開発する商品」は現地法人主導による SA 移転の適応化または AI 移転である。

② タイの成功モデルを読み解く

グローバル・ブランドを標準化移転する：図表 10-3 の左上の象限（A）。グローバル企業ブランドである味の素㈱のロゴ「AJINOMOTO」やスローガン「あしたのもと（A taste of the future）」，グローバル商品ブランドである商品「味の素（AJI-NO-MOTO）」，海外でのスープ・ブランド「ボーノ（VONO）」，風味調味

第10章　味の素㈱のグローバル・マーケティング　195

図表10－3　タイでのプロダクト戦略の移転（AIとSAの複合的組合せ）

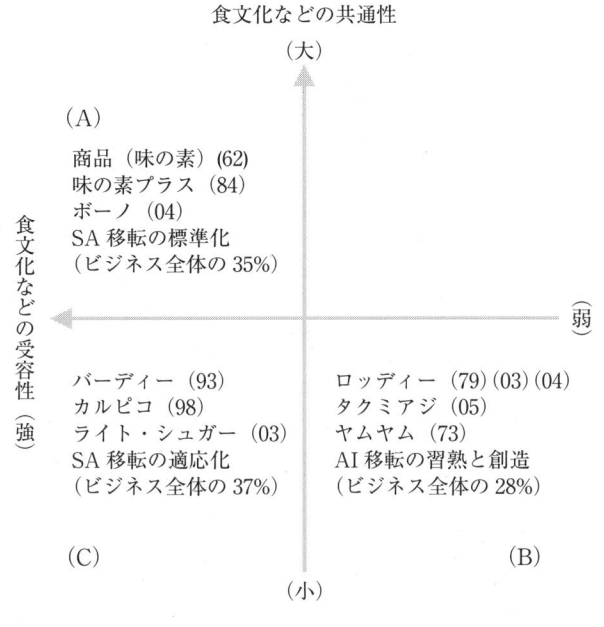

食文化などの共通性
（大）

(A)
商品（味の素）(62)
味の素プラス（84）
ボーノ（04）
SA移転の標準化
（ビジネス全体の35%）

食文化などの受容性（強）　←　　　　　　　　　　→（弱）

バーディー（93）　　　　ロッディー（79）(03)(04)
カルピコ（98）　　　　　タクミアジ（05）
ライト・シュガー（03）　ヤムヤム（73）
SA移転の適応化　　　　　AI移転の習熟と創造
（ビジネス全体の37%）　（ビジネス全体の28%）

(C)　　　　　　　　　　　　　　　(B)
（小）

（出所）筆者作成。

料「ほんだし（Hondashi）」などのグローバル・ブランドは本社が一元管理している。現地適応化の余地はない。日本でのスープ・ブランドは「クノール（Knorr）」である。

　また，商品「味の素」の「料理を一段とおいしくするうま味（Umami）」（Savory Taste）という「味の形」は世界標準化されている。しかし「商品の形」を一部変える適応化はおこなっている。商品「味の素」は粒のサイズや容量について，「ボーノ」では味や具材について，国によって適応化している。

　タイ独自の風味・メニュー別調味料を現地で開発する：図表10-3の右下の象限（B）。タイ独自（ならでは）の食生活にフィットするように「家庭料理用」に開発される。風味・メニュー別調味料はタイの独自ブランドである（図表10-2を参照）。タイで，現地法人であるタイ味の素社が競合他社に先駆けて開発して新市場を創造し，圧倒的なトップシェアを維持している。AI移転の習熟と創造のステップで，第一位参入かつベストな（First-and-Best）商品開発とマーケティングのプラクティスである。現地の食生活に学び，「現地の心に沿って」コンセ

プトをゼロから現地法人が主導して開発し,「心」も「形」も現地商品である。
　自社に無いものを他社や現地に学ぶ,味の素㈱の知識創造の真骨頂が海外でも繰り返されている。この風味調味料のAI移転による開発プラクティスは,「ロッディー」(79年)を皮切りに,ますます高付加価値で洗練度を高めながら,インドネシア,フィリピン,ベトナムなどアセアン一円に,さらにはブラジルの「サゾン」(88年, 01年)やペルーの「ドニャ・グスタ」(01年)まで横に移転した。一巡してまたタイやインドネシアの新商品開発に利用されている。アップ・スパイラルでシナジーなAI移転が進行している[12]。
　日本に原型がある加工食品を適応化移転する:図表10-3の左下の象限(C)。缶コーヒー「バーディ」(93年),乳製飲料「カルピコ」(98年),甘味料「ライト・シュガー」(03年)などは,技術のオリジンと商品の原型が日本にあり,「日本らしい」といった「心」を残しながら,「形」つまり「パッケージ,味や甘さなどレシピ」はSA移転の現地適応化である。この適応化プラクティスは,タイ以外のアセアン諸国やブラジル,ペルーでも即席めん,マヨネーズ,カップ・ヌードルなどで成功裏に進化している。

③　プロダクト戦略の一般化

　食品カンパニーのグローバル商品戦略を整理すると以下のように一般化できるだろう。商品戦略は先ず,国や地域の環境要因,特に食生活に合わせてSA移転とAI移転を複合的に組みあわせして最適化している。そしてその戦略の移転は日本⇔現地の上下の双方向だけでなく,現地(A)⇔現地(B)の横の双方向でも移転して常に改善・向上をアップ・スパイラルに実現している。
　熱帯・亜熱帯ベルトに位置するタイ,インドネシア,ペルーなどの国々では,タイの成功モデルの(A)→(B)→(C)のステップで成功裏に商品ラインの多角化が進行した。(A)の商品「味の素」は,標準化移転で大多数の家庭で不可欠の調味料になっている。(B)の風味調味料。食文化に差異性がある,つまり素材は共通しても独自の調理の仕方や味付けが違っている分野では,AI移転による現地向けの独自商品の開発が進んだ。やがて(C)の段階では,日本の食や日本人のライフスタイルの受容性が高いことを利用したSA移転の適応化商品が市場に導入される。
　ブラジルに代表されるように肉製品が食の素材である市場では(B)→(C)のステップで商品の導入が成功裏に進んだ。

アメリカ市場では（A）（B）共に成功しておらず，現在（C）のアプローチによる冷凍食品事業が成長しつつある。「日本らしさの心」を強く全面に打ち出し，「味の形」は現地適応化の食品の人気が急速に高まっている。欧州市場では，どのような食の「形」が「日本らしい心」を伝えるのかがまだ見えていない。

④ 技術の移転

プロダクト戦略に不可欠な製造・生産技術は，日本から標準化＋適応化の組みあわせ移転である。たとえば風味調味料では，「MSGと生肉などのエキスを顆粒状にする製造技術とその大量生産技術」のことである。中華料理，即席麺，冷凍食品などの技術も日本から現地に移転される。

これらの技術が日本からまず標準化移転され，各国主導の商品コンセプトに沿って「食品レシピに落とし込む，つま現地消費者のニーズやウォンツを満たすベネフィットに翻訳する」技術の適応化は現地で実施される。

(5) プロセス戦略・プログラム戦略の移転[13]

① プロセスは標準化，プログラムは現地主導

2000年頃まではマーケティング・プログラムの4P（Product, Promotion, Place, Price）の立案プロセスや実行は，各国一任で，本社はただ「稟議」決裁するだけだった。現地一国主義だった。

現在は，マーケティング戦略の立案プロセスは，世界統一マニュアルによる標準化管理に進化している。つまり，トランス・ナショナル（Trans-National）にマーケティング知識の共有化を推進しながら，戦略形成プロセスはマニュアルに沿う標準化，立案される戦略プログラムは各国主導でSA移転とAI移転の複合的組みあわせを実践している。商品開発のプロセスとプログラムはプロダクト戦略で記述した。

世界統一マニュアル「AJINOMOTO MARKETING MANAGEMENT MANUAL」は英文で書かれている。以下のマーケティング管理の諸領域を詳細に網羅している。ブランド管理，市場調査，マーケティング計画，新商品開発，パッケージ開発，広告と販促，財務管理。

② 複合的なマーケティング管理

本社によるマーケティング管理は，一元的でなく複合的であると上で述べた。

マーケティング計画の作成と実践：各国の各ブランドのマーケティング計画は，各現地法人が本社スタッフの支援をうけながら策定し，本社の了解を得て実践に移される。各商品ブランドの価格設定が特に大切である。国毎に所得水準が違っても，その国の家計費の中から支払える価格（Affordable Price）を設定する必要がある。

本社の役割：本社・海外食品部に，①商品「味の素」，②風味調味料や液体調味料，③スープおよび加工食品の3つのビジネス・ユニットがあり，各ユニットが全世界の現地法人の該当する商品分野の担当者を支援している。

また，現地と本社間の「主導と支援」だけでなく，アセアンなどの地域内や地域外現地法人同士のプロダクト戦略やプログラム戦略の横への移転についても本社の「ガイダンスや調整機能」の比重が高まっている。

ブランド・マネジメント体制：現在整備途上にある。グローバル・ブランドの一元管理は「プロダクト戦略の移転」で述べた。リージョナル・ブランドやローカル・ブランドのマネジメントは，各現地法人が主導し，本社・海外食品部の3つのビジネス・ユニットの担当ユニットと協議しながら実行する。

未整備ながら，グローバル・ブランドや各国のローカル・ブランドを問わず，ブランド・エクイティを構築するための統一したブランド・フォーマット「AJINOMOTO Brandspoon」を全世界で活用し始めている。

「ブランドスプーン」は，商品ブランドごとに「コア・バリューを定め，それを支えるいくつかのブランド・エクイティ次元（差別化やパーソナリティー要因，機能・性能と情緒・心理ベネフィットなど）での競争力を明示的・デジタル的に定義し，ブランド・マーケティングの実践の場で，その競争力を発揮させるための戦略フォーマット」である。

(6) ピープル戦略の移転[14]

2008年3月現在，5地域本部の長は日本人，現地法人のマーケティング部門の部門長など多くの部長も日本人である。現地法人の経営幹部のピープル戦略は，かなりの程度に日本人中心主義（Ethnocentric）だと思える。

他方，各国での使用言語はマーケティング部門では英語で，営業部門では現

地語である。現地法人に派遣される日本人（Mother Country Nationals: MCNs）は，英語の他に現地語の習得を義務づけられる。そして現地の心が分かる「現地専門家」になることを求められている。

　MCNs（日本人）は，味の素㈱のマーケティングに習熟した経験知をもっており，標準化マニュアル（Process）に沿いつつ現地人スタッフ（Host Country Nationals: HCNs）の経験知に学びながら，各国で最適マーケティング・プログラムを立案・実践し業績目標を達成するミッションをもっている。

　MCNs（日本人）のピープル移転は，（本社→現地 <A> →本社 − 現地 <B> →本社）と（本社→現地 <A> →現地 <B> →本社）の２通りのパターンが多い。

　HCNs（現地人）スタッフが現地 <A> ⇔現地 <B>，現地⇔本社でピープル移転することは，短期間の研修を除くと，まだ少ないようだ。しかし，それぞれの現地法人で役員や部課長の幹部クラスについている HCNs スタッフは多い。彼らは例外なく，長年勤務していて忠誠心が高く，味の素㈱に勤めていることに強い誇りを持っている。

　日本の世界本社の役員クラスに並んでいる HCNs は２〜３人である。いずれも欧州出身である。

5.　本章から学ぶこと

　味の素㈱は総合食品メーカーでありグローバル企業である。商品「味の素」で世界中の人々に「一段とおいしくなるうま味（Umami）」を提供し続けている。商品「味の素」が定着したアセアン諸国では，風味調味料，スープや即席麺，冷凍食品，ソフト飲料などの商品ラインを次々に成功させてきた。中南米，特にブラジルでは，風味調味料の成功を皮切りに，やはり商品ラインの多角化に成功しつつある。両地域とも既存食品ブランドの売上増と新商品・新ブランドの導入が続いている。

　欧米諸国では，この「成功モデル」が働かないため，「新しい成功モデル」を開発中である。

　これまでの成功戦略をまとめる。味の素㈱は，日本の食文化に支えられ，そして日本の食文化に意図的に変化を連続してもたらすことで国内での成長を実現し

た．食事の準備の利便性を高めるとか食の洋風化，中華風化，エスニック風化を仕掛けるなどである．

海外での成功の鍵はこうである．プロダクト戦略では，異なった食文化の中で，それに適応し（SA 移転），あるいはそこから学んで，異なった食習慣や異なった食へのニーズやウォンツを持った人たちにそれまでに無かった商品をゼロから開発して導入することで（AI 移転），新しい食習慣と新しい食の満足を提供するプラクティスを継続してきた．つまり海外でも，現地の食文化に意図的に変化を仕掛けて成功を積み重ねてきた．そして現在もアジアで，中南米で，そして北米やアフリカで，それらの移転を複合的に実行している．

戦略形成のプロセスでは全世界の標準化を進め，各国市場でのマーケティング戦略プログラムでは現地主導の適応化と現地化を徹底してきている．

今後の成長戦略をどう描くのか．味の素㈱のグローバル企業化の程度は発展途上である．グローバル企業の定義からすると，売上高の 50％超を海外で挙げる企業とされているが，味の素㈱のそれは急拡大しているとはいえ，07 年度で 32％，08 年度は円高の影響を受けて 29％に留まった．

海外での事業の拡大・急成長を経営戦略の大きな柱にしているが，これまでの自前での成長戦略を今後とも続けるとすると，事業領域を拡大する，成長のスピードを速める，アジアとくに中国での市場浸透を加速するなどの経営目標の達成が遅れる可能性が大きい．キリン・ホールディングスやサントリー・ホールディングス，アサヒ・ビールなど国内の競合社が海外戦略を加速させているし，ネスレやユニリーバなどのグローバル戦略の拡大も続いている．味の素㈱が世界市場の寡占化競争に遅れを取ることになりかねない．

国内での経営統合とかアジアや中国で現地企業の M&A などを通して，有力ブランドや強力なサプライ・チェーンを取得するなどを一層積極的に実行する必要があるだろう．

当然のことながら，「経営統合や M&A ありき」の発想ではなく，全世界での事業ドメインを再定義し，自社の今後 100 年の成長領域を丹念に見定めたうえでのことである．

【注】
1）味の素㈱ HP「2009 年 3 月期決算説明会資料」，「決算短信」各年度版．
2）林［1999］pp.152-158．
3）味の素㈱ HP「味の素㈱の沿革・歴史」や「各年度の決算短信」，同上書，および味の素

㈱元役員との幾度かのインタビュー（2007年秋〜2009年夏），各国の現地法人でのインタビュー（2008年3月〜5月及び09年4月）を基に構成した。
4）2008年3月9日〜12日欧州アフリカ本部などで行なったインタビューを基に構成した。また引用した数字は，「決算短信」各年度版に依っている。
5）前掲3）を基に筆者の見解を加えて構成した。
6）アメリカでの冷凍食品の売上は含まれていない。
7）前掲3）と同じ。
8）同上。
9）2008年4月29日と30日，5月1日，2009年4月28日の4日間行なった味の素㈱のアセアン本部（在バンコク）でのインタビュー，前掲ホームページ「決算短信」。各国での販売商品は，味の素㈱（2008）『Corporate Brochure』などを基にしている。
10）2008年3月6日〜8日の3日間，味の素インテルアメリカーナ社（在サンパウロ）でのインタビューを基にしている。
11）詳しくは，林［1999］pp.1-49。本章の「SA 移転」は，前掲書では「SAL 移転」としていた。現地化（Localization）を外した。現地化とは実質「AI」移転である。
12）タイでは「ロッディー」のライン・エクステンション（2003年，2004年）や「タクミアジ」（2005年），インドネシアでは「マサコ」（1989年），「サジク」（1999年），「サオリ」（2005年）が次々に発売された。
13）本社海外食品担当役員や各国の幹部社員とのインタビュー（2008年3月〜5月，09年6月）を統合しつつ構成した。
14）同上。

【文献案内】

　味の素㈱が商品「味の素」を世に送り出した始まりから，戦後総合食品メーカーに脱皮していくプロセスを学ぶには日本経営史研究所編［1971］と日本経済新聞社編［2003］が最適である。脱皮するために取り組んだ外国企業との提携，新商品開発手法や科学的マーケティングの導入については林［1999］に詳しい。
　味の素㈱の本格的な海外展開は60年代から開始されたが，その研究はこれまで2〜3の国での事例研究に限定されていた（大田［1999］）。08年〜09年，林は，アメリカ，中南米，ヨーロッパ，中国，香港，タイ，インドなど現地での本格的なフィールド研究を実施した。その成果を林［2009］で発表した。味の素㈱のグローバル・マーケティングの全容がかなりの程度明らかになった。
　味の素㈱は，グローバル・マーケティングの定石を踏んでいる。つまり本社による全世界一元管理と現地のイニシャティブ尊重の原則を複合的に組み合わせている。文化理解をした上で戦略の標準化と適応化（大石［2004］；角松・大石［1996］；高井［2000］）を実施しているだけでなく，林の「マーケティング移転理論」（林［1999］）が提唱したホスト国（市場）からの AI 移転による現地発・現地対応の商品開発とマーケティングの実践をすることで，アジアや南米でリーダー企業に成長していることが林［2009］で検証されている。

【参考文献】

石毛直道編［1981］『「食の文化シンポジウム '81」東アジアの食の文化』平凡社。
大石芳裕編著［2004］『グローバル・ブランド管理』白桃書房。
太田真治［1999］「味の素の国際マーケティング―インドネシア編―」近藤文男・若林靖永編著『日本企業のマーケティング史』同文舘出版，第10章所収，pp.229-250。
角松正雄・大石芳裕編［1996］『国際マーケティング体系』ミネルヴァ書房。
小坂恕［1997］『グローバル・マーケティング』国元書房。
高井眞［2000］『グローバル・マーケティングへの進化と課題』同文舘出版。
㈶日本経営史研究所編［1971］『未踏世界への挑戦―味の素株式会社小史』。
日本経済新聞社編［2003］「鈴木三郎助」『20世紀日本の経済人＜セレクション＞無から始めた男たち』pp.231-239。
林廣茂［1999］『国境を越えるマーケティングの移転―日本のマーケティング移転理論構築の試み―』同文舘出版。
林廣茂［2009］「味の素㈱」大石芳裕編，グローバル・マーケティング研究会著『日本企業のグローバル・マーケティング』白桃書房，第4章所収，pp.87-111。
諸上茂登・藤沢武史・嶋正編著［2007］『グローバル・ビジネス戦略の革新』同文舘出版。

（林　廣茂）

第Ⅳ部　リテイラー・マーケティング史から学ぶ

【第Ⅳ部概説】

　この第Ⅳ部では，第Ⅰ部〜第Ⅲ部がメーカー主体のマーケティングを検討したのに対して，主として第2次世界大戦後（20世紀後半）を対象に，小売流通業（リテイラー）のマーケティング史を論じる。これまでさまざまな業態が存在したが，時代時代にそのメインストリームとなってきた，百貨店，総合スーパー，コンビニエンス・ストア，ディスカウント・ストアのマーケティングの特徴を検討する。こうした当該ケースの分析から，流通システム内での水平的競争，異形態間競争，垂直的衝突等の競争構造をも解明することになる。

　なお，これより先，小売業態の開発に関わるイノベーションが長い歴史の中で種々生じてきたが，その基本的な1つが正札販売で，「小売慣行の革新的マーケティング」（第11章）として，別途探求されている。正札販売は，欧米の小売慣行の革新的マーケティングとして機能的普遍性をもつが，欧米とは異なる地域，近世・江戸時代中期に三井越後屋呉服店（現・三越）が先行実施した。日本的マーケティングとしてとらえ，文化的特殊性を明らかにしている。

　百貨店のマーケティング（第12章）。百貨店は，近代的小売業の最初の業態として誕生したが，次の新たな小売業態がその百貨店の革新性を学び，百貨店が提供しなかった新しい価値を提供したことが，今日の百貨店に厳しい状況をもたらしている。大黒柱としての衣料品売上高の不振は，買取仕入，委託仕入，消化仕入の百貨店独自の多様な仕入形態にある。戦後復興期の百貨店は，売り上げの主力部門である衣料品が和服から洋服，さらに既製服化への進展に伴い，新商品知識をもった店舗運営ができず，また仕入資金の大幅増加の問題をも抱えた。これらのため納入業者からの派遣店員を必要とし，仕入資金を抑えるために売れ残り商品を返品できる委託仕入が必要となったのである。こうして百貨店の売り場が納入業者に支配されることになったが，現状ではその根本的な問題解決策がない状況にある。

　総合スーパーのマーケティング（第13章）。高度経済成長下での大量生産体

制の確立と大衆消費社会の出現は，流通の末端に位置する小売業に対しても大量流通を求めるようになり，そこに登場してきたのがセルフサービス方式の新しい販売方法を主体とした革新的小売業態である。日本独特の総合スーパー（GMS=General Merchandise Store，日本的 GMS とも呼ぶ）がそれで，高度経済成長期以降，小売業界をリードしてきたこの業態について，それが成立した 60 年代前半から 90 年代末までの期間を，小売業態のライフサイクル概念を援用して，総合スーパーその生成と展開を概観しつつ，とくにバブル経済崩壊後の動向と大手総合スーパー 3 社のマーケティング戦略（市場創造戦略）について検討している。

コンビニエンス・ストアのマーケティング（第 14 章）。日本の流通システムは，従来，大手メーカー主導による商慣行や取引制度が大きく幅を利かせるという，圧倒的なチャネル・パワーを駆使して築き上げてきた，「流通系列化」にその特徴がみられる。だが高度成長期以降，総合スーパーやディスカウント・ストアなど大量販売店チェーンが発展することで，これら大手小売企業主導の流通イノベーション，「製販統合」が時代の大きな流れとなってきた。その流れの一環として，今や百貨店や総合スーパーの売上げを凌駕して最大手小売業態となったのがコンビニエンス・ストアである。本章では，その先頭を走るセブン-イレブンを取り上げる。メーカーや納入卸売企業との関係の中で，チャネル・パートナーシップを発揮し，提携・協調しながら品揃えや物流を可能にしていった，その革新的な行動を実証している。

ディスカウント・ストアの特徴と展開（第 15 章）。ディスカウント・ストア業態の定義を整理して，その特徴は①強力な低価格を訴求点として持つ，②品揃えの中心を耐久消費財的な性質を持ったハード，ソフト的な商品を取扱う，③セルフサービス方式で量販志向的，すなわち店舗をチェーン化し，あるいは大規模小売店であるとしている。その上で，生成から発展までを 3 つの段階に区分して，その変容を検討している。ディスカウント・ストアは物価が上がれば注目される一方で，価格破壊になっても期待が高まるとし，いずれにしても小売業態の 1 つとして注目することが重要である。その際，小売競争の視点で見ることが必要であるとしている。

第11章

小売慣行の革新的マーケティング
―わが国独自の正札販売の形成[1]―

1. はじめに

　昨今,百貨店は危機にあり,急激な変革期におかれている。歴史的研究は,百貨店の危機にこそ求められるべきである。すなわち,百貨店の人々が1つの危機的な時点に立って,小売商の将来がどうなっていくのか,この変化する小売商に対してどういう態度をとり,どういうことをなすべきか,という決断の前におかれた場合,自分自身の過去をふりかえることによって,その回答を得ようとするとき,歴史への関心が生まれるのである。それはどんな小売商(たとえば,総合スーパー)でも危機において,歴史的自覚が必要とされる。

　わが国において,百貨店は戦前期(20世紀前半)まで唯一の近代的小売商であり,他の小売商のモデルであった。近代的小売商は明治時代後半に始まるのであるが,そのルーツは前近代といわゆる江戸時代中期にある。わが国の小売慣行の革新的マーケティングを考える場合,江戸時代中期の革新的小売商にその原形がある。その小売慣行の革新的マーケティングの1つは,三井越後屋呉服店(以下,越後屋と略)の正札販売である。正札販売は江戸時代中期において,近代的部分としての先行条件をもっていたのである。というのは,正札販売は明治時代末期における三越の百貨店化を促進する重要な役割を果たしていたのである。正札販売を小売慣行の革新的マーケティングとしてとらえ,それがどのように登場し,成立してきたかを問題にしたい。正札販売は欧米の小売慣行の革新的マーケティングとして機能的普遍性をもつが,欧米とは異なる地域で生じた正札販売を日本的マーケティングとしてとらえ,その文化的特殊性を明らかにしたい。正札販売は越後屋によって始められたのであるから,越後屋の事業史を中心としながら,その実態を明らかにし,正札販売がなぜわが国の小売慣行の革新的マーケティングになりえたのかを考えてみたい。

2. 正札販売と小売革新

　われわれは商品を購入する際に関心があるのは小売価格である。売り手も買い手も同じように小売価格に注目する。今日では店頭において商品に値札が付いているのが一般的であるが，値札付き商品の歴史はそう古くない。欧米では百貨店が登場するまでは，店頭での駆け引きが一般的慣行であって，正札販売はなかった。正札販売はわが国では勧工（商）場で始まるが，そのルーツは江戸時代中期にさかのぼることができる。すでに指摘したように，それは越後屋による「現金（銀）掛け値なし」の商法である。三井高利によって1673（延宝元）年江戸で開店した越後屋は，現代の三越百貨店である。三越は明治時代末期（1905（明治38）年）にわが国で最初に百貨店宣言をした老舗百貨店である。わが国の老舗百貨店は三越をはじめ，松坂屋，白木屋（東急百貨店閉店），大丸，高島屋など呉服店から出発したものが多い。このように，呉服店から出発した老舗百貨店が小売慣行の革新的マーケティングとしての正札販売を始めたのである。

　わが国では明治時代までは，一般的に店頭商品に値札が付いていなく，買い物が不便であった。正札販売が登場するまで店頭での駆け引きが常態であった。正札販売が登場することによって，消費者は便利になった。ではなぜ値札をつける商品販売がなかったかといえば，小売商の歴史からみれば，18世紀ヨーロッパでは値札を付ける商品は安物とみなされ，高級品には値札が付いていなかった。値札を付けることは「不特定の街頭通行人」に安さを訴えるためであり，常得意をもつロンドンやリバプールの老舗はそんなことをしなかった。

　では，正札販売とは何であろうか。それは店舗商品に正札という値札を付け，商品価格を明確に表示し，だれでもその額面どおりに一律に購入できるものである。現在では，定価販売というと，メーカーが小売価格を表示する希望小売価格（再販売価格）販売，すなわち，固定価格販売を意味することもあるが，ここでは小売商が表示する単一価格販売を意味する。単一価格販売は同じ条件で同じ数量で購入するすべての消費者に対して同一価格を提示すると同時に，将来も同一価格を維持し続けることである。ただし，単一価格販売は必ずしも固定価格制ではなく，すべての売り手は随時に価格を改定することができる。例えば，経済全体が高進したインフレーションや，シーズン・オフなどの場合は，この限りではない。つまり，改定から次の改定までの一定期間は，固定価格とみなしうる。

正札販売は個別商品（品目）の小売価格政策レベルと商品全体（品揃え）のマーケティング戦略レベルで考えられる。個別商品の小売価格政策で，正札販売を考える場合，どのようにして，正価，すなわち，定価が決まるかである。一般に販売価格の設定は仕入原価に適正な利幅（粗利益率）を加えた原価志向型がベースとなる。ただし，販売価格は原価だけで設定されるわけでなく，需要条件，競争条件，商品のライフサイクル等を考慮して設定される。正札販売の歴史をみると，正札の設定は主として原価志向型である。その正札はできるだけ仕入原価を低くしたり，利幅を低くするという型で，販売価格を設定している。それは結果的には，低価格販売の形態をとる。たとえば，百貨店を創業したボン・マルシェ（フランス語で安売り，1852年）にしろ，わが国の越後屋にしろ，粗利益率は20％以下である。ボン・マルシェは14％弱の粗利益率[2]（佐藤［1971］pp.34-35），越後屋は約15％の粗利益率である[3]。それは俗にいう小売商にとっての掛け値なしのぎりぎりの値段を意味する。その狙いは商品全体のマーケティング戦略からいえば，低マージン，高回転の薄利多売戦略である。
　薄利多売戦略を展開するためには，小売商は少しでも安い仕入先を見つけることが必要となる。そのためには，小売商はまず仕入条件として，商品の支払いを後払いではなく，前払いや現金払いを提示することである。それは正札販売の現金掛け値なしに由来することと同じである。そのうえで，小売商は直接仕入と大量仕入を行なうことである。前者は生産者や加工業者から直接仕入れることによって，仕入チャネルを短縮することができる。それは中間商排除による取引コストの削減である。後者は特定商品を一時に一括して大量に仕入れる方法である。大量仕入という規模の経済によって仕入原価を下げることが可能となる。前者と後者がセットになって，薄利多売戦略が成り立つ。ただし，大量仕入という規模の経済は仕入の合理化につながるが，過剰在庫や売れ残りが生じる恐れがある。それゆえ，薄利多売戦略は，在庫処分としてのバーゲン・セールをともなう。
　しかしながら，消費者にとって低価格販売とはどのような意味をもつのであろうか。それは価格がただ安いというだけではない。価格は品質，サービス等を含んでいるからである。とくに，価格と品質の関係を考えていくと，低価格販売は品質がほど良くて，それに比べて価格が安いという買い得感にある。つまり，価格に比べて品質がよいということは，消費者の商品に対する最大限許容価格を上回ることである。しかし，価格と品質に関してみれば，消費者は実際の価格や品質を客観的に評価できない素人である。売り手と買い手の間には情報の非対称性

が生じる。それゆえ,消費者が評価するものは,値ごろ感やその店の評判である。とりわけ,消費者が評価するものとして,その店の評判である。その店の評判は,多くの消費者が使用した参照価格によって集約された口コミ情報である[4]。それは,結局その店に対する価格の信頼度である[5]。

　価格の信頼度は「のれん」といわれ,その店が蓄積してきた見えざる無形資産である。わが国では「のれんが古い」ということは,古くからの店,伝統のある店,老舗のことを意味し,消費者によって信用されている店である。それゆえ,商人は「のれんを汚す」ことを恐れるのである[6]。

　だが,小売商が消費者からの評価,すなわち,低価格販売の評価を得るためには,かなりの時間的経過がかかる。その時間的経過を短縮して,低価格販売の評価をつくり出すためには,大量広告によって消費者に認知させることである。それはボン・マルシェの流行品大売り出しの宣伝ビラであり[7],越後屋の引札(安売札廻し)というチラシ広告である。それによって,はじめて低価格販売が認知され,薄利多売戦略が展開できるのである[8]。

　正札販売は低価格販売であり,商品全体のマーケティング戦略からみれば,薄利多売戦略であるとすでに指摘してきた。マイケル・E・ポーター(Michael E.Porter)の競争戦略(競争優位性を構築するための戦略)からいえば,正札販売は,コスト・リーダーシップである。コスト・リーダーシップとは,商品やサービスを最低価格で提供することである。それは3つの基本戦略(コスト・リーダーシップ,差別化,集中)の1つである。「コスト・リーダーシップを狙う競争戦略は,競争が伝統的にコストで争われていない業界や,同業者がコストを最低にするのに必要な行動する準備が,心構えの上か,経済的な面で十分でない業界に対して,革新的な変化をもたらすことがある(Porter[1980]邦訳p.58)。」これはまさに,ヨーロッパの小売業界における百貨店の登場であり,わが国の呉服業界における越後屋の登場である。

　マックス・ウェーバー(Max Weber)は「プロテスタンティズムの倫理と資本主義の精神」の著作の中で,封建的・伝統的経済から新しい資本主義経済への移行は,「薄利多売の原則」が生じていると述べている。この「薄利多売の原則」は「革新過程」から生じ,その「革新過程」をつくり出したのが企業者であり,その近代資本主義の精神であるとしている(Weber[1920]邦訳pp.53-54)。「革新過程」とは,全く伝統にとらわれず,あるいは束縛を打ち破ることによって,革新的事業を創造する過程である。土屋喬雄はウェーバーの「プロテスタンティズムの倫

理と資本主義精神」を批判的に検討した後で，越後屋の「現金掛け値なし」の薄利多売の商法がヨーロッパのみのことではなく，江戸時代のわが国に始まったことは「商業史上特筆すべき革新ないし伝統破壊であることは疑問の余地がない」（土屋［1964］p.182）と高く評価している。

「薄利多売の原則」と「革新過程」の概念を「小売の輪」に導入したのは，マルコム・P・マクネア（Malcolm. P. McNair）である（McNair & May［1976］）。マクネアは，ウェーバーから影響を受けたのではなく，ヨーゼフ・A・シュンペーター（Joseph A. Schumpeter）から影響を受けている。マクネアは，シュンペーターの経済発展の理論を小売発展の理論に応用している。それは経済を発展させるのは革新的企業者（アントレプレナー）であるとする。革新的企業者は，均衡のとれた循環的流れを破壊し，慣行の軌道から脱皮していく大胆な企業者活動を実施する。革新的企業者は「5つの新結合」による「革新過程」を実施する。「5つの新結合」は，新しい財，新しい生産方法（販売方法を含む），新しい販路，新しい供給源，新しい組織である（Schumpeter 邦訳［1937］p.132）。マクネアは，この1つの新しい販売方法を導入する。マクネアによれば，この新しい販売方法は低マージン，低サービスによる革新的な低価格販売である。この革新的企業は既存の小売商間で激しい価格競争を展開し，旧来の伝統的価格体系を破壊する価格破壊者として恐れられる。この価格破壊者が百貨店の創業者であるアリスティド・ブシコー（Aristide Boucicaut）であり，越後屋の三井高利である。前者は小売業態の革新であり，後者は小売業種の革新である。しかしながら，彼らがこれまでになかった価値を独自に工夫し，その価値を認めてもらうことによって，事業価値を創造したことは同じである。

3. 正札販売と三井高利

三井高利は，すでに指摘したように，1673（延宝元）年に伊勢松坂から江戸に出て呉服店の多い（同職集合）日本橋本町1丁目で越後屋（次男，高富）を開設し，と同時に，京都室町通りに仕入れ店（長男，高平）を設けた。高利が52歳の時である[9]。ただし，高利がみずから江戸に出て本拠を構えたわけでなく，伊勢松坂で両店を指揮監督し，店の方針や規定を決めたが，各店方の運営は子供たちにまかせた。伊勢商人は店主が伊勢松坂に居住して，江戸店や京都店に直接関

与しなかった。

　初期の高利の商売はささやかなもので，「町見世とか町内のせり子（行商人）あるいは聖商い切り売りの売子相手の卸売りであって，はじめは屋敷売りは一軒もなかった（『商売記』）。」さらに，諸国商人売りを始め，現金売りで呉服を卸し，これが成功して，1675（延宝3）年に江戸本町2丁目に店舗を新設した。諸国商人売りは，諸国，とくに奥州を回る行商人に安く卸し，商品の回転を早くし，販売量を飛躍的に増やすことができた[10]。同年に，「店前売り」「現金売り」を始めたが，それは明確に「現金掛け値なし」ではなかった。越後屋が「店前売り」を始めたとはいえ，当時はやはり商人売り（卸売り）が主であって，屋敷売りはわずかであった。しかし，越前松平氏への縮緬納入権の争を機に越後屋は値が安いという評判が高まり，屋敷方からの注文が増え，本町の同業者のお客を奪う結果となった[11]。当時の本町の呉服店は屋敷売りが主流で，かなり高値（そら値）をつけて商売していた。そのため，「越後屋八郎左衛門と云う呉服屋，本町にて仲間はずれのものなり（『我衣』）。」仲間とは，同業者組合を意味し，それは呉服商が相互間の競争をさけるために結合したものである。つまり，それは同業者仲間で商品の価格を調査して，安売り競争をさせないことである。しかし，越後屋は1681（天和元）年同業者から仲間はずれにされたが，それに屈しなかった。

　越後屋は本町の呉服仲間のトラブルと火事をきっかけに1683（天和3）年本町から駿河町に移転した。駿河町は両替商で知られた場所で，越後屋は両替商をここで始め，呉服商と両替商が並ぶことになった。というのは，当時の大きな呉服商は両替店を兼営するものが多かった。その時の呉服店の開店引札に，「現金安価掛け値なし」という正札販売を宣言するのである。「……私どもが正札販売で売り出しました以上は，一銭といえども，うそ値は申し上げません。したがってお客様がお値切りになりましても，いっさい値引きをするようなことはいたしません。もちろん，代金は即座にお支払いしていただきたく存じます。一銭といえども掛け売りはいたしません。」この宣言は販売のターゲットを特定の顧客から，大衆の顧客への転換を意味する。開店した際に江戸中に配った引札はわが国の大量広告の始まりである。その宣言は，新聞一面に「三越の百貨店宣言」（1905（明治38）年）を出す223年前のことである。この新聞広告は江戸時代の引札広告を引き継いでいる。

　すでに述べたように，高利は1675（延宝3）年に「店前売り」「現金売り」を始めているが，それは安売り掛け値なしの低価格販売を意味していない。「店前

売り」「現金売り」のアイデアは「その当時店前売りをしていたのは伊豆蔵の所で」（『商売記』）と，同じ伊勢松坂出身の「伊豆蔵」（本町）から得ているといわれている。その「伊豆蔵」が高利と同じ「現金掛け値なしをまねたのは1704年（宝永期）以降である。「家城（本町），伊豆蔵（同），富山（同），皆皆宝永より現金掛け値なしとなる。長谷川町に荒木，日本橋一丁目白木屋，皆々越後屋にならふ（『我衣』）。」越後屋の商品は「絹，紬（つむぎ），郡内（ぐんない），桟留（さんとめ），木綿染めの類を仕入れ，上物なし，上物は本町に調る事なり（『我衣』）。」とある。越後屋は一般の呉服店が目もくれない大衆品を取り扱ったのである。越後屋が駿河町に移転する前年（1682（天和2）年）は，大火（お七火事）がおこり，呉服物の大衆需要が高まった時期でもあった。呉服店にとって火事こそいいお得意様であった。さらに，1683（天和3）年幕府は「倹約の令」を出して，武士，町人の服装を質素にするように御触れ（衣装法度）を出した。越後屋は，ちょうどその「御触れなき前に郡内等の安物を多く仕入れたれば，この節格別下直（安値）に見えて，人々越後屋へと集まるゆえ，繁昌のように見ゆる（『我衣』）。」

　では越後屋の正札販売とは何であったのか。まず正札販売は「店前売り」である。当時の呉服店は得意先を回って注文をとり後から品物を届ける見世物商い，商品を持参して売る屋敷売りなどの外売りによる掛け売りが中心的慣行であった。「店前売り」をするには店舗商業が発展しなければならない。店舗商業が発展するためには，一定の人口集積（都市化）がなければならない。当時の城下町（全国約200）は人口集積地であり，日本の店舗商業の源をなす。しかし，店舗商業があったからといって「店前売り」をしているわけではない。「店前売り」は，通称通行人向けの，軒下売り（床店売り）や，土間売りといわれ，わが国でも格式の低い商いとされた。1675（延宝3）年に打ち出した越後屋の「店前売り」といっても，店頭に商品を並べているわけではない。店員がお客を畳敷にあげ，茶などで接待しつつ，その都度好みを聞き出し，店の奥に設置された棚や土蔵からそれに合う商品を何点か探し出し，客に選ばせる店売りの販売方式であった。それは自由閲覧できる欧米の百貨店の陳列販売方式ではなかった。三越が陳列販売を1895（明治28）年に一部導入し，全店に導入したのは1900（明治33）年のことであった。

　「現金掛け値なし」とは単なる「現金売り」ではなく，「掛け値なし」を宣言したことに特徴がある。「現金売り」は現金売りによる収入によって資金の回転を高め，一方，仕入先には6月と12月の二節期払いだから資金は数倍に活用できた。それによって，「現金売り」は，安く売ることができた。しかし，それは掛

け値なしという安売りを意味していない。当時の掛け売りでは掛け値に金利や貸し倒れ補充金，さらに値引きを見込んで高値をつけていた[12]。それをなくすことによって，正札販売は低価格販売を実現できた。しかし，掛け売りには良習として機能した面もある。掛け売りの呉服販売は，買い手との特定の信用関係が成り立っていれば，継続的な取引が可能となり，安定した経営ができる。買い手にとっても，買物に出かける習慣もなく，日銭も入らない武士層にとって御用聞きでの掛け売りは便利であった。しかもその支払いは，二節期払いと12月の極月払いであった。越後屋は「現金掛け値なし」が主流になったとはいえ，掛け売りがなくなったわけではない。売上高が増加するにつれて掛け売りがふえ，売上高15％前後で掛け売りが続けられていた（松本［2001］p.92)。

　越後屋の現金掛け値なしの商法は，江戸人口100万（享保期）の半分といわれる町人に照準をあわせたことである[13]。武士層は年貢高の伸び悩みや米価の下落によって収入は減少し，その経済力は低下していった。一方，町人層は江戸の経済成長をささえることによって，経済力が増加していった。その町人層を対象にしたのは，越後屋の正札販売である。町人層とは不特定多数の顧客であり，その不特定多数の顧客を対象とするためには，今までの注文取引や駆け引きをやめ，売買をスムースにする必要がある[14]。注文取引や駆け引きにかかる取引コストを少なくし，売り手は誰でも同じように対応できる売り方が正札販売である。正札販売は江戸時代の身分社会の差別のなかで，どんな人も同じ価格で平等に処遇したことに意義がある。「呉服物は他の商品とは異なり，いろいろ品の種類が多く，品質の高下を見分けにくいので，実際の売り値より高い掛け値をつけることが多かった。このため，品質を見分けることができない素人は呉服物を買いにくいという常態であった。そこで宗寿高利は遠い地方からきた者や，女，子供が買いにきて望みどおりの品が手に入るようにして，現金売り，掛け値なしという新しい商法を始めたのである。このため，世間の人々すべて誰も当家の品物を値切ることなく，どんな品物でも当方の正札どおりの値で喜んで買いにきた。このようなことは前代未聞だ。外国でもこのような商売をして世の中の客がこぞって納得したという例はないであろう（『商売記』)。」

　越後屋の「現金掛け値なし」の秘密は，その呉服物の安価にある。その安価の秘密は，「商売の根本は京都にある（『商売記』)。」つまり，利はもと（仕入）にある。それは安く仕入れて初めて安く売ることができるのだから，仕入先は利益の源泉であるということである。そのためには，「江戸店持京商人（たなもちあきんど）」になる必要がある。

高利は1686（貞享3）年65歳の時に，本拠を松坂から京都に移して念願の「江戸店持京商人」となる。松坂の家は妻かねにまかせた。江戸商人の多くは，近江・伊勢出身で「江戸店持京商人」である。京都は西陣織の仕入れに便利なためでなく，長崎経路で輸入されてくる唐反物などの売買が盛んに行われていた。江戸で呉服店を開いたからには，京都で仕入れ店を設けなければならなかった（三井文庫［1980］p.21）。江戸は消費地であり，京都は生産地である。当時，江戸近辺ではまだ衣服としての呉服物は生産されていなかった。京都では，高級絹織物から木綿羽織地まで幅広い繊維製品が作られていた。とくに，高級絹織物の集荷・加工に対して京都は圧倒的な位置を占めていた（鬼頭［2002］p.164, pp.170-171）。

　越後屋は，京都に仕入れ店（上之店）を設け，江戸の注文無くして下値（安値）の時に見込みで上物でない品を大量に現金で買い付けた。そのやり方は撰糸仲間（仲買い）を経由しないで，直接買い取ったことである（三井文庫［1980］pp.36-37）。さらに，長崎経路の輸入品である唐反物はあまり上等なものでなく，京都の他の店では，あまり買わなかったが，越後屋は注文が無くても大量に安価で一括に仕入れをした（三井文庫［1980］pp.23-24）。その唐反物を仕入れるときは，巻物屋から買うのが慣行であったが，越後屋は伊豆蔵や富山大黒屋と同じく巻物屋を通さず，長崎問屋から直買いをする方法をとった（松本［2001］p.98）。「宗竺高利は京都での仕入れの際にも何によらず人より綿密な検討を加え，安い値段で仕入れられた（『商売記』）。」また，越後屋は呉服仕入を有利にするために，原材料の生糸の段階から買い付けを行い，西陣の織屋，染屋に供給して，仕入・加工させる方法をとった。それは越後屋が豊富な資金を擁して西陣の織屋などの手工業者を前貸し支配することによって生産物を独占的に掌握しようとした。それによって，江戸店での廉価販売が可能となったのである。このように，越後屋が仕入方法を工夫して，大量仕入で元値を安く抑え，江戸店で安く，大量販売できる仕組みは，京にあったのである。

　その他見逃してはならない要因として金融面における正札販売への貢献である。その1つは，両替商による関西（仕入の銀立）と関東（販売の金立）の為替相場差益による貢献と，もう1つは幕府の上納金を仕入れ代金に借用利用した貢献である[15]。これらの貢献が正札販売における低価格販売を資金運用面から支えていたのである。

4. 正札販売と経営理念

　正札販売の発案者である三井高利は，どのような考え方で正札販売を始めたのであろうか。ここでは，正札販売を始めた背景として，経営理念的側面から検討していく。

　正札販売が登場した時期は経済成長期（1651（慶安4以降）年）であり，その経営理念（家法）が形成されたのは，経済成熟期である。経済成熟期である享保年間（1716〜1735年）前後は多数の家法が生まれている。家法とは家訓，家憲，店則などの総称として呼ばれている（米村［1994］p.72；安岡・天野［1995］p.226）。その登場の理由は，元禄時代の経済成長が失速し，財政の建て直しのための享保の改革が行なわれ，商人に対して抑商政策がとられたからである。そのため行く先に不安を抱いた各商家は，商家を維持するためにはどうしたらよいかという問題に直面した。事実，江戸本町通りの大呉服店17軒のうち，その半数が1735（享保20）年には，没落してしまったといわれている。この問題を解決するために，各商家は家法を制定して商家を守ろうとしたのである。三井高利の経営理念は長男高平（二代目）によって家法として体系化されたのである。それは1722（享保7）年の『宗竺遺書（そうちくいしょ）』である[16]。『宗竺遺書』は，三井一族の家法として，1900（明治33）年に『三井家家憲』が新たに制定されるまで，180年間にわたって尊重遵守されたのである。

　経営理念は企業の行動規範であり，企業者の精神である。企業者の精神とは，シュンペーターによれば，聡明で想像力に富み，大胆で機略豊かな革新者の精神である（Schumpter邦訳［1937］pp.163-171）。企業は行動規範なくして経営戦略を展開できない。ここでいう正札販売の経営戦略はすでに述べたような薄利多売というマーケティング戦略である。高利の経営理念は商家の維持・繁栄である。その経営理念に影響を与えたのが，母殊法（しゅうほう）である。「三井家の元祖は殊法なり（『商売記』）。」三井家は高利を家祖として，殊法を商売の祖としている。「殊法は若い頃から天性の商人気質を発揮し，倹約をこころがけて無用の出費を嫌う古来稀な女性であった。殊法が30過ぎの時に道鏡（どうきょう）（夫）がお亡くなりになったが，以降後家として大勢の子供を守り育て，油断なく商売を励まれたのである（『商売記』）。」[17]

　商家は日本的経営の原型といわれ，わが国の商家は疑似経営体，運命共同体と考えられている。商家を絶やさないことが企業者の役割である。シュンペーター

流にいえば，企業者は商家を企業として個人の私的動機よりも家族的動機に基づいて，家族のうちに築かれる私的帝国の建設を想定している（Schumpter［1926］邦訳 pp.197-198）。商家は家族もしくは同族を基盤とすることによって，その帝国を支配し，継承されうる個人企業である。これは三井高利の商家の概念と類似している。高利は三井家の永続する私的帝国を築き上げようとしたとも考えられる。しかし，わが国の商人にとっての家は，共住共食を基本とする特定の生活集団であるから，家族や同族以外の者（奉公人や使用人）もその成員に含まれる。商家は事業の永続性が目的である。その目的を実現するためには家族や同族だけをその成員として限定しない集団である。商家は主人（家長）の個人的財産ではなく，先祖から受け継いで，子孫に誤りなく渡すべき権威ある組織である。主人といえども，この組織の一員であり，祖先の手代である（安岡・天野［1995］p.242）。このように，祖先の御恩という権威によって商家は一種のゴーイング・コンサーンのような性格を持ち，主人を含めた成員全員を結集させるのである。それゆえ，商家と先祖祭礼は相即不離の関係である。商家の存続のためにはたとえばわが子が企業者として才覚がない場合には，押込み隠居させ，他家から養子を迎えることが多い。商家は血縁より系譜（世代的な継続性）を重視する（笠谷［1997］p.5）。こうした文化は後に企業に引き継がれて，日本では早くからファミリービジネスから専門経営者による経営（所有と経営の分離）が行なわれていた。

　家法として『宗竺遺書』は，三井家の精神的訓戒や処世法，その事業の措置や財産配分，子孫の教育法等を含んでいる。それは単なる経営理念だけでなく，京都，大阪，江戸，松坂の多くの店を統括し，支配していくための家業の基礎的管理・運営方法を規定している。ここでは経営理念の側面からみると，その家法は家業を守ることを第一としている。まず「われわれは兄弟であるから仲睦まじいが，のち子孫たちはそうとは限らないであろう。だから，今後ますます心を一つにして，家の存続のために定められた家法や礼儀を乱さず，謹んで守らなければならない。」「また思いあがった気持が起きれば，家業のことを忘れてしまう。商売がおろそかになっては，どうして繁盛することができようか。ただひたすらに一家睦まじくわが身の行いを慎み，利己的な考えを持たず一族を慈しみ，家業を怠りなく，勤めなくてはならない。」「商人の普段の心がけがしっかりしていないと，他の商人に商売を奪われてしまう。これは戦と同じ道理である。多年怠りなく商売に励み，一家を養い家内をよく治め，外においては家業に精を出すようにすれば，家は繁盛するものである。」以上のように『宗竺遺書』は家業を守るた

めに，おごりをおさえ，一族の一致協力を求め，堅実第一主義の経営を励めということであり，その心がけを述べている。家業を失うことは社会における居場所がなくなることであり，家業は単なる職業ではなくて商家に与えられた天職であるとしている。

正札販売は三井家を守る商法であると越後屋名代中西宗助は次のように述べている。「当家の商いは，江戸において現金掛け値なしを宣言したところ，素人の御方が私どもの正直なのを信用して買いにきてくださったというもので，日を追って繁栄致すことはありがたいことと思うべきである。それだから，元値を安く利幅をうすくし，量販によって利益を上げるべきである。支配する者が，ふと心得違いをして，あと少しぐらいは値上げしても，目立つほどのことはないと思い，道理に合わない値札を付けるなども末代となってはあり得ないことはない。つまり，これは滅亡の沙汰と心得て，本筋を持って駆け引きすべきということである。」「商いは揚弓（ようきゅう）を射るときのように，こちらの備えが悪くては衰滅するのが道理である。まことに恐るべきである（『支配勤め集』）。」このように正札販売は正直と少利をもって商徳とすると自覚し，この自覚のもとに商いをすべきであるとしている。

薄利多売戦略を勤勉の倫理からみると，上述のように，多売のために利をおさえる禁欲的合理主義である。薄利多売戦略は，倹約と勤勉の生活と表裏一体をなし，始末して気張ることである。薄利であるために，その諸経費をできるだけ節約し，倹約の合理性が求められる。すなわち，始（入るを量りて）と末（出るを制する）を考える予算主義と倹約である。「経費のなかから十匁減らすほうが，商売で百目儲けるより確実で得策である（『商売記』）。」「始末を致さない商人は，どれほど商能があっても，いつも一番の碁に勝つというわけにはいかない（『三井高利遺訓』）。」しかし，薄利であっても利益をあげなければならないとすれば，商品回転をよくする工夫が要求される。つまりそれは気張ることである。気張るとは一生懸命に多売する売り方を工夫し，たとえ，「売り物の内悪くなったものあれば，他にこうりを一つ用意しておき，そこから選び出して如何程にも相談の上，売り払うこと」（『店式目』）としている。「商売は昼夜油断なく工夫をめぐらしていれば，その甲斐があって，日々に金回りがよくなるものである。これこそ最も楽しみといえよう。すべて家職とすることに昼夜励んでいれば，いろいろとおもしろみも生じて楽しみになるものだ。勤めを苦労と思うのは大変な了見違いである（『商売記』）。」このように，合理性追求の勤勉の倫理は，日本の近

代化,とりわけ経済的合理性に役立つものとして,ロバート・N・ベラー（Robert N. Bellah）はウェーバーのプロテスタント倫理に機能的類似性をもっていると評価している（Bellah [1957] 邦訳 p.278 ; 芹川 [1997] pp.35-39）。つまり,西欧における近代資本主義を可能にしたというプロテスタンティズムに相当する職業倫理がわが国にもあったことである。もしそうであれば,江戸時代の商家の家法は,わが国の近代化の萌芽を見いだしうるといえないことはない。ただし,「江戸時代における勤勉とは,かならずしも短時間に効率よく労働をこなして,余暇も作るという意味ではなかった。つまり,労働時間単位の生産性が追求されたわけではない（鬼頭 [2002] pp.276-277）。」

「現金掛け値なし」の革新的マーケティングは,その後越後屋を見習って,次々と模擬採用されていった。マクネアの小売の輪の仮説からいえば,呉服商の成長段階になると,同業者間の販売競争は激しくなり,先発の革新性は中和されていった。すなわち,後年になって,越後屋の標榜した「現金掛け値なし」の革新性は先発としての独自性を失って後退し,越後屋といえども正札販売が減少し,一方掛け売りが増加してくる。この危機に呼ばれたのが,家法の再認識である。つまりそれは原点回帰であり,フィードバックである。これは小売の輪の仮説による格上を意味しない。正札販売こそ呉服商売の氏神として,基軸を離れないことである（Peters and Waterman [1982] 邦訳 p.48）。それは独楽でいえば,心棒である。そこがブレては独楽はまわらないのである。しかし,経営理念を常に一定の水準に保つことはむずかしい。正札販売の成功によって,家法の形は残るけれども,その精神は次第に形骸化していくのである。まさに,成功は失敗のもとであるという成功のパラドックスである。そのためには,企業のなかに強い文化をつくることである。つまり,越後屋の経営理念である価値が組織の末端まで浸透した状態が強い文化である（Collins and Porras 邦訳 [1995] p.116）。企業者は経営理念を浸透する努力を払わなければならない。経営理念は陳腐化するので,商家の盛衰はその一家の主のリーダーシップにかかっているといえる。

5. 本章から学ぶこと

本章は現代のまなざしから,正札販売の源流を越後屋に求め,わが国においても,小売慣行の革新的マーケティングとよばれる正札販売が江戸時代にもあった

と指摘してきた。正札販売は近代的小売商の古層となって，現代においても江戸商家の残像が潜在文化になって残っているのである。それは非常に遠い過去であれ，過去と現在との間に完全な非連続など存在しないことである。ともあれ，近代的小売商は正札販売，すなわち低価格販売による薄利多売戦略によって発展したことは疑いの余地はない。それは欧米でも日本でも正札販売の普遍性をもつ。しかし，欧米の正札販売が行なわれた背景は，商品が産業革命によって，手工業生産から大規模生産に移行し，その工場生産によってつくられた量産品（既製品）に一律の価格が必要となったからである。わが国は欧米と異なって産業革命は明治時代以降であり，江戸時代は手工業生産が中心であった。その意味では正札販売の登場の背景は異なり，その特殊性がある。わが国の正札販売は呉服店という小売業種であり，小売業態ではない。マクネアの小売の輪の仮説は小売業態革新の理論である。しかし，わが国の正札販売は現金掛け値なしの小売価格政策から始まり，薄利多売戦略に展開したことは間違いない。ただし，わが国の正札販売が政策，戦略レベルをこえて，経営理念のなかに位置づけられるのが特徴である。日本的経営のキーワードは商家である。商家の経営目的は，商家を維持，繁栄させることである。とすれば，越後屋の経営理念も同じである。商家の経営理念が自己の現存の意味となり，商家は正札販売の信頼性からなりたっている。正札販売の信頼性は，正札販売がどのように正しく実施されるかであり，究極的にはその信用にかかっている。

　商いは信用なくして成立しないし，信用こそ最大の資産である。三越の百貨店化を促進した日比翁助は越後屋の創業理念を受けつぎ，「信用は店のいのち」と述べている。ここに小売商の原点としての「不易」の重みをもつ真理があるからである。

　戦後のわが国の流通業を支えた1つに『商業界』という経営誌がある。この経営誌を指導したのが倉本長治である。倉本長治は戦後の商売の混乱のなかから，わが国の小売商はいかに立ちあがるべきかを考えて，「江戸時代の本商人の精神に学べ」と主張して，越後屋の創業者の三井高利以来の正札販売を見直せと商人道運動を展開するのである。「商道」を説く倉本長治は，自分の商業界ゼミナールから，新興流通業の創業者（ダイエー，ジャスコ，ニチイ（現マイカル），長崎屋，ユニー，寿屋（閉店），ヤオハン（現，東海マックスバリュ），ダスキン等）を啓発し，わが国の流通業を育成したことである。正札販売という商人道運動が戦後においてリバイバルされ，流通革命に貢献しているところに意義がある。こ

れは正札販売がなぜわが国において小売慣行の革新的マーケティングとなりうるかを証明したことになる。

【注】
1）本章は，西村［2007］pp.65-91を要約・改訂したものである。
2）「一般の衣料品では，30パーセントから40パーセントのマージンで売られていた商品が，〈ボン・マルシェ〉では通例20パーセントから18パーセントの薄利で販売されたのだから，安いのは当たり前である」（鹿島［1991］p.38）。
3）「京都店は呉服物を仕入れたときの価格を正味として，江戸店などへはそれに上乗せした札高で計上して，売り高としているのである。この比率は札掛けというが，享保4年（1719年）では江戸店で15パーセントくらい上乗せしている」（松本［2001］p.100）。
4）「お客さまがお買い上げになった品物を，世間一般の商品と比べてご覧になったとき，当店の品物はとりわけ廉価でもちがよく，縞模様もよく買得であることがわかって，多くの方々にそれが知れわたり，広くご好評をいただくということになろう。それこそが，商売における奇蹟のあらわれであって，宣伝をせずとも自然と客足も伸び，ご注文もふえる一方となること間違いないのである」（吉田［1973］p.364）。
5）「顧客の信用は，商人が正直という基本的標準を守っている，という信頼にもとづいてのみ維持される」（Bellah［1957］邦訳 p.59）。
6）老舗とのれんについて，大阪［NOREN］［1996］pp.4-11，田村［1994］pp.173-174，宮野［1999］pp.14-19を参照されたい。
7）「宣伝ビラの狙っていることは何か，とにかく客を店にこさせることであり，それ以上ではない。この点，宣伝ビラは成功した。」（鹿島［1991］p.31）。
8）「天和3年5月有名な「現金安売掛値なし」の看板を揚げ，同時にその引札を江戸市中に配った。大伏肇はこれを50～60万枚と推定している。」（八巻［1992］p.43）。
9）三井宗印『商売記』では，「延宝2年（1674年），宗寿は初めて江戸の本町1丁目に呉服店をお出しになった」と。三井高利の事業について，土屋［1954］pp.15-22を参照されたい。
10）「どの店でももっぱら町店と聖商いばかり行なっていたが，当店ではそのうえ諸国商人売りを南部の利右衛門の考案で始めた」（『商売記』）。
11）「越前松平様は大量の縮緬などの御用を松屋へ申しつけておられたが，松屋の値段が高いということで調査の役人が当店へいらっしゃり，当店が安いので御入用の縮緬を残らず当店からお買い上げになった。ところが呉服商には面倒な慣習があって，当店がそれを無視したといってまず松屋が立腹し，本町の呉服商仲間もこれに従った。松屋一門の店をはじめ本町，石町4丁目の呉服屋たち以前から当家の繁盛をねたんでいたので，当店との取り引きを停止した」（『商売記』）。
12）「当時，呉服商はたいてい掛け売りにして，即時に代金を払うも要せざれども，その代わり正価に二割三割の掛け値を加う。ゆえに一両の商品は，一両一分前後に売りひさぐを例とす」（田中［2006］pp.245-246）。
13）「「江戸の人口」享保6年（1721年），町奉行支配の市民は，50万1,392人にして，この内女子は17万8,109人なりと云う」（田中［2006］p.330）。
14）「その一つは，現金販売というものである。それまでの商店は，ほとんどが，客に対し，付け買いか，あるいは長期の手形を認めていた。その分の利息は代金に繰り入れてあるのだが，これだと資金の流動性がないし，また，当然，客の信用ということで近所の顔見知りにかぎられることになる。マガザン・ド・ヌヴォテは，利息の分を価格から引くかわりに，現金販売を打ち出した。これはある意味では不特定多数の客をターゲットとするという戦略から導き出された方法だった」（鹿島［1991］p.32）。

15) 両替商と御金銀為替御用について，西村［2007］pp.80-81 を参照されたい。
16)「越後屋は，多くの家訓や数々の店則を作っている。店を繁盛させた三井高利の『高利遺訓』，高平の『宗竺遺書』，『家伝書』，宗印の『商売記』，高房の『町人考見録』，などさまざまな家訓があるし，高利は江戸に開店したときに，25 か条の店則である『定』，14 か条の『店式目』を制定した。その後 27 か条の『店式目』，支配人と手代の心得 88 か条の『家内式法帳』に加え，『店売之法式』『支配人中渡条目』『手代中渡条目』など江戸各店の規則を制定。」（中田［2005］p.146）。
17) 殊法について，内橋［1983］pp.26-29 を参照されたい。

【文献案内】

わが国の正札販売が形成されるまでの時代背景を理解するためには，鬼頭［2002］，中田［2005］，松本［2001］，田村［1994］，田中［2006］を参照する必要がある。正札販売は，三井高利によって始められたのであるから，三井家の社史である三井文庫編集［1980］が中心となる。

さらに，正札販売は三井高利の経営理念によって形成されたものであるから，その形成過程について，笠谷［1977］，土屋［1964］，内橋［1983］，安岡・天野［1995］で説明されている。高利の経営理念は日本的経営の原形である商家にあり，その存続は米村［1999］，家訓は吉田［1973］，のれんは大阪「NOREN」百年会編［1996］，引札は八巻［1992］と，それぞれ参考にしてもらいたい。

経営理念は，ミクロ的には優良企業の条件であり，Collins & Porras［1994］，Peters & Waterman［1982］が問題にしており，マクロ的には，経済発展と結びつく。経営理念としての企業者精神と経済発展（近代化）の関係は，Bellah［1957］，Schumpeter［1926］，Weber［1920］，芹川［1997］によって説明されている。

マーケティング戦略から，正札販売をみると，薄利多売戦略であるので，Porter［1980］によって意味づけられ，その戦略は小売業態生成発展の仮説である McNair［1976］に結びつく。小売業態生成発展は革新的小売業である百貨店から始まるので，百貨店の誕生は，鹿島［1991］，佐藤［1971］によって明らかにされる。正札販売と小売革新については，西村［2007］を参照されたい。

【参考文献】

内橋克人概説［1983］『近江・伊勢の商人魂』ティビーエス・ブリタニカ。
大阪「NOREN」百年会編［1996］『暖簾』嵯峨野書院。
大前研一訳［1983］『エクセレント・カンパニー』講談社。
芹川博通［1997］『日本の近代化と宗教倫理』多賀出版。
笠谷和比古［1977］『士の思想―日本型組織と個人の自立』岩波書店。
鹿島茂［1991］『デパートを発明した夫婦』講談社。
鬼頭宏［2002］『文明としての江戸システム』講談社。
佐藤肇［1971］『流通産業革命』有斐閣。
田中優子監修［2006］『江戸の懐古』講談社。
田村栄太郎［1994］『江戸時代町人の生活』雄山閣。
土屋喬雄［1964］『日本経営理念史』日本経済新聞社。
中田節子［2005］『江戸びとの情報活用術』教育出版。

西村栄治 [2007]「正札販売の源流」『大阪学院大学流通・経営科学論集』第 33 巻第 2 号，11 月，pp.65-81.
松本四郎 [2001]『西鶴と元禄時代』新日本出版社。
三井文庫編集 [1980]『三井事業史』本編第 2 巻，三井文庫。
安岡重明・天野雅敏 [1995]『近世的経営の展開』岩波書店。
八巻敏雄 [1992]『日本広告史』日本経済新聞社。
吉田豊 [1973]『商家の家訓』徳間書店。
米村千代 [1999]『家の存続戦略』勁草書房。
Bellah, Robert N. [1957] *TOKUGAWA RELIGION*, Free Press.（堀一郎・池田昭訳 [1962]『日本近代化と宗教倫理』未来社。）
Collins , James C. and Porras, Jerry I.[1994] *Built to Last*, 山岡洋一訳[1995]『ビジョナリー・カンパニー』日経 BP 出版センター。
McNair, Malcolm P. and May, Eleanor G. [1976] *The Evolution of Retail Institutions in the United States* Marketing Science Institution.（清水猛[1982]『"小売の輪"は回る』有斐閣。）
Peters, Thomas J. and Waterman, Robert H. [1982] *In Search of Excllence*, Harper & Row.
Porter, Michael E. [1980] *Competive Strategy*, The Free Press.（土岐坤・中込萬治・服部昭夫訳 [1982]『競争の戦略 [新訂]』ダイヤモンド社。）
Schumpeter, Joseph A. [1926] *Theorie Der Wirtschaftlichen Entwicklung, 2. Auf.*（塩野谷佑一・中山伊知郎・東畑精一訳 [1937]『シュンペーター経済発展の理論』岩波書店。）
Weber, Max [1920], *Die Protestantishe Ethik und der Gest des Kapitalismus*.（大塚久雄訳 [1988]『プロテスタンティズムの倫理と資本主義の精神』岩波書店。）

（西村　栄治）

第12章

百貨店のマーケティング
――取引慣行の生成とその後の苦境――

1. はじめに

　百貨店が，世界で最初に登場してから150年以上，日本で登場してから100年以上が経過した。百貨店は近代的小売業の最初の業態として，その後に誕生した小売業態に大きな影響を及ぼした。しかしながら日本だけでなく世界においても百貨店は他業態との競争により厳しい状況に直面している。さらに2008年秋のアメリカのリーマン・ブラザースの経営破綻に端を発した世界的な金融危機により，日本の百貨店は毎月大幅な売上高減少に陥っている。
　1973年にスーパーマーケットの売上高が百貨店を上回り，2008年にコンビニエンスストアの全店売上高が百貨店を上回る状況下において，小売業における百貨店の地位は大きく低下している[1]。
　百貨店はこのような売上減少に対して2000年以降，次のような経営統合による売上規模の拡大と統合による経費削減によって生き残りを図っている。西武百貨店とそごうは2003年に経営統合してミレニアムリテイリングを設立し，06年にはセブン＆アイ・ホールディングスの完全子会社となった。大丸と松坂屋は07年に経営統合してJ.フロントリテイリングを設立し，10年には百貨店業を営む大丸と松坂屋が合併して大丸松坂屋百貨店となった。阪急百貨店と阪神百貨店は阪急電鉄と阪神電鉄の経営統合を受けて，07年に経営統合してエイチ・ツー・オー・リテイリングを設立した。三越と伊勢丹は08年に経営統合して三越・伊勢丹ホールディングスを設立した。高島屋とエイチ・ツー・オー・リテイリングは11年までに経営統合する予定であったが，10年に経営統合を中止し，新たな業務提携を締結した。
　百貨店誕生以後の新たな小売業態が百貨店の革新性を学び，百貨店が提供しなかった新しい価値を提供したことが，百貨店に厳しい状況をもたらしている。す

なわち他業態が百貨店よりも新しい革新性や価値を提供しているために百貨店が厳しい状況に陥っていると考えられる。

2. 百貨店の現状

　日本最初の百貨店である三越（当時，三越呉服店）が誕生したのが，1904年である[2]。百貨店売上高の推移は図表12-1の通りであり，第2次世界大戦期間中の一時期を除きバブル経済が崩壊する1991年まで増加し続けた。同売上高は91年をピークに下回り，96年と97年は前年を上回ったが，98年から2009年まで12年連続で前年を下回っている。ピークであった91年の売上高9兆7,131億円から，09年には6兆5,842億円へと3兆1,000億円以上も減少している[3]。

　日本でスーパーマーケットが誕生したのは1950年代であり，コンビニエンスストアが誕生したのが1970年代である。スーパーマーケットならびにコンビニエンスストアという新たな小売業態が誕生しても百貨店売上高はバブル経済崩壊まで減少することなく増加し続けた。百貨店は，スーパーマーケットなかでも擬似百貨店とよばれる総合スーパーとの売上高競争において個別企業ごとには下

図表12-1　百貨店売上高の推移

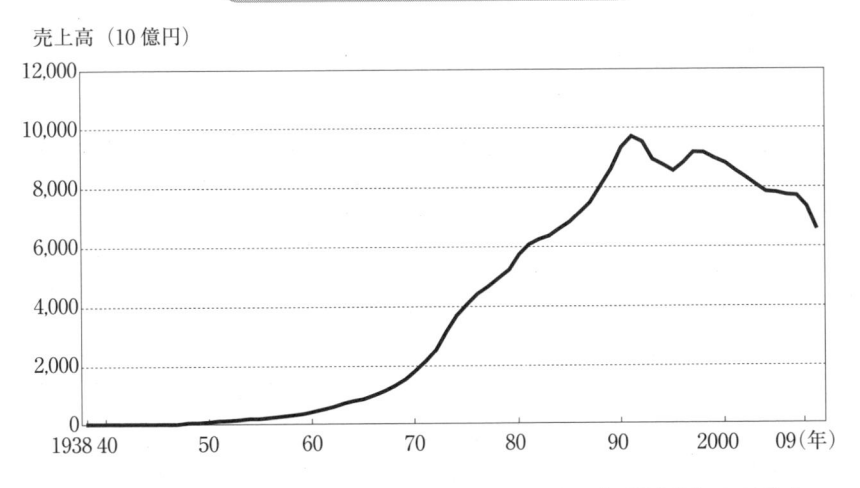

売上高（10億円）

（出所）日本百貨店協会業務推進部編[2009] pp.24-25ならびに日本百貨店協会HPより作成。

図表12－2　百貨店売上高に占める衣料品売上高構成比の推移

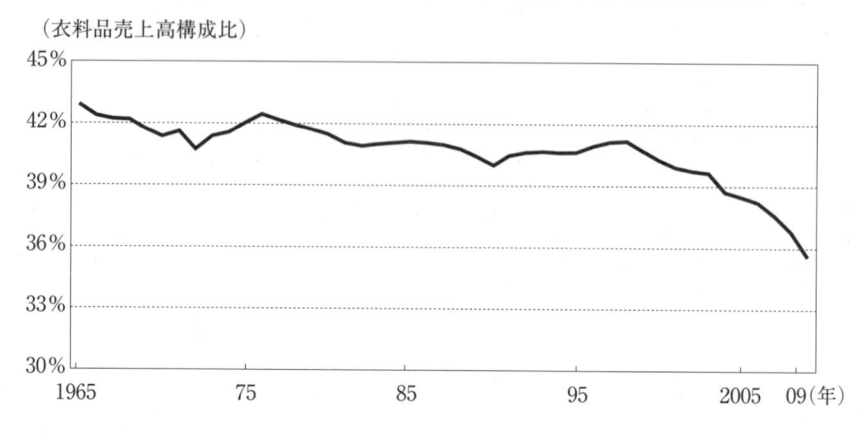

（衣料品売上高構成比）

（出所）日本百貨店協会業務推進部編［2009］p.28ならびに日本百貨店協会 HPより作成。

回ったが，業界全体としては売上高を増加し続けた。すなわちバブル経済崩壊後における百貨店の厳しい状況は，総合スーパーやコンビニエンスストアとの競争に負けたことだけが要因ではなく，他に要因があると考えられる。

　百貨店売上低迷の要因として衣料品売上高の不振が頻繁に取り上げられる。衣料品は百貨店売上高の30％以上を占め，他業態との差別化にもつながる商品でもあり，衣料品売上高の不振は百貨店売上低迷の要因として相応しいといえる。百貨店売上高に占める衣料品売上高構成比の推移を示したのが図表12－2である。同構成比が1番高かったのが1965年の42.9％であり，2009年には35.5％まで7.4ポイント低下している。しかし百貨店売上高のピークであった91年の40.4％と比較すると4.9ポイントの低下である。衣料品売上高は91年ピーク時の3兆9,277億円から09年には2兆3,395億円へと1兆5,800億円以上減少し，同期間中の百貨店売上高減少の50％以上を占めている。百貨店売上高に占める衣料品売上高構成比は低下しつつあるが，衣料品は売上高構成比が1番大きく，同売上高の減少は百貨店売上高減少に大きな影響を及ぼしていることは間違いない[4]。

3. 百貨店の仕入形態

百貨店における衣料品売上高の不振は百貨店独特の仕入形態にあるといわれている。同仕入形態は他の小売業態と異なり，多様な仕入形態が存在することが特徴である。同仕入形態には大きく，買取仕入，委託仕入，消化仕入の3つがある[5]。

買取仕入は，百貨店が納入業者から商品を買い取る仕入方式である。大多数の小売業で行われている仕入形態であり，百貨店に商品が納入されると商品所有権は百貨店側に移り，売れ残っても返品することができない仕入形態である[6]。

委託仕入は，納入業者が百貨店に商品販売を委託する方式であり，商品が販売された後に納入業者が百貨店に一定の手数料を支払う仕入形態である[7]。百貨店店頭で商品が傷ついたり，紛失した場合には百貨店の責任となる。

消化仕入[8]は，消費者が商品を購入した時点で商品所有権が納入業者から百貨店に移り，それと同時に百貨店から消費者へと移る仕入形態である[9]。百貨店店頭で商品が傷ついたり，紛失した場合にも百貨店に責任はない。

委託仕入ならびに消化仕入の商品は売れ残っても百貨店の負担とならないため，納入業者は商品の販売ならびに管理を行なうための派遣店員を百貨店に派遣する必要が生ずる。

百貨店売上不振の原因は，委託仕入ならびに消化仕入商品が多く，百貨店独自

図表12－3　百貨店の仕入形態別構成比の推移

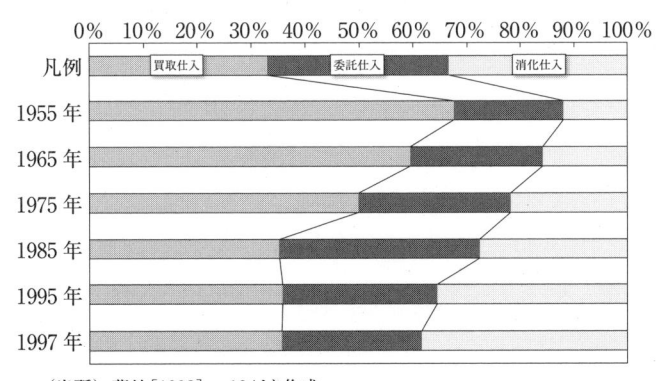

（出所）菊地［1998］p.194より作成。

のマーチャンダイジング[10]が実践できていないからであるといわれている。百貨店における仕入形態別構成比の推移は図表12-3の通りである。百貨店が公正取引委員会から特殊指定[11]を受けた1954年と，第2次百貨店法[12]が施行された56年の中間年に当たる55年には買取仕入が約2/3を占めていたが，85年にかけて買取仕入構成比が減少し，委託仕入ならびに消化仕入が増加していった。85年をピークに委託仕入が減少するが消化仕入は増加し続け，買取仕入の減少は止まった。

買取仕入構成比が減少し，委託仕入ならびに消化仕入構成比が増加すると納入業者は商品の販売ならびに管理の必要性から百貨店に派遣店員を派遣しなければならないが，派遣店員構成比は図表12-4の通り増加し続け，1997年に50％を超えている。

百貨店の売り場で接客ならびに販売に従事する販売員の多くが納入業者から派遣される派遣店員が行なうために，百貨店は自主マーチャンダイジングを実施できない状況にある。そのため百貨店の売り場でありながら，実際の運営は接客ならびに販売に従事する派遣店員が取り仕切ることになる。派遣店員は自社の方針に沿って売り場運営を行なうため，どこの百貨店の売り場においても同様の売り場となり，百貨店としての差別化が困難となっている。

図表12-4　正社員・パート・派遣構成比の推移

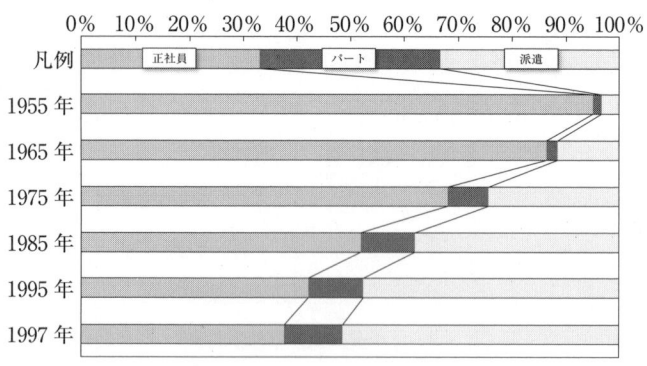

(注) 出所資料には派遣と記されており，同数値には百貨店が人材派遣会社に依頼した派遣社員も含まれるかもしれないが，同数値の大多数は派遣店員と考えられる。
(出所) 日本百貨店協会創立50周年記念誌編纂委員会編［1998］p.194より作成。

図表 12 − 5　納入業者の売上総利益の推移

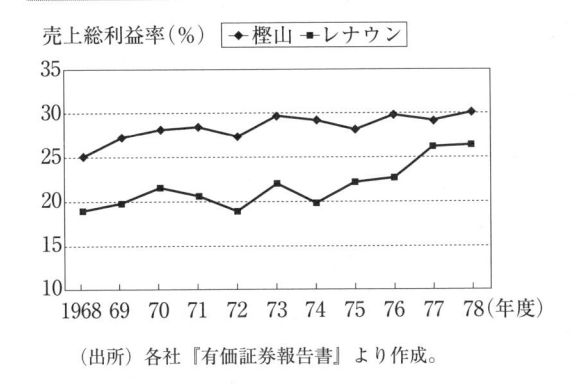

売上総利益率(%)　◆ 樫山　■ レナウン

(縦軸: 10〜35、横軸: 1968〜78 年度)

(出所) 各社『有価証券報告書』より作成。

　納入業者側は派遣店員の人件費とともに売れ残りリスクを負担しなければならないため, 納入業者側は高い粗利益を必要とする。それとともに百貨店側も粗利益の増加を望むため, 結果的に百貨店で販売される衣料品の価格が高くなる。高い衣料品を販売するためには他社との差別化が必要となり納入業者によるブランドの確立が行なわれ, その結果として他の小売業態と価格競争を行なうことが困難となり, 衣料品売上高不振の要因となっている。納入業者がブランドの確立を行なっていた時期の売上総利益率の推移は図表 12−5 の通りであり, 売上総利益率は増加傾向にあった。

4. 百貨店取引慣行のはじまりと納入業者による戦略的活用

(1) 取引慣行のはじまり

　百貨店取引慣行[13]は, これまで戦後復興期の 1950 年代初めに樫山 (1988 年にオンワード樫山に社名変更, 2007 年にオンワードホールディングスに商号変更) が始めたのが最初であるといわれていた[14]。それは日本経済新聞の朝刊に連載された「私の履歴書」において当時会長であった樫山純三が委託販売・派遣店員を同社がはじめたと記載されたのを受けてであった[15]。
　しかしながらここ 10 年程度前から, 樫山よりも早くから委託販売ならびに派

遣店員が行なわれていたことが明らかにされてきている。江尻は大丸において1935年に派遣店員が存在していたとしている（江尻[2003] p.123）。高岡は時期こそ明確に示していないものの戦前から派遣店員が存在していたとしている（高岡[1997] p.20）。多田は大正時代末期から派遣店員が存在していたとしている（多田[2003] p.24）。筆者は大丸において1903年に委託仕入が行なわれていたとし、昭和初期に白木屋において派遣店員[16]が常態化していたとしている[17]。

(2) 納入業者による取引慣行の戦略的活用

戦後復興期に取引慣行を戦略的に活用し、百貨店との取引を拡大し、売上増加につなげた納入業者には樫山と和江商事（1957年にワコールに、2005年にワコールホールディングスに商号変更）がある。同時期に取引慣行を活用していたのは衣料品の納入業者だけではなく、他部門の商品においても行なわれていた[18]。

① 樫　山[19]

1947年に樫山を設立した樫山純三は、53年に資本金を10倍に増資し、本格的な事業展開に入るにあたり、販売の中心を百貨店に置き、百貨店との取引にあたり委託販売と派遣店員の戦略的な活用を始めた。百貨店には商品ごとに一定の仕入予算があるため、買取販売でなく委託販売を始めることにより、樫山の商品は常に百貨店に多く陳列することができた。百貨店は土曜日ならびに日曜日が忙しいが、それに合わせて従業員を雇用することは困難であるため、派遣店員を派遣して百貨店の売上増加に貢献するとともに、同社の売り上げも増加し、さらに派遣店員が消費動向を収集することができ、同社の商品企画にも活かすことができた。樫山は商品企画者や生産者が販売するため、商品知識が豊富であり、消費者にとってもメリットがある制度であったと述べている。

② 和江商事[20]

和江商事は、1950年に高島屋京都店との取引を開始するにあたり、同店での売り上げが競合企業に勝つことが取引開始の条件であったため、販売員を派遣することにより競合企業の5倍の売り上げを記録し、同店との取引を開始することができた。同社はその後も他の百貨店との取引を開始するにあたり派遣店員を戦略的に活用していった。

同社の従業員数ならびに売上高の推移は図表12−6の通りであり、百貨店との

図表12－6　和江商事の従業員数ならびに売上高の推移

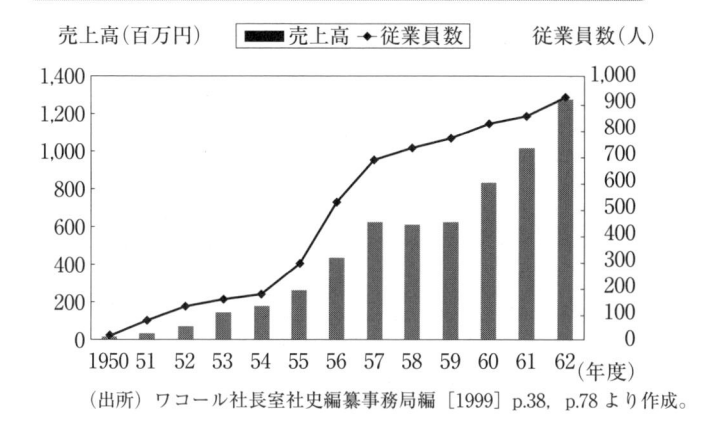

（出所）ワコール社長室社史編纂事務局編［1999］p.38，p.78より作成。

取引開始以降，従業員数ならびに売上高が大幅に増加している。同社は1950年10月に派遣店員専用の従業員の採用を開始している。

　同社は百貨店に派遣店員を派遣することにより，関西の百貨店との取引を開始することができた。同社は高島屋京都店との取引開始以前には，百貨店と直接取引することができず，東京の三越の店舗には半沢商店を経由しなければ納品することができなかった。すなわち納入業者が当時唯一の大規模小売業である百貨店と直接取引するのは簡単ではなかったため，新興の納入業者は取引慣行を戦略的に活用することにより，ようやく百貨店と取引することができたのであった。

　同社は，派遣店員を自社で雇用して百貨店へ派遣していたが，自社で直接に雇用することができない納入業者は人材派遣会社へ派遣店員の派遣を依頼することも行なわれていた[21]。

5.　百貨店が取引慣行を利用しなければならなかった要因

　納入業者が百貨店と取引を開始するにあたり，取引慣行を活用しなければならなかった要因は説明できたが，百貨店側が同慣行を利用しなければならなかった要因は何であろうか。同要因は高岡による資源補完メカニズムによって説明することができる（高岡［1997］）。戦後復興期の百貨店は戦災により大きな被害を受けた店舗の復旧に資金を必要としたため，商品仕入資金を潤沢に持ち合わせて

いなかった。さらに百貨店の柱となる衣料品が戦前の和服から洋服に変わったことならびに既製服化により，戦前と比較してより多くの仕入資金が必要となったことが要因であるとしている。和服の場合には反物を売り場に用意し，注文に応じて仕立てすればよいが，和服から洋服への移行とともに既製服化が進展すると，百貨店は売り場に多数の既製服を品揃えする必要があり，仕入資金は戦前とは比較にならないくらい増加した。そのため百貨店は納入業者との委託仕入を採用することにより，仕入資金を充分に持ち合わせていなくとも，売り場に多数の品揃えを行なうことができるようになった。すなわち，百貨店は仕入資金の不足を納入業者との委託仕入により克服することができた。委託仕入が百貨店の仕入資金を補完する役割を果たしたのである。さらに戦前の百貨店には和服に関する商品知識を持つ人材は多数いたが，戦後の洋服化ならびに既製服化に対応することができる同知識を持つ人材が少なかったため，納入業者の派遣店員が同知識と販売力を提供すると共に，派遣店員の人件費を納入業者が負担することにより，百貨店の資金不足を補った。すなわち，派遣店員が百貨店の人的資源の不足を補う役割を果たした。なお，戦後復興期の百貨店には洋服に関する商品知識を持つ人材が少なかったため，商品仕入においても納入業者の意向が反映されやすい状況にあったと考えられる。

図表12－7　第2次世界大戦前後における百貨店の売り場面積ならびに従業員数の推移

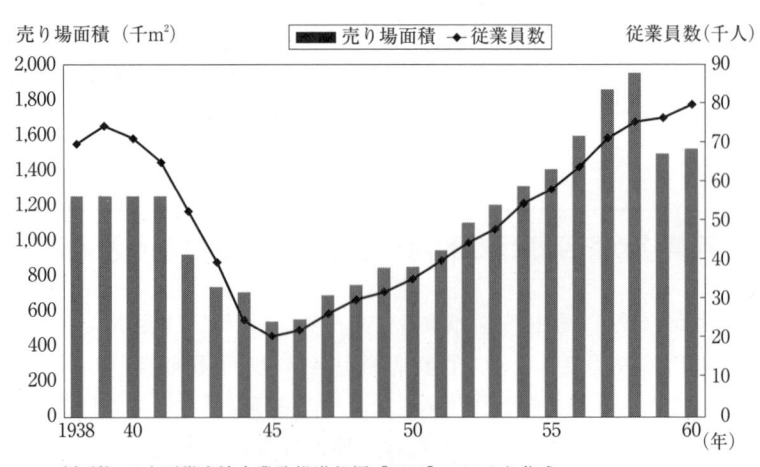

(出所) 日本百貨店協会業務推進部編 [2009] p.24 より作成。

図表12－8　百貨店の女性従業員の平均勤続年数の推移

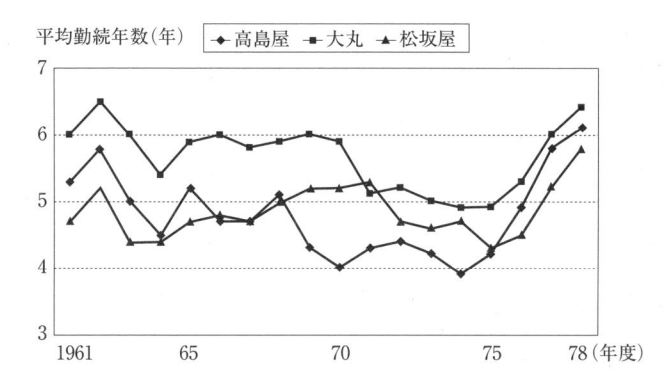

平均勤続年数（年）　◆高島屋　■大丸　▲松坂屋

(注) 本来なら，三越ならびに伊勢丹のデータも必要と考えられるが，両社のデータは一部不明な年度があるため除いている。
(出所) 各社『有価証券報告書』より作成。

　さらに百貨店には販売員という観点から派遣店員に依存しなければならない2つの要因があった。第1は，戦後復興期における百貨店の売り場面積[22]の増加に対して従業員数の増加が伴っていないことである。第2次世界大戦前後の百貨店の売り場面積ならびに従業員数の推移は図表12－7の通りである。百貨店の売り場面積が戦前水準を上回ったのは1954年であるが，従業員数が同水準を上回ったのは57年であり，売り場面積の増加に従業員数の増加が伴っておらず，販売員を確保するためにも派遣店員に依存する必要が生じた。さらに戦前は和服の販売が中心であったが，戦後は洋服さらに既製服を販売する必要が生じ，売り場面積当たりの販売員数が戦前と比較してより多く必要であったと考えられ，足りない販売員を派遣店員に依存する必要性が生じた。
　第2に，百貨店従業員の中で主に販売に従事する女性従業員の平均勤続年数の短かさである。同平均勤続年数の推移は図表12－8の通りであり，数年で退職してしまう女性従業員が多かった。すなわちベテランの販売員が不足する状況であり，派遣店員に依存する必要が生じた[23]。

6. 本章から学ぶこと

　戦後復興期の百貨店は，売り上げの主力部門である衣料品が和服から洋服，さらに既製服化への進展に伴い，和服の商品知識だけでは店舗運営を行なうことが困難となった。さらに洋服ならびに既製服化により百貨店の商品仕入資金も大幅に増加する危険性が生じた。高岡が示しているように，百貨店が持ち合わせていない洋服ならびに既製服化に対応するために納入業者からの派遣店員が必要であり，商品仕入資金を抑えるために売れ残り商品を返品することができる委託仕入が必要であった。すなわち百貨店の資金的資源の不足を補完したのが，委託仕入であり，同人的資源の不足を補完したのが派遣店員であった。

　百貨店は納入業者による委託販売ならびに派遣店員によって，戦後復興期に成長・発展することができた。しかしながら納入業者の派遣店員が接客の主役となることにより，買い物時における顧客の生の声が納入業者に集約され，百貨店の売り場が納入業者に支配されることになった。もちろん顧客が購入した商品データは百貨店にも蓄積されるが，購入しなかった理由や購入に悩んでいるときの声は接客にあたる納入業者の派遣店員にしか蓄積されない。

　委託仕入ならび派遣店員をなくせば，百貨店は商品価格を下げることができるとともに売り場支配権を取り戻すことができるとする研究者が多数いるが，それをすぐに行なうことは百貨店の現在の販売力では容易なことではなく，納入業者も多くの派遣店員を抱えていることもあり簡単ではない。

　近年の百貨店の動向は次の通りである。大丸が本部一括仕入による買取仕入を拡大させることによって営業利益率を高めて注目を浴びていたが，2008年秋の金融危機以降は同取組みが後退している。同社はそごう心斎橋本店を買収して2009年11月に開業した大丸心斎橋店北館においては，心斎橋店の社員90名を同北館に配置し，実際の運営はテナントに任せることにより人件費等の経費削減に取り組んでいる。すなわち買取仕入が減少し，逆に消化仕入が増加することになり，買取仕入拡大の取り組みが後退してしまった。

　また百貨店は自らが提供することのできない価格帯の商品を販売するために，松屋浅草店と高島屋堺店と東武百貨店池袋店と西武百貨店東戸塚店がファーストリテイリングのユニクロを，東武百貨店池袋店と福岡三越がギャップを，コレット井筒屋がZARAをテナントとして入店させている。2010年には高島屋新宿店

が同ユニクロを，松坂屋銀座店がフォーエバー21というファストファッション専門店の導入を計画している。同専門店の導入により，若者ならびに低価格を求める顧客を百貨店に呼び込むことが期待されているが，高コスト体質の百貨店が同専門店を導入して採算を取ることができるかが問われている。採算が取れないまでも，同専門店を目当てに百貨店に来店した顧客に，他の売り場で商品を購入してもらうことができなければ，百貨店としての経営が成り立たない。

【注】
1）2008年暦年の百貨店売上高は7兆3,814億円（前年比4.2%減）［日本百貨店協会］，同コンビニエンスストア全店売上高は7兆8,567億円（同6.7%増）［日本フランチャイズチェーン協会］であり，百貨店売上高はコンビニエンスストア全店売上高を下回った。
2）三越が百貨店に転換した年を新聞に「デパートメントストア宣言」が掲載された1905年（同年1月2日の主要な新聞に掲載）とする研究者もいる。しかしながら三越呉服店は04年12月6日に設立されており，さらに同月20日に「同宣言」の挨拶状を取引先ならびに主要顧客に送付しているため，本章では三越の百貨店への転換は1904年とする。三越編［1990］pp.42-44。
3）2009年の数値は日本百貨店協会HPによる速報数値［2010年1月28日閲覧］。
4）高度経済成長期末期1972年の衣料品売上高構成比は40.7%で，前71年より0.9ポイント低く，翌73年より0.6ポイント低い。バブル経済末期90年の同構成比は39.9%で前89年ならびに翌91年より0.5ポイント低い。好景気時に必ずしも同構成比が高いわけではない。
5）買取仕入を完全買取仕入と返品条件付買取仕入に分ける研究者もいるが，本章では一括して買取仕入とする。買取仕入を完全買取仕入と返品条件付買取仕入に分けている文献には次のようなものがある。江尻［2003］，菊地［1998］，多田［2005］。
6）百貨店だけでなく，日本の小売業の多くが買取仕入商品を返品することがあるため，納入業者との間で問題となるだけでなく，日米構造問題協議等でも議題とされていた。
7）委託仕入が1番利用されている商品は本や雑誌等の書籍であり，出版社・取次・書店の間で行われている取引形態である。
8）消化仕入は売上仕入とも呼ばれている。なぜなら商品が売れた時点で百貨店が商品を仕入れる形態だからである。
9）同仕入において商品が売れた時点で商品所有権が納入業者から百貨店へ，百貨店から消費者へと同時に移るということはありえないと思われるかもしれないが，POSシステムの導入により，商品のタグを読み取った時点において，その商品を百貨店が納入業者から仕入れたとするデータが蓄積されるため，商品購入とほぼ同時に百貨店が納入業者から仕入れたとすることが可能となる。
10）マーチャンダイジングは小売業自身が行なうものであるが，実際の百貨店は委託仕入ならびに消化仕入によって独自のマーチャンダイジングが行なわれていない。そのため百貨店自身が行なうマーチャンダイジングを特別に自主マーチャンダイジングと呼称している。
11）百貨店特殊指定に関する内容および経緯に関する論文には次のようなものがある。岡野［2004］，河田［2005］。
12）正確には第2次百貨店法という法律名は存在しない。戦前の1937年に施行された百貨店法と，戦後の56年に施行された百貨店法は同一名称であり，両法を区別するため，便宜上，前法を第1次百貨店法，後法を第2次百貨店法とよぶことが一般的となっている。

13) 百貨店取引慣行とは，返品，委託仕入（販売），派遣店員のことをいう。委託仕入とは百貨店側からの仕入に対する呼称であり，委託販売は納入業者側からの販売に対する呼称である。
14) 石井・小川［1996］p.112，崔［1999］pp.134-135，矢作［1996］p.57。
15) 日本経済新聞朝刊 1976 年 3 月 18 日 24 面。
16) 経営不振に陥っていた白木屋（戦後に東急百貨店に買収）は，1927 年に白木屋における納入業者の従業員が商品販売する際の規定である問屋出入規定を設けている。白木屋［1957］p.400。
17) 河田［2004］。拙稿に百貨店取引慣行が戦前から多数，行なわれていたことを明らかにしている。
18) 大阪での百貨店特殊指定に関する公聴会において，文房具卸売業の青雲堂商店社長の青山房三は，派遣店員は専門知識を有効に活用する意味において納入業者側が希望することが多々あると述べている。公正取引委員会事務局編［1955］p.172。
19) ①は樫山純三［1998］を基に執筆している。
20) ②はワコール社長室社史編纂事務局［1999］を基に執筆している。
21) 百貨店特殊指定に関する公聴会後に，全国のマネキン組合代表者数十名により派遣店員の整理に反対する陳情が公正取引委員会に行なわれている。すなわち，派遣店員は納入業者の自社社員だけでなく，直接雇用することができない場合にはマネキン業者に依頼していたことを表わしている（公正取引委員会事務局編［1955］p.9）。
22) 当時は売り場面積ではなく使用面積という表記であった。
23) 1973 年に百貨店は公正取引委員会から 77 年度末までに派遣店員を全廃するようにとの通達を受けた。しかしながら全廃できなかったのは，女性従業員の平均勤続年数が短かったことも 1 つの要因である。日本百貨店協会の統計における女性従業員の平均勤続年数は，1955 年は 3.8 年，65 年は 4.1 年，75 年は 4.4 年，85 年は 6.8 年，95 年は 8.3 年，97 年は 9.9 年であった。70 年代までは勤続年数が短いため派遣店員に依存する必要性が高かった。日本百貨店協会創立 50 周年記念誌編纂委員会編［1998］p.212。

【文献案内】
　取引慣行に関する文献には，江尻弘［1979］［2003］，高岡美佳［1997］，多田應幹［2003］，等がある。
　百貨店等で勤務経験のある研究者による文献には，岡野純司［2004］［2008］，川端順治・菊地愼二［2001］，菊地愼二［1998］，北島啓嗣［2009］，多田應幹［2003］［2005］，坪井晋也［2009］，等がある。
　百貨店各社の社史は，高島屋，三越，伊勢丹，大丸，松坂屋，そごう等の呉服店系の百貨店だけでなく，阪急百貨店，小田急百貨店，東武百貨店等の電鉄系百貨店もあり，大いに役立つ。
　百貨店と取引している納入業者自身による文献には，樫山純三［1998］，東京スタイル社史編纂委員会編［2000］『東京スタイル 50 年史』東京スタイル，ワコール社長室社史編纂事務局［1999］，等があるが，百貨店より文献は少ない。
　丸紅社史編纂室編［1976］『丸紅前史』丸紅，伊藤忠商事社史編纂室編［1969］『伊藤忠商事 100 年』伊藤忠商事，等の総合商社の社史も取引慣行を研究する際に役立つ文献である。

百貨店業界全体の歴史等を研究するための文献には，日本百貨店協会編［1959］『日本百貨店協会10年史』日本百貨店協会，日本百貨店協会創立50周年記念誌編纂委員会編［1998］，日本百貨店協会創立50年記念誌編纂委員会編［1998］『日本百貨店協会創立50年記念誌　協会50年のあゆみ』，等がある。

【参考文献】

石井淳蔵・小川進［1996］「対話型マーケティング体制に向けて―アパレル業界のビジネス・システムの発展」石原武政・石井淳蔵編『製販統合―変わる日本の商システム』日本経済新聞社，第4章所収．

江尻弘［1979］『返品性―この不思議な日本的商法』日本経済新聞社．

江尻弘［2003］『百貨店返品制の研究』中央経済社．

岡野純司［2004］「百貨店業における優越的地位の濫用規制―特殊指定の制定を素材として―」『大学院研究年報　法学研究科篇』第33号，中央大学大学院研究年報編集委員会．

岡野純司［2008］「大規模小売業者・納入業者間の売上仕入契約―百貨店の事例を素材として―」『判例タイムズ』第59巻第10号，判例タイムズ社．

樫山純三［1998］『樫山純三　走れオンワード　事業と競馬に賭けた50年』日本図書センター．

河田賢一［2004］「日本型百貨店取引慣行の嚆矢」『研究論集』第39号，神奈川大学大学院経済学研究科．

河田賢一［2005］「百貨店取引慣行をめぐる百貨店と納入業者との関係性の考察―終戦直後から百貨店が特殊指定（1954年）されるまでの期間を対象として―」『研究論集』第40号，神奈川大学大学院経済学研究科．

川端順治・菊地愼二［2001］『百貨店はこうありたい』同友館．

菊地愼二［1998］「構造変革期の百貨店」日本百貨店協会創立50周年記念誌編纂委員会編『日本百貨店協会創立50年記念誌　百貨店のあゆみ』日本百貨店協会，第7章所収．

北島啓嗣［2009］『オープン・インテグラルアーキテクチャ―百貨店・ショッピングセンターの企業戦略―』白桃書房．

木下明浩［1997］「樫山のブランド構築とチャネル管理の発展」近藤文男・中野安編『日米の流通イノベーション』中央経済社，第5章所収．

公正取引委員会事務局編［1955］『百貨店特殊指定の解説』公正取引協会．

大丸二百五十年史編集委員会編［1967］『大丸二百五十年史』大丸．

高岡美佳［1997］「戦後復興期の日本の百貨店と委託仕入―日本的取引慣行の形成過程―」『経営史学』Vol.32 No.1，経営史学会．

高岡美佳［2005］「戦後日本における小売業発展のダイナミズム」伊藤元重編『日本の産業システム⑥　新流通産業』NTT出版，第9章所収．

多田應幹［2003］「百貨店取引慣行のメカニズム」『CUC Policy Studies Review』No.3，千葉商科大学大学院政策研究科．

多田應幹［2005］「小売業の仕入形態と在庫管理」小宮路雅博編『現代の小売流通』同文舘出版，第5章所収．

崔容熏［1999］「オンワード樫山における委託取引方式と追加生産方式の戦略的補完性」近藤文男・若林靖永編『日本企業のマス・マーケティング史』同文舘出版，第6章所収．

坪井晋也［2009］『百貨店の経営に関する研究』学文社．

中田信哉［2008］『小売業態の誕生と革新―その進化を考える―』白桃書房．

日本百貨店協会業務推進部編［2009］『平成20年［2008年］日本百貨店協会統計年報』日本百貨店協会。
日本百貨店協会創立50周年記念誌編纂委員会編［1998］『日本百貨店協会創立50周年記念誌 百貨店のあゆみ』日本百貨店協会。
三越編［1990］『株式会社三越 85年の記録』三越。
矢作敏行［1996］『現代流通 理論とケースで学ぶ』有斐閣。
ワコール社長室社史編纂事務局編［1999］『ワコール50年史―ひと, こと, もの, 資料集』ワコール。

(河田 賢一)

第13章

総合スーパーのマーケティング
―バブル経済崩壊後の動向とその戦略―

1. はじめに

　第2次大戦後のわが国の小売商業界において主役を演じたのは，スーパー，とくに日本独自の総合スーパー（GMS=General Merchandise Store，日本的 GMS ともよばれている)[1] であったといっても過言ではないだろう。1950年代中頃から始まる高度経済成長下での大量生産体制の確立と大衆消費社会の出現は，流通の末端に位置する小売業に対しても「大量流通」を求めるようになったが，当時，このような要請に応えられるような小売機関はほとんど存在していなかった。そこに登場してきたのがセルフサービス方式という新しい販売方法を主体とした革新的小売業態であるいわゆるスーパーであった。このようなスーパーのわが国における生成期は，53年から61年頃であるといえるが，その間に初期体制を確立したスーパー企業のなかの一群がアメリカにおける「大量生産－大量消費」のなかで開発されたチェーンストア方式やディスカウントストア方式に学びながら日本独自の総合スーパーという業態を構築した。そして，その後スーパー業界は，この総合スーパーにリードされて急成長し，70年代初頭には，長期にわたってわが国の小売商業界の王者として君臨してきた百貨店に迫り，70年代後半以降にはこれを凌駕し，わが国小売商業界における最大勢力としての地位を確保するまでに至った。しかし，戦後のわが国小売業をリードしてきたスーパーも，73年秋の第1次石油危機を契機に成熟期を迎え，82年頃には「スーパー冬の時代」とも形容されるような厳しい局面に立たされることになった[2]。そして，その後もバブル景気の期間（通説では86年12月から91年2月までの4年3ヵ月間）を除いて低迷傾向が続き，90年代後半には，総合スーパーを主体とした総合スーパー企業の業績不振が目立つようになってきた。

　本章では，高度経済成長期以降，わが国の小売商業界をリードしてきた総合スー

パーに焦点を当てて，それが成立した60年代前半から90年代末までを分析対象期間とするが，分析の課題は，小売業態のライフサイクル[3]という概念を援用して，総合スーパーの生成と展開について概観し，それを踏まえて，とくにバブル崩壊後の総合スーパーの動向と総合スーパー大手3社[4]のマーケティング戦略（市場創造戦略）について考察し，総合スーパーに関する研究方法や総合スーパー企業の経営方法などに関心をもっている人々に若干の素材を提供することである。

2. 総合スーパーの生成と展開[5]

1953年12月，東京・青山の紀ノ国屋食料品店がスーパーの心臓部に当たるノウハウであるセルフサービス方式を導入して，わが国におけるスーパー史の1ページが開かれたが，当初は，その大半が衣料品・食料品・雑貨といった各々の単一商品部門を中心としたセルフサービス店であった。しかし，スーパー生成期（53～61年頃）が終わる頃には，食料品主体のスーパーマーケットや非食料品主体のスーパーストアといったセルフサービス主体の店舗を衣料品・食料品・雑貨のすべてを取り揃え，それを低価格で販売するという，いわゆる総合スーパー店舗へと切り替える一群の企業が出現した。そして，スーパー業界は，これらの一群の総合スーパー企業にリードされて，スーパー成長期（62～73年頃）が終わる頃には売上高で百貨店業界を凌駕し，わが国小売商業界における最大勢力としての地位を確保するまでに至った。しかし，第1次石油危機を契機に，わが国小売業を取り巻く環境が大きく変化し，これまで驚異的な成長をみせてスーパー業界をリードしてきた総合スーパー企業も，減速を余儀なくされることになった。いま，総合スーパーを主体として成長してきた総合スーパー5社に焦点を当てて，その売上高の推移を日本経済新聞社の「小売業調査」によってみると，5社計の売上高は，68年度から73年度にかけては年平均38.2％の成長率を示していたが，第1次石油危機以降の73年度から83年度にかけては年平均12.9％増と激減している。とくに，この期の後半の成長率は低調で，81年度は前年度比で1ケタ台の8.2％増に落ち込み，82・83年度には各々4.7％増とさらに半減している（図表13-1）。

このように，第1次石油危機以降，総合スーパーの成長が鈍化した結果，大手総合スーパー企業も伸び悩んでいるわけであるが，それは，直接的には，①低経

図表13－1　売上高の推移（大手5社）

指標	年度	合計	ダイエー	イトーヨーカ堂	西友ストアー	ジャスコ	ニチイ
実数 （億円）	1968年度	2,370	750	250	550	500	320
	1973年度	11,943	4,766	1,396	2,269	1,453	2,059
	1974年度	15,177	6,262	1,987	2,947	1,951	2,030
	1975年度	17,817	7,060	2,538	3,519	2,410	2,290
	1976年度	20,819	7,885	3,165	3,923	3,015	2,831
	1977年度	23,912	8,763	3,878	4,348	3,788	3,135
	1978年度	27,053	9,405	4,886	4,818	4,448	3,496
	1979年度	30,252	10,259	5,735	5,265	5,024	3,969
	1980年度	33,905	11,340	6,880	5,594	5,537	4,554
	1981年度	36,675	12,161	7,587	5,923	6,095	4,909
	1982年度	38,398	12,323	7,992	6,519	6,518	5,046
	1983年度	40,216	12,266	8,538	6,964	6,951	5,497
年平均 増減率(%)	73/68	38.2	44.7	41.1	32.8	23.8	45.1
	83/73	12.9	9.9	19.9	11.9	16.9	10.3
対前年度 増減率 （%）	1974年度	27.1	31.4	42.3	29.9	34.3	-1.4
	1975年度	17.4	12.7	27.7	19.4	23.5	12.8
	1976年度	16.8	11.7	24.7	11.5	25.1	23.6
	1977年度	14.9	11.1	22.5	10.8	25.6	10.7
	1978年度	13.1	7.3	26.0	10.8	17.4	11.5
	1979年度	11.8	9.1	17.4	9.3	12.9	13.5
	1980年度	12.1	10.5	20.0	6.2	10.2	14.7
	1981年度	8.2	7.2	10.3	5.9	10.1	7.8
	1982年度	4.7	1.3	5.3	10.1	6.9	2.8
	1983年度	4.7	-0.5	6.8	6.8	6.6	8.9

（注）1．日本経済新聞社の「日本の小売業調査」による。
　　　2．社名は当時の社名（ただし，西友ストアーは，1983年6月に「西友」と社名を変更。）
（出所）日経流通新聞社編［1987］pp.24-35。

済成長への移行に伴う実質賃金の伸び悩みと個人消費の低迷，②消費構造の変化（「モノ」からサービスへ），③消費者の価値観や購買行動の変化，④政府の流通政策の転換[6]，⑤競争の激化[7]などの環境・競争要因に起因しているといえよう。しかし，停滞の原因はそれだけではない。すなわち，総合スーパー企業の展開する総合スーパーの伸び悩みには，上述したような環境・競争構造の変化に適応できなくなった総合スーパー固有の問題（業態のライフサイクルが成熟期を迎えたことや，本来，この業態は大量販売制度として確立されたもので，個性化・多様化した購買行動に対応することが困難なことなど）やその経営体質（たとえば，①革新性の喪失，②疑似百貨店化，③中央集中管理の徹底による意思決定の

硬直化,④組織末端での市場変化に対するきめ細かな適応力の低下など)も関連していたといえる。

このような状況下で大手総合スーパー企業も手を拱いていたわけではない。この間に,各社は,総合スーパーを主体として,低成長時代に適応できるように企業体質を改善するために,不良在庫の削減と粗利益の改善,パートタイマー比率の増加による人件費の抑制,コンピュータ導入による事務作業の合理化,そして,借入金抑制によるコストの低減など,一連の経営合理化・減量化・効率化策を推進した(流通問題研究協会編[1986] p.25)。また,第1次石油危機以降,総合スーパーがいよいよ業態のライフサイクルの成熟期を迎えたために,各社とも業態の多様化・事業の多角化を目指し「業態の明確化」,「業態の多様化」,「事業の多角化」,「提携・合併」などにも本格的に取り組み始めることになった[8]。ただし,各社の取り組みはさまざまであり,とくに,ダイエーの積極的な拡大化路線とイトーヨーカ堂の総合スーパー中心(業態内改革)路線は対照的であった。

3. バブル崩壊後の総合スーパーの動向

『商業統計表』により,バブル崩壊後の小売業の変化動向(1991～97年)を業態別にみると,全体としては,セルフサービス主体の業態がいずれの指標においても増加傾向を示しているのに対して,対面販売主体の業態の停滞・衰退傾向が目立っている。しかし,セルフサービス主体の業態について,もう少し立ち入ってみると,かなり様相を異にしている。すなわち,この状況を大型総合スーパー[9]に焦点を当ててみると,大型総合スーパーの伸びは,いずれの指標においても,衣料スーパー,食料品スーパー,住関連スーパー,コンビニエンスストア(以下,コンビニと略す)のそれを下回っている。それゆえ,バブル崩壊後の大型総合スーパーは,セルフサービス主体の業態のなかでは相対的には伸び悩んでいるといっても過言ではない。(図表13-2)。

そこで,『商業販売統計年表』[10]に依拠して「大型総合スーパー」の伸び悩みの原因を探ってみると,既存店の低迷傾向が注目される。すなわち,既存店では,この間に一貫して販売額が減少しており,その水準(99年)は,91年(=100)に比べて81.6まで落ち込んでいる(図表13-3)。なお,既存店について商品部門別にみると,衣料品,食料品,その他の3部門ともこの間に販売額を低下させて

第13章　総合スーパーのマーケティング　241

図表13−2　小売業の推移（業態別）

業態別	実数（1997年）（店、人、m², 100万円）				構成比（1997年）（％）				増減率（97/91年）（％）			
	商店数	従業者数	売場面積	販売額	商店数	従業者数	売場面積	販売額	商店数	従業者数	売場面積	販売額
小売業計	1,419,696	7,350,712	128,083,639	147,743,116	100.0	100.0	100.0	100.0	-11.6	5.0	16.5	3.8
百貨店	476	186,493	7,658,314	10,670,241	0.0	2.5	6.0	7.2	-0.4	-9.7	13.7	-6.0
(1) 大型百貨店	404	179,493	7,558,487	10,380,356	0.0	2.4	5.9	7.0	2.3	-9.5	14.1	-5.5
(2) その他の百貨店	72	7,000	99,827	289,885	0.0	0.1	0.1	0.2	-13.3	-14.1	-9.6	-20.3
スーパー	154,818	1,605,810	47,810,511	40,382,345	10.9	21.8	37.3	27.3	63.8	52.3	62.0	35.5
総合スーパー	1,888	302,503	13,530,124	9,956,689	0.1	4.1	10.6	6.7	12.2	30.3	42.1	17.2
(1) 大型総合スーパー	1,546	268,699	12,556,751	8,986,997	0.1	3.7	9.8	6.1	34.2	44.7	54.0	27.8
(2) 中型総合スーパー	342	33,804	973,373	969,692	0.0	0.5	0.8	0.7	-35.6	-27.1	-29.1	-33.7
専門スーパー	32,209	768,241	23,532,420	20,439,962	2.3	10.5	18.4	13.8	54.7	58.2	80.8	45.3
(1) 衣料品スーパー	4,549	44,472	2,679,828	1,153,739	0.3	0.6	2.1	0.8	103.4	62.0	78.1	46.6
(2) 食料品スーパー	17,623	568,919	12,669,394	14,768,134	1.2	7.7	9.9	10.0	19.4	42.2	44.8	30.7
(3) 住関連スーパー	10,037	154,850	8,183,198	4,518,089	0.7	2.1	6.4	3.1	162.1	166.5	195.8	128.1
その他のスーパー	120,721	535,066	10,747,967	9,985,694	8.5	7.3	8.4	6.8	67.6	58.8	54.2	37.8
(1) 各種商品取扱店	625	5,180	224,906	145,175	0.0	0.1	0.2	0.1	62.8	43.2	45.3	21.7
(2) 各種商品取扱店以外の店舗	120,096	529,886	10,523,061	9,840,519	8.5	7.2	8.2	6.7	67.6	59.0	54.4	38.1
コンビニエンスストア	36,631	406,490	3,639,925	5,223,404	2.6	5.5	2.8	3.5	53.7	114.4	62.2	67.1
(1) 終日営業店	20,535	300,504	2,230,676	3,589,314	1.4	4.1	1.7	2.4	117.7	184.9	121.2	125.5
(2) 終日営業店以外の店舗	16,096	105,986	1,409,249	1,634,090	1.1	1.4	1.1	1.1	13.8	26.0	14.1	6.5
専門店	839,969	3,616,282	43,589,918	59,679,070	59.2	49.2	34.0	40.4	-16.8	-7.5	-1.7	-11.1
(1) 衣料品専門店	126,383	386,866	8,265,694	6,117,606	8.9	5.3	6.5	4.1	-19.1	-18.4	-7.2	-23.2
(2) 食料品専門店	230,163	944,837	7,584,292	8,810,520	16.2	12.9	5.9	6.0	-22.5	-7.4	-16.6	-22.0
(3) 住関連専門店	483,423	2,284,579	27,739,932	44,750,944	34.1	31.1	21.7	30.3	-13.0	-5.3	5.3	-6.5
中心店	385,748	1,525,660	25,137,418	31,534,579	27.2	20.8	19.6	21.3	-16.4	-2.8	-6.5	8.6
(1) 衣料品中心店	62,882	231,972	6,240,881	4,931,579	4.4	3.2	4.9	3.3	-16.8	-17.5	-9.1	-13.0
(2) 食料品中心店	154,736	521,791	7,531,602	7,767,134	10.9	7.1	5.9	5.3	-27.1	-16.9	-20.9	-19.0
(3) 住関連中心店	168,130	771,897	11,364,935	18,835,866	11.8	10.5	8.9	12.7	-3.1	16.8	8.2	36.6
その他の小売店	2,054	9,977	247,553	253,476	0.1	0.1	0.2	0.2	-87.5	-86.2	30.1	-86.3
(1) 各種商品取扱店	1,927	9,340	224,035	230,389	0.1	0.1	0.2	0.2	4.0	18.1	26.8	18.7
(2) 各種商品取扱店以外の店舗	127	637	23,518	23,087	0.0	0.0	0.0	0.0	-99.1	-99.0	72.9	-98.6

（注）1997年調査において業態定義の見直しが行なわれたが、下記統計表の概況部分については97年と同定義で91年、94年を集計し直した数値で読み込みが行なわれている。
（出所）通商産業省大臣官房調査統計部編『平成9年商業統計表―業態別統計編（小売業）』通産統計協会、1999年より筆者作成。

図表13-3 「大型総合スーパー」(既存店・商品別) の推移

年次	実数 (100万円)				指数 (91 = 100)			
	合計	衣料品	食料品	その他	合計	衣料品	食料品	その他
1990年	9,749,252	3,030,297	4,190,427	2,526,406	96.1	97.2	94.0	98.2
1991年	10,148,972	3,118,175	4,458,615	2,571,881	100.0	100.0	100.0	100.0
1992年	10,118,525	3,033,985	4,534,411	2,551,306	99.7	97.3	101.7	99.2
1993年	9,794,732	2,864,081	4,484,533	2,446,703	96.5	91.9	100.6	95.1
1994年	9,638,016	2,723,741	4,493,502	2,422,236	95.0	87.4	100.8	94.2
1995年	9,474,170	2,650,200	4,466,541	2,359,258	93.4	85.0	100.2	91.7
1996年	9,294,161	2,565,394	4,408,476	2,319,150	91.6	82.3	98.9	90.2
1997年	9,098,983	2,434,559	4,390,842	2,263,491	89.7	78.1	98.5	88.0
1998年	8,735,024	2,273,878	4,316,197	2,132,208	86.1	72.9	96.8	82.9
1999年	8,280,803	2,085,146	4,186,712	1,993,615	81.6	66.9	93.9	77.5

年次	対前年増減率 (%)				構成比 (%)			
	合計	衣料品	食料品	その他	合計	衣料品	食料品	その他
1990年					100.0	31.1	43.0	25.9
1991年	4.1	2.9	6.4	1.8	100.0	30.7	43.9	25.3
1992年	-0.3	-2.7	1.7	-0.8	100.0	30.0	44.8	25.2
1993年	-3.2	-5.6	-1.1	-4.1	100.0	29.2	45.8	25.0
1994年	-1.6	-4.9	0.2	-1.0	100.0	28.3	46.6	25.1
1995年	-1.7	-2.7	-0.6	-2.6	100.0	28.0	47.1	24.9
1996年	-1.9	-3.2	-1.3	-1.7	100.0	27.6	47.4	25.0
1997年	-2.1	-5.1	-0.4	-2.4	100.0	26.8	48.3	24.9
1998年	-4.0	-6.6	-1.7	-5.8	100.0	26.0	49.4	24.4
1999年	-5.2	-8.3	-3.0	-6.5	100.0	25.2	50.6	24.1

(注) 実数は対前年増減率から算出した推計値。
(出所) 通商産業大臣官房調査統計部編『商業販売統計年報』(各年版) 経済産業調査会より筆者作成。

いるが、そのなかでは衣料品部門がもっとも落ち込んでいるので、この衣料品部門の伸び悩みが既存店低迷の最大の原因であったといえる。

最後に、バブル崩壊後の変化動向 (90～99年度) を総合スーパー企業のうち、大手3社に焦点を当ててみると、ダイエーの停滞・衰退傾向が目立っているが、イトーヨーカ堂も収益性の水準 (99年度) が92年度当時に比べると極端に低下しているので、この間に優良企業の誉れ高かった同社も厳しい局面を迎えているといえる。また、ジャスコは、上記2社に比べると健闘しているようにみえるが、経常利益と当期純利益が90年度に比べると91・96年度を除いてかなり低下しているので、同社の経営も97年度以降厳しくなってきていると思われる (図表13-4)。

以上のようなことから、バブル崩壊後の総合スーパーの伸び悩み傾向は明らかであるが、その主因は、「消費者の支持を失った」からだといっても過言ではな

第13章 総合スーパーのマーケティング 243

図表13－4 大手3社の経営指標

項目	会社名	指標	90年度	91年度	92年度	93年度	94年度	95年度	96年度	97年度	98年度	99年度
実数	ダイエー	期末店舗数	191	215	225	223	348	365	375	378	346	308
		売場面積	1,420,729	1,612,770	1,711,726	1,748,784	2,602,773	3,825,370	2,948,490	3,006,061	2,804,215	2,467,076
		売上高	1,842,088	2,025,921	2,015,230	2,073,401	2,541,518	2,503,439	2,505,503	2,470,191	2,342,643	2,204,823
		経常利益	26,661	27,542	24,044	22,022	7,210	25,038	591	−25,828	1,036	1,147
		当期純利益	8,947	9,309	8,036	10,038	−25,686	14,019	1,240	1,101	1,034	1,117
	イトーヨーカ堂	期末店舗数	140	143	143	147	149	154	158	163	169	176
		売場面積	1,059,743	1,106,930	1,158,412	1,216,724	1,286,393	1,357,785	1,416,638	1,512,709	1,625,221	1,779,498
		売上高	1,355,139	1,459,591	1,511,553	1,536,340	1,538,742	1,544,958	1,546,435	1,547,594	1,563,338	1,508,910
		経常利益	88,836	97,162	97,508	82,003	75,054	76,558	69,645	70,338	71,202	51,081
		当期純利益	44,102	53,702	57,840	46,759	44,708	45,714	43,148	41,323	42,099	33,600
	ジャスコ	期末店舗数	172	169	168	176	188	212	240	253	281	347
		売場面積	907,153	895,946	950,199	1,104,105	1,234,125	1,367,878	1,599,886	1,760,937	1,997,741	2,554,140
		売上高	995,396	1,041,337	1,005,664	1,060,895	1,147,413	1,202,086	1,295,408	1,254,936	1,314,364	1,422,444
		経常利益	29,028	29,582	27,536	26,018	22,010	26,726	29,865	21,847	24,783	23,844
		当期純利益	14,817	15,182	10,798	11,176	11,187	13,513	15,646	11,723	8,872	9,224
指数（90年度＝一〇〇）	ダイエー	期末店舗数	100.0	112.6	117.8	116.8	182.2	191.1	196.3	197.9	181.2	161.3
		売場面積	100.0	113.5	120.5	123.1	183.2	269.3	207.5	211.6	197.4	173.6
		売上高	100.0	110.0	109.4	112.6	138.0	135.9	136.0	134.1	127.2	119.7
		経常利益	100.0	103.3	90.2	82.6	27.0	93.9	2.2	−96.9	3.9	4.3
		当期純利益	100.0	104.0	89.8	112.2	−287.1	156.7	13.9	12.3	11.6	12.5
	イトーヨーカ堂	期末店舗数	100.0	102.1	102.1	105.0	106.4	110.0	112.9	116.4	120.7	125.7
		売場面積	100.0	104.5	109.3	114.8	121.4	128.1	133.7	142.7	153.4	167.9
		売上高	100.0	107.7	111.5	113.4	113.5	114.0	114.1	114.2	115.4	111.3
		経常利益	100.0	109.4	109.8	92.3	84.5	86.2	78.4	79.2	80.1	57.5
		当期純利益	100.0	121.8	131.2	106.0	101.4	103.7	97.8	93.7	95.5	76.2
	ジャスコ	期末店舗数	100.0	98.3	97.7	102.3	109.3	123.3	139.5	147.1	163.4	201.7
		売場面積	100.0	98.8	104.7	121.7	136.0	150.8	176.4	194.1	220.2	281.6
		売上高	100.0	104.6	101.0	106.6	115.3	120.8	130.1	126.1	132.0	142.9
		経常利益	100.0	101.9	94.9	89.6	75.8	92.1	102.9	75.3	85.4	82.1
		当期純利益	100.0	102.5	72.9	75.4	75.5	91.2	105.6	79.1	59.9	62.3

（注）期末店舗数（単位：店）、売場面積（単位：㎡）、売上高、経常利益、当期純利益（単位：100万円）
（出所）1.『有価証券報告書総覧』（各社）、2.『流通会社年鑑』（1997年版、2000年版）より筆者作成。

いだろう。なぜなら、かつては、総合スーパーは、百貨店よりも低価格で、ありとあらゆる商品を店内に揃え、消費者のワン・ストップ・ショッピングの要求に応えていたので、当時の消費者は、総合スーパー店舗に対して相当魅力をもっていた。また、多くは、便利な市街地に立地し、中心商店街や駅前商店街で中核的役割を果たし、しかも店舗が新しかったので、消費者にとってはこれらも魅力的であった。しかし、80年代に入って、都市の郊外化やモータリゼーションが進展すると、郊外や幹線道路沿いが新しい商業地として注目されるようになり、そこに真っ先に進出したのはスーパー店舗であったが、その地区は、新業態店にも

チャンスを与え，それらが豊富な品揃え・低価格で出店するようになると，それらは瞬く間に消費者の支持を得て，以後，そのなかの一群が急成長し始めた。青山商事，しまむら，ユニクロ，ABCマート（以上，衣料品），コメリ（ホームセンター），ヤマダ電機，コジマ（以上，家電量販店），マツモトキヨシ（ドラッグストア）などの企業がその一例であるが，これらの企業は，これらと競合する総合スーパーの売場を確実に侵食していった。また，スーパー業界においては，70年代後半に業態を確立した食料品スーパーが徐々に力をつけてきて，このなかにも，総合スーパーの食料品売場に影響を及ぼす企業（関西スーパー，サミットストアなど）が出現してきた。

4. バブル崩壊後の総合スーパー大手3社のマーケティング戦略

「1990年代の経営環境がスーパー企業にとって極めて厳しいものであったことは確かである。約10年に及ぶ長期景気後退と個人消費不振，さらにデフレ的状況のもとで利益圧縮の力が強く作用していた。また，大店法の緩和・廃止の動きに触発された出店積極化の動きが，消費低迷のなかで売場面積過剰（オーバーストア）現象をもたらしたのである」（三村［2002］p.27）。しかも，成熟市場をめぐって同業態間・異業態間競争がますます激化する一方，上記のような環境変化は，また，新たな業態登場の温床を提供した。そして，90年代に入ってから，ディスカウントストア，ホームセンター，ドラッグストア，アウトレットストア，オフプライスストア，100円ショップ，各種の新型専門店，各種無店舗販売などがその温床で育ち，そのなかには，総合スーパーを脅かすまでに成長した企業も現れてきた。

以上のようなことから，総合スーパー企業は，この極めて厳しい状況を打開するために，新たなマーケティング戦略[11]（市場創造戦略）と取り組まざるを得なくなった。以下，上述の大手3社に焦点を当てて，各社が取り組んできた主要なマーケティング戦略についてみていこう。

(1) 物販部門における業態の多様化と新業態開発

　すでに指摘したように，大半の総合スーパー企業が業態の明確化に取り組み始めたのは76年頃からであるが，その背景には，総合スーパーがいよいよ業態のライフサイクルの成熟期を迎えたために，各社とも業態の多様化と開発を目指さざるを得なくなったという事情があったからである。このようなことを背景に，その後，各社は，この課題と継続的に取り組んできたが，バブル崩壊後は，上記のような理由からさらに真剣に取り組まざるを得なくなった。すなわち，ダイエーは，バブル崩壊後も89年度に打ち出したディスカウント路線を踏襲し，ローコストオペレーションによるエブリデー・ロー・プライス（EDLP）の具体化に傾注した。具体的には新店舗では新業態であるハイパーマートを積極的に出店し，既存の総合スーパーについては，トポス，Ｄマートへの転換を促進した。また，日本初の本格的な会員制ホールセールクラブであるコウズ（Kou's）も開発した。しかし，次期ダイエーを担う主力業態として94年秋から本格的な展開を試みたハイパーマートが営業成績の不振に陥り，97年春には総合スーパー路線に戻す（矢作 [1998] p.142）とともに，不振店舗の大量閉鎖に踏み切らざるを得なくなった。

　ジャスコは，91年4月に「新業態開発プロジェクトチーム」を設置し，新しいディスカウントストア（DS）業態である「メガマート」との取り組みを開始する一方，新業態であるスーパー・スーパーマーケット（SSM）のマックスバリュの開発に乗り出し，両者を合体してネバーフッド・ショッピングセンター（NSC），コミュニティ・ショッピングセンター（CSC）あるいはパワーセンター（PC）を構成する核店舗として位置づけた（ジャスコ株式会社編 [2000] p.553）。そして，ディベロッパー「ダイヤモンドシティ」（69年設立）や89年に発足した大型SCディベロッパー「ジャスコ興産」と92年に設立されたNSC専門ディベロッパー「ロック開発」により，ジャスコや上述の両業態を核とするショッピングセンター開発に本格的に取り組み始めた。

　以上の2社に対して，イトーヨーカ堂は，創業以来一貫して本業（総合スーパー）の業務改革に徹しており，上記2社とは対照的な動きをみせている（グループとしては，セブン-イレブン・ジャパンなどを開発している）。

(2) 事業の多角化

80年代に入ると,各社は,事業の多角化にも積極的に取り組み始めたが,その取り組みでは,3社間にかなりの差異が存在していた。すなわち,ダイエーは,成長期から「売上拡大主義」を標榜し,80年代中頃からは「生活総合産業」を目指して非物販部門でも拡大化路線を邁進してきた。そして,同社は,バブル崩壊後も企業買収や株式の購入などを通じて拡大策をとり続けた。また,ジャスコは,ダイエーほどではないがイトーヨーカ堂に比べるとかなり積極的で,86年には,具体的な6事業(主力事業＝GMS中心の業態,専門店事業,外食事業,サービス事業,ストアレス事業,国際事業)を掲げ,それに基づいて,引き続き活発な新会社設立に取り組んでいる(ジャスコ株式会社編［2000］p.456)。以上の2社に対して,イトーヨーカ堂は,ダイエーとは対照的に90年代中頃まではほとんど事業の多角化には興味を示さなかった。

(3) 組織改革

新業態開発や事業の多角化を進めるためには組織改革も不可欠である,ということから,各社はこの問題にも真剣に取り組んできた。そこで,バブル崩壊後の各社の主要な取り組みをみると,ダイエーは,94年の忠実屋,ユニードダイエー,ダイナハとの4社合併以来,中央集権的な組織体制で社内体制の整備を進めてきたが,96年にはカンパニー制(GMS,ハイパー,DS,SM,ADS,CVS,フード・サービス,ディベロッパー,サービスの9カンパニー)を導入し,中央集権的分権体制へ移行し(株式会社ダイエー社史編纂室編［1997］pp.26-28),98年にはそれを大幅に改革して,組織改革を通じて低迷状態からの脱出を図っている。また,ジャスコも97年に事業本部制を廃止しカンパニー制の導入に踏み切った。すなわち,東北,関東,東海,三岐,近畿四国,兵庫中国の各事業本部を廃止し,東北,関東,中部,近畿,西部の5つのカンパニーを新設した(ジャスコ株式会社編［2000］p.661)。これに対して,イトーヨーカ堂は,90年代に入っても,次に述べる情報システムの強化と業務改革の深化に関連づけて組織改革を行なっている(陳［2004］pp.268-288)。

(4) 情報システムの強化と業務改革

　情報システムの強化という観点からは，イトーヨーカ堂の取り組みがとくに注目される。同社は，セブン－イレブン・ジャパンが構築した販売時点情報管理（POS）システムを他社に先駆けて導入し，その後継続して情報システムの高度化に傾注してきた。そして，同社は，90年代に入ってからも，この情報システムをベースに継続的に業務改革に努めてきた。すなわち，同社は，91年に返品ゼロの買取り制のリスク・マーチャンダイジングに着手し，翌92年，チーム・マーチャンダイジングとの取り組みを推進した（森田［2004］p.208）。また，さらに物流面を強化するために，チーム・ロジスティクスも進化させた。

　一方，ジャスコは，70年代から情報システムの構築に積極的に取り組み，86年には全商品を単品管理できる総合的なオンライン・システムであるTOMMシステム（Total Online Merchandising&Management System）を構築し，93年にはそれをさらに発展させたTOMM Ⅱシステムを構築した。そして，94年には「情報システム中期3カ年計画」を策定し，グループネットワークのインフラを再構築するとともに，商品，営業，財務，人事，店舗開発，各分野の情報システムの見直しに着手した。また，93年には，花王との戦略同盟により構築された企業間情報システムであるEDI（Electronic Data Interchange）を全店舗に導入している（ジャスコ株式会社編［2000］p.601）。

　さらに，ダイエーも70年代当初に中型コンピュータを導入し，事務の合理化に取り組み始め，81年にはPOSシステムの導入に着手し，87年度からはPOS（フルライン）の全店導入を開始し，90年代には全商品の単品管理体制を確立している。また，それと同時期に，多角化したグループ各社や取引先を繋ぐ独立したネットワークづくりにも乗り出し，90年代に入るとこのシステムも機能するようになった。

(5) そ の 他

　各社は，上記以外にも，市場を創造するためにグローバル化（海外からのノウハウ・資本の導入，海外からの商品調達，海外進出）[12]を積極的に展開し，また，高まる地球環境問題などを背景として環境問題[13]にも本格的に取り組み始めたが，これらについては，紙幅の関係から省略する。

以上のように，大手3社は，バブル崩壊後も市場を創造するために独自のマーケティング戦略を展開してきたが，それにもかかわらず，90年代後半になると，各社ともさまざまな問題を抱えることになった。すなわち，ダイエーは，総合スーパーが成熟期を迎えるとそれに対応するために，「生活総合産業」をスローガンに，出店を強化するとともに，業態の明確化，業態の多様化，事業の多角化，提携・合併，グローバル化，環境問題などにも積極的に取り組んできた。しかし，バブル崩壊後は，成長期にみられた強力なリーダーシップの低下，成長期に蓄積された拡大化路線の負の遺産，主力業態選定の失敗などにより，上述のような取り組みにもかかわらず厳しい環境に適応できず，90年代末になると経営破綻が現実的な問題になってきた[14]。

これに対して，イトーヨーカ堂は，スーパー業界の「勝ち組」といわれ，これまでその収益力は群を抜いていた。その要因としては，成長期以降本業である総合スーパーをより深化させることに傾注したということをあげることができる。すなわち，イトーヨーカ堂は，グループとしては非物販部門にも参入したが，力点は物販部門におき，とくに成熟期を迎えた頃には，コンビニ（セブン-イレブン・ジャパン）を立ち上げる一方で総合スーパーの再生にも力を入れ，コンビニで開発した情報システムをただちに本業にも導入し，これを「てこ」にして，激変する環境に適応しうる総合スーパーづくりに成功した。しかし，90年代末になると業績悪化傾向が目立つようになり，その対策を模索し始めている。

また，ジャスコもスーパー業界の「勝ち組」とされていたが，その背景としては，岡田屋（ジャスコの前身の1つ）の家訓である「大黒柱に車をつけよ」（岡田［1983］p.2）を実践し，スクラップ・アンド・ビルドと郊外型の大型ショッピングセンターづくりに成功したことをあげることができる。すなわち，前者は，問題の既存店を激変する環境に柔軟に対応することを可能にし，また，後者は，成熟期を迎えた総合スーパーを核店舗として再生させることによって全体として魅力ある商業集積の構築に成功したのである。しかし，ジャスコでさえも，衰退期に入った総合スーパーの存続・成長にはかなり苦慮しているというのが実情である。

5. 本章から学ぶこと

本章の第2・3節では，小売業態のライフサイクル概念を援用して，わが国に

おける総合のスーパーの発展過程について概観し，とくにバブル崩壊後の実態を明らかにしたが，これらの節からは，1962年頃から急成長した総合スーパーが74年頃からその成長が鈍化し，80年代に入ると，停滞傾向が目立つようになり，90年代後半になると，衰退傾向もみられるようになった原因と背景を学んで欲しい。

次に，第4節では，わが国の総合スーパー業界をリードしてきたダイエー，イトーヨーカ堂，ジャスコの大手3社に焦点を当てて，バブル崩壊後の3社のマーケティング戦略について概観した。そして，その結果，3社とも90年代後半に至って経営不振に陥っていることを明らかにした。そこで，最後に，3社のマーケティング戦略を整理しつつ，これらの事例から学ぶべきことについて言及してみたい。

まず，ダイエーであるが，同社の経営危機[15]は，基本的には，「売上拡大主義」による多店舗展開と80年代からの「生活総合産業」を目指した事業の多角化の推進によって引き起こされたといえる。確かに，同社の売上拡大主義は，高度経済成長下の大量生産・大量流通・大量消費時代には同社の急成長に貢献した。しかし，低経済成長下で消費の個性化・多様化などが進展すると，この主義は問題に直面せざるを得なくなった。また，総合スーパーが成熟期を迎えたとき，「生活総合産業」を標榜して事業の多角化を指向したことは「製品-市場戦略」論からみて妥当なものであったが，本業の総合スーパーが売上高では第1位であっても収益が伴わないといった体質のもとでは，過度の多角化は無謀であった。しかし，現実には，90年代に入っても，「売上拡大主義」と「生活総合産業指向」は健在であり，これが変わらなかったところに，ダイエー凋落の主要因がみいだされる。

また，イトーヨーカ堂は，高度経済成長期にも「売上拡大」よりも「経営効率」を重視し，それを向上させるために，徹底して本業の総合スーパーの業務改革を実施しこれに成功した。そして，総合スーパーが成熟期に入っても，多角化戦略に走らず，本業重視の姿勢で①総合情報システムの強化，②それに基づく単品管理の徹底，③ドミナント（地域内集中出店）戦略により，質の高いマーチャンダイジングの展開と物流効率化の達成，④セブン-イレブンのフランチャイズ・システムを応用したリース方式の出店戦略，⑤「業革」を支える重層的かつ継続的なサポート体制の確立などによって業務改革を成功させ（久保［2000］pp.209-210），90年代前半には，収益面で最高の実績を誇るまでに成長した。しかし，90年代後半になると，その収益率が低下傾向を示すようになり，衰退期を迎えた総

合スーパーの経営がいかに厳しいものであるか，ということを如実に物語っている。

さらに，ジャスコは，もともと岡田屋，フタギ，シロの3社が合併した企業であり，高度経済成長期には，グループ化と積極出店を通じて規模拡大路線を邁進する一方，スクラップ・アンド・ビルドにも積極的に取り組んできた。そして，総合スーパーが成熟期に入ると，その完成を目指すと同時に，それが十分な収益を確保している間に，次の10年間の事業の芽を育成していこう，ということから，業態の多様化・事業の多角化をさらに推進した。そして，89年の創業20周年を契機に，グループ名を「ジャスコグループ」から「イオングループ」に変更した同社は，スーパーストア（総合スーパー）中心の事業構造からいち早く脱皮し本格的なショッピングセンター（SC）時代の到来に備えることになった（ジャスコ株式会社編［2000］p.537）。90年代に入ると，同社は，現に本格的なショッピングセンターづくりに積極的に取り組み，それが「ジャスコ大躍進」の原動力となった。しかし，90年代後半になると企業を取り巻く環境がますます厳しくなり，ジャスコ（イオン）の拡大化路線も見直さざるを得なくなってきている。

以上のように，3社のマーケティング戦略には相違がみられるが，各社とも90年代後半になると苦戦を強いられることになった。なぜ，3社とも上述したような厳しい局面に立たされるようになったのか。その原因や背景についてこれらの事例を通じて学んでもらいたい。

【注】
1）日本独自の総合スーパーについては，矢作［1981］［1998］を参照のこと。
2）わが国におけるスーパーの発展過程については，建野［1993］pp.1-226，建野［1997］pp.3-171 を参照のこと。
3）小売業態のライフサイクルについては，Davidson, et al.［1976］を参照のこと。なお，本章では小売業態のライフサイクルを生成期，成長期，成熟期，衰退期として捉えている。
4）売上高上位3社。なお，ジャスコは，2001年8月に社名がイオンに変わったが，本章では社名をジャスコとして取り扱った。
5）本節は，建野［2001］pp.57-66を大幅に書き換えたものである。なお，「総合スーパーの生成と展開」については，矢作［1981］pp.101-189，矢作［1998］pp.122-142，陳［2004］pp.92-132 も参照のこと。
6）1974年にそれまでの百貨店法（第2次）の廃止に伴って大店法（「建物主義」をとる）が施行され，そして，79年には改正強化（対象店舗が500m² 超まで引き下げられた）された。また，通産省は81年10月以降，さらなる出店規制に乗り出し，82年2月1日からは「通達」により特定の大型店に対して出店抑制策を実施するようになった。
7）わが国経済の低成長を背景に，「市場スラック効果」も消滅し始め，小売業界もいよいよ淘汰の時代を迎えることになった。そこでの競争は，レースからゲームへと転換し，それ

第13章　総合スーパーのマーケティング　251

に伴って同形態間競争，異形態間競争，垂直的衝突がますます激化することになった（田村［1982］pp.18-21）。
8) 低経済成長期における巨大スーパー（大手総合スーパー企業）の実態とその特徴については，中野安氏による一連の優れた研究成果（「本章から学ぶこと」を参照）がある。
9) 『商業統計表（業態別統計編）』の定義によれば，大型総合スーパーは，衣・食・住のそれぞれが10%以上70%未満，従業者数50人以上，売場面積3,000m^2以上（都特別区および政令指定都市6,000m^2以上）のセルフ方式の店舗である。なお，その他の業態の定義については，同上の統計表（各年版）を参照のこと。
10) 『商業販売統計年表』では，スーパーを「売場面積の50%以上についてセルフサービス方式を採用している商店であって，かつ，売場面積が1,500m^2以上の商店」と定義し，これを「大型小売店販売」として集計しているので，ここではこれを「大型総合スーパー」として取り扱うことにした。
11) 通常，マーケティング戦略は，製品（商品）戦略，価格戦略，プロモーション戦略，チャネル戦略から構成されているが，ここではそれを広義に解釈し，市場創造戦略全般をマーケティング戦略として捉え，そのうち重要な戦略に言及した。
12) 流通企業のグローバル化については，陳［2004］pp.221-258が詳しい。
13) 大手総合スーパー企業の環境問題との取り組みについては，建野［2002］を参照のこと。
14) ダイエーの経営危機については，佐々木［2006］，久保［2000］が詳しい。
15) 2004年10月13日，ダイエーの産業再生機構への再建支援要請に対して，同年12月28日に産業再生機構による支援が決定した。これは，ダイエーの事実上の経営破綻といえる（佐々木［2006］p.187）。

【文献案内】
　わが国における総合スーパーのマーケティングについて研究するには，まず，日本独自の総合スーパーの歴史について学ぶ必要があるが，これに関しては，矢作［1981］［1998］，中野［1995］，建野［1997］［2001］，ダイエー社史編纂室編［1992］［1997］，ジャスコ株式会社編［2000］などが参考になる。そのなかで，矢作［1998］は，ダイエーに焦点を当てて，日本独自の総合スーパー業態の成立過程を明らかにしている。また，中野［1995］は，産業史の観点から大規模流通企業（とくに，大手総合スーパー企業）の歴史を詳細に分析している。そして，建野［1997］は「年表」であるが，1953年から83年までのスーパーの動向を総合スーパーに焦点を当てて詳細に検討している。
　歴史研究を踏まえた総合スーパーのマーケティング研究では，中野の一連の研究が注目される。すなわち，中野［1976］［1977］［1979］［1981］［1984］［1988］は，総合スーパーに焦点を当てて，歴史を踏まえて，その実態をさまざまな角度から分析しているが，これらは，総合スーパーのマーケティング研究者にとって極めて重要な文献であるといえる。なお，これに関連する最近の注目すべき成果として，陳［2004］と森田［2004］の2著をあげることができるが，とくに前著は，日本語表現などに若干の問題を残しているが，日本の代表的な流通企業（総合スーパー企業）の全体像を進化論的アプローチによって理論的・実証的に解明した画期的な成果の1つであり，総合スーパーのマーケティング研究上も極めて重要な文献であるといえる。

【参考文献】

岡田卓也［1983］『大黒柱に車をつけよ』東洋経済新報社。
株式会社ダイエー社史編纂室編［1992］『For the CUSTOMERS—ダイエーグループ35年の記録』アシーネ。
株式会社ダイエー社史編纂室編［1997］『ネアカのびのびへこたれず—ダイエーグループ40年の歩み』アシーネ。
久保文克［2000］「スーパーマーケット 環境適応戦略をめぐる明暗—ダイエーとイトーヨーカ堂」宇田川勝, 橘川武郎, 新宅純二郎編『日本の企業間競争』有斐閣, pp.198-218。
小山周三, 外川洋子［1992］『産業の昭和史⑦—デパート・スーパー』日本経済評論社。
佐々木保幸［2006］「『総合スーパー』ダイエーの経営危機と再建問題」『大阪商業大学論集』第1巻第3号, pp.187-197。
佐藤肇［1974］『日本の流通機構』有斐閣。
ジャスコ株式会社編［2000］『ジャスコ30年史』ジャスコ株式会社。
建野堅誠［1993］『日本におけるスーパーの生成と展開』九州流通政策研究会。
建野堅誠［1997］『日本スーパー発達史年表（増補版二刷）』創成社。
建野堅誠［2001］「スーパーの日本的展開とマーケティング」マーケティング史研究会編『日本流通産業史—日本的マーケティングの展開』同文舘出版, pp.49-70。
建野堅誠［2002］「大手総合スーパー企業の環境問題への取り組み」『長崎県立大学論集』第35巻第4号, pp.229-315。
田村正紀［1982］『流通産業—大転換の時代』日本経済新聞社。
田村正紀［1986］『日本型流通システム』千倉書房。
陳海権［2004］『日本流通企業の戦略的革新—創造的企業進化のメカニズム』日本僑報社。
通商産業省大臣官房調査統計部編［各年版］『商業販売統計年報』経済産業調査会。
通商産業省大臣官房調査統計部編［1999］『平成9年商業統計表—業態別統計編（小売業）』通産統計協会。
中野安［1976］「日本における巨大小売チェーンの展開」『経済学雑誌』第75巻第2号, pp.11-42。
中野安［1977］「巨大スーパーにおける資本蓄積」『経済学雑誌』第77巻第3号, pp.47-72。
中野安［1979］「低成長経済と巨大スーパーの動向」『季刊経済研究』第2巻第3号, pp.1-25。
中野安［1981］「80年代小売業再編成の基本的性格」『季刊経済研究』第4巻第1号, pp.47-69。
中野安［1984］「巨大小売企業のサービス分野への進出」『季刊経済研究』第7巻第2号, pp.1-19。
中野安［1988］「1980年代日本の巨大小売業」『季刊経済研究』第11巻第1号, pp.1-18。
中野安［1995］「小売業」産業学会編『戦後日本産業史』東洋経済新報社, pp.658-685。
日経流通新聞編［1987］『ランキング流通革命』日本経済新聞社。
矢作敏行［1981］『現代小売商業の革新』日本経済新聞社。
矢作敏行［1998］「総合スーパーの成立—ダイエーの台頭」嶋口充輝, 竹内弘高, 片平秀貴, 石井淳蔵編『マーケティング革新の時代④—営業・流通革新』有斐閣, pp.122-142。
三村優美子［1992］『現代日本の流通システム』有斐閣。
三村優美子［2002］「大型小売業の盛衰と流通システムの変容—流通近代化モデルの有効性と限界」『青山経営論集』第37巻第3号, pp.25-45。
森田克徳［2004］『争覇の流通イノベーション—ダイエー・イトーヨーカ堂・セブン‐イレブン・ジャパンの比較行動分析』慶應義塾大学出版会。
流通問題研究協会編［1986］『小売機能の高度化と小売形態変化に関する調査研究』産業研

所,p.25。
Davidson, W. R., Bates, A. D. and Bass, S. J. [1976] "The Retail Life Cycle," *Harvard Business Review*, November-December, pp.89-96.

(建野　堅誠)

第14章

コンビニエンス・ストアのマーケティング
―セブン-イレブンによるパートナーシップの展開―

1. はじめに

　流通におけるパートナーシップは，日本でも急速に浸透しつつある。アパレル業界でのクィック・レスポンス（QR），食品業界でのECRの導入等がそれにあたるが，なかでも近年めざましい成功を収め，それゆえ注目度も高いのがコンビニエンス・ストア（以下，CVSという）とメーカーやベンダーとの間のパートナーシップである。これは検討するに足る実績とビジョンをすでに有している。ただし，すべてのCVSが同水準のパートナーシップを展開しているわけではない。数あるCVSのなかでもセブン-イレブン・ジャパンが，これまで業界をこの点においてリードしてきた。その意味で，日本におけるパートナーシップの展開を論ずるうえで，セブン-イレブンはまず俎上にのせられてしかるべき対象といえる。そこで，本章では，このセブン-イレブンをめぐるパートナーシップのケース分析を通じて，日本で展開中のパートナーシップの実態の一端を明らかにし，さらに，尾崎［1996］で指摘したその成功要因と不安定性をより具体的に検討することを目的としたい。

　その際，いくつかのパートナーシップを比較分析することとなる。比較分析するうえで重要な視点の１つは，密接度の異なるパートナーシップを比較することである。このことによって密接度がその成否にどのような影響を及ぼすか，どのように類型化するのが適切かに手がかりを見い出すことができよう。また，現在のところ比較的成功しているケースと，そうでないケースを比較することも，何が成功する要因で，また何が不安定にする要因かを検討する上で有意義である。

　ただし，各ケースの検討に入る前に，本章で取り上げるカテゴリーがCVSの成長にとってどういう存在であったかを示しておく必要があろう。そこで，次節ではパートナーシップを結んでいる分野の取扱商品に占める構成比の動向をもとにその点を検討しておこう。

2. CVS の取扱商品

　まず，MCR（マニュファクチャラー・コンビニエンス・リサーチャー）の統計をもとに，CVS の部門別売上構成比の推移の特徴を見ておこう（図表14-1参照）。CVS の取扱商品はファスト・フード（以下，FF という）[1]，食品，菓子，酒類，雑貨，雑誌，その他と大きく7つの部門に分けられており，さらに4～5割の構成比を有する食品が生鮮，日配，加工，飲料，その他へと細分化されている。構成比が一貫して減少傾向にあるのは，食品と菓子である。それに対し，増加傾向にあるのは，FF と雑誌である。酒類と雑貨はそれぞれ1992年と1993年まで増加し，それ以降減少している。また，食品全体としては減少傾向にあるものの，そのうち日配と飲料は一貫して増加傾向にあることには注目しておくべきである。

　各部門別売上高構成比の推移の概略は以上のようであるが，その中でも目立って構成比が増減した部門について見ておこう。顕著に低下したのは，菓子，生鮮，加工であり，それぞれ1988年から95年の間に，13.9%から10.2%へと3.7%の減少，5.7%から2.8%へと2.9%の減少，21.2%から10.3%へと10.9%の減少を示している。反対に大きく構成比が上昇したのは，FF，日配，飲料であり，それぞれ6.2%

図表14－1　部門別売上高構成比率の推移

年　　次	1988	1989	1990	1991	1992	1993	1994	1995
ファストフード	6.2	6.9	7.4	7.9	8.8	9.7	11.2	14.6
食　　品	50.5	48.3	47.0	46.7	44.6	43.8	42.5	41.3
生　鮮	5.7	5.1	5.0	4.9	4.7	4.4	3.6	2.8
日　配	13.0	13.1	13.3	13.8	13.9	14.6	15.7	16.1
加　工	21.2	19.3	18.2	17.6	15.5	13.8	11.6	10.3
飲　料	8.7	8.7	8.8	8.2	9.6	10.2	11.2	11.8
その他	1.9	2.1	1.7	1.2	0.9	0.8	0.4	0.3
菓　　子	13.9	12.8	12.5	12.1	11.7	11.4	11.3	10.2
酒　　類	11.8	12.7	13.1	13.6	14.5	14.4	14.1	12.9
雑　　貨	10.5	11.1	11.4	11.9	12.3	12.8	11.7	10.4
雑　　誌	5.6	6.0	6.3	6.5	6.7	6.8	6.9	6.9
そ の 他	1.5	2.2	2.3	1.3	1.4	1.1	2.3	3.7
合　　計	100	100	100	100	100	100	100	100

（出所）食品商業別冊［1993］；［1996春夏］より作成。

から14.6%へと8.4%の増加，13.0%から16.1%へと3.1%の増加，8.7%から11.8%へと3.1%の増加をみせている。その結果，かつて主力部門であった加工食品は，その座をFF，日配食品，飲料に譲り渡すことになったのである。ちなみに，図表14-2はセブン-イレブンの部門別売上高構成比を示している。大分類であるため，それもとくに生鮮と日配が1部門にまとめられているため，細かい動向はつかみにくいが，FFの比率が上昇し，加工食品の比率が下降していることは読み取ることができる。

では，なぜこのような変化が起きたのか。生鮮食品は購入後調理が必要なのでCVSという業態に適さないということはすでに指摘されている[2]。しかし，残りの5つの分野は調理が必要でないという点で共通であるので，その他に理由があるはずである。それは1つには，CSV本部がFFと日配，とりわけFFという分野を他の業態と差別化するのに戦略的に重要な分野と位置づけたからである。スーパーと比べて，CVSで購入された食品はより短期間のうちに消費される傾向にあるため，鮮度の重視されるFFと日配食品はスーパー業態と差別化するのに格好の分野であった。しかし，同じような商品しか販売しないのであれば，さほど差別化の効果は期待できない。特徴のある独自商品の開発が必要不可欠であった。そこで，商品開発をも含めたメーカーとの取り組み＝パートナーシップが展開されることとなったのである。このようなパートナーシップが展開されたことが，これらの分野が急速に拡大したもう1つの理由である。さらに，FFの分野ではナショナル・ブランド（以下，NBという）メーカーが存在していなかったため，早い時期，すなわち各CSVチェーンの売上高が現在ほど大規模でない

図表14-2　セブン-イレブンの売上高構成比率の推移

年　　　次	1988	1989	1990	1991	1992	1993	1994	1995
食　品	74.6	74.8	75.9	76.4	76.6	76.5	77.1	76.7
加工食品	41.2	40.5	40.2	40.4	40.4	40.3	34.5	33.2
ファストフード	20.6	20.6	21.2	21.3	21.2	22.0	29.8	30.6
日配食品	12.8	13.7	14.5	14.7	15.0	14.2	12.8	12.9
非食品	25.4	25.2	24.1	23.6	23.3	23.4	22.9	23.3
合　計	100	100	100	100	100	100	100	100

（注）1994年から「生鮮食品」を「日配食品」に名称変更し，従来生鮮食品に分類されていたデリカテッセンをファストフードに，従来加工食品に分類されていたパンを日配食品に，分類変更した。
（出所）有価証券報告書より作成。

時期でも，特定チェーンに独自商品を供給するというパートナーシップを結ぶことができたという点には留意しておくべきであろう。

　以上から，CVSにとってメーカーやベンダーとパートナーシップを結んで商品供給において独自性を生み出していったことは，その成長を支えたとともに，他の小売業とは区別された業態を確立する上で重大な役割を果たしたといえよう。したがって，本章で取り上げるチャネル・パートナーシップが，他の業態と比較してCVSで早い時期から浸透し，現在かなり広範な分野へと拡大しつつあるのは偶然ではないし，それをパイオニアとして推進していったセブン - イレブンが業界最大手となったことも偶然ではない。日本においてパートナーシップをCVS，それもセブン - イレブンのケースで検討することの意義はそこにある。

3. 日本デリカフーズ協同組合

　セブン - イレブンをめぐるパートナーシップの中で最も進展しているのはFFの分野である。これは前節で見た売上高構成比の大幅な上昇と見事に対応している。このパートナーシップの中核を担うのが，日本デリカフーズ協同組合[3]である。最近になってファミリーマートやサンクスアンドアソシエイツも類似の組合を結成しているが，明らかにこれを1つのモデルにしている。では，この組合について，取引関係の密接度，イノベーションの促進・管理システム，成果配分の観点から検討していこう。

　日本デリカフーズ協同組合は，1979年に米飯・調理パンメーカー10社で創設された。その後，91年に惣菜メーカーが加わり，96年6月時点で55社116工場が参加している。セブン - イレブンへのFFの供給に関して能率を向上させるために，共同購入，衛生・品質管理，商品開発，生産技術の統一，共同配送を協力して行なっている。

　この組合とセブン - イレブンとの関係の特徴としては，第1に，店舗で販売するFFはすべてこの組合の参加企業から仕入れるということがあげられる。このことは，この組合に加入していないメーカーはセブン - イレブンにFFを納入できないことを意味しており，その点において排他的な性格を有している。

　それに加えて，専用工場化がかなりの程度進んでいることが第2の特徴である。矢作［1994］によると，セブン - イレブンにFFを供給している全95工場のう

ち73工場はセブン－イレブンへの販売依存率が90％以上である（1993年2月時点）。したがって，セブン－イレブンにFFを納入するためには組合に加入するだけでなく，専用工場がそれに近いものを用意する必要がある。組合とセブン－イレブンの緊密度はかなり高いといえる。

しかし，第3の特徴として，組合外のメーカーに新規加入の門戸を開いておくことによって，組合加入企業間のなれ合いを抑制していることにも注意しておくべきである。設立から17年で加入企業数が6倍になっている事実がそれを示している。ただ，地方で脱退した企業はこれまでのところ1社しかないという事実も存在している。ということは，組合内でのチェック体制は整備されているものの，それは脱落企業の切り捨てというより，加入企業全体のレベルアップという発想で運営されていると考えられる。つまり，組合は一種運命共同体性格を帯びているのである。それは，「専用工場を建設した供給業者（複数）は，担当役員から『三年以内に期間損益で黒字転換，五年以内に累積赤字を一掃する』との見通しを示されたと証言している」（矢作［1994］p.263）ことに端的に表現されている。

では，パートナーシップの成功に決定的な影響を及ぼすイノベーションの促進・管理システムとしての側面に関して検討しよう。まず，イノベーションを支える知の開発と知の移転という観点から組合活動を整理すると[4]，衛生・品質管理は主として知の移転と活用の徹底，生産技術の統一と商品開発は知の開発と移転を実施していることになる。共同購入と共同配送は，コスト削減だけでなく品質管理を支援する役割も果たすので，間接的に知の移転と活用の徹底を促進することになる。これらの活動の中でイノベーションの促進・管理という点で最も重要なものは，商品の共同開発である。なぜなら，最も頻繁に知の開発と移転が行なわれるからであり，また，メーカー間の協力だけでなくメーカーとセブン－イレブンの協力も大きな役割を果たすからである。そこで，以下では商品の共同開発を中心に検討することにする[5]。

共同開発のための会議は週1回をベースに開催されており，新製品の導入件数は首都圏だけで年間約160である。

イノベーションの促進・支援システムとしては，メーカー間の協力と競争，製版の協力をそれぞれどのように推進するのかがポイントとなる。メーカー間協力は，ノウハウの公開が組合加入の際の条件であることで形式上保証されている[6]。歴史的な経過の中で先述したような運命共同体的性格が実態として形成され，メーカー間の協力関係は内実の点でも保証されてきた。また，積極的に協力

し，目立って成果をあげているメーカーに対しては取引量を拡大したり，それが素材メーカーの場合，素材を加盟企業へ納入させたりしている。他方で，メーカーどうしを競わせるために，開発メーカーに優先的に発注するようにしている。

　製版の協力はメーカーのセブン－イレブンへの協力とセブン－イレブンのメーカーへの協力とから構成されている。前者の程度はメーカー間の協力の程度によってほとんど決定されるので，問題となるのは後者である。具体的には組合の商品開発委員会に出席し，小売業の立場から商品動向に関する情報，商品コンセプトの提案，開発商品に関する評価等の情報やアイデアの提供を行なう[7]。

　つぎに，組合が中心となって創出したイノベーションの成果をどう管理するかが問題となる。セブン－イレブン側は，FFを組合加盟のメーカーからのみ仕入れているので，組合外のメーカーに知を流出させてもなんらメリットはない。それに対しメーカー側は，セブン－イレブンへの販売依存率が高いところが多数であるとはいえ，他の販売ルートにも卸しており，このルートに組合開発商品の流用という形で知を流出させることは可能である。しかし，このような組合開発商品の流用は不可能だという見方も存在する。なぜなら，FFの供給はセブン－イレブン専用のシステムに組み込まれているため，一部分だけ切り取って流出させても効果がないからというのである。とはいえ，セブン－イレブン専用商品を多少手直しして他のルートへ販売することは可能であり，その点で次節の「焼きたて直送便」とは異なる。たとえば，おにぎりについて見ると[8]，ご飯量の均一化，成型，形，抜き型，米の銘柄，炊き方，温度管理，パッケージ等の改善のうち専用のシステムに組み込まれているのは温度管理だけである[9]。しかも，この温度管理も模倣は可能であり，組合開発商品の流用はさほど困難ではない。他の上位CVSチェーンとの取引に対して抑制圧力が存在するのはそのためではないかと思われる。矢作[1994]によれば，他の上位チェーンとの取引開始に対して取引停止措置がなされたり，他との取引の縮小・停止に対して取引量の拡大の見返りがあったりした，という。

　さいごに，パートナーシップによる成果の配分が公正になされているかどうかである。この利益配分過程における平等性と互恵性の確保は，コストと粗利益に関する情報の公開によって保証しようとしている。ただし，コスト削減努力がメーカー側に強く要求されるため，成果配分の平等性は実際上どの程度保証されるかは疑問である。

4. 「焼きたて直送便」をめぐって

　パンは通常，調理パンは FF，NB パンは日配食品に分類されてきた。では，「焼きたてパン」はどちらに分類されるのか。一方で，このパンはほとんどの場合 1 日 3 回 FF の便で配送されることから，FF の 1 つとしてとらえることができる。しかし他方で，これを作っているメーカーが NB メーカーであることから日配食品に分類されることもある。「焼きたてパン」は現在のところ FF と日配のボーダーに位置しているといえよう。セブン－イレブンの「焼きたて直送便」[10] は日配に分類されている。いずれにせよ，CVS という業態を急成長させてきたカテゴリーに属している。

　セブン－イレブンは，1993 年 12 月に北海道でロバパンと組んで実験をし，94 年春には首都圏に導入した。その後，新潟，九州へと拡大していき，96 年 6 月現在全店の約半分にあたるおよそ 3,200 店まで導入している。残りは，東北，千葉，都内と神奈川の一部，甲信，静岡，関西である。実績が最初だったにもかかわらず全店導入が遅れているのは[11]，1 つには，他の CVS チェーンと違い新規の工場や生産ラインを建設するので時間がかかるためであり，もう 1 つには，建設する側の中にはまだ「焼きたてパン」の見通しが不透明と感じている企業が存在するからである。事実，前日の夜の買い置き用に「味わいベーカリー」を 96 年 8 月に導入したことは，必ずしも「焼きたて直送便」の前途は洋々たるものでないことを物語っている。

　生産体制は当初山崎製パンと組んで作っていくつもりであったが，結局果たせず[12]，北海道ではロバパンと伊藤忠，九州ではフランソア，本州ではパンメーカーでない食品メーカーや伊藤忠と組むことになった。「焼きたて直送便」は，冷凍生地を使用しているため，冷凍生産工場→焼成工場と生産体制が 2 段階になっている。

　冷凍生地工場は，北海道，静岡，九州の 3 カ所にすべて新規工場として建設された。北海道では，ロバパンと伊藤忠が 65:35 の比率で共同出資したフレッシュ・ベーカリー・システム（以下，FBS という），静岡では味の素フローズン・ベーカリー，九州ではフランソアが担当している。長時間味が劣化しない冷凍生地を開発したフランソアが，その技法を他の 2 つの担当工場に公開することで生産技術の水準を保っている。

焼成工場は，96年6月時点で12ヵ所あり，少なくとも生産ラインは新規，工場自体新規のものもある。北海道では4ヵ所あり，すべてFBSが担当している。本州では北関東に2ヵ所，埼玉，神奈川，新潟に1ヵ所ずつ，計5ヵ所ある。北関東はSBの子会社「ヒガシヤデリカ」とリスカの子会社「リバティフーズ」，埼玉は伊藤忠の子会社「タワーベーカリー」，神奈川は味の素の子会社「エースベーカリー」，新潟はニチロの子会社「新潟フレッシュデリカ」が担当している。九州では3ヵ所あり，フランソアが担当している。

配送については，冷凍生地は1日1回，−25〜−20度の温度帯で配送される。配送センターが運送業者に委託するが，その際セブン−イレブン仕様のトラックを使用させている。冷凍生地工場での在庫は2〜3日分である。焼成後は弁当便を活用する。第1便は1〜3時，第2便は9〜11時，第3便は15〜17時（当日分）の時間帯で配送される。

商品開発については，毎週3回開発会議が東日本フレッシュベーカリーシステム（伊藤忠と味の素が設立）で開かれ，約20名が参加する。全体で30アイテムで定番的な商品の方が売行きはいい。1ヵ月で平均2〜3アイテム導入され，開発期間は1ヵ月くらいである。商品開発のアイデアはパンメーカー，具材メーカー，製粉会社，セブン−イレブンから出される。

セブン−イレブンとメーカーとの関係の特徴としては，セブン−イレブンは生産を引受けたメーカーからのみ仕入れ，仕入れ依存率が100％であることがあげられる。生産は九州以外ではこのために設立した新規の会社が担当しており，メーカーの販売依存率もフランソア以外は100％である。しかも，生産は新規の専用工場かあるいは専用ラインで行なわれ，立地，生産設備ともにセブン−イレブンに最適なものとなっている。このような状況では両者とも他社にスイッチするのはきわめて困難である。したがって，「焼きたて直送便」におけるセブン−イレブンとメーカーの関係は，日本デリカフーズ協同組合の場合以上に密接度が高く閉鎖的であるといえる。ただし，このことはセブン−イレブンと食品メーカー等の各子会社との関係に限定してのことである。

イノベーションの促進・支援という点では，メーカー間協力が大きな位置を占めている。先述したように，フランソアは冷凍生地に関するノウハウを開示し，味の素は冷凍食品に関する技術，マーケティング能力，商品開発力を提供し，伊藤忠は工場建設や冷凍生地の供給から店舗への配送というプロセスのコーディネートに関するノウハウを提供する。各社のノウハウの組合せによってより大き

な効果を生み出していくのである[13]。また，伊藤忠と味の素によって設立された東日本フレッシュベーカリーシステムが商品開発，品質管理，およびマーケティングのコントロール・タワーとして位置づけられ，メーカー間協力の組織上のかなめとなっている。しかし，他方で「焼きたて直送便」に協力しているメーカー間の競争はほとんど排除されることになる。また，NB パンは約 80 アイテムあり，北海道ではロバパン，それ以外の地域では山崎製パンが納入している。「焼きたて直送便」として導入されたアイテムは NB パンではカットされたため，両者の間で直接の競合は起こらないようにされているものの，競争は存在する。とくに，北海道以外では山崎製パンの NB パンからの競争圧力が「焼きたて直送便」にかかることになるが，これは結果としてそうなるだけであって，セブン－イレブンが意図したわけではない。製販協力については日本デリカフーズ協同組合の場合とほぼ同じと考えられる。

イノベーションの管理については，セブン－イレブン専用のシステム（冷凍生地，焼成，店舗への配送等）に組み込まれており，一部分だけが流出しても効果がないため管理は容易である。また，フランソア以外はセブン－イレブン専用の工場・会社であるため，イノベーション成果は流出しにくい体制になっている。フランソアはダイエーと取引していたが，セブン－イレブンとの提携を契機にダイエー側が取引を停止してきたので，ダイエーグループへイノベーションが流出する可能性はなくなった。さらに，フランソアがこの取引停止によって失った売上を補填する形でセブン－イレブンがフランソアからの仕入れを拡大していることから，そして，フランソアがこの「焼きたて直送便」の中心メンバーであることから，他のチェーンへの流出の可能性はかなり低いと思われる。

成果配分の公正性は，FF の場合と同様，コストや粗利益率等の情報の公開によって保証しようとしている。

5. NB メーカーとのパートナーシップ

米飯・惣菜・調理パン等の FF，FF と日配の中間的な存在である「焼きたてパン」をめぐるパートナーシップについて検討してきた。これらに共通しているのは，セブン－イレブンとの取引相手がほとんどの場合ベンダーか NB メーカーの子会社であるということである。すなわち，NB メーカーとの直接のパートナー

シップはきわめてまれなのである。それに対して，本節ではNBメーカーと直接パートナーシップを結び，一定の成果を収めている分野を取り上げることにする。その代表的な分野はアイスクリームである。アイスクリームは日配に属する。その他，飲料・加工食品においてもNBメーカーとのパートナーシップが進展している。そこで，まず，アイスクリームをめぐるパートナーシップを検討したうえで，その他のパートナーシップについても触れることにしよう。

(1) アイスクリーム

　セブン-イレブンは1994年4月から森永乳業，森永製菓，赤城乳業の3者と共同開発商品を発売開始し，他方で，雪印乳業，ハーゲンダッツとそれぞれ個別にパートナーシップを結んだ[14]。実際に，活発な動きを見せ，大きな成果をあげたのは前者であり，これがアイスクリームをめぐるパートナーシップの内実を形成したといってよい[15]。したがって，前者を中心に見ていく。この狙いの1つは，作りだめによる欠品を防止することであった。そのために生産・情報・物流システムを再編成した。また，もう1つの狙いは，鮮度のよい商品を提供することで販売量を拡大することであった。それに適した商品開発が求められ，共同開発の場づくりが行なわれた[16]。

　商品開発についてみると，開発のペースは毎月7～8アイテムが導入された。開発期間は，たとえば94年のヒット商品となった「スマッシュ」の場合3カ月であった。この商品のアイデアは主としてセブン-イレブン側からのものであったという。ロジスティクス・システムは，セブン-イレブン専用倉庫，フローズン共配センターという既存の物流網を活用した。ただし，在庫・販売情報がオンラインでメーカーに送信されるようにしている点，各メーカーに専用ラインを確保させている点がそれまでと大きく異なる。これは生産計画の精度を高め，それに必要な知を開発する場づくりを意味した。

　店側の粗利益率は通常のNBよりもかなり高く設定された。というのも，メーカーにとって，生産ロスがない，保管コストが縮小，店への導入率が100％というメリットがあったからである。

　セブン-イレブンと3社との開発については，3社によって共同開発された商品は100％全店に導入される。これは3社がセブン-イレブンの品揃えの意向に沿っているからである。専用ラインを確保し，情報がオンライン化をしている。

他方で，製品そのものは多少鮮度の差はあるにせよ「焼きたてパン」ほど差別化はされていないため，他のメーカーからも仕入れることができる。日本デリカフーズ協同組合や「焼きたて直送便」ほどには閉鎖的でないといえる。

イノベーションの促進・支援システムとしての特徴の1つは，3社の得意分野のノウハウを組合せることにあった。すなわち，森永乳業，森永製菓，赤城乳業はそれぞれ乳製品，菓子，氷菓が得意分野であり，各社のノウハウを組合せることで相乗効果を生み出すものである。もう1つの特徴は，3社の得意分野以外での「隠れた持ち味」をも引き出すことにあった。3社は実は上述のような分野以外にも得意分野=「隠れた持ち味」をもっていた。しかし，いったん固定化されたイメージのもとではそれを生かしにくかった。それを共同開発の場で活用しようというのである。また，参加しているメーカーによると，開発担当者どうしが接触することに意味があるという。すなわち，技術ノウハウに関することはさほどオープンにするわけではないが，商品の裏にある考え方がわかることが大きな収穫となるのである。欠品対策や商品カットについても有益な情報が得られるという。

イノベーションの管理システムは，セブン-イレブンが3社に対して，共同で生み出したノウハウはNB商品に活用するのはよいが他の小売業へのPB商品に活用するのは禁止するという守秘義務の形態をとっている。

成果の配分の公正性は，日本デリカフーズ協同組合の場合と同様，コストと粗利益率に関する情報を公開することで保証しようとしている。また，商品開発のアイデア提供メーカーに限定せず最適メーカーに生産を割り当てるということもしており，全体の利益に貢献できるところに生産と成果の配分を傾斜しているともいえる[17]。

(2) 飲料・加工食品におけるパートナーシップ

飲料・加工食品の分野においても，NBメーカーと直接パートナーシップを結び，取り引きしているケースがある。とくに，成長分野である飲料で多く見られる。たとえば，サントリーの「デカピタC」や「ビックル」，宝酒造の「すりおろしりんご」，アサヒビール飲料の「チャティー」，キリンビバリッジの「キリン・メッツ」，ダイドーの「粒だくさんコーンスープ」がある。加工食品では江崎グリコの「ビアボー」等がある。これらは，セブン-イレブンが開発に協力した商

品とされている[18]。これらの場合の取引交渉上の大きな特徴は，セブン－イレブン側のマーチャンダイザーとのミーティングにメーカー側から営業だけでなく開発担当者も参加することだという。そして，このミーティングは次のように進められる。

> 「ミーティングでは，セブン－イレブンでの販売動向やメーカーさんが調査・収集したさまざまな情報をもとに，どういう生活シーンでその飲料が飲まれているのかという分析などが行われています。そして新しい商品開発についても，客層や味に対するお客さまの好みの傾向などが，さまざまなデータを基に検討され，ターゲット，容器のデザイン，広告展開から売り方まできめ細かく議論が詰められます。」

これまでの商品はすべてPB商品，オリジナル商品として販売されたが，この場合はNB商品として販売されるという点で大きく異なる。このようなNBメーカーとのパートナーシップは，成功すれば継続する可能性は高いが，形式上は開発商品ごとの短期的なものであり，基本的にヒットアンドアウェーである[19]。

イノベーションを促進するのは，CVSの情報力とメーカーの情報力の組み合わせのみである。PBではなくNBとして販売されるので，イノベーションによる成果の使用はメーカーの自由裁量に任される。CVS側には知の流出への対応策がないため，他の手段でその分を補填することを要求する必要がある。たとえば，商品供給の優先的確保や粗利益率での優遇である。また，先行販売によってその間の先発者としての利益や先進的なイメージを享受することもある[20]。

6. パートナーシップの比較

これまで取り上げた4タイプのパートナーシップについて，その共通点と相違点を整理する中で，パートナーシップの成功要因と不安定性を具体的に明らかにしていきたい。

(1) 各パートナーシップの共通点

セブン－イレブンによる4種のパートナーシップに共通しているのは，取引相手を独立したパートナーとみなし，協力関係の中で何らかのイノベーションを引

き起こそうとしている点である。そのためにイノベーションの促進や管理の面でさまざまな工夫がなされているし，粗利益やコストに関する情報公開を通じて成果配分の公正性を保持しようとしている。ただし，それがどのような形態で追求され，どの程度実現できているかは別の検討課題である。これが各パートナーシップの相違点を形成するのである。

また，バイイングという考え方をとらないという点も共通した特徴である。すなわち，取引先との関係において，仕入量の拡大を武器に仕入条件の優遇とくに仕入価格の引き下げを最重要視しないのである。これは納入側の押し込み販売や出荷停止，仕入側の買い叩きや取扱停止というパワーゲームの回避を意味する。しかし，ここでも意図と実態は必ずしも一致するとは限らない。パワーゲームは企業で大規模化するにつれて知らず知らずのうちに陥りがちな大企業病の一種でもある。

(2) 各パートナーシップの相違点

まず第1に，セブン－イレブンとメーカー，ベンダーとの密接度において各パートナーシップで格差がある。取引相手のスイッチ可能性を高低で密接度を判断するならば，特定的投資の限度がポイントとなる。専用工場，専用サインの建設を行なっている日本デリカフーズ協同組合と「焼きたて直送便」は密接度が最も高く，専用ラインを設定しているアイスクリーム3社とのパートナーシップがそれにつぎ，飲料・加工食品のNBメーカーとのパートナーシップが密接度が最も低い。

また，パートナーシップという形態の中でイノベーションを引き起こすためには情報の共有化，それもライバルメーカー間の情報公開が有効であると考えられるにもかかわらず，各パートナーシップで格差が存在する。日本デリカフーズ協同組合，「焼きたて直送便」，アイスクリーム3社とのパートナーシップではメーカ間の協力が組み込まれているが，残りのアイスクリームメーカーとのパートナーシップ，飲料・加工食品分野でのNBメーカーとのパートナーシップではそれが組み込まれていない。また，メーカー間の協力が組み込まれている場合でも，協力の度合い，情報公開の程度の点で相違が存在すると思われる。すなわち，日本デリカフーズ協同組合と「焼きたて直送便」の場合は，かなり閉鎖的なパートナーシップであるため，その中での情報公開は徹底されやすいが，アイスクリーム3社とのパートナーシップでは，3メーカーが共同開発商品以外では激しい競

争をしているため，情報公開は不徹底なものとなりがちであろう。

　さいごに，イノベーションの管理上重要な守秘義務の存在という点においても異なる。守秘義務を明確な形で課しているのはアイスクーム3社とのパートナーシップだけである。日本デリカフーズ協同組合と「焼きたて直送便」ではその必要がなく，飲料・加工食品のNBメーカーとのパートナーシップでは不可能だからである。

(3) 成功要因と不安定性

　以上の整理を踏まえて，セブン-イレブンをめぐるパートナーシップの成功要因と不安定性について若干の検討を加えておきたい。

　セブン-イレブンが主導するパートナーシップの顕著な特徴の1つは，メーカー間の協力を積極的に組み込もうとしていることである。これは日本デリカフーズ協同組合のこれまでの実績が示しているように，イノベーションを促進するシステムとして否定することのできない成果をもたらしてきた。その意味でセブン-イレブンによるパートナーシップは，メーカー間協力を組み込み，それをうまく作動させることができるかどうかが成功の重大なポイントとなる。その観点からは日本デリカフーズ協同組合，「焼きたて直送便」，アイスクリーム3社とのパートナーシップは，成功する条件の1つが備わっているのである。

　しかし，他方で，メーカー間の協力を組み込むことは，別の問題を引き起こす。まず，イノベーションの管理上で問題が発生する。1つには，日本デリカフーズ協同組合の場合のように，イノベーションの流出を阻止するために，他のチェーンと取引を抑制しようとすれば，威嚇等のパワー手段を行使することになりかねない。このことはパワーゲームの再燃の引きがねとなり，イノベーションの促進にマイナスの効果を生む。もう1つには，アイスクリームの場合のように，セブン-イレブンとメーカー間の密接度が低く特定的投資が小さく，かつ守秘義務が課されれば，メーカー側のコミットメントが弱まる可能性が高くなることが指摘できる。つまり，メーカー間協力の効果がさほど期待できなくなるのである。このことは守秘義務とコミットメントあるいはその結果としてのイノベーション創出とのトレードオフ関係を示唆するものである。いずれにせよ，2つのケースは，成功要因自身が不安定性を提供していることを示している。

　これら2つの場合に対し，「焼きたて直送便」の場合はメーカー間の協力の組

み込みおよびイノベーションの管理面の双方において形式上は問題はない。しかし，全店導入の遅れや，「味わいベーカリー」への一部切り換えに見られるように，「焼きたて直送便」は当初期待されていたほどの成果をあげていない。それはシステムの問題ではなく，参加メンバーの問題である。すなわち，フランソアとロバパン以外はすべてパンメーカーでないいわば素人ばかりであった。では，なぜ有力パンメーカーが参加しなかったのか。コスト面からみて利益につながらない，新たなノウハウ取得のメリットがない，山崎製パン以外はセブン－イレブンとの取引関係の重要度が低いため支援する必要がないこと等が考えられる。逆にいえば，参加したメーカーは，コスト上問題があるものの，その他の分野でのセブン－イレブンとの取引が重要であるため参加せざるをえず，また，パン製造のノウハウ修得も望めるから参加したのである。したがって，このケースは，メーカー間協力を組み込むことだけでなく，どういうメンバーを参加させるかが重要であることを示している。また，パートナーシップの成否の決定には，多角化の程度や属する業界の構造等が影響を与えることを示唆している。

　さいごに，メーカー間協力を組み込んでいないNBメーカーとのパートナーシップについては，開発力に優れた有力メーカーと組むことが多いので，メーカー間協力を組み込んでいる場合と比べて，イノベーションの創出の点でさほど問題はない。むしろ，そういった有力メーカーがセブン－イレブンという特定のCVSと組んでヒット商品を生み出していくことは，それがあまりに大々的に宣伝されると，他のチェーンを刺激し，そのメーカーに何らかの制裁的パワー手段が行使されることになりかねないところの方に問題がある。したがって，メーカー側としては，できるかぎりこのようなパートナーシップを潜行させる必要があるが，それはセブン－イレブン側にとっては宣伝効果をそぐことになる。さらに，もし潜行させることができたとしても問題は残る。すなわち，パートナーシップによって目だった成果がでてくればくるほど，メーカーはセブン－イレブンという特定の小売業者への依存を高めることになる。逆説的にいうと，パートナーシップによるNB商品でヒットを生み，NBメーカーとして成功すればするほど，NBメーカーとしての性格を喪失していくことになるのである。このようにNBメーカーにとってセブン－イレブンとのパートナーシップは，商品開発や生産計画等の点でメリットはありつつも，他方でそれへの過度の傾斜に歯止めをかける要因も存在する。このことはパートナーシップ外の問題，たとえば小売業者間の関係やメーカーのNB志向の程度がパートナーシップの成否に影響を与えること

を示している。

7. 本章から学ぶこと

　以上，尾崎 [1996] で提示した枠組みに基づき，日本におけるチャネル・パートナーシップの代表的事例としてセブン－イレブンをめぐるそれを取り上げ，パートナーシップの成功要因と不安定性をより具体的に明らかにしてきた。その過程で尾崎 [1996] の枠組みにはなかったが重要と考えられる論点が浮かび上がってきた。それは，パートナーシップの成否にはその内部要因だけでなくそれをとりまく外部要因も大きな影響を与えるということである。メーカーの多角化の程度，その属する業界の構造，小売業者間の関係等である。いいかえると，小売業者とメーカーの取引分野の複数化，小売業者・メーカー双方の業界構造である。

　今後に残された課題としては，1つには，セブン－イレブンのケースを典型的事例として取り上げたが，他のCVSと比較する中で日本におけるパートナーシップの特徴をより鮮明に描き出すことである。また，そのことを通じてパートナーシップの外部要因がその成否にどのような影響を及ぼすかを明らかにすることも課題となろう。さらに，日本以上に蓄積のあるアメリカにおけるパートナーシップを検討し，日米間の比較分析をすることは，パートナーシップの全体像を認識するうえで有益かつ不可欠である。そして，これらの研究を通じて，チャネル・パートナーシップを理解するための統一的なフレームワークを構築し，その類型化を行なうことが求められているのである。

　　　　　　　　＊　＊　＊　＊　＊　　（以下編集者が追加）

　これまでみた通り，本章はコンビニエンス・ストア業態のマーケティングを，売上高第1位のセブン－イレブンをケースとして，そこでのチャネル・パートナーシップの展開を取り上げて検討された。

　日本の流通システムは，端的にいえば，従来，大手メーカー主導による商慣行や取引制度が大きく幅を利かせてきた。より具体的には，メーカーによる圧倒的なチャネル・パワーを駆使して築き上げてきた，いわゆる「流通系列化」にその特徴がみられる。

　しかし高度経済成長期以降，総合スーパーやディスカウント・ストアなど大量販売店チェーンが発展し，それらの大手小売企業主導の流通イノベーションが時

代の大きな流れを生じさせてきた。すなわち，大手メーカーによる流通系列化が揺らぎ，量販パワーを駆使する大手小売企業主導のいわゆる「製販統合」へと，時代が移り変わってきた。

　本章は，そうした流れの一環として，今や百貨店や総合スーパーの売上げをも凌駕して最大手小売業態となった，コンビニエンス・ストアが検討される。この業態の先頭を走るのは周知の通りセブン－イレブンで，大手メーカーや納入卸売企業と（パートナーシップを発揮し）提携・協調しながら品揃えや物流を可能にしていった，その革新的な行動が実証されている。

　本章によって，コンビニエンス・ストア業態の経営の革新性，その経営の実態がパートナーシップの視点から捉えられた点を学ぶことができる。さらにこのことは，日本的流通システムの特徴の変化，さらに流通チャネルの再編過程が具体的に学べる点にもある。

【注】
1) 図表14-1ではFFは米飯（弁当・おにぎり・すし），惣菜，調理パン等を含んでいる。また，日配は，乳製品，デザート，アイスクリーム，パン，畜産加工品等を含んでいる。ただし，CVSによってカテゴリーの分類の仕方が異なるので注意を要する。たとえば，セブン－イレブンでは惣菜はFFでなく日配に含まれている。
2) 矢作［1994］は，CVSはおかずの「『素材』というより『おかず』『食事』という高付加価値商品の販売を競争差別化の手段としている」と指摘している。
3) 日本デリカフーズ協同組合に関しては，聞き取り以外に，セブン－イレブン・ジャパン編［1991］，激流［1993.10］，IYGROUP［1993夏］，矢作［1994］を参考にした。
4) イノベーションは，知の開発の積み重ねの過程で引き起こされ，その知の開発は知の移転と活用によって促進・支援されている。パートナーシップにおける知の開発は，パートナー間の知の組み合わせによるものであり，Osland & Yaprak［1995］のいう「シナジズム」にあたる。
5) Buzzell & Ortmeyer［1995］によると，アメリカではたいていの場合，ライフ・サイクルの長い定番的な商品分野でパートナーシップが結ばれるという。これは新商品の共同開発がパートナーシップの中心になるのがまれであることを示しており，日米のパートナーシップ間に重大な相違があることがわかる。
6) このように組合を作り，そこにおいてメーカー間あるいはCVSとメーカー間で情報やノウハウの公開を行なうことは，パートナーのコンピタンスを発展させることになる。Lorenzoni & Baden-Fuller［1995］は知識移転によるパートナーのコンピタンスの向上をパートナーシップの成功条件の1つとして指摘している。このような各パートナーの能動性を認めたパートナーシップは，石井［1996］の星座型組織とほぼ同じである。
7) 上原［1996］によると，メーカー固有の情報力は非購入時点情報であり，流通業者固有の情報力は購入時点情報であるという。この組合せがイノベーションのもととなるのである。
8) おにぎりをめぐるイノベーションに関しては，IYGROUP［1992春］を参考にした。
9) 温度管理がシステムに組み込まれるのは，店舗のドミナント立地が生産と物流の拠点の配置を決めているからである。セブン－イレブンの各戦略の根底には，ドミナント立地が

ある。緒方［1994］，週刊ダイヤモンド［1996.2］を参照のこと。
10）「焼きたて直送便」に関しては，聞き取り以外にIYGROUP［1994 夏］，食品商業［1994.12］，食品商業別冊［1994］；［1995］，激流［1994.7］；［1995.12］，日経ビジネス［1994.6］，週刊ダイヤモンド［1994.5］を参照した。
11）パートナーシップを結ぶことに関する障害については，高嶋［1996］を参照のこと。
12）山崎製パンは「焼きたて直送便」に対抗するため，鮮度を重視した新商品「フレッシュ一番」を1994年7月に，セブン－イレブン以外で販売開始した。その日作ったパンをその日配送するという主旨の下，1日1〜3回配送し，品揃えは毎月10アイテム導入し，全100アイテム弱とした。ただし，「フレッシュ一番」とその後続商品の売上高構成比率は6％程度にすぎない。また，セブン－イレブンへの「焼きたて直送便」の供給を断ったために，山崎製パンのセブン－イレブンへの販売額がかなり落ち込むのではないかという憶測がなされた。たとえば，日経ビジネス［1994.3］を参照のこと。しかし，「焼きたて直送便」とバッティングするアイテムだけを品揃えからカットしたので，実際にはさほどの影響はなかった。
13）このようにセブン－イレブンは，メーカー等を組み合わせる際，補完性を考慮しており，アイスクリーム3社の共同開発においても同様のことが見られる。パートナーシップを組む時における補完性の重要性については，たとえば，Shamdasani & Sheth［1994］を参照のこと。
14）セブン－イレブンによるアイスクリームをめぐるパートナーシップに関しては，聞き取り以外にIYGROUP［1994 秋］；［1995 秋］，食品商業［1995.3］，食品商業別冊［1994］，激流［1994.7］を参考にした。
15）たとえば，ハーゲンダッツは1994年にセブン－イレブン専用に「アイスクリームバー・マルチパック」（3本入り）を導入したが，PBではなく，しかもその後4本入りを他のルートにも販売し，3本入りの販売を打ち切っている。そして，その後は専用商品の導入はないという。このようにハーゲンダッツや雪印乳業とのパートナーシップは，森永乳業他3社とのパートナーシップより協力度がかなり弱い。
16）メーカー側からすると，これを契機にセブン－イレブンでシェアを拡大することも1つの目的だったと考えられる。参加したあるメーカーは1994年にはセブン－イレブンでのシェアが倍増した。
17）このセブン－イレブンによるパートナーシップを契機に，1995年から他のCVSチェーンでもアイスクリームのNB商品の独占販売が開始された。これはメーカー間の共同開発は含んでおらず，セブン－イレブンと雪印乳業やハーゲンダッツとの関係と類似したものである。これについては，日経流通新聞［1995.6］を参照のこと。96年になると，今度はセブン－イレブンが3社との関係を若干修正した。すなわち，2月に3社を森永乳業，森永製菓と赤城乳業に分け，後者に伊藤忠を加えて別個に毎週開発会議を開催し，合同会議は毎月1回開催することにした。狙いは，マンネリ化を防ぐことと，伊藤忠の参加によって原材料の調達先を拡大することである。さらに，ネスレ（世界第2位の総合食品メーカー）やローランド（フランスの有力アイスクリームメーカー）と共同開発のパートナーシップを結んだ。とくにネスレとのパートナーシップは，森永乳業等3社と同様のチーム・マーチャンダイジングである。
18）このようなNBメーカーとのパートナーシップについては，聞き取り以外にIYGROUP［1994 夏］と日経ビジネス［1995.5］を参考にした。
19）この例に該当するメーカーによると，セブン－イレブンとのパートナーシップによる商品開発はきわめて数が限られているし，セブン－イレブン側からの提案内容も新商品の開発にはさほど大きい比重を占めないという。
20）あるメーカーによると，パートナーシップによる新商品に関しては，数か月先行販売したこともあるし，テスト販売の際にリスク負担ゆえマージン率を大きく設定したこともあ

るという。

> 【文献案内】
> コンビニエンス・ストア業態についての一般書，研究書は枚挙にいとまがないほど多い。セブン-イレブン，ローソン，ファミリーマートなど各企業の個別解説書も多いが，セブン-イレブンの歴史と構造については川辺［2003］，小売流通業態としての「コンビニエンス・ストア・システム」の本質的な研究としては矢作［1994］が深い。さらにこれと関連する製販統合については，矢作・小川・吉田［1993］，石原・石井［1996］，崔・石井［2009］が詳しい。
>
> なお，本章は尾崎久仁博の旧稿（「チャネル・パートナーシップの展開—セブン-イレブンのケース」『同志社商学』第48巻3号，1996年11月）を転載している。尾崎の一連の流通チャネル研究（チャネル・パートナーシップ論）の一部を占めているが，本章のみではその全体像がみえないと思われるので，後に一書に収録された尾崎［1998］を参照されたい。本書により，コンビニエンス・ストアのおかれた位置が確認できるとともに，日本的流通システムや，チャネル研究の方向をみることができる。尾崎はチャネル研究の1つの橋頭堡を築いたが，惜しくも2000年5月に夭折された（享年42）。
>
> ＊本書転載にあたり，「7．本章から学ぶこと」（尾崎論文では「おわりに」）および「参考文献」における＊印の文献と，この「文献案内」は，編集責任者・小原が補筆している。

【参考文献】

石井淳蔵［1994］「対話を軸としたビジネス発想」『ビジネス・インサイト』第2巻第4号 pp.24-37。
上原征彦［1996］「流通機構の変化とメーカーの対応」石原武政・石井淳蔵編『製販統合』日本経済新聞社，pp.141-171。
緒方知行編［1994］『鈴木敏文・語録』祥伝社。
尾崎久仁博［1996］「流通におけるパートナーシップ—その成功要因と不安定性—」『同志社商学』第48巻第1号 pp.484-509。
＊尾崎久仁博［1998］『流通パートナーシップ論』中央経済社。
＊小川進［2009］「コンビニエンスストアの革新性」石井淳蔵・向山雅夫編著『小売業の業態革新—シリーズ・流通体系第1巻—』中央経済社。
＊加藤司［2006］『日本的流通の動態』千倉書房。
（株）セブン-イレブン・ジャパン編［1991］『セブン-イレブン・ジャパン—終わりなきイノベーション1973-1991—』。
＊川辺信雄［2003］『新版セブン-イレブンの経営史』有斐閣。
＊金顕哲［2001］『コンビニエンス・ストア業態の革新』有斐閣。
高嶋克義［1996］「製販同盟の論理」『ビジネス・インサイト』第4巻第2号 pp.22-37。
＊田中陽［2006］『セブン-イレブン覇者の奥義』日本経済新聞社。
＊崔相鐵・石井淳蔵［2009］「製販統合時代におけるチャネル研究の現状と課題」崔相鐵・石井淳蔵編著『流通チャネルの再編—シリーズ・流通体系第2巻—』中央経済社。
矢作敏行［1994］『コンビニエンス・ストア・システムの革新性』日本経済新聞社。

*矢作敏行・小川孔輔・吉田健二［1993］『生・販統合マーケティング・システム』白桃書房。
*渡辺達朗［1997］『流通チャネル関係の動態分析』千倉書房。
 Buzzell, R. D. and G. Ortmeyer [1995], "Channel Partnerships Streamline Distribution," *Sloan Management Review*, Spring. pp. 85-96。
 Lorenzoni, G. and C. Baden-Fuller [1995], "Creating a Strategic Center to Manage a Web of Partners," *California Management Review*, Vol. 37, No.3, pp. 146-163。
 Osland, G. E, and A. Yaprak [1995], "Learning through Strategic Alliances: Processes and Factors that Enhance Marketing Effectiveness," *European Journal of Marketing*, Vol.29, No.3, pp. 52-66。
 Shamdasani, P. N. and J. N. Sheth [1994], "An Experimental Approach to Investigating Satisfaction and Continuity in Marketing Alliances," *European Journal of Marketing*, Vol. 29, No.4, pp. 6-23。
『IYGROUP 四季報』1992 年春号，93 年夏号，94 年夏号，秋号，95 年秋号。
『激流』1993 年 10 月号，94 年 7 月号，95 年 12 月号。
『食品商業』1994 年 12 月号，95 年 3 月号。
『食品商業別冊』「コンビニエンスストアのすべて」1993 年号，94 年秋冬号，95 年秋冬号，96 年春夏号。
『週刊ダイヤモンド』1994 年 5 月 21 日号，1996 年 2 月 3 日号。
『日経ビジネス』1994 年 3 月 21 日号，同年 6 月 13 日号，95 年 5 月 22 日号。
『日経流通新聞』1995 年 6 月 15 日付。

（尾崎久仁博）

第15章

ディスカウント・ストアの特徴と展開

―業態間競争の中での盛衰―

1. はじめに

　ディスカウント・ストア discount store は，小売業態の1つとして流通業界はもちろんのこと学会でもよく使われる用語である。それは「安さを強調する小売店」というイメージをもつが，その概念は，かなり曖昧であり，また論者によっても多様である。

　百貨店を出発点とした近代的小売業態は，品揃え・仕入れ・立地・サービスなどの様式を組合せ，消費者に新しい「売り方」を提供することによって店舗を特徴づけて登場してきた。それは，また業界に広く認められている価格を「安く」したり「割引く」ことによって消費者に訴求するという共通点を持っている。たとえば，フランスで1850年代に世界の最初の百貨店が「Bon Marché= お得です」を店舗名として始まったのを皮切りに，1930年代にはスーパーが主として食料品をセルフサービス方式でもって Super=「超安値で提供します」という意味を込めて出現し，また50年代には「ディスカウント・ハウス」が主として耐久消費財の価格を discount=「割引きします」として登場した。これに続いた「会員制卸売店」Wholesale membership は小売マージンを排除した「卸売価格での提供です」として安さを強調して参入し，さらに80年代には，主としてヨーロッパを中心としたハード・ディスカウンター Hard-discounter が，「激安な割引店です」として登場し浸透していき，アメリカにも進出し，また日本にもその影響を及ぼしてきている。

　このように，近代的小売業態は，すべて何らかのかたちで安さを強調して次から次に登場してきた。そして，現在では，これらの業態の中では，対面販売を特徴としている百貨店と利便性を強調しているコンビニエンス・ストアを除く他の近代的業態をディスカウント・ストアとして総称する場合が少なくない。たとえば，世界最大の小売業であるアメリカのウォルマートは，しばしばディスカウン

ト・ストアの典型とされ，またわが国でも総合スーパーを含めて低価格をことさらに強調する小売業を「ディスカウンター」と総称する場合もある。しかしながら，わが国の経済産業省が行なっている商業統計調査での業態定義には「ディスカウント・ストア」という項目は見当たらない。また日経流通新聞が，毎年行なっている「小売業調査」では，それは専門店として入れられている[1]。このようにディスカウント・ストアという用語は，業態として広く使われるが，一方ではそれを専門店とし見て議論することもある。そこで，ここでは，まずこのディスカウント・ストアという業態の登場およびその概念の変化を簡単にレビューして，その本質的な意味を明らかにすることから始めよう。

2. 業態としてのディスカウント・ストアの概念

　近代的小売業態の多くはアメリカを先進国として開発され，それが世界に広がり流通業界に影響を及ぼしてきている。いうまでもなく，ディスカウント・ストアもアメリカから出てきた業態である。したがって，ディスカウント・ストアの性格とか特徴を明らかにするためには，まずはアメリカにそれらを求める必要がある。

　AMA（アメリカマーケティング協会）の用語集によれば，ディスカウント・ストアとは「一般的には，スーパーの商品計画戦略を高度に組み込んで在庫を極力抑えて，消費者には特定の追加サービスには割増料金を取るが，ふつう限定したサービスで対応して低マークアップで商品販売を行う大規模小売店」のことである（Bennett [1995] p.86）。さらに続いて，それは「割引価格（discount price）を強調するという点で通常の小売店とは区別して，自らをディスカウント・ストアとして明示している。しかしこの特徴的な性質の多くは大量販売の他の業態が発展するにつれて消滅してきている」と指摘している。このことから見るとディスカウント・ストアは，セルフサービス方式をとった他の大規模小売店（量販店）の業態と同一視され勝ちである。なぜなら，それらは何らかの価格の「割引き」あるいは「安売り」を強調する点が共通しているからである。

(1) ディスカウント・ストアの源流

しかし，小売業態発展の経緯を見ると，このディスカウント・ストアの源流はディスカウント・ハウス（Discount house）である。これは，同じく AMA の定義によれば「耐久消費財を中心とし顧客サービスを最小にして低マークアップを行って価格訴求で競争している一つの小売事業体である」（Bennett［1995］p.86）となっている。したがって，ここではまずアメリカでこのディスカウント・ハウスからディスカウント・ストアへと発展した経緯を検討して，その特徴を描き出すことにする。ディスカウント・ストアの源流としてのディスカウント・ハウスは第 2 次大戦後のアメリカにおいて，新しい「売り方」で消費者に低価格を訴求して小売市場に参入してきた。

その出現の経緯は，Bucklin［1972］によれば，次の 3 つに求められている。

その第 1 は，1930 年代にスーパーがセルフサービス方式を導入しチェーン化して発展したことに結びついている。このセルフサービス方式が消費者に広く普及して，それが彼らの買物慣行となって，食料品以外の買物にもそれが容易に広がったのである。最初のディスカウント・ハウスは 1954 年であった。それは合衆国のニューイングランド地方にあった処分するための織物工場の倉庫を販売用の設備に改修して，そこで製品を山積みして安く売り出したものである。

第 2 は，1930 年代のシャーマン法による再販売価格維持の合法化に関係している。この法律は，スーパー間の低価格競争を規制するためにメーカーが小売価格を指定して，それを流通業者に維持させるものであった。しかし戦後の技術革新によって大量生産された家電製品などの耐久消費財をメーカーの立場で価格設定することでは需要の増加は望めなかった。なぜなら当時，これらの耐久消費財は生活必需品というよりも選択的な性質を持っていたから再販によって価格が高く固定化されると需要が伸びなかったのである。そしてこの再販価格は小売業界では標準的な「定価」の役割を持っていた。したがって，その価格を少しでも下回ると消費者には「割引き」として目にとまった。この点に注目して，鞄・家電製品などの再販価格に挑戦して安売りを始めたのがよく知られているコーベットである。

第 3 は，西海岸の閉鎖的な会員制店舗を出発点とするものである。それは 1950 年代の初期に買物支出を節約するために公務員のグループが卸売商のカタログから購入することから始まったという。それは現在の会員制の卸売業である。

これに対して小原［2006］は，ディスカウント・ストアの先行業態を1879年にウールワースによって始められた「5セント・10セント店」に求めている。それは一般的には「バラエティ・ストア」と呼ばれる均一価格で「低価格」をイメージする業態であり，食料品を除いた多様な日用雑貨を取扱うという特徴を持っている（pp.53-84）。

　上で指摘したディスカウント・ハウスの生成の経緯から見れば，その業態が他のものと区別できる基本的な特徴は「セルフサービス方式で主として非食料品の多品目を低価格で販売する小売業」と言うことができる。Lebhar［1963］は「その発端の頃にあってはディスカウント・ストアは比較的少数で，それも主に比較的大きな都市に存在し，あまり目立たない場所を占め，電気器具，家庭用品，旅行用品，家具等のいわゆる『ハード・ライン』系統の商品を専ら主として取り扱っていた」（訳, p.397）と指摘しているが，それはいわゆるディスカウント・ハウスの段階の特徴を示したものである。

　このディスカウント・ハウスの生成の背景は，第1には，第二次世界大戦後の技術革新による規格商品の大量生産体制の確立であり，第2は経済発展による成熟社会への到達に伴うハード商品への需要の増加であり，第3は公正取引法に基づく合法的な再販売価格維持である。つまりこの第1, 2は，家電製品などの各種耐久消費財の大量生産が大量流通と大量消費の経済社会の条件を生み出したことを意味し，第3は，そのような社会を実現させる直接的な契機となったのである。すなわち，このディスカウント・ハウスの「割引き」は「その取扱商品は，すべて『割引』の大きさが一目で分かるように，メーカーが設定する『標準小売価格（suggested retail price）』を基準として価格設定が行われることが前提条件となる」（木綿［1991］p.18）ことが重要であったのである。メーカーが決めた価格（建値制）による標準価格は「割引き」する際の明確な基準となっていたのである。この点の重要性はLebharがはっきりと指摘している。彼は「……この店舗の消費者に対する魅力は，規格品を基準価格よりも安い価格で提供する，ということに尽きたが，しかし，これは強力であった。……もしも公正取引制度が存在しなかったとするならば，ディスカウント・ストアは決して発生しなかったかも知れず」（Lebhar［1963］訳p.397）と指摘している。このメーカーが行なう建値が標準価格となり，それを下回るディスカウント・ストアの価格は，誰が見ても明らかな「割引き」であって，それが戦後の家電製品などの耐久消費財の需要の爆発につながった。そのため，1950年代以降のメーカーは，それまで法的に

認められていた再販売価格維持政策をあえて放棄して，その新しい革新的な量販チャネルを次第に重視しなければならなくなったのである（木綿［1991］p.15）。

(2) ディスカウント・ハウスからディスカウント・ストアへ

このディスカウント・ハウスの品揃えの上にはっきり見られた特徴は，上で示したようにメーカーの製品（ナショナル・ブランド）の販売であった。小売業が，このナショナル・ブランドを「割引き」価格で継続するには「薄利多売」のシステムをつくる必要がある。そのためには店舗自体を大規模化するだけでなく，チェーン化して多店舗で規模の経済性を達成し，またメーカーへ発揮できるバイイング・パワーを形成しなければならない。この規模の経済性とそれから導かれた小売業のバイイング・パワーは，メーカーに対する対抗力を持つようになり，より有利な仕入れ条件を引きだせるだけでなく，自店の規格による商業者ブランド（プライベート・ブランド）をメーカーに作らせることが可能になる。実際，成功したディスカウント・ハウスは，このようなナショナル・ブランドとあわせてプライベート・ブランドを取扱い，いずれも低価格で大量販売するようになり小売業界に定着していった。この段階において，ディスカウント・ハウスはディスカウント・ストアと呼ばれるようになった。その代表的な小売企業がKマートやウォルマートである（木綿［1991］p.16）。それはさらに家電製品・家具・衣料品・家庭用品から医薬・化粧品や総合食料品までの取扱いを行なうようになり，総合的な「ディスカウント・ストア」へと発展していった。

このディスカウント・ストアとしてよばれるようになった小売業態の特徴を，Stern and El-Ansary［1977］は次のように指摘している（p.32）[2]。

① ソフト・ハード商品の両者を含めた幅広い品揃え
② 低価格を販売訴求すること
③ 相対的に低操業コストでの実現
④ 相対的に低コストで投資した建物・設備・備品で運営すること
⑤ セルフサービス方式を採用すること
⑥ 顧客へのサービスを最小限に押さえること
⑦ 商品回転率を高めること
⑧ 大規模店舗で広い駐車場を持つこと
⑨ お祭り騒ぎ的な雰囲気をかもし出すこと

⑩　しばしばリース売場を設けること

　これらの特徴からみれば，わが国の初期の総合スーパーはこのディスカウント・ストアとの違いが必ずしも明確ではないように思われる。なぜなら，わが国のスーパーはアメリカのように食料品を中心としたセルフサービス店でなく，あらゆる商品を低価格でセルフサービスで販売するという総合スーパーとして出発したからである。わが国では食料品を中心としたスーパーは，どちらかと言えばこの総合スーパーの発展の後である。そこで，以下では，このディスカウント・ストア的な性質をもって出発したと考えられるわが国のこの総合スーパーを「総合スーパー型ディスカウント・ストア」(以下ではこれを「総合スーパー型」)とよぶ。そして，ディスカウント・ストアの業態としての特徴を次のように整理して，わが国のディスカウント・ストアの生成・発展を検討することとする。その特徴の第1は，強力な低価格を訴求点として持っていることである。それはスーパーなどに見られていた「ロスリーダー」として一部商品だけではなく，取扱う全商品にわたっての割引価格ないしは低価格を訴求することである。
　第2には品揃えの中心を耐久消費財的な性質を持ったハード，ソフト的な商品に置いていたことである。もちろん生鮮食料品などは品揃えの一端として取扱うことはあるが，それが店舗の品揃えの中心となっていないことである。とくに後でも見るような総合型ディスカウント・ストアがこれらを取扱っているのは一般的である。
　第3には，セルフサービス方式で量販志向的であることである。すなわち店舗をチェーン化していることあるいは大規模小売店であることである。
　また，それらのディスカウント・ストアを社会経済，政治あるいは政策および産業などの発展の視点から次の3つの段階にわけて検討する。その第1段階は，1950年代後半から1970年代初頭であり，第2段階は1970年代中頃から1980年末まで，そして第3段階は1990年以降2009年までである。それぞれはわが国の「高度経済成長の段階」，「オイルショックを契機とした成熟経済段階」および「バブル経済の終焉とグローバル化の進展の段階」と言うことができる。

3. わが国のディスカウント・ストアの生成と展開

(1) 第1段階（1950年代後半から1970年代初頭）

① 「総合スーパー型」の生成

　第2次大戦後のわが国はまず戦災の復旧に力を入れたが，それはなによりも生産力を引き上げることであった。その原動力は生産の近代化であり技術革新であり，それに基づく標準化生産である。わが国の経済は，それらの取組みの結果，大量生産が軌道に乗り1956年には戦前の水準に回復したと言われている。そしてこれらの規格化され量産化されたさまざまな日用雑貨，加工食品や家電製品などが販売され，消費者に行き渡るようになってきた。しかし経済活動での生産重視の考えは，生産だけでなく流通にも及び，卸・小売段階の価格設定はすべてメーカーが主役となって決めていた。

　ところで，製品の規格化による大量生産は大量流通と大量消費を必要としたが，まだスーパーが登場していないこの段階では，それを担っていたのは百貨店だけであった。大量生産に対応する大量消費のための需要創造を実現するためにマーケティングの理論と技法をわが国に導入したのはこの時期であるが，それにまず精力的に取組んだのは消費財メーカーであった。これらは，大量生産した自社製品を直接，消費者に全国広告する一方，伝統的な卸・小売業者を助成するディラー・ヘルプス（dealer helps）を行なって，それらを自社の流通系列化に組み込み，需要喚起と大量販売の道筋をつくり出した。このメーカーのマーケティング活動の対象となった商品は薬品，化粧品や加工食料品，日用雑貨だけでなく，当時市場に出始めた白黒テレビ，洗濯機，電気掃除機，冷蔵庫などの耐久消費財であった。もちろん，これらは言うまでもなくナショナル・ブランドであり，その価格はメーカーが設定する建値制による再販価格であり，これが小売価格の基準となって業界の一般的なものとなっていた。

　このような状況の中に登場したのが，わが国でよく言われているスーパーであった。この特徴はどのようなものであったか。またそれとディスカウント・ストアとの関係はどうだったのかを明らかするため，わが国でこの業態に最初に取

組んだと言われるダイエーを事例として取り上げて見てみよう。

　ダイエーは1957年に大阪の千林商店街から化粧品，薬品，雑貨，バラ菓子の販売で出発した。これの本格的なスーパーとしての出発点は58年の神戸の三宮店からであり，軌道に乗りだしたのは60年である。その当時のダイエーは，もちろんセルフサービス方式を採用し，品揃えは「薬品・化粧品・日用品」「履物」「食料品」「衣料品」および「電気器具」の5部門で構成されていた。すなわち創業当時にはハード，ソフトの耐久消費財の総合的品揃えを行なっていたのである。もちろん，ここでの取扱商品の殆どはナショナル・ブランドであった。そしてこれらの商品を「同じ品なら必ず安い」「一流メーカーのよい品を」「買いやすいセルフサービスで」というテーマのもとで販売された。当時，このテーマに基づいて「某一流商社　換金大処分」「破格大奉仕！」「あっと驚く超特価」[3]といったコピーで大々的に広告・宣伝したが，このことで明らかなように消費者への訴求点は価格の安さであった。

　この価格の安さの訴求が，消費者に「スーパーは安い」というこの業態のイメージを確立させた。そのイメージをもとに，ダイエーは，やがて鮮魚や青果などの食料品を追加して品揃えの幅を広げ，ワンストップ・ショッピングのいわゆる「総合スーパー」と呼ばれる小売業として発展していった。また1961年にはプライベート・ブランドを導入し，その種類は年々増加してダイエーはハードからソフト商品の総合的な品揃えを持った「総合スーパー型」としての性質を確立して発展していった。このような成立・発展の経緯は，ダイエーの他，わが国の代表的な「総合スーパー」と言われているイトーヨーカ堂，イオン，西友などもほぼ同様である。すなわち，わが国でしばしば言われるスーパーは「総合スーパー型」として成立し成長・発展していったのである。

　わが国の「総合スーパー型」が成立し発展した条件は，第1は経済発展である。これは業態理論が明らかにしているように，近代的な小売業態が導入されるには一国の経済が一定段階に到達することが必要なのである。第2には，それが成立するための直接的な条件は標準価格の存在であった。この標準価格の存在はアメリカのディスカウント・ハウスが出現した条件と類似している。もちろん，アメリカでの標準価格は再販売価格維持という法的な裏付けに基づいていたが，わが国のそれは，法律によって一部の商品にしか認められていなかったが，主要メーカーはいち早くチャネル指導権を握り，実質的な再販価格を維持していたため市場では広くこれが標準価格として浸透していったのである。「総合スーパー型」は，

一方でメーカーが行なったマーケティング活動によって需要創造されたナショナル・ブランドの価格を「割引いて」低価格で大量販売することで需要を増加させ，メーカーはさらに生産活動を活発化させ，結果として全体としてのわが国の高度経済成長を実現していった。とはいえ，メーカーと「総合スーパー型」とは相互に協力関係を持っていたわけではない。それどころか，むしろ両者間には対立関係があった。メーカーは自社ブランドの価格維持のために小売標準価格を設定し，そのためのさまざまな努力を投入したのに対して，「総合スーパー型」はその価格を「割引く」ために力を注いだため，価格をめぐる対立があったのである。

以上から明らかなようにわが国の「総合スーパー型」の成長は，かつてのアメリカにおけるディスカウント・ハウスの成長の条件と同じ状況のもとで発展したということができる。

アメリカではスーパーとディスカウント・ハウスは，いずれもセルフサービス方式をとっていたが，品揃えの中心はスーパーが食料品，ディスカウント・ハウスが非食料品とくに耐久消費財の販売という点において両業態間の競争関係は殆どなかった。しかし1960年に入るとディスカウント・ハウスは総合的な品揃えを拡大してディスカウント・ストアへと発展してスーパーとの競争関係が生じてきた。そこには両業態の発展の経緯には時間的な差異があった。しかしわが国ではスーパーは同時にディスカウント・ストア的性格を併せた「総合スーパー型」として登場し発展して行った。この点において両国の違いが認められる。アメリカは1980年代になって，ウォルマートが先頭となって「総合スーパー型」的な行動をとって急成長したことについて，ダイエー創業者であった中内功はかつて「アメリカの小売業は日本の真似をしている」と言ったことがある。それは，近年，アメリカのウオルマートなどの量販店が家電製品・家具・衣料品・家庭用品から医薬・化粧品や食料品までの総合商品を取扱うことによって発展して世界企業へと成長していった事実[4]を指していたのである。

② 「総合スーパー型」の発展

わが国の高度経済成長は，第1次耐久消費財ブームをもたらしたが，そこにはメーカーの大量生産を大量流通して流通革命を行なった「総合スーパー型」の役割が大きかった。この高度経済成長の期間，政府はメーカーが行なう管理価格，ヤミ再販に対する独占禁止法の適用を必ずしも厳しく運用していなかったため，流通段階での価格維持は衰えることがなく「総合スーパー型」は成長が続いた。

しかしこれが、さらに発展するためには次のような条件を満たすことが必要であった。その第1は、低価格を維持するための仕入れを持続的に行なうことである。それまでの仕入れは、主として過剰在庫や倒産問屋などを処分する現金問屋（通称「バッタ屋」などとよばれる）からの仕入れに依存していたが、それは一時的なものに過ぎなかった。それはナショナル・ブランドのメーカーの多くは巨大企業であり、その殆どが再販価格を維持するための強固な自己系列チャネルを持っていたからである。したがって、そこからは継続的な仕入れを期待することは困難であった。それを打開するためにはメーカー支配のチャネルを打ち破り、独自の仕入・販売チャネルを構築する必要があった。その手段の1つは大量仕入れでチャネル・キャプテンに道をつくることである。そのことによって規模の経済性が得られ、またメーカーに対するバイイング・パワーが形成され、メーカーから有利な取引条件を引き出すことができるだけでなく、プライベート・ブランドをつらせることも可能になる。そのために多くの「総合スーパー型」はこぞって店舗のチェーン化に取組んでいった。

　第2は、品揃えを増加することである。そのためにはナショナル・ブランドの種類を増やすだけでなく、プライベート・ブランドを開発して全体として豊富な品揃えを行なうことが重要となる。これによってワンストップ・ショッピングによる魅力が生まれて消費者の吸引、店舗の拡大、また独自性を出すことなどが可能であった。

　第3は、低価格販売を可能にするためのコストを削減することが必要である。それは仕入コストと管理・運営などの操業コストを引き下げることである。仕入コストの引き下げは、ある程度は店舗の大規模化による規模の経済性によって達成できる。しかし店舗のチェーン化は、一方では分散した店舗への物流コストを増加させるため、その削減のための新たな物流システムや管理オペレーション・システムの構築が求められる。

　これらの第1から第3までの条件は相互に関連しているし、その条件をすべて解決することには多くの困難性が横たわっていたが、その取組みに成功した「総合スーパー型」は、その発展の過程で巨大小売企業へとして成長していった。言うまでもなくこの過程において、類似の「総合スーパー型」の参入の試みは数多く見られたが、その多くはやがて市場から消滅していった。それは、上の第1から3までの取組みには新しい発想とそれに基づくシステムが必要であったからである。そして結果としての「総合スーパー型」として発展し、全国展開したのは

ダイエー，イトーヨーカ堂，ジャスコ（イオン），西友などであり，地方展開したのは関東では長崎屋，忠実屋，九州では壽屋やユニードなどであった。そして，これらが中心となって，わが国の流通革命を行ない，また第二次耐久消費財ブームをもたらしていった。

(2) 第2段階（1970年代初頭から1980年代末）
―流通環境の変化と新ディスカウント・ストアの登場―

この段階までは「総合スーパー型」は，順調に発展してきた。しかしわが国の経済は，1973年に生じた第1次オイルショックを契機に高度経済成長が終結して，それに代わって成熟経済時代へと突入していった。このオイルショックは物価の高騰を引き起こし，また大規模小売店舗法が制定されるなど，それまでの流通の主役であった「総合スーパー型」にはきわめて厳しい状況が生じてきた。更にこの成熟経済社会へ移行したことによって消費者の意識や行動は大きく変化してきた。

ここで言う成熟経済社会とは「所得の一定水準の達成」「低経済成長」「情報化」「女性の社会的進出」といった特徴を持つ社会の状況である。それまでの高度経済成長による「所得の一定水準の達成」は，豊かさをもたらし，かつての選択的商品を必需的商品へと移行させたが，その選定の基準は厳しくなってきた。また商品には付加価値を求め，サービス財への支出を増加させてきた。

「低経済成長」は価格への反応を強めていった。「情報化」と呼ばれる情報機器と情報システムの進展は経済や社会生活のあり方に影響を与え，さらにそれをどう組織するかが企業の成功・成長を左右するようになってきた。また消費者の買物にもクレジットなどが普及し，信用経済が浸透するようになった。小売業にPOSが導入されたのはこの段階である。

この情報化は，徹底的な規模の経済性による効率化を求めるか，あるいは個別対応を通じることによって全体としての経済性と有効性を達成するかが重要となり，流通についてはチェーン化や店舗の大規模化および消費者の囲い込みが課題となって，そのための新しいビジネスモデルが求められるようになった。

成熟社会の「女性の社会的進出」は，それまでは買物の主役であった女性の意識や行動を変化させて支出行動や店舗選択のパターンを変えて流通構造を変革させてきた。

消費者は，物価騰貴に直面して価格にはより敏感になったが，一方ではより価値の高い商品を求め，買物の快適さや豊富な品揃え，専門的な情報などを期待するようになった。また消費者は効率性や合理性だけでなく個性化・多様化を追求して自己が納得できる価値を求めるライフスタイルへと変化してきた。

　この新しい環境によって，小売業は新しいマス・マーケティングへの取り組みを始めた。それまでの近代的な業態は「総合スーパー型」と中小のスーパーおよび百貨店が中心であったが，この流れの中でコンビニエンス・ストアや新たな価格訴求を強調した新規のディスカウント・ストアが登場してきた。このディスカウント・ストアは，DIY関連のホームセンター，ドラッグストアや家電製品など専門量販店とも呼ばれるものである。この段階に登場してきた新しいディスカウント・ストアの類型について木綿[1991b]は，それを開発する主体等によって次のように分類して，それぞれの代表的な企業を挙げている（pp.175-176）。

① 新規創業型大型総合ディスカウント・ストア—ダイクマ，ロヂャース（北辰商事），ジェーソン，キムラヤ，アイワールドなど
② 大手量販店が手掛ける大型ディスカウント・ストア—トポス，Dマート，バンドール，ビッグ・エーなど
③ 限定商品型の専門ディスカウント・ストア—ステップ，城南電機，ヨドバシカメラ，河内屋（酒），花正（肉），サンドラック（薬）など
④ その他の中小ディスカウント・ストア—タケヤ，ドン・キホーテなど

　これらの4つの類型は，取扱商品の幅や深さという視点で見ると「総合型ディスカウント・ストア」（以下「総合型」とよぶ）と「専門型ディスカウント・ストア」（以下「専門型」とよぶ）の2つに集約することができる。また開発主体から見れば，従来の「総合スーパー型」が新たな時代に対応する新規のディスカウント・ストアを開発するものと，それ以外の業種・業態あるいは新規企業からのディスカウント・ストアへの参入である。

　この段階の新規のディスカウント・ストア登場の背景は，第1段階とは異なっていた。ここでは，かつてのような市場に広く拡がっている標準とすべきメーカー設定の価格が，ほとんど意味をもたなかったからである。それは，すでに「総合スーパー型」が打ち破っていたのである。

　ところで，これまで順調に成長を続けてきた「総合スーパー型」は，1970年代前半に最盛期を迎え，それ以降は成長の伸びにかげりが見えてきた。それは，

業態論でよく指摘されているように，ある業態が出現して，それが一定の段階まで成長すると同業者が増加して同じ業態間での競争が激しくなり，それがやがて価格競争からサービス競争となって，全体としての店舗の格上げ（トレーディング・アップ（trading-up））が行なわれてコストが上昇して，結果として販売価格に跳ね上がり，消費者にはかつてのような低価格の魅力がなくなってくるからである。ここに新たな「割引き」を強調する新規のディスカウント・ストアが参入する余地を生じたのである。

「総合スーパー型」は従来から多品種の商品を取り扱ってきた。しかし成熟経済段階になると，消費者の趣向が多様になり衣料品関連も季節とかデザインや色調などが絶えず変化し，また家電製品などは技術革新によって年々グレードアップされて新製品が出され，それに十分対応できなくなってきた。またトレーディング・アップによって販売価格も上昇して「スーパーは安くはなくなってきた」という消費者の声が聞こえるようになり，「総合スーパー型」の拡大の時代が終わったのである。

この段階にまず登場してきたのは「専門型」である。これは，めがね，時計，カメラ，紳士服，医薬品，靴，DIY関連，家電製品などで，それぞれは業種を限定して，その品揃えの幅と深さを追求して登場してきた。これらの商品に共通していることは，グロス・マージン率が高いが商品回転率が低いという特徴を持っている[5]。実際，これまでは，これらの商品は一度購入すれば長年使用するという耐久性を持ち商品回転率は低かった。しかし，この段階の成熟社会の消費者は，個性化や多様化を求め，また余暇活動への欲求が増加して需要支出の重点は選択的消費財へと移ってきた。たとえば衣服や時計，靴などは場所とか時間や場面に応じて変えるというライフスタイルへと変化してそれらの需要が増加してきた。ファッション性を求めるのは衣服や靴だけでなく，めがね，時計，鞄などにも及ぶようになってきた。つまり選択的な財から必需品的な性質の財へと変ってきたのである。この消費環境に対応して，「専門型」は店舗を多店舗化して大量仕入れ－大量販売のシステムをつくり商品回転率を高めて急成長していった。

従来の「総合スーパー型」はこれらの「専門型」と比較すれば，品揃えの幅と広さといった専門の奥行きという点では劣っていたのである。そしてそれまでのディスカウント・ストアの基本概念の柱は「総合品揃え」であったが，この段階では「専門型」がその業態の1つとしてクローズアップされてきた。

この「専門型」の登場に続いたのが「総合型」である。この段階に登場した新

規の「総合型」は,日用雑貨などを中心に,日々の生活上に必要な家電製品,時計,スポーツ用品,衣料品,加工食品など耐久消費財的な性質のハード,ソフト商品を中心として品揃えを幅広くしてセルフサービス販売することによって登場してきた。

これらの新規型ディスカウント・ストアの取組みの多くは,それまでの大企業からでなく中小企業によって行われたことは注目すべきであろう。いつの時代も新しいチャレンジは中小企業の柔軟性と機動性を基盤となって行なわれるのである。

この新規によるディスカウント・ストアの進展をみて,従来の「総合スーパー型」の経営者は「価格の安さではディスカウント・ストアに負け,品揃えでは専門大型店に劣る。GMSとは一体何か」と疑問を投げかけ「GMSの空洞化の危機と再構築の必要性」を訴えた[6]。

これら「専門型」および「総合型」の成長を日経流通新聞編の「小売業調査」[7]によって検討してみよう。1970年から76年までの小売業調査では売上高上位50位までの業態はすべてスーパー（ここで言う「総合スーパー型」が含まれる）と百貨店および生活協同組合であった。また50位から100位までには専門店が入っているが,それらは丸善,鈴屋,やまと,三愛,紀伊国屋,第一家電および第一産業である。これらのうち丸善から紀伊国屋までは書籍・衣料関連の従来型の専門店であり,第一家電と第一産業は当時台頭してきたここで言う「専門型」である[8]。

同じく1979年の「小売業調査」によれば,売上高上位50位までは,前回と同様スーパー,百貨店および生活協同組合が占めているが,50位から100位までには,第一家電,第一産業にベスト電器,ヤマギワが加わり,さらに「総合型」であるロヂャースが登場してきた。

さらに1988年の調査では,「専門型」は売上高上位30位にベスト電器を筆頭に100位までには第一家電,第一産業（ダイイチ）,オートバックス,靴のマルトミ,ヨドバシカメラ,小島電機,ヤマギワ,マツヤデンキ,星電社などが入り,また「総合型」ではダイクマが加わった。

これらの「小売業調査」から,この段階でまず「専門型」が登場し,次いで「総合型」が成長してきたということがわかる。

この新規のディスカウント・ストアの台頭に危機感をもったのは,「総合スーパー型」であった。これらは急遽,新しい仕組みの「専門型」および「総合型」

の開発に着手した。ダイエーは1979年に食料品に品揃えを絞った「専門型」であるビッグ・エーを，80年には新たな「総合型」としてのトポス，また81年にはハード商品を中心としたDマートやバンドールを立ち上げた。イトーヨーカ堂は1989年にザ・プライスを，その後ジャスコ（イオン）は90年にビッグ・バーンやメガマートなどの新規のディスカウント・ストアを設立した。

この新しいディスカウント・ストアが急成長してきた状況を踏まえて，日経流通新聞は今までの「小売業調査」や「専門店調査」および「コンビニエンス・ストア調査」に加えて「ディスカウント・ストア調査」を行なうようになった。その第1回調査は1988年の時点のもので，そこでは「低価格販売を武器にしたディスカウント・ストアが急成長，小売業界の中で，確固たる地位を築きつつある」（日経流通新聞編［1991年版］p.421）と指摘して新しい「激動の90年代の幕開け」を予測した。この調査結果によると，売上高上位12社までは，ダイエー系列（トポス，Dマート，バンドール）を除くと「総合型」がダイクマ，ロヂャース，本間物産，多慶屋，キムラヤ，MrMax，「専門型」がヨドバシカメラ，小島電機，靴のマルトミ，カメラのさくらであった。

これらの新興ディスカウント・ストアの主要なものを見てみよう。ダイクマの前身は呉服屋であった。1968年にホームセンターを立ち上げ78年にはイトーヨーカ堂と資本提携を行ない，家電製品などを中心とした「総合型」であったが，2000年代に入りヤマダ電機に売却された。

ロヂャース（北辰商事）はボーリング場経営からのディスカウント・ストアへの参入である。ボーリング場でのさまざまな景品を取扱っていた経験から1973年に総合的な品揃えを行なう「総合型」を設立した。取扱商品は自転車，靴，家具，家電製品から雑貨，食料品までの幅広く，またプライベート・ブランドにも取り組んできている。

多慶屋は1975年から本格的な「総合型」を展開し，家電製品から時計・宝飾，食品，酒，日用雑貨，医薬品，家具，化粧品などきわめて多様な品揃えを行なってきている。またMrMaxは電気店からの1978年に家電製品から時計，日用雑貨，衣料から食品などを取り扱ってきている。

ヨドバシカメラやカメラのドイ，小島電機（コジマ）などは，カメラや家電製品の従来の専門店から「専門型」への業態転換である[9]。これらは，パーソナル・コンピュータの普及やデジタル家電のブームに支えられ成長を続けてきている。

これらの新興のディスカウント・ストアは，当時の流通業界の「新価格革命」

の旗手であった。そして，これらは全体としては，他のあらゆる業態の小売業を上回る売上高の伸びを達成してきた。その意味においてこの第2段階は「ディスカウント・ストアの快進撃の時代」と言うことが出来る。

(3) 第3段階（1990年代初期から2009年）

　1990年代に入るとバブル崩壊がおこり，また日米構造協議によるわが国の流通政策や商慣行の見直しによって流通業界には大きな変革が生じてきた。バブルは1991年の中頃にはじけて平成景気が終わり，その後は若干の景気回復は見られたが，需要の低迷と価格破壊などによる景気の閉塞感は21世紀へと持続してきている。そして消費者は個性化や多様化を求める一方，より堅実な消費生活を求めるようになってきた。また流通業界では規制緩和や商慣行の見直しに加えてグローバル化が進展して従来の経済・流通のパラダイムに揺らぎが生じてきた。

　この新しい環境の出現によって新しい価格破壊の時代を迎え，流通秩序には大きな地殻変動が生じてきた。前段階に主役であった新規のディスカウント・ストアは，以前にも増して注目されるようになってきた。特に「専門型」の領域では，家電製品，医薬品，衣料品，日用雑貨品，食品などのさまざまな領域に分化して著しい成長が見られてきた。しかしながら，成長の段階にはまた厳しい競争がつきまとうというのが一般的である。たとえば前段階で優位であった家電領域の第一産業（ダイイチ）は市場から撤退し，また前段階には注目されていなかったヤマダ電機がダイクマや星電社などを吸収して急成長するなど激しい地殻変動が生じてきている。

　そして「総合型」の領域では，企業の業績に明暗がはっきりするようになってきた。とくに「総合スーパー型」企業は，上で指摘したように，この段階に対応する新規の「総合型」店舗などを開発したが，その成果は十分に発揮できなかった。これらは従来の「総合スーパー型」を行ないながら，同時に百貨店，コンビニエンス・ストア，飲食店などを展開し，それに加えて新規の「総合型」および「専門型」を手がけていったが，そこには，各業態のもつ特異のノウハウと企業体としてそれらを統一的に管理・運営するという「特異性」と「共通性」を整合するシステムがなかったからである。すなわち，そこには同質的な商品を取扱うという共通的な部分があるが，一方，売り方に違いがあることによる異質的なオペレーション部分が存在している。この共通と異質のオペレーションの両者を企業体と

して整合するためには新しいシステムが重要であった。その結果，21世紀に入ると「総合スーパー型」ではマイカルや長崎屋，また九州で勢いがよかった壽屋やニコニコ堂などが民事再生法を申請し，結果として市場から消滅した。また「総合スーパー型」の中心であったダイエーは，いち早く立ち上げたトポス，バンドール，ハイパーマートなどを撤退させた。イトーヨーカ堂は新規ディスカウント・ストアであったダイクマに資本参加していたが，それは「専門型」であるヤマダ電機に売却した。要するに「総合スーパー型」は第2段階に登場した新しい「専門型」にはその商品ラインの幅と深さに，「総合型」にはその機動性には対抗できず，家電製品や薬品，DIY関連の取扱いを「専門型」の他社に委託するなどして，初期の「総合スーパー型」の性格を失い，食料品中心の本来のスーパー的な性格を強めていった。

一方，新規の「専門型」および「総合型」の企業は引き続き価格破壊の主役として注目されてきた。しかし2000年代が進むにつれて，この業界も成熟時代となり合併や業界再編が行なわれるようになった。それはグローバル化や情報化が進み，ディスカウント・ストアも従来型のビジネス・システムが通用しにくくなったからである。そこでは商品仕入れ先を海外に重点を移してプライベート・ブランドを増やしたりしてきた。2004年での消費者の利用する業態調査を見ると，図表15-1のように，ディスカウント・ストアは百貨店を超えて第3位となっている。しかし，これらは更に一層の業態間競争に向かっていくものと考えられる。

図表15-1　業態別のシェアー（消費支出に占める割合）

業　　態	シェアー(%)
一般小売店	32.8
スーパーマーケット	32.8
ディスカウント・ストア	9.8
百　貨　店	8.1
生協・購買組合	5.5
通信販売	2.8
コンビニエンス・ストア	1.8
その他	6.3
合　　計	100.0

（資料）総務省統計局「全国消費実態調査報告書」（2004年）。
（出所）日経MJ編［2006］『日経　流通・サービス業界地図』p.63.

特に「専門型」は，ますます業種別に分化して発展してきている。そして医薬品や家電製品などの領域では，健康志向の高まりや情報化の進展や製品の技術革新によるリニューアルの効果によって成長が著しい。一方「総合型」はドン・キホーテに見られるように，24時間営業や商品を天井まで積み上げ，消費者自身に商品を見つけ出すための陳列（圧縮陳列）などの新しい取組みによって急成長してきている。この「総合型」は，ディスカウント・ストアとしての本来的な性格を持ったものであったが，「専門型」に押されて厳しい状況に直面している。そこには新しい独自の取組みが課題として残されている。

4. 本章から学ぶこと

　本章はわが国のディスカウント・ストアの生成から発展を通じて，その変容を検討してきた。ここで明らかになったことは，ディスカウント・ストアは物価が上がれば注目されるが，また価格破壊になっても，それへの期待が高まると言うことである。その意味でディスカウント・ストアに注目することが重要である。また，それを小売業態の1つと見て，小売競争の視点で見ることが必要である。小売競争の次元は基本的には2つの視座がある。その第1はメーカー（あるいは卸売業者）との販売価格や仕入価格をめぐる「垂直的競争」次元である。第2は消費者をめぐる小売業者間で競い合う「水平的競争」次元である。この「水平的競争」次元には同業態間競争と異形態間競争がある。たとえばディスカウント・ストア同士や百貨店同士の競争は同業態間競争であり，ディスカウント・ストアと百貨店との競争は異形態間競争である。異形態間競争は，販売価格・品揃え・立地・顧客へのサービス水準などの組合せによって生じる売り方の違いによる競争である。わが国のディスカウント・ストアは，この小売競争を通じて，同じくディスカウント・ストアといっても，その内容が変容してきている。

　さらに，このディスカウント・ストアを小売競争の視点で検討するに際して，それをミクロとマクロのいずれに立脚して行なうかを明確にすることも重要である。ミクロの視点は，同業態間競争，または異形態間競争いずれにおいても，小売企業の販売価格・品揃え・立地・サービスなどの競争上の差別的優位の実体を考えることである。マクロの視点は，ディスカウント・ストアの発展を通じてわが国の小売構造の変動を見ることである。そのことによって流通のダイナミック

スを見ることができ，日本流通の将来展望への示唆が得られるものと考えられる。

【注】
1）日本経済新聞社は「小売業調査」を毎年行なっているが，それは『日経MJトレンド情報源』（以前は『流通経済の手引き』）に掲載されている。しかしそこでは，いわゆる「ディスカウント・ストア」と目される業態は「専門店」として示されている。
2）これと同じような指摘は，ダンカンとホランダーにも見られる（Duncan & Hollander [1977] pp.22-23）。彼らは，discount department store と discount house を定義することは難しいとも指摘している。
3）それぞれ1962年1月24日，2月2日，2月9日付きの神戸新聞に見られたダイエーの新聞広告。
4）これは典型的には，ウォルマートの「スーパーセンター」という業態をいう。
5）当時，これらの新規の専門型ディスカウント・ストアが登場する以前の粗利益は，めがねは70%，時計は35%といわれていた。
6）日経流通新聞編［1990］『流通経済の手引』（90年版）p.137。GMS（General Merchandise Store）は，ここでいう「総合スーパー型」である。
7）日経流通新聞編［各年版］。なお第1回ディスカウント・ストア調査は，1991年版で88年を調査したものである。
8）これらは専門店としていたが，この段階に台頭したディスカウント・ストアに注目して1988年から「ディスカウント・ストア調査」が行なわれた。しかし2000年代になるとこの調査は行なわれなくなった。それは1つにはディスカウント・ストア概念の曖昧さによるものと考えられる。本来的なディスカウント・ストアとは，「総合型」をいうことが多いからである。
9）これらは，しばしば「家電量販店」とよび，ディスカウント・ストアと区別することもある。

【文献案内】
　ディスカウント・ストアが，世界で最初にアメリカで出現した経緯について佐藤［1971］が詳しい。同じくアメリカについては小原［2006］が近年の状況まで示しており，わが国との比較に参考になる。また佐藤［1974］はわが国のスーパーの出現やその発展の特徴が詳しく分析されており，流通システムにおけるディスカウント・ストアを他業態の流れとかかわって検討する上で重要な文献である。また小売競争や業態論との検討では，田島・原田編［1997］が参考になる。
　わが国のディスカウント・ストアそのものについては，木綿［1991a］［1991b］が参考になる。そこにはわが国の「ディスカウント・ストア快進撃」であった時期の状況が詳しく分析されており，ディスカウント・ストアの特徴を知る上で優れた文献である。渥美［2007］は，わが国のディスカウント・ストアの失敗と成功などをドキュメンタリー風で示している。また，ディスカウント・ストアが成長するうえでの理論的な根拠を示しているのは，小島［1983］である。ディスカウント・ストアについての調査は，毎年日本経済新聞社が発行している『日経MJトレンド情報源』（以前は『流通経済の手引き』）各年が参考になる。その他，ここに示している英文の文献は，アメ

リカでのディスカウント・ストアの発生と特徴を見る上で参考になる。しかしディスカウント・ストアはアメリカから出てきた業態であるが、今ではこの業態はあまり使用されない。いずれにしろディスカウント・ストアの業態概念は曖昧な側面が少なくないから、文献を読む場合、自分なりの何らかの視点を確立することが必要である。

《参考文献》

渥美俊一［2007］『流通革命の真実』ダイヤモンド社。
木綿良行［1991a］「ディスカウント・ストアとは何か」流通問題研究協会編『ディスカウント・ストア快進撃の研究』日本経済新聞社, pp.12-34。
木綿良行［1991b］「わが国におけるディスカウント・ストア―現状の問題点と今後の課題」田内幸一編［1991］『市場創造の課題と方法』千倉書房, pp.161-187。
小島健司［1983］「ディスカウント型流通の成長分析」日本消費経済研究所編『季刊 消費と流通』Vol.7, No.4, pp.38-44。
小原博［2006］「小売業態の盛衰過程―アメリカのDSをめぐって―」『経営経理研究』第79号, pp.53-84。
佐藤肇［1971］『流通産業革命』有斐閣。
佐藤肇［1974］『日本の流通機構』有斐閣。
田島義博・原田英生編著［1997］『ゼミナール 流通入門』日本経済新聞社。
日経流通新聞編『流通経済の手引』各年 日本経済新聞社。
日経MJ(流通新聞)編『日経MJトレンド情報源』各年 日本経済新聞社。
日経MJ(流通新聞)編『日経 流通・サービス業界地図』各年 日本経済新聞社。
Bennett, Peter D. [1995] *Dictionary of Marketing Terms*, 2nd ed., American Marketing Association.
Bucklin, Louis P. [1972] *Competition and Evolution in the Distributive Trades*, Prentice-Hall Inc.
Duncan, D. J. and Hollander, S. C. [1977], *Modern Retailing Management, Basic Concept and Practices*, R. D. Irwin, Inc.
Lebhar, Godfrey M. [1963] *Chain Store in America 1859～1962*, Chain Store Publishing Corporation.（倉本初夫訳［1963］『チェーンストア 米国百年史』商業界。）
Stern, W. Louis and Adell El-Ansary [1977], *Marketing Channels*, Prentice-Hall.

（白石　善章）

事項索引

〔あ 行〕

IMC ……………………………………… 191
相手先ブランドによる製造 ……………… 142
アイデンティティ ………………… 130, 132
「味の形」 ………………………………… 197
味の素㈱ ……………………………………
　──の海外食品ビジネス ……………… 182
　──の歴史 ……………………………… 180
AJINOMOTO Brandspoon ……………… 198
味の素マヨネーズ ………………………… 181
味の素冷凍食品 …………………………… 181
「味や見栄え、パッケージ」の「形」 …… 192
アセアンでの食品事業 …………………… 186
新しい成功モデル ………………………… 192
アップ・スパイラル ……………………… 196
アパレル産業 ……………………………… 113
アパレルメーカー ………………………… 113
アミノ酸カンパニー ……………………… 179
アミノ酸技術 ……………………………… 183
アメリカでの食の日本化 ………………… 192
アメリカでのディスカウント …………… 293
アメリカマーケティング協会 …………… 275
新たな成功モデルの創造 ………………… 192
アローワンス ……………………………… 109
アントレプレナー …………………………… 91

ECR ……………………………………… 254
イージーオーダー ………………… 115, 120, 130
異形態間競争 ……………………………… 291
イスラム教 ………………………………… 191
委託仕入 ……………… 225, 226, 228, 230, 232
委託取引 ……………… 97, 104, 113, 117, 129,
委託販売 ……………… 110, 116, 227, 228, 232
委託販売取引 ……………………………… 96
「一段とおいしくなるうま味（Umami）」 … 199
一般用医薬品 ……………………………… 20
イヴ・サンローラン ……………… 120, 121
イノベーション ………………… 114, 119, 258, 261
イチチオール ……………………………… 23
医薬カンパニー …………………………… 179
医療用医薬品 ……………………………… 20

ウェット・マーケット ………………… 190

うま味 …………………………………… 192
うま味調味料「味の素」 ……………… 180
売上仕入れ ……………………………… 132
売主店先渡し …………………………… 105
運送機能 ………………………………… 106
運送費用 ………………………… 106, 108-110
運賃補助 ………………………………… 105

エアー・コンディショナー ……………… 14
AI 移転 ……………………… 187, 193, 194, 196
　──の習熟と創造 ……………………… 195
AMA ……………………………………… 275
映画『沈丁花』の配役募集とプロムナード・
　コンサート ……………………………… 17
HCNs ……………………………………… 199
SA 移転 ………………………… 193, 194, 196
　──の適応化 ………………………… 194
江戸店持京商人 ………………… 212, 213
NB メーカー …………………… 262, 263
FAO ……………………………………… 181
エブリデイ・ロー・プライス …………… 245
M&A ……………………………………… 200
　──による緩やかな拡大 ……………… 186
MSG ……………………………………… 180
　──のグローバル・サプライ・チェーン 184
　──の世界市場の規模 ……………… 184
　──有害説 …………………………… 181
MCNs ……………………………………… 199
エンゼルマーク …………………………… 8

OEM 供給 ………………………………… 142
応用と革新 ……………………………… 193
大幅なコスト削減 ……………………… 186
卸売価格販売の維持励行 ……………… 59
卸売商 …………………………………… 102
温湿度調整装置 ………………………… 14
オンワード ……………… 113, 115, 116, 120, 122

〔か 行〕

会員制卸売店 …………………………… 274
海外技術提携 …………………………… 121
海外食品ビジネス ……………………… 185
海外提携 ………………………………… 121
海外での成功の鍵 ……………………… 200

海外ブランド……………………………… 121
海外メーカーとの技術提携……………… 121
買取仕入……………………… 225, 226, 232
買取取引…………………………………… 116
買主店先渡し……………………………… 105
外務員講座………………………………… 62
価格維持…………………………… 99, 104
価格決定権………………………………… 46
価格三段階制……………………………… 97
価格政策…………………………………… 108
価格統制……………………… 95, 98, 100
価格二段階制………………… 97, 104, 110
革新的企業者……………………………… 209
家計費の中から支払える価格…………… 198
掛け売り…………………………………… 212
加工食品…………………………………… 256
　──の海外生産・供給基地…………… 184
加工食品用の商品「味の素」…………… 183
貸し売り…………………………………… 28
カジュアル衣料…………………………… 120
過剰生産体制……………………………… 45
化成品用のアミノ酸……………………… 183
活動写真隊………………………………… 32
家庭医書…………………………………… 32
家庭外消費………………………………… 190
家庭電気製品……………………………… 76
家庭電器メーカー………………………… 76
家庭内消費………………………………… 190
家庭乃花…………………………………… 32
家電メーカー系列店……………………… 85
家電量販店………………………………… 85
家法………………………………… 214, 215
紙サック入り「ミルクキャラメル」…… 10, 11
紙製飛行機模型セール…………………… 17
カラーテレビ……………………………… 78
為替手形…………………………………… 98
缶コーヒー「バーディ」………… 187, 196
関東大震災………………………… 15, 16
カンパニー制……………………… 179, 246
甘味料：
　──「アスパルテーム」……………… 183
　──「ミッド・シュガー」…………… 190
　──「ライト・シュガー」…… 187, 196
管理価格…………………………………… 47

企業者の精神……………………………… 214
企業統治…………………………………… 179
企業ブランド……………………………… 122
擬似百貨店………………………………… 223

技術が日本からまず標準化移転………… 197
技術の移転………………………………… 197
技術の適応化……………………………… 197
基準価格…………………………………… 111
既製服……………………………… 115, 120
キッコーマン……………………………… 39
　──・ブランド………………………… 44
キャラメル：
　──芸術募集と循環展覧会…………… 17
　──製品の自動包装機………………… 13
　──の自動包装機械…………………… 14
　──・チョコレートの空き箱回収運動… 17
キャンディトーン………………………… 70
競争手段…………………………………… 34
競争優位…………………………………… 34
業態の多様化……………………………… 248
業態の明確化……………………………… 245
共同生産…………………………………… 169
業務用調味料……………………………… 183
局方品……………………………………… 21
勤勉の倫理………………………………… 216
金融機関資金融通準則…………………… 60
金融恐慌…………………………… 16, 18

クイック・レスポンス（QR）…… 113, 117, 254
クーラー…………………………………… 78
クール・ジャパン現象の拡大…………… 192
下り醤油…………………………………… 38
クノール・スープ………………… 180, 186
クラスター………………………… 125, 127
グローバルSCM ………………………… 157
グローバル化の進展度…………………… 180
グローバル化の特徴……………………… 191
グローバル商品戦略……………………… 196
グローバル・ブランド…………… 194, 198
　──は本社が一元管理………………… 195
グローバル・マーケティング…… 90, 139, 156
グローバル・ローカライゼーション… 149, 159

経営史的アプローチ……………………… 3
経営統合…………………………………… 200
経営理念…………………………………… 214
景品付売出し……………………………… 49
系列販売網………………………………… 82
経路維持…………………………… 99, 107
経路構築…………………………… 99, 107
経路政策…………………………………… 108
経路統制…………………………………… 95
現金売り…………………………………… 210

現金掛け値なし………………………	211
現金決済………………………………	97
現金取引………………………………	105
──制度……………………………	28
現地一国主義…………………………	194
現地化…………………………	173, 187, 200
現地主導の適応化……………………	200
現地人スタッフ………………………	199
現地生産………………………	91, 169, 171
現地適応化……………………	190, 197
現地文化への適応化…………………	194
現地法人に派遣される日本人………	199
コア・バリュー………………………	198
濃い口醤油……………………………	39
高級車ブランド………………………	173
広告効果………………………………	49
広告宣伝………………………………	30
──費………………………………	88
広告媒体………………………………	49
高品質高生産性および販売網の囲い込みプラス販売促進策の推進・強化………	18
高付加価値化…………………………	186
合弁事業………………………………	170
合弁生産………………………	169, 172, 276
小売価格………………………………	118
小売慣行の革新的マーケティング…	205
小売機能………………………	113, 119
──の包摂…………………………	113
小売業態のライフサイクル…………	238
小売酒販組合…………………………	100
小売の輪………………………………	209
コーディネイト提案…………………	128
コーディネイト・ブランド…………	123
コーディネート売場…………………	129
コーナー………………………………	128
──売場……………………………	129
──展開……………………………	125
コーン…………………………………	184
小型車…………………………	166, 167, 176
──開発……………………………	161
国際商品………………………	163, 164
──開発……………………………	163
国際マーケティング…………………	139
国内の食品ビジネス…………	185, 186
「心」…………………………………	192
コスト・リーダーシップ……………	208
個別ブランド…………………………	122
コモディティ…………………………	115
五厘で二十五万円……………………	11
今後の成長戦略………………………	200
コンセプト……………………	126, 232
コンビニエンス・ストア……	254, 274, 285, 288, 289

〔さ　行〕

サイオン………………………………	174
再建第1回販売会社支配人会議……	61
最適化…………………………………	196
再販売価格維持………………………	281
──制度………………………	46, 59
採用と模倣……………………………	193
在来産業………………………………	37
サトウキビ……………………………	184
砂糖大根………………………………	184
3蔵協定………………………………	46
3Cブーム……………………………	78
三種の神器……………………………	78
3印……………………………………	41
サンプル………………………………	50
GMS（General Merchandise Store）…	237
仕入形態………………………	225, 226
CVS…………………………………	254
JECFA………………………………	181
J・プレス……………………………	126
Generation Y…………………………	174
事業の多角化…………………………	248
事業部制………………………………	91
市況変動………………………………	114
資金融通準則…………………………	60
市区郡元………………………………	29
資源補完メカニズム…………………	229
自主マーチャンダイジング…………	226
市場細分化……………………	122, 130, 132
市場統一………………………	130, 132
市場分析………………………………	130
市場分断………………………………	132
市場問題………………………………	50
資生堂	
──エゼェントストア……………	63
──化粧品コーナー………………	70
──化粧品デー……………………	65
──月報……………………………	68
──製品目録………………………	63
──整容講座………………………	70
──チェーンストア………………	63
──チェーン・ストア・スクール…	63

――取次店……61
――ニュース……62
――花椿……57
――花椿会員入会促進コンクール……67
――花椿会員倍加運動……67
――花椿会組織契約……64
――花椿会の集い……65
――美容部員特別講習会……69
――躍進5ヵ年計画……60
――ユニットチェインカード……64
下物屋……120
自動車産業……161
自動車ブーム……166
シナジー……196
品揃え機能……118
シャーマン法……276
社会に奉仕する企業……43
シャベットトーン……70
社報……32
自由価格……99, 111
宗教や食生活の共通点……191
習熟と創造……193
集中豪雨的輸出……168
重電機メーカー……77
酒税……97
需要喚起……50
消化仕入……225, 226, 232
消化取引……129, 130, 132
商業資本……115
商家……214, 215, 218
上下の双方向……196
商社依存型輸出販売……91
消費者志向的……43
消費者への購買訴求……51
消費者本位……43
消費統制……95, 109
商標……103, 116
商品「味の素」……180, 186, 199
――のグローバル・ブランド化……181
商品回転率……114, 119
商品開発……261, 263
商品管理……119
商品タイポロジー（類型）……194
商品ブランドの増殖……190
正札販売……205-207, 210-212, 216-218
醤油問屋……45
商流……108, 109, 111
ショールーム……145
職業倫理……217

食の中心素材……191
食は独自文化……194
食品カンパニー……179, 185, 186
ショップ……125, 128, 129
処分……118
ジョンメーヤー……124, 125
飼料用のアミノ酸（リジン）……183
震災恐慌……16, 18
新市場開拓……192
新市場創造型商品……191
新需要創造……192
新製品開発……108
新聞広告……30
新報知……32

推奨販売……28
垂直的価格維持制度……47
垂直的マーケティング・チャネル……48
水道哲学……86
スーパー……237, 274, 276, 279, 280-282, 286
――生成期……238
――成長期……238
――冬の時代……237
スープ「ボーノ」……187, 191
スクラップ・アンド・ビルド……248
生活総合産業……246
星好会看板……31

成熟期……237
正常型……37
生鮮食品……256
製造卸売……115
製品・小売ブランド……113, 128, 130
製品カテゴリー……113
製品差別化……45
製品の多角化……16, 18
西洋医薬……21
セールス・プロモーション……50
世界統一マニュアル……197
世界の食品ジャイアンツ……180
世界農業食料機関の合同専門家委員会……181
世界保健機関の合同専門家委員会……181
繊維産業……115
全国市場……123, 132
専属特約店制度……17
洗濯機……78
専売……83
――制……29
専売店……29

──制	108
全米自動車労働者組合	168, 169
戦略形成のプロセス	200

創意工夫	44
総合食品メーカー	181
総合スーパー	237, 279, 281
宗竺遺書	214, 215
早発型	37
ゾーツ	67
即席麺「サムスマク（SAMSMAK）」	183
即席麺「ヤムヤム」	187
Sony Online Service	157
ソニーブランド	142, 147

〔た　行〕

第一位参入かつベストな商品開発	195
第一次大戦	10
第一次石油ショック	166
第五回内国勧業博覧会	7, 8
大衆薬	20
第2次百貨店法	226
タイの成功モデル	187
対米輸出マーケティング	147
大量生産体制	44
多製品ブランド	123
ダットサン	163
龍野（兵庫県）	38
建値	105
──制	277, 280
──制度	51
店前売り	210, 211
煙草代用	11
タピオカ	184
WHO	181
チェーン・ストア	27
チェーン・ストア制度	62
値極制度	46
乳製飲料「カルピコ」	187
チャネル別ブランド展開	123
中華合わせ調味料「Cook Do」	181
中華調味料「Cook Do」	186
注文問屋	22
銚子	38
直接取引	27, 48
直送	96, 97, 106
直配手形制度	47
陳列販売	211

追加生産	119
追加の発注	117
常に改善・向上	196
低価格販売	207
定価販売	206
──制	47
DCブランド	132
ディスカウント・ストア	274-280, 282, 285, 286, 288-292
ディスカウント・ハウス	276-278, 281, 282
ディベロッパー	245
手形決済	96, 97, 110
手形制度	47
適応化	193
──商品	196
テクニクス	76, 88
デジタル・ドリーム・キッズ	154
手数料	104, 106
──比率	106
鉄道看板	31
テリトリー制	83
テレビ	77
天童印	8
店頭拠点	191
店頭装飾競技会	17
天二物を与えずんばぼくはミルクキャラメルを採るよ	11
東京大正博覧会	10
同業態間競争	291
同業他社	180
統合的マーケティング支援	191
道府県元	29
特殊指定	226
独占的販売区域	27
特定代理店	61
特約店	96, 98, 100-104
特約店契約	27
特約店制度	27
ドニヤ・グスタ	196
トヨタウェイ2001	175, 176
トヨタバリュー	175
ドラッグストア	285
トランス・ナショナル	197
取り扱い商品	124
──の総合化	120
取引慣行	227-229

ドルックス…………………………………67
トレーディング・アップ………………286
問屋委託販売制度…………………………46
問屋市場……………………………………39

〔な　行〕

ナショナル………………………… 76, 88
　　──・ショップ………………………85
　　──・ブランド…… 44, 256, 278, 280, 281, 283
　　──店会……………………………84

ニクソンショック………………… 165, 166
肉類の味…………………………………192
西アフリカ諸国…………………………183
西のレート，東のクラブ…………………57
ニッチ市場………………………………165
ニット製品………………………………123
日配食品…………………………………256
日本食らしさを保った現地適応化………193

日本的マーケティング…………………205
「日本ならでは，日本らしい」…………192
「日本の心は変えないで形をかえる」現地適応化……………………………………192
「日本らしさの心」………………………197
乳製飲料「カルピコ」……………………196

熱帯・亜熱帯のベルト地帯……………191
値札………………………………………206

納入業者…………………………… 116, 117
KD（ノックダウン）輸出………………164
野田………………………………………38
野田労働争議……………………………43
のれん……………………………………208

〔は　行〕

パートナーシップ………………………254
バイイング・パワー……………… 278, 283
配給…………………………………………96
　　──公団……………………… 101, 111
配置と調整………………………………159
ハイパーマート…………………………245
売薬…………………………………………21
売薬営業者…………………………………25
売薬問屋……………………………………22
売薬法………………………………………25
薄利多売戦略……………………… 207, 216
派遣店員…………………………… 225-232

派遣販売員………………………… 118, 129
パナソニック………………………………88
花椿…………………………………………57
花椿会員入会促進コンクール……………67
花椿会員倍加運動…………………………67
「林の移転モデル」………………………193
払い込み価格……………………………105
バラエティ・ストア……………………277
パワーゲーム……………………………266
販社制度…………………………… 18, 84
判取り手形…………………………………97
販売会社化…………………………………83
販売機会…………………………………117
販売業の免許……………………………102
販売時点情報管理システム……………247
販売促進……………………………………87
販売の不確実性…………………………117
販売の松下…………………………………81
販売免許…………………………… 102, 103
販売力の強さ……………………………190
販路別売上げ構成比……………………132

B2C………………………………………185
B2B………………………………………185
　　──分野……………………… 183, 185
PB商品……………………………………265
ピープル移転……………………………199
ピープル戦略……………………………198
ヒゲタ……………………………………39
ビッグスリー……………… 164, 166-172, 176
百貨店………… 113, 115-117, 205, 222, 274, 289
標準化……………………………………193
　　──移転……………………… 194, 196
　　──管理………………………………197
品質保証…………………………… 116, 119

ファストファッション…………………233
ファスト・フード………………………255
風味調味料：
　　──「サゾン」………………………190
　　──「ほんだし」……………… 181, 186
　　──「ロッディー」…………………187
服種別売場………………………………129
仏教………………………………………191
　　──が文化の底流……………………191
復興景気…………………………………18
物流………………………………… 108, 109, 111
船成金……………………………………10
部品調達…………………………… 169, 171

プライベート・ブランド……………130, 278, 281,
　　　　　　　　　　　　　　283, 288, 290
プラザ合意………………………………153, 159
ブラジルでの成功モデル………………………192
ブラジルの食品ビジネス………………………190
ブラジルへの味の素（株）の進出……………182
フラノ旋風………………………………………115
ブランド……………………………76, 110, 113
　　──・エクイティ……………………52, 198
　　──構築……………………………………113
　　──・コンセプト…………………123, 128
　　──スプーン………………………………198
　　──政策……………………………………45
　　──戦略……………………………………193
　　──のコンセプト…………………………126
　　──・フォーマット………………………198
　　──力………………………………………51
フルーツカラー…………………………………70
フルライン戦略…………………………………16
プログラム戦略…………………………………193
プロセス戦略……………………………………193
プロダクト戦略…………………………………196
プロダクト戦略の原則…………………………194
プロダクト戦略…………………………………193
文化環境の共通性………………………………191
文化環境の差異性………………………………192
文化商品…………………………………………194
分配取次…………………………………………29
粉末ジュース「ミッド・リフレスコ」………190
文明商品…………………………………………194

併売制……………………………………………98

ホームセンター……………………………285, 288
ホシ胃腸薬………………………………………33
ホシ眼薬…………………………………………33
ポジショニング……………………………51, 132
ホシチオール……………………………………33
POSシステム…………………………………247
POP……………………………………………191

〔ま　行〕

マーガリン「マリーナ」………………………181
マーケティング……………………………38, 90
マーケティング管理……………………………198
マーケティング企業……………………………89
マーケティング戦略の立案プロセス…………197
マーケティング知識はピープル，人から人へ移
　転………………………………………………193

マーケティング・プログラムの4P……………197
マーチャンダイジング…………………………247
マインド……………………………………125, 127
マス・マーケット………………………………132
マスメディア……………………………………108
マッケンジー……………………………………124
窓口一本謝礼方式…………………………96, 98
マネキン…………………………………………120
マヨネーズ「ピュアセレクト」………………186
マルチドメスティック…………………………90
マルチドメスティック・マーケティング
　………………………………………139, 150
マルチ・ブランド………………114, 120, 122
店売問屋…………………………………………22
店会制……………………………………………98
ミルキング戦略…………………………………186

無効無害主義……………………………………22

銘柄…………………………………………99, 103
　　──品………………………………………28
メイクアップTOKYO…………………………70
免許………………………………………………108

モガ………………………………………………15
モダンガール……………………………………15
モダンボーイ……………………………………15
元売問屋…………………………………………22
元売捌所…………………………………………29
モボ………………………………………………15
森永キャンデーストアー………………………15
森永ベルトラインストアー………………15, 18

〔や　行〕

焼きたて直送便…………………………………260
焼きたてパン……………………………………260
ヤマサ……………………………………………39
ヤマサ醤油………………………………………40

湯浅（和歌山県）………………………………38
UAW……………………………………………168, 169
有効無害主義……………………………………25
輸出自主規制………………………………170, 171
輸出振興策………………………………………162
輸出マーケティング…90, 139, 141, 146, 161, 162

横の双方向………………………………………196
4極体制…………………………………………153

〔ら 行〕

ライフスタイル……………………………… 126
ラジオ………………………………………………77
リージョナル・ブランド…………………… 198
リ・ジェネレーション……………………… 154
リスク……………………………………… 117
　　──・マーチャンダイジング………… 247
リベート…………………… 88, 98, 104, 107, 109
流通革命………………………………………85
流通合理化………………………………… 111
流通チャネル…………………………… 81, 91

冷蔵庫………………………………………78
冷凍食品…………………………………… 197
レクサス…………………………… 173, 174
連盟店制度……………………………………87

ローカル・ブランド……………………… 198
ローマンピンク………………………………70

〔わ 行〕

ワールド・カー構想……………………… 168
和漢薬…………………………………………21
割引………………………………………… 109
割戻し…………………………………… 98, 109
ワン・ストップ・ショッピング…………… 243

人名・会社名索引

〔あ 行〕

アイワールド……………………………… 285
アサヒ・ビール…………………………… 180
朝日堂……………………………………… 61
AJI-NO-MOTO …………………… 180, 187
味の素（株）……………………………… 179
味の素株式会社…………………………… 179
AJI-NO-MOTO KK ……………………… 187
味の素コンシューマープロダクト社（フランス）………………………………………… 183
味の素ジェネテイカ・リサーチ研究所…… 183
味の素ゼネラルフーズ社（AGF）………… 181
アッシェル, A.F. ………………………… 12
アメリカ味の素冷凍食品社……………… 183
アメリカ駐日公使バック夫人……………… 7
アメリカのCPC社（現・ユニリーバ社）… 180
有田屋……………………………………… 5

井植歳男…………………………………… 79
イオン……………………………………… 281
池田菊苗博士……………………………… 180
石丸与市…………………………………… 14
伊勢丹………………………………… 121, 130
イトーヨーカ堂……………… 281, 284, 288, 290
井深大……………………………………… 139
岩下清周…………………………………… 24
岩屋天狗煙草店…………………………… 16

ウェーバー，マックス…………………… 208
ウォルマート…………… 274, 278, 282, 292

エイチ・ツー・オー・リテイリング……… 222
越後屋……………………… 205, 210-213

大串松次…………………………………… 10
大久保鶴吉………………………………… 14
大阪出張所………………………………… 48
オートバックス…………………………… 287
岡田商店…………………………………… 47
オンワード樫山株式会社………………… 113

〔か 行〕

学習研究社………………………………… 34
樫山…………………………………… 227, 228
樫山株式会社……………………………… 113
樫山純三……………………………… 115, 131
片岡直温…………………………………… 24
カメラのさくらや………………………… 288
カメラのドイ……………………………… 288
カルピス食品工業社（現・カルピス社）… 181
河内屋（酒）……………………………… 285

キッコーマン株式会社…………………… 37
紀伊国屋…………………………………… 287
木下忠次郎………………………………… 43
木村省吾…………………………………… 24
キムラヤ……………………………… 285, 288
キャンベル社……………………………… 181
九森会……………………………………… 13
京橋・中の橋の青柳……………………… 7
キリン・ホールディングス……………… 180
銀座亀屋…………………………………… 8

靴のマルトミ………………………… 287, 288
クラフト・フーズ………………………… 180
倉本長治…………………………………… 218
グランランド, オスカー………………… 12

ゲイザー，ロバート……………………… 9
Kマート…………………………………… 278

コーベット………………………………… 276
コカ・コーラ………………………… 180, 185
国分商店…………………………………… 47
小島電機……………………………… 287, 288
後藤猛太郎………………………………… 28
壽屋…………………………………… 284, 290
小林コーセー……………………………… 34

〔さ 行〕

ザ・プライス……………………………… 288
佐藤製薬…………………………………… 34
三愛………………………………………… 287
三共………………………………………… 25
サンクスアンドアソシエイツ…………… 257
サンドラッグ（薬）……………………… 285
サントリー・ホールディングス………… 180

三洋電機······················77

J. フロントリテイリング··············222
ジェーソン······················285
資生堂······················16, 35
ジャスコ（イオン）············284, 288
殊法························214
シュンペンター，Y. A.··············209
城南電機······················285

鈴屋························287
ステップ······················285
ストリンガー，ハワード··········139, 155

星電社····················287, 289
西友····················281, 284
ゼネラル・フーヅ社（現・クラフトフーズ社）
  ··························181
セブン‐イレブン··················254

創業者・鈴木三郎助（二代目）··········180
ソニーアメリカ··············141, 146

〔た　行〕

タイ味の素社····················182
第一家電······················287
第一産業（ダイイチ）··········287, 289
ダイエー············87, 281, 284, 288, 290,
ダイクマ··················285, 288-290
大正製菓····················13, 20
大日本製薬·····················21
大日本ビール············95, 96, 103, 110
大丸松坂屋百貨店··················222
タケヤ························285
多慶屋························288

忠実屋······················284
銚子醤油株式会社··················40

土屋喬雄······················208

出井伸之··················154, 156
Dマート··················285, 288
テーオーシー····················20

ドイツ味の素社··················183
東京菓子····················13, 17
東京出張所·····················48
東京醤油会社····················46

東芝························77
トポス··················285, 288, 290
トヨタ·······················161
トヨタ自工··············164, 167, 169
トヨタ自販··············162, 164, 167
ドン・キホーテ··············285, 291

〔な　行〕

中内功······················282
長崎屋····················284, 290
中山太陽堂·····················57

ニコニコ堂····················290
西田不二夫····················152
日産··············163, 167, 169, 172, 173
日本丸天醤油····················40
ニューヨーク味の素社（現・アメリカ味の素社）··························182

NUMMI··················170, 171

ネスレ······················185

野口英世·····················28
野副正行·····················151
野田醤油株式会社··················40

〔は　行〕

ハイパーマート··················290
ハインツ社····················181
パナソニック····················76
花正（肉）····················285
早川電機（現・シャープ）············77
バンドール··············285, 288, 290

P&G·······················185
日立製作所·····················77
ビッグ・エー··············285, 288
ビッグ・バーン··················288
日比翁助······················218
平尾賛平商店····················57

ファミリーマート··················257
福原有信·····················59
福原信三·····················59
ブシコ，アリスティド················209
富士電機······················77
ブルーニング···················6, 7
ベスト電器····················287

ペプシコ	180	明治製菓	13, 16, 18
ベラー,ロバート・N.	217	明治製糖	13
		明治屋	110, 111
ホインパー,A. R.	13	メガマート	288
ポーター,M. E.	155, 208		
ポーランド味の素社	183	茂木左平治	42
星製薬会社	16, 20	茂木七郎右衛門	41, 42
星製薬所	23	茂木・高梨一族	42
星一	23	盛田昭夫	139, 141-147
本田技研	167, 169, 170, 172, 173	森永伊佐衛門	5
本間物産	288	森永商店	8
ボン・マルシェ(Bon Marche)	207, 274	森永信厚会	13, 17
		森永製菓	3, 35

〔ま 行〕

		森永製品関西販売株式会社	15
MrMax	288	森永製品東京販売株式会社	15
マイカル	290	森永西洋菓子製造所	3, 7
マクネア,M. P.	209	森永太一郎	5
松方幸次郎	28	森永太兵衛	5
マックスファクター	70	森永友進会	13

〔や 行〕

松崎半三郎	7		
松下幸之助	76, 79, 85	八欧電機(現・富士通ゼネラル)	77
松下電器産業(現・パナソニック)	76	ヤマギワ	287
松下電器貿易	89	山崎文左衛門	5
松下電工(現・パナソニック電工)	81	ヤマダ電機	288-290
松本昇	59	やまと	287
マツヤデンキ	287		
丸金醬油株式会社	40	ユニード	284
丸善	287	ユニリーバ	180, 185
道谷商店	5		
三井高利	206, 209, 214	ヨドバシカメラ	285, 287, 288
三越	206, 223		

〔ら 行〕

三越・伊勢丹ホールディングス	222		
三越呉服店	223	リグレイ	185
三菱	95		
三菱電機	77	ロヂャース(北辰商事)	285, 287, 288

執筆者紹介（章編成順，◎第2巻編集責任者）

森田　克徳	静岡県立大学経営情報学部准教授	（第１章）
神保　充弘	長崎県立大学経済学部准教授	（第２章）
野村比加留	東京農業大学生物産業学部専任講師	（第３章）
長尾　清美	中央学院大学商学部非常勤講師	（第４章）
◎小原　　博	拓殖大学商学部教授	（第５章，第14章補筆，第Ⅰ～Ⅳ部概説）
後藤　一郎	大阪経済大学経営学部教授	（第６章）
木下　明浩	立命館大学経営学部教授	（第７章）
近藤　文男	京都大学名誉教授	（第８章）
石川　和男	専修大学商学部教授	（第９章）
林　　廣茂	同志社大学大学院ビジネス研究科教授	（第10章）
西村　栄治	元・大阪学院大学流通科学部准教授	（第11章）
河田　賢一	沖縄国際大学産業情報学部専任講師	（第12章）
建野　堅誠	長崎県立大学名誉教授	（第13章）
尾崎久仁博（故）	元・同志社大学商学部助教授	（第14章）
白石　善章	流通科学大学名誉教授	（第15章）

《検印省略》

平成22年6月25日　初版発行　　略称：歴史マーケ②

《シリーズ・歴史から学ぶマーケティング第2巻》
日本企業のマーケティング

編　者　©マーケティング史研究会

発行者　中　島　治　久

発行所　**同文舘出版株式会社**
東京都千代田区神田神保町1-41　〒101-0051
電話　営業 (03)3294-1801　編集 (03)3294-1803
振替　00100-8-42935　http://www.dobunkan.co.jp

Printed in Japan 2010　　印刷：萩原印刷
　　　　　　　　　　　　製本：萩原印刷

ISBN 978-4-495-64331-7